商务印书馆语言学出版基金

现代汉语词类研究

（修订本）

郭 锐 著

2018年·北京

图书在版编目(CIP)数据

现代汉语词类研究 / 郭锐著. —修订本. —北京：商务印书馆，2018
(中国语言学文库. 第三辑)
ISBN 978-7-100-16736-9

Ⅰ.①现… Ⅱ.①郭… Ⅲ.①现代汉语—词类—研究 Ⅳ.①H146.2

中国版本图书馆 CIP 数据核字(2018)第 237689 号

权利保留，侵权必究。

XIÀNDÀI HÀNYǓ CÍLÈI YÁNJIŪ
现代汉语词类研究
（修 订 本）
郭 锐 著

商 务 印 书 馆 出 版
（北京王府井大街36号 邮政编码100710）
商 务 印 书 馆 发 行
北 京 冠 中 印 刷 厂 印 刷
ISBN 978-7-100-16736-9

2018年10月第1版　　　　开本 880×1230　1/32
2018年10月北京第1次印刷　印张 13¾　插页 17
定价：49.00元

目 录

序 ·· 陆俭明　1

第一卷　现代汉语词类划分的理论基础

第 1 章　导论 ·· 13
 1.1　汉语词类研究需回答的几个问题 ························· 13
 1.2　汉语词类划分的困难 ······································ 14
 1.3　汉语词类研究概述 ··· 15
 1.4　各章内容简述 ··· 25
 1.5　本书的方法和主要结论 ···································· 32

第 2 章　与词类划分有关的基础问题 ································ 36
 2.1　词的切分 ··· 36
 2.2　现代汉语的内部分层 ······································ 39
 2.3　词的同一性 ·· 42
 2.4　词的功能考察问题 ··· 53

第 3 章　划分词类的可能性和目的 ··································· 55
 3.1　划分词类的可能性 ··· 55
 3.2　划分词类的目的 ·· 65

第 4 章　词类的本质和表述功能 ······································ 68

- 4.1 分布本质论的悖论 …………………………………… 68
- 4.2 语法位置对词语选择限制的依据 …………………… 86
- 4.3 表述功能的类型和层面 ……………………………… 87
- 4.4 词类的本质 …………………………………………… 97
- 4.5 划分词类的实质 ……………………………………… 104
- 4.6 划类依据和划类标准 ………………………………… 106
- 4.7 表述功能的转化和词性的转化 ……………………… 107
- 4.8 词类、表述功能和句法成分的关联 ………………… 115

第 5 章 划分词类的标准 …………………………………… 118
- 5.1 划类标准的条件 ……………………………………… 118
- 5.2 词的形态、意义和语法功能 ………………………… 119
- 5.3 什么是语法功能 ……………………………………… 125
- 5.4 语法功能的概括水平 ………………………………… 130
- 5.5 为什么可以根据语法功能划分词类 ………………… 135
- 5.6 分布在词类划分中有多大效力 ……………………… 136

第 6 章 如何根据词的分布划分词类 ……………………… 140
- 6.1 其他学者的研究 ……………………………………… 140
- 6.2 功能的相容性和划类标准的选择 …………………… 143
- 6.3 汉语实词划分标准 …………………………………… 151
- 6.4 小结 …………………………………………………… 160

第 7 章 兼类词和"名物化" ……………………………… 163
- 7.1 兼类词和异类同形词 ………………………………… 163
- 7.2 什么是真正的兼类词 ………………………………… 164

7.3 划类策略和兼类词 ·············· 165
7.4 汉语词类多功能现象的实质 ·········· 178
7.5 "名物化"问题 ················ 183

第二卷 现代汉语词类系统

第 8 章 现代汉语词类系统 ············ 193
8.1 词类的共性和词类的层级 ············ 193
8.2 语法功能的概括水平和词类的层级 ········ 194
8.3 如何选择划类标准 ··············· 196
8.4 汉语词类分层划分的标准 ············ 198
8.5 谓词 ····················· 205
 8.5.1 动词 ·················· 206
 8.5.2 形容词 ················· 214
 8.5.3 状态词 ················· 222
8.6 体词 ····················· 225
 8.6.1 量词 ·················· 225
 8.6.2 方位词、时间词、处所词 ········· 233
 8.6.3 名词 ·················· 238
8.7 饰词 ····················· 252
 8.7.1 区别词 ················· 252
 8.7.2 数词 ·················· 255
 8.7.3 数量词 ················· 258
 8.7.4 指示词 ················· 263
 8.7.5 拟声词 ················· 264
 8.7.6 副词 ·················· 266
8.8 虚词 ····················· 269

8.8.1 介词 ··· 269
8.8.2 连词 ··· 272
8.8.3 语气词 ·· 273
8.8.4 助词 ··· 275
8.9 叹词 ··· 278
8.10 代词 ··· 281

第9章 汉语词类的统计研究 ·· 284
9.1 词频与词的功能的相关性 ··· 284
9.2 影响分布的非语法因素 ·· 301
9.3 词频与各类词数量的相关性 ·· 311
9.4 词类实际分布的统计研究 ··· 311

第10章 从词类类型学看汉语词类系统 ······································ 336
10.1 从阿姆斯特丹模型看汉语词类系统 ······································ 336
10.2 形容词的类型学和汉语形容词的语法地位 ···························· 357

第11章 结语 ··· 390

附录一(插页) 附表和附图 ··································· 398—399之间
附录二 《现代汉语词典》第6版对词类标注的修改 ······················ 399
参考文献 ··· 409
后记 ··· 428
专家评审意见 ··· 邢福义 432
修订本后记 ··· 434

序

郭锐的《现代汉语词类研究》今天终于跟大家见面了。这是他在博士论文的基础上几经修改而成的,是他十多年来潜心从事现代汉语词类问题研究的可喜成果。

汉语词类问题,一直是一个老大难的问题。问题在哪里呢?为什么这些问题老解决不了呢?郭锐在书中都作了很好的总结、分析和梳理。关于问题,他归纳了以下五个:

1、汉语有无词类?

2、词类的本质是什么?

3、划类的依据和标准是什么?

4、如何确定词类(怎样操作)?

5、如何处理兼类词?

对于这些问题,学术界虽时有讨论,但缺乏深入的研究与探讨。至于原因,郭锐在书中作了分析:

第一,我们对词类的认识,来自西方印欧语语言学。印欧语里的词有形态标记,入句后又各有形态变化,印欧语划分词类根据的就是词的形态标记和形态变化。据此,有人就认为词类是词的形态分类,而汉语的词既没有形态标记,更没有形态变化,所以汉语的词没有词类。

第二,印欧语里,词类跟句子成分基本上是一一对应的,如名词做主宾语,动词做谓语,形容词做定语,副词做状语,等等。据此,又有人认为词类是词根据其做句子成分的能力分出来的类,而汉语,词类跟句子成分基本上是一对多的对应,一个词往往既能做主宾语,又能做谓语,又能做定语或状语,等等。汉语词的多功能现象,使汉语学界一些凭借句子成分来给词分类的学者在汉语词类划分上伤透了脑筋。汉语词的多功能性,还带来另外一个问题,那就是不少句法结构的句法关系难以判断,举例来说,"容易掌握"是述宾关系还是"状—中"偏正关系?"便于掌握"是述宾关系还是"状—中"偏正关系?"决心干到底"是述宾关系还是"状—中"偏正关系?不太好定。这些结构的句法关系不好定的话,就会影响人们对"容易"、"便于"、"决心"这些词的词性的认识。

第三,任何语言共时平面上的词,都实际存在着不同的历史层次和领域层次。印欧语由于有形态,而且词的这种形态变动性很小很小,基本不受历史层次和领域层次的影响。汉语由于词没有形态,不同历史层次的词、不同领域层次的词在用法上会有很大的差异,这无疑会给汉语词类划分带来不少的麻烦。可是以往我们对此一直缺乏认识。

第四,汉语词类之所以一直是一个老大难的问题,更根本的原因,还在于以往讨论汉语词类问题时,大家都只举些典型例子,而一直没有人真正面对现代汉语千千万万个词去一个一个地实际考察一下它们的使用情况。这样,大家都只能纸上谈兵。

以上这些分析都很有见地,不过我在这里还需补充一条,那就是:

第五,词类的本质是什么?自结构主义语言观盛行全球以来,词类的本质是分布,词类是分布类,这成了普遍的观念。陈望道先生在20世纪40年代进行的语法革新大讨论中就表示了这种观点;朱德熙先生从60年代开始更一再强调、阐述这种观点(分别见朱德熙、卢甲文、马真1961;朱德熙1982a;朱德熙1985a)。而且,朱德熙先生这一看法被认为是"摆脱了印欧语传统的观念的干扰和束缚,以朴素的眼光看汉语"所提出的"极有启发作用的新见解"。现在看来,这个看法在对词类本质的认识上还不够深刻,因此汉语词类问题依然没有得到满意的解决。

郭锐《现代汉语词类研究》一书的突出贡献,我认为首先就在于对语法研究中的词类的本质问题,提出了一种崭新的、更为深刻的看法:"词类从本质上说不是分布类,因而试图通过寻找对内有普遍性,对外有排他性的分布特征来划分汉语词类的做法难以成功。词类从本质上说是词的语法意义的类型,我们把这种语法意义叫作表述功能,即词在组合中的意义类型,如陈述、指称、修饰等大的类型,以及实体、位置、计量单位、数量、指示等小的类型。"因此"词类实际就是以词的词汇层面的表述功能为内在依据进行的分类"。他这个看法不是随便拍脑袋得出来的,而是他通过对现代汉语中 4 万多个词的实际考察并进行潜心研究分析所得出来的,是他深刻剖析了汉语词类划分中"分布论"的种种漏洞、"相似论"和"原型论"的多方面缺陷之后所得出来的,更重要的是,是他在深入探究这样一个问题之后得出来的:语法位置,或者说组合位置对进入的词语有选择限制,这种选择限制肯定需要有某种依据,那么选择限制的依据是什么?他凭借对 4 万多个词的实际考察所得的丰富的感性知识,并经过长时间的反复研究发现,语法位置对词语选择限制的依据不是分布本身,而是更深层次的某种性质,这种性质就是词的表述功能。人们心目中的体词性、谓词性这样的词性概念实际就是指称和陈述这样的表述功能在词汇层面上的反映,只是过去人们没有意识到这一点罢了。"指称"、"陈述"这两个概念最早是由朱德熙先生提出来的(见《自指和转指——汉语名词化标记"的、者、所、之"的语法功能和语义功能》,载《方言》1983 年第 1 期),但郭锐的认识有进一步的发展——

第一,朱德熙先生将表述功能只分为指称和陈述两种类型,郭锐则把表述功能分为四种基本类型:a.陈述——表示断言;b.指称——表示对象;c.修饰——对陈述或指称的修饰、限制;d.辅助——起调节作用。

第二,郭锐认为,表述功能可分为两个层面:内在表述功能和外在表述功能。内在表述功能是词语固有的表述功能,外在表述功能是词语在某个语法位置上所实现的表述功能。两个层面的表述功能一般情况下是一致的,如"小王黄头发",其中的"小王"无论从哪个层面看,都是指称;但有时会不一致,像其中的"黄头发",就内在表述功能看是指称,但从外在表述功能看是陈述,因此它前面还能受到某些副词的修饰(如"小王也黄头发/小王的确黄头发")。

必须指出,郭锐所说的表述功能也是词的一种语法意义。名词、动词这样的词性区分的内在基础实际上就是指称、陈述这样的表述功能的区分,词类之间的分布差异、形态差异无非是表述功能差异的外在表现。相应于表述功能的分层,郭锐将词性也相应地分成两个层面——对应于内在表述功能的词性是词汇层面的词性,对应于外在表述功能的词性是句法层面的词性。词汇层面的词性是词语固有的词性,可以在词典中标明;句法层面的词性是词语在使用中产生的,由句法规则控制。如上面举的"黄头发"就词汇层面的词性说,是名词性的;但在上面那个句子里,即就句法层面看,是谓词性的。不难体会,"表述功能反映的是语言符号之间的关系,因而是一种语法意义;表述功能不是语言符号与现实世界的关系,因而不是概念义;也不是反映语言符号与语言使用者的关系,因而也不是语用义"。

可能有读者会问,既然表述功能也是词的一种语法意义,那为什么不直接说"按词的语法意义分类"呢?从理论上来说,是可以表述为"按词的语法意义分类",但是"语法意义"本身又含有不同层次的语法意义,即可以作不同层面的理解。因此,郭锐用"表述功能"来具体说明词类的本质。

郭锐关于词类的观念,显然大大突破了传统的认识,并有普遍的语言学理论意义。把词类看作"以词的词汇层面的表述功能为内在依据进行的分类",即不是把分布看作词类的本质,而是把表述功能看作词类的本质,"可以解释为什么词类具有跨时代、跨语言的可比性";可以说明为什么那些在不同时代、不同语言中分布不同的词却都是同一词类。这正如郭锐举例说明的,现代汉语中的"看"和古汉语中的"视",分布不同,前者可以带数量宾语,不能受数词修饰(看三次/*三看),而后者不能带数量宾语,可以受数词修饰(*视三/三视),却都是动词;英语中的"stone"可以受数词修饰(two stones),可以做引导处所成分的介词的宾语(on the stone),汉语中的"石头"不具备这些功能,但都是名词。上述现象用"把表述功能看作词类的本质"的词类观来思考,就可以得到合理的解释:因为它们具有相同的表述功能。词性是一个范畴,相同词性之间一定有性质上的共同性,不同词性之间一定有性质上的区别,这种性质上的共同性和区别性,就是表述功能上的共同性和区别性,而"这是跨语言比较的基础"。

郭锐的词类观念,可能会有人不同意,不过我希望这些同仁不要一上来就持一种反对态度或怀疑态度。不妨先对他提出的这种新的词类观念,认真思索一番,而且不妨先了解一下他划分汉语词类的操作程序,然后再去考虑是同意还是反对,是全部同意还是部分同意,是全部反对还是部分反对这样的问题。

郭锐《现代汉语词类研究》一书的贡献之二,就是在汉语词类划分上提出了一种新的操作程序和方法,那就是"通过计算语法功能之间的相容度的办法来揭示语法功能同词类之间的关系"。这怎么理解呢?上面说了,郭锐把词的表述功能看作词类的本质。划分词类的本质依据是词的表述功能。但词的表述功能是看不见、摸不着的东西,真要直接按照词的表述功能来给词分类,不便操作。我们划分词类,必须找到一种可观察并真能体现词类本质的具体划类标准。那么具体怎样确定这种划类标准呢?郭锐在书中指出,不同的语法功能对于不同的词类,具有不同的划类价值:有的是区别性的,有的是非区别性的。因此,不能把一个词类的所能表现的各种语法功能等量齐观,同等看待。我们只选择那些具有区别性的语法功能来划类。为了有效地选择那些具有区别性的语法功能来划类,郭锐建立了"等价功能"和"异价功能"这一组概念。有的功能之间的差异指示了词类性质的差异,比如"不～"这一语法功能和"〈定语〉～"这一语法功能显示了不同的词类性质,这一对语法功能可以看作"异价功能";而那些反映了相同词类性质的语法功能,如做主语,做宾语,可以看作"等价功能"。郭锐指出,从理论上说,如果能够找出词的所有功能,并且确定哪些功能是等价的,可以把这些语法功能聚成一束一束的等价功能,那么我们也就找出了所有词类的区别性语法功能,而且实际上也就基本上把所有的词分成了不同的类。"因此确定等价功能就成了寻找划类标准和确定一种语言中有多少词类的关键",显然,确定等价功能是划分词类的关键。那么如何确定等价功能呢? 郭锐提出,可以利用"语法功能的相容性(compatibility)"来确定。语法功能的相容性体现在:(a)多个不同的语法功能是否能视为等价功能,(b)这些多个不同的语法功能是否有划类价值。如果我们能计算出语法功能的相容性,我们就可以找出具有区分词性作用的等价功能,就可以用它来作为具体的划类标准。举例来说,能做主语的词也能做宾语,反过来能做宾语的词也能做主语,那么做主语和做宾语便是具有相容性的一组语法功能;再如,能进入"很～"的词也能进入"～极了"、"～得很",能进入"～极了""～得很"的词也能进入"很～",那么"很～"、"～极了"、"～得很"便是具有语法功能相容性的一组语法功能。而像"不～"和"〈数〉～"之间,"〈数量〉～"和"〈做状语〉"之间,语法功能的相容性就极小。前面说到,语法位置对词语选择限制的根本依据是词的表述功能,词的表述功能的外在表现是词的语法功能。显然,具有较大相容性的语法功能往往反映了这两个不同的语法位置对词语的相同选择限制,同时也反映了共同的词类性质,因而是等价功能。相容性较小或无相容性的两个语法功能一般是异价功能,反映不同的词类性质。因此,我们可以根据语法功能的相容性来判断语法功能的划类价值。郭锐在书中不仅提出了"词的语法功能的相容性"的概念,而且提出了计算词的"语法功能相容度"的计算公式和计算办法。这无疑使得词类划分朝着可论证的方向前进了一步。从表面看,郭锐最后似乎也还是按词的分布、按词的语法功能在给词分类,但跟以往一般人所说的根据词的分布或语法功能给词分类,有着原则性的区别,可以说是更深化了。这一点,只要读者细细阅读完本书,就会深刻地体会到。

上面已经说到,郭锐关于汉语词类问题的新见解,不是随便拍脑袋得出来的,而是他通过对现代汉语中 4 万多个词的实际考察并进行潜心研究分析之后得出来的。这可以说是郭锐《现代汉语词类研究》一书的一个突出优点;跟其他谈论汉语词类的同类著作相比,这也可以说是这本书的一个特点。翻阅全书,读者不难发现,无论是剖析"总体相似聚类观"、"原型论"、"部分分布观"、"总体分布观"等的悖论,还是说明词类之间语法功能相容度的计算和汉语主要语法功能间的相容度,还是分析说明汉语兼类词和异类同形词的情况,还是对各词类的具体划分标准和具体情况的说明,还是对词频与词的语法功能的相关性的说明,还是对各类词常见的语法功能及其他一些特征的说明,都运用了大量而又详细的统计数字。不妨看看他对形容词的常见功能和其他特点的说明:

1、99.47%的形容词可以做谓语。

2、98%的形容词可以受以"很"为代表的绝对程度副词的修饰。

3、94%的形容词可以受"不"的否定,但能受"没(有)"的否定的要少得多。

4、97%的形容词能受其他状语的修饰。

5、83%的形容词可以带补语。

6、69%的形容词可以做补语。可以做组合式补语的占形容词的67%,可以做黏合式补语的占形容词的8%。

7、只有10个形容词可以带真宾语,但后面要带上表数量的准宾语,一般表示比较和出现,如"高他一头、大他两岁、熟了一个"。

8、72%的形容词可以带助词"了"或"着、过",但其中能带"着"的极少。

9、93%的形容词可以做主语、宾语。与动词做主语、宾语的情况类似,形容词做主宾语也有两种情况,其一是主宾语位置上的形容词仍保留形容词的性质,如:

(16) a.认真不好　　　　　b.不认真不好

　　　c.太认真不好　　　　d.办事认真不好

其二是形容词做主宾语时体现名词性质,如:

(17) a.追求幸福　　b.*追求很幸福　　c.追求自己的幸福

(18) a.保持平衡　　b.*保持很平衡　　c.保持身体的平衡

我们把第二种做主宾语的形容词仍叫形容词,不处理为兼类词,叫"名形词"。

10、32%的形容词可以受定语的修饰,也有两种情况,其一是受定语修饰的形容词保留形容词性质,此时定语带"的",如:

(19) a.形势的稳定有利于经济发展

　　　b.形势的不稳定不利于经济发展

　　　c.形势的迅速稳定有利于经济发展

其二是只体现名词性质(0.43%),如"经济困难、生命危险"。

第二种情况中的形容词都是名形词。

11、很多形容词都可以做定语,但其数量远不如过去想象的那么高,只占形容词总数的29%。

12、12%的形容词可以直接做状语。有一些形容词虽不能直接做状语,但加上"地"后可以做状语(形容词的40%)。由于做状语的形容词比例不算很高,所以把能做状语的"形容词"处理为形容词和副词的兼类也是可行的。

13、2.73%的形容词是离合词。形容词的离合词只有动宾式一种,如"吃惊——吃了一惊"、"称心——称他的心"。

14、15%的形容词有相应的重叠形式。

这充分反映了他扎实的学风。

当然,不能说郭锐所提出的划分词类的理论、方法就能一劳永逸地彻底解决汉语词类问题,我们也不能这样来要求。这一方面因为真要操作起来还不是那么容易,另一方面,正如郭锐自己也说,像拟声词这种比较特殊的词,"对其在词类体系中的地位我们还缺乏足够的认识,尚不清楚如何用本书的方法来论证"。这应该说是一种很实事求是的治学态度。

总之,郭锐的《现代汉语词类研究》在汉语词类划分上给了读者一种新的气息,新的思想。他的结论,即他那崭新的词类观点,大家固然要关注,但是我觉得,他的研究思路、分析策略更值得大家去关注。科学的发展,靠的就是研究者在实践的基础上所不断提出的新的思想、理论与新的方法、策略。科学的生命就在于求实基础上的创新。是为序。

陆俭明
2001年12月29日
于北京大学蓝旗营寓所

第一卷 现代汉语词类划分的理论基础

第 1 章　导论

1.1　汉语词类研究需回答的几个问题

词类是语法中的基本问题，要研究一种语言的语法，就不得不划分词类。但汉语的词类问题一直没有得到满意的解决，很多问题没有弄清，很多问题仍有分歧和争论。主要的问题有：

1、汉语有无词类？20 世纪 50 年代曾就这个问题进行过争论，90 年代又有学者对汉语词类的存在提出疑问。

2、词类的本质是什么？目前普遍的观点是认为词类的本质是分布，但我们却无法找出一个词类的对内有普遍性、对外有排他性的语法功能来。那么能否认为词类的本质不是分布而是其他的某种因素？

3、划类的依据和标准是什么？

4、如何确定词类(怎样操作)？究竟用什么样的标准划分汉语的各个词类？过去的做法是凭语感给头脑中已有的类找分布标准，并没有证明为什么找这些标准，也可能会遗漏一些类的区分。那么有没有办法在没有分出类之前根据分布确定出类的区分？

5、如何处理兼类词？比如"研究"这样的词是否是动词兼名词？

本书希望回答这些问题。

笔者考虑词类问题始于 1986 年。朱德熙、陆俭明先生承担国家"七五"社科重点科研项目"现代汉语词类研究"，笔者作为课题组成员参加。后来与北京大学计算语言研究所的国家"七五"自然科学重点项目"现代汉语语法信息库"课题组合作，其参加者有俞士汶、朱学锋教授,对3万多词进行了功能考察。"八五"期间,我们和计算语言所继续合作,在"七五"课题研究的基础上扩大收词量和功能考察范围,先后又有张芸芸、王惠参加课题组。本书所依据的就是历时十余年、包括朱德熙和陆俭明先生在内的多位学者参与填写和修改、校对的4万多词的考察材料。

1.2 汉语词类划分的困难

汉语词类问题长期没有很好地解决,有主观原因,也有客观原因。主观原因是我们过去理论谈得多,实际工作做得少,对汉语词类的实际情况摸得不深。(本书的研究,建立在对4万多词考察的基础上,有较充分的实际材料支持。)客观原因则是汉语自身的特点使划分词类有困难。这些特点包括:

1、词无形式标记和形态变化。2、现代汉语中不同历史层次的成分混杂,使词的语法功能和句法规则复杂化。3、词的多功能现象普遍存在,使得在缺乏形态的情况下要利用语法功能划分词类更加困难。4、词的切分困难,使我们难以区分某种用法是词的用法还是一个构词成分的用法。5、句法结构的语法关系判定困难。由于无形态,一个词在组合中到底做什么成分难以判断,也就给以语法功能为标准划分词类带来困难。比如"决心/完成任务"是述宾结构还是偏正结构,就有不同看法。

关键的原因归结为一点,还是汉语缺乏形态。

好在前辈学者和时贤的工作,为我们积累了大量经验。本书将在过去研究的基础上,进一步深入探讨在汉语这种无形态语言中如何划分词类。

1.3 汉语词类研究概述

1.3.1 词类框架的形成和发展

根据姚小平(1999),第一个创立完整的汉语语法体系的是德国人甲柏连孜《汉文经纬》(1881),甲氏把汉语实词分为9类:名词、部分-关系词(大致相当于方位词)、数词、形容词、动词、否定词、指代词、拟声词、叹词。但《汉文经纬》在中国学术界没有影响,真正对后来的汉语语法研究有影响的是马建忠的《马氏文通》(1898)。马氏借鉴西方语法学,把文言文的词类分为以下9种:名字、代字、动字、静字、状字、介字、连字、助字、叹字。这个体系奠定了汉语词类系统的基本格局,后来的系统没有大的变化,在相当一段时间里,只是从静字中独立出数词,从助字中独立出语气词,增加量词、拟声词。

黎锦熙《新著国语文法》(1924)是第一部有影响的系统研究现代汉语语法的著作,该书把现代汉语词类分为5个大类9个基本类:实体词(名词、代名词),述说词(动词),区别词(形容词、副词),关系词(介词、连词),情态词(助词、叹词)。其基本类与《马氏文通》相同,只是名称略有改变。

吕叔湘《中国文法要略》(1942,1944)分出语气词(比一般说的语气词范围大,包括后来说的语气词以及语气副词和感叹词);王力《现代汉语语法》(1943,1944)分出数词、语气词。

丁声树等《现代汉语讲话》(1952-1953)分出量词、象声词(包括叹词),并指出名词中的特殊类——时间词、处所词、方位词。

"暂拟汉语教学语法系统"(1956)把汉语词类分为11类:名词、量词、代词、动词、形容词、数词、副词、介词、连词、助词、叹词,该系统修订为《中学教学语法系统提要》(1984),增加拟声词一类,这个 12 类的词类体系产生较大影响,目前出版的标注词类的词典除个别词典从助词中分出语气词外,大多沿用这个体系。

赵元任《汉语口语语法》(1968)有区别词一类,包括指示区别词(这、那)、分疏区别词(每、各、另)、数目区别词(一、十)、量度区别词(整、半、许多)。

陈望道《文法简论》(1978)分出断词(判断词)、衡词(系词)、指词(指示词)。

朱德熙《语法讲义》(1982b)从形容词中独立出区别词,从名词中独立出处所词、方位词和时间词,从助词中独立出语气词,共计 17 类词。北京大学中文系《现代汉语》(1993)把状态形容词独立为状态词,但仍把处所词、方位词、时间词归回名词,共计 15 类词。

本书的系统在朱德熙(1982b)17 类和北京大学中文系《现代汉语》(1993)15 类基础上,增加数量词、指示词,共 20 类(参看 1.5)。

1.3.2 汉语词类研究的两个核心问题

汉语词类研究主要围绕两个核心问题展开,第一个核心问题是词类同句法成分的关系,第二个核心问题是词类划分的标准。几乎所有的争论都可归结为这两个问题,而这两个问题之所以引起争论,又都与汉语缺乏严格意义的形态有关。

(一)词类同句法成分的关系问题

由于汉语缺乏形态,划分词类不能利用词的形式,只能利用词的语法功能,而汉语的特点之一就是一个词可以在词形不变的情况下充任多种句法成分,由此带来词类和句法成分的关系问题:词类同句法成分是如何对应的? 具体说来,有三方面问题:1、词类和句法成分是直接对应的还是间接对应的,2、是一一对应的还是复杂对应的,3、一个词类可充任哪些句法成分。回答前两方面问题的方法大致可以分成双轴制、一线制和三层制三种。

双轴制：双轴制指设立词类层面和句法成分层面，但由于汉语词的多功能现象，造成词类和句法成分之间的"缝隙"，为了解决两者之间的"缝隙"，学者们采取不同的方法，大致可以分为变词性和增功能两种。变词性的方法把词类同句法成分简单地一一对应起来，比如名词做主宾语，动词做谓语、补语，形容词做定语，副词做状语，一旦一个词放在性质不同的位置上则认为词性发生变化。早期的汉语语法著作大多采取这种方法，比如《马氏文通》提出字类假借说，一旦一个动词用在主宾语位置上则假借为名词，用在定语位置上则假借为形容词（静字）。陈承泽《国文法草创》(1922)、金兆梓《国文法之研究》(1922)提出词类活用，黎锦熙《新著国语文法》(1924)提出依句辨品，也都是采取变词性的办法解决词类和句法成分的缝隙问题。"暂拟汉语教学语法系统"(1956)提出"名物化"理论：在"他的来使大家很高兴、狐狸的狡猾是很出名的"等句子中，"来、狡猾"意义"不表示实在的行动或形状，而是把行动或形状当作一种事物"，"失去了动词、形容词的特点（或一部分特点），取得了名词的一些特点，我们称之为动词和形容词的名物化用法"。"名物化"是一种含糊的说法，并不明确指出是词性发生变化，但实质与词类假借、词类活用相同。由于汉语中一个词大多可以不改变词形而充任多种句法成分，变词性的处理办法虽然使类有定职，但却使汉语词类流动不居(朱德熙1982c)，其结果是词无定类，甚至得出"离句无品"的结论。

增功能的方法认为词类同句法成分的对应关系复杂，词类是多功能的，一个词只要词义不变，放在不同位置上都是同一词类。这种处理虽然使得词有定类，但却使类无定职，实际上是公开承认词类和句法成分之间的缝隙而不加弥合。在20世纪30年代末40年代初文法革新讨论中,方光焘提出以广义形态划分词类,陈望道提出以综合的结构功能划分词类,采取的是这种办法。吕叔湘、朱德熙《语法修辞讲话》(1951)则明确提出词义不变词类不变的观点。后期朱德熙所说的词类多功能现象的范围略有缩小,把直接受名词修饰、做"进行、加以、有"等准谓宾动词宾语的"批评、研究"等看作名动词,认为此时这些词是名词性的,但仍认为"这本书的出版"、"去是应该的"中的"出版"、"去"是动词性的。

一线制:30年代傅东华提出一线制。由于汉语的词是多功能的,如果要把词类与句法成分简单对应起来,就不得不用到词类假借,他认为,还不如干脆认为词本身没有分类的可能,"认定词不用在句中就不能分类",因此句子成分和词类可以合二为一。如:

张三　　作　　文
主名　言词　客名

这种说法实际是"依句辨品,离句无品"的自然发展。在50年代的汉语词类问题讨论中,高名凯也提出汉语无词类论,其主要理由是词类要根据词的形态划分,汉语无形态,因而无词类。后来观点有改变,认为"词的形态变化、词的结合能力和词的句法功能等都是词的词类意义的外部标志",汉语无形态,只能根据词的用法分词类,但由于汉语词类的多功能性,"一个词可以同时用作名词、形容词、动词"(指一个实词可以在主语、谓语、定语位置上出现),因此每个实词都是多类,这就等于没有词类(见高名凯1960)。徐通锵(1994b)认为,印欧语中词类与句子成分是一对一的,因而有划分词类的必要,汉语既然是一对多的,就意味着根本没有词类。对于汉语无词类论,朱德熙(1960)认为,根据句子成分定词类虽然从功能着眼,但"因为选择的标准太粗疏,方法太简陋,不但不能划分词类,反而得到了词无定类的结论。这种方法的根本错误在于假定句子成分和词类之间有一一对当的关系……但事实上词类跟句子成分之间的关系是错综复杂的"。一线制的极端的做法非但不能解决汉语的句法问题,反而带来更大的困难,接受的人并不多。

三层制:三层制是在结合了变词性和增功能两种方法的基础上产生的。这种方法在词类和句法成分之间增加一个中间层面,以弥合两者间的缝隙,认为一个词在性质不同的句法位置上其中间层面的性质发生改变,这样维持了词义不变词类不变的观点,又为同一个词类出现在不同句法位置上找到了解释。采取三层制的学者具体说法很不相同,效果也大有差异。

王力(1943,1944)、吕叔湘(1942,1944)借用叶斯柏森(Otto Jespersen)的三品说,设立中间层次——词品(吕氏叫词级),词品分为首品(主语、宾语位置上的词)、次品(谓语位置上的词、定语)、末品(状语、补语位置上的词),词类根据词义划出,一个词的词性是不变的,用在不同句法位置上,变化的是词品。但词品是一个含糊的概念,词品的区分根据的是词在组合中的重要性,因此与其说是对词作的分类,不如说是对句法成分的分类。说一个词可以担任不同词品跟说一个词可以做不同句法成分没有实质区别,用三品说来联系词类和句法成分以弥合两者之间的缝隙的做法,效果并不理想。

陈爱文(1986)则设想词类概念可以分成两种,第一种词类概念与思维结构中的分野对当,分别叫名词性、动词性、形容词性,第二种词类概念与客观世界中的分野对当,分别叫名基词、动基词、形基词。第一种词类概念实际是按语法性质分出来的,第二种词类概念实际是按词义分出来的。第一种词类在不同的用法中会变化,第二种词类在不同的用法中是不变的,比如"出版"在"同意出版"中是动词性的,在"图书出版"中则变成了名词性的,但都是动基词。陈爱文把两种词类概念分开,目的是要解决词类和句法成分的对应关系问题,他感觉到坚持词义不变词类不变的观念难以解释一个词在不同位置上发生的性质变化,因而有必要设立两套词类概念,构成"词类(X 基词)—词性—句法成分"的三层制,把词性作为联络词类和句法成分的中间层面。这种处理实际上是按词义先分出词类,然后又根据词出现的位置判断其词性,与双轴制中变词性的说法没有实质区别,只是明确地把两套概念分开。

萧国政(1991)、项梦冰(1991)认为主宾语位置上的动词、形容词有些已经指称化了,即从表述功能角度说明动词、形容词在不同位置上的性质变化。

本书认为,词类在体词、谓词、饰词这样的大类层面上,本质是表述功能的类,可以根据表述功能的两个层面,把词性也分成词汇层面的词性和句法层面的词性。词汇层面的词性就是词语固有的词性,需在词典中标明;句法层面的词性是词语在使用中产生的,由句法规则控制。前人所说的词类假借、词类活用大多可以看作句法层面的词性变化。由此形成"词汇层面的词性-句法层面的词性-句法成分"的三层制。一个词出现在不同句法位置上,可能有两种情况:一是兼有多种词汇层面的词性,比如"出版"在"出版两本书"中是动词性的,在"图书出版"中是名词性的;二是句法层面的词性发生变化,比如"出版"在"这本书的出版"中词汇层面的词性仍是动词性的,但在句法层面上是名词性的。从生成语法角度看,句法层面的词性变化,实质是存在一个隐性的核心成分。

本书关于词类与句法成分关系的观点,虽然与三品说都属于三层制,但本书的观点与三层制不同。三品说在词类与句法成分之间设立的中间层次"词品"与本书的中间层次"句法层面的词性"并不完全相同,词品分为首品(主宾语)、次品(谓语、定语)、末品(状语),句法层面的词性就是外在的表述功能,分为指称、陈述、修饰,主宾语一般属于指称,谓语属于陈述,状语属于修饰,这是两者相同的地方,但与谓语同为次品的定语对应的是修饰,与状语同为末品的补语对应的是陈述,这是不同的地方。两者差异的根本,是各自的出发点不同,三品说着眼于句法成分重要性,表述功能着眼于词语在使用中的表义方式。

第三方面的问题,一个词类具体与哪些句法成分对应,实际上是最困难的问题,回答了这个问题,也就提出了具体的划类标准,我们将在第 6 章谈。

(二)词类划分标准问题

被用来划分词类的标准主要有词义、词的形态和词的语法功能三种。

根据词义划类有两种情况。一种是纯粹根据词义划分词类,40 年代初的两部重要语法著作《中国文法要略》(吕叔湘)、《中国现代语法》(王力)不约而同地根据词义划分词类。根据词义划分词类有两个致命问题:1、词义与词的语法性质并不完全对应,根据词义划出的词类与句法的关系不大;2、词义本身不可明确观察,因而难以操作。另一种是根据词的意义划分出词类,但又根据词在句中的位置判断其转类,如马建忠《马氏文通》、黎锦熙《新著国语文法》。这样处理,实际上有两个词类系统,一个词类系统根据词义划出,另一个词类系统根据句法成分划出。既然可以根据句法成分划出第二个词类系统,根据词义分出的第一个词类系统也就成了多余,而根据句法成分划出的词类系统由于把词类同句法成分一一对应起来,结果得出词无定类的结论。

在一些形态丰富的西方语言中,可以根据形态来划分词类,但汉语中缺乏形态,不可能根据形态划分词类。50 年代初高名凯把形态看作词类的本质,得出汉语无词类的结论。

陈承泽(1922)指出"字类之区分形式上无从判别,是故字类不能从其字定之,而只能从其字所居之文位定之",金兆梓(1922)指出"中国文字的字形上,不能表词性的区别,是全靠位置区别的",即根据语法功能定词类,但并未提出具体的划分标准和操作程序,而且由于把词类同句法成分一一对应起来,不得不采取词类活用的说法,使得词类流动不居。陆志韦《北京话单音词词汇》(1938)提出有两种结构关系:一、附加的关系:红花(附加者＋被附加者);二、接近的关系:吃饭(接近者＋被接近者)。这两种结构关系规定了三种基本词类:占据被附加者或被接近者位置——名词,占据接近者位置——动词,占据附加者位置——形容词。这相当于根据句子成分定词类,由于词的多功能性,若严格贯彻这种方法,势必造成词无定类的局面。在文法革新讨论中,首次明确提出根据词的全面语法功能划分词类:方光焘提出根据广义形态划分词类,广义形态就是词的结合能力;陈望道借鉴索绪尔的组合关系聚合关系理论,提出根据词的配置关系(即组合关系)划分词类。但只是理论上讨论,没有提出一套具体的操作标准。赵元任《国语入门》(1948)首次系统利用语法功能划分词类,提出一套操作标准,比如名词是可以受数量词组修饰的词,动词是可以受"不"修饰、后面带"了"的词。赵元任(1968a)更为全面地根据语法功能给汉语的词类作出了系统的划分。朱德熙(1960,1982b,1985a)多次强调,划分词类的本质依据是词的分布,不仅汉语如此,别的语言也如此。由于缺乏形态,汉语中只能以词的语法功能划分词类,这个认识在50年代的汉语词类问题讨论后更加统一。但是由于词类同语法功能之间的关系是复杂的,如何根据词的语法功能鉴别词类就成了突出的问题。问题的实质还是词类同句法成分的关系问题:词类同句法成分是一一对应的还是复杂对应的,若是一一对应的,那么名、动、形的几乎所有成员都是兼类;若是复杂对应的,复杂到什么状况?一种观点是,只要是同一个概括词,在任何位置上都属同一词类,这样实际上没有词义相同的兼类词。这两种极端的意见现在几乎没有人接受,多数人的意见处在两种极端之间:词类同句法成分的关系既非一一对应的,也非在任何位置上同一个概括词的词性都不变。

接下来的问题是,如何把词类与语法功能之间的对应关系确定下来？这个问题一旦解决,词类划分的标准问题也就解决。这个问题是目前汉语词类研究中的关键问题。然而 80 年代以来的汉语词类研究,大多是头脑中有了类的区分,然后找划类标准。由于缺乏明确的论证,在词的分类、归类和兼类问题上各方意见难以取得一致。

为解决词类同语法功能的关系问题,汉语语法学界作出了方法不同的尝试。一种路子是把词类看作原型范畴或模糊范畴,莫彭龄、王志东(1988)提出模糊聚类分析方法,史有为(1994)提出汉语词类的柔性处理方法,尝试用计算隶属度的办法来处理词类同语法功能的关系；袁毓林(1995,1998)从原型论观点来处理分布和词类的关系；卢英顺(1998)也尝试通过计算近似度的方法求得一个词的词类归属。这种方法的问题是仍无法对原型的确定加以论证,因而难以操作。

1.3.3 兼类词问题

兼类问题也是讨论较多的问题。是否是兼类词与三方面因素有关:1、词的同一性,2、是具有多种词类性质还是词类的多功能现象,3、采取何种划类策略。

关于词的同一性与兼类词的关系,一般的看法是,一个多义词的不同义项或同一概括词的不同用法属不同词类,都算兼类词,而意义之间无联系的同音同形词属不同词类,不算兼类词,是独立的两个词。徐枢(1991)、陆俭明(1994)认为,只有同一个概括词兼属不同词类才能叫兼类词,不同概括词属不同词类根本是两个词。实际上,把兼属不同词类的多义词看作兼类词,还是只把同一概括词看作兼类词,这只是名称问题,问题的关键是这些词只有一种词类属性还是具有多种词类属性。

我们认为,可以在较宽泛的意义上使用"兼类词"这一术语,为区分两种情况,可以把具有词义同一性的兼类词叫同型兼类词,把分属不同词类的多义词叫异型兼类词;狭义的兼类词指同型兼类词,广义的兼类词包括同型、异型两种兼类词。问题的难点在确定词的同一性本身上。如果不同概括词具有不同词类属性,必须看作不同词类;同一概括词具有多种词类属性则不一定要处理为兼类词,是否处理为兼类词,与采取何种划类策略有关。由于在判断词的同一性上的分歧,使异型兼类词的范围也产生差异。比如若认为"研究"在"研究问题"和"社会研究"中不同一,就应处理为动词兼名词,若认为"木头"在"木头断了"和"木头桌子"中不同一,就应处理为名词兼区别词(参看杨成凯 1991)。如何确定词的同一性讨论得不多,目前主要是凭语感,缺乏严格的操作程序,虽然多数情况下可以取得一致意见,但一些难点问题仍有较大分歧。

另一个难点是一个词在不同位置上是具有多种词类性质还是词类的多功能现象,这个问题与词类和语法功能的对应关系是相关的。朱德熙(1982b)认为,"社会调查"、"进行调查"中的"调查"与"调查问题"中的"调查"性质有别,后者可以带状语、补语等,是动词性的,而前者只能带定语,是名词性的。胡明扬(1996b)也对类似问题作了详细的考察。本书认为可以根据语法功能的相容性来确定功能与词类的关系,从而确定什么情况下是兼有多种词类性质,什么情况下是词类的多功能现象。

关于采取何种划类策略,朱德熙(1982b,1985a)、陆俭明(1994)有讨论。我们在第 7 章再详谈。

1.3.4 划类操作程序问题

80 年代以前的汉语词类研究,不大讨论划分词类的具体操作程序。80年代以来,不少学者注重词类划分的具体操作程序。石安石《汉语词类划分问题的再探讨》(1980)尝试逐层划分词类,一次只用一个标准,上一层采用比下一层更泛一些的标准,这些做法对严格划类标准、提高划类的可操作性都是一个进展。卢甲文(1982)、鲁川(1991)、陆俭明(1994)、高更生(1995)也都提出逐层划分操作程序。逐层划分比过去只有实词和虚词大类划分的做法更详尽地揭示了词类的层级性。本书借鉴分层划分的方法,但也为每一词类找出单层划分标准。

邢福义(1981)集中讨论了词的归类问题,提出直接判定、排他、类比等归类方法。

1.3.5 其他研究

除上面谈到的外,学者们还从不同角度对汉语词类作了研究。莫彭龄、单青(1985)统计了名、动、形三类词在实际语料中的语法功能,提供了有价值的统计数据。陈宁萍(1987)采用连续统模型分析动词向名词的漂移,李宇明(1996)、张伯江(1994)尝试从名词的空间性和动词的时间性出发,说明区别词的性质、解释词类活用,沈家煊(1997)根据Croft的标记理论讨论汉语形容词的主要功能,这些运用新理论的研究都富有启发性。胡明扬主编《词类问题考察》(1996)较全面地考察了汉语的词类问题,具有相当大的参考价值。

1.4 各章内容简述

本书的主要内容分为五个部分。

第一部分(第2章)讨论划分词类的前提问题,包括词的切分、词的同一性、现代汉语的内部分层。关于词的切分,可以根据词的两个基本特性——备用性和独立运用性——来区分词和词组。从备用性看,词应有长度和数量上的有限性;从独立运用性看,总的原则是:作为独立运用的单位,词与词的组合规则与语素和语素的组合规则有不同,可以根据两者的差异来切分词。

现代汉语是一个不同质的系统,由不同层次的成分混合而成,对现代汉语内部分层作出分析,我们就可以较好地处理这类现象。现代汉语主要有历史层次和领域层次两个方面的层次。语言在不同历史层次和领域上语法系统会有差异,词的语法功能也会有不同,划类标准也应不同。划分现代汉语的词类应考虑这些层次的不同,对不同层次的成分分别对待。

词的同一性的确定涉及一个词是否具有某种语法功能,因而会影响到归类的结果,所以确定词的同一性是词类划分中应首先解决的问题之一。关于词的同一性,要区分成分义和结构义、词汇化的转指和句法化的转指、词汇化的转指和词汇化的自指,区分构词、构形和句法现象。

第二部分(第3章—第7章)讨论词类划分的理论问题。第3章讨论划分词类的可能性和目的,指出词在组合中不是随机排列的,而是有序的,这种有序性体现为语法位置对词语的选择限制,不同的语法位置允许进入的词是不同的。这就表明,词语本身的性质有不同,我们可以根据词的性质的不同把词分成不同的类。从自然分类的角度看,词类是在句法结构中总结出来的,而不是为讲语法的方便预先人为设定的。划分词类的目的是揭示词本身的性质,建立一个词的通用参照系统。换句话说,我们认为语言是有条理地组织起来的,语言中存在独立于语言学家的自然秩序,而不是杂乱无章的。词在这种自然秩序中都有自己的位置。

第4章讨论词类的本质是什么。自美国描写语言学形成以来,普遍认为词类是分布类,分布相同的词形成一个词类,这里的"分布"有三种可能的情况:1、单项分布,2、总体分布,3、部分分布。无论是什么意义的分布,认为词类是分布类的观点都不能自圆其说。突出的问题是,不能根据分布特征本身回答为什么选取这些分布特征而不选取另一些分布特征作为划类标准。如果不考虑分布以外的其他因素,要纯粹根据分布特征划类,实际上无从下手。我们认为,词类从本质上说不是分布类。根据分布划分词类,实质是根据语法位置对词语的选择限制划分词类。一定存在某种依据作为选择限制的条件,那么,这种选择限制的依据是什么呢?我们认为,词的表述功能和语义类别是制约词的分布的内在原因。分布和形态一样,只是词类性质的外在表现。词类大类(体词、谓词、体饰词、谓饰词)的区分的内在基础实际上就是指称、陈述、体饰、谓饰这样的表述功能的区分,词类之间的分布差异、形态差异无非是表述功能差异的外在表现。表述功能可以区分为内在表述功能和外在表述功能两个层面,词性也分成词汇层面的词性和句法层面的词性。句法组合与其说是词类的序列,不如说是表述功能的序列,语法位置对词的选择限制的依据就是词的表述功能。表述功能就是谓词性、体词性、饰词性这样的词性的本质。

动词、形容词、状态词、名词、量词、方位词、区别词、数词、数量词等这样的基本词类本质上是语义类别-语法功能的结合体的类,只有当词的语义类别与句法分布的差异吻合时,才有分出一个词类的必要。因此,在基本词类层次,词类的本质是语义类别-语法功能结合体的类。

表述功能是词语的表义模式,语义类别是范畴化的语义,两者可归为语法意义,因此可以说语法意义的制约词的分布的内在原因。

第5章讨论划分词类的标准。一种因素要作为划分词类的标准,需满足能反映词的词类性质、可以观察、具有全面性三个条件。从理论上说,词的形态、词的功能、词的语法意义或内在表述功能都可以作为划类标准。但在汉语中只有语法功能(词的分布)才满足这些条件,可以作为划分词类的标准。

词所占据的语法位置是词的分布。词占据某一特定语法位置的能力是词的一个语法功能。有两方面因素规定着成分的分布：1、直接成分间的语法关系及由此规定的直接成分的语法关系角色。2、两直接成分所组成的结构整体能出现的更大环境。语法功能有不同的概括水平，占据以鉴定字和词类为环境规定的语法位置的能力是较具体的语法功能，做句法成分的能力是较抽象的语法功能。我们可以根据词的分布特征推断词的词类性质。词的语法意义是制约词的分布的主要内在原因，词的语法意义基本上决定了词的分布，尽管分布不是词类的本质，但属于同一词类的成员有大致相似的分布。分布和形态一样，只是词的语法意义的外在表现。也就是说分布和词的语法意义之间有"反映－表现"关系：分布反映了词的语法意义，词的语法意义表现为分布。可以根据词的分布反映出的词类性质对词进行分类。

但分布同词类的关系是错综复杂的，表现在以下方面：一、并非只是词类性质决定词的分布，词的词汇意义、语用因素、构词方式、韵律特征等都有可能影响词的分布。二、有一些语法位置反映了相同的词类性质，这样的分布差异不能反映词类性质的差异。比如说"很～"和"～极了"实际上对进入的词语要求相同，两个词在这两个功能上的差异不反映词类性质的不同。三、有一些语法位置可能允许多种词类性质进入。比如主语位置上既可以出现名词，也可以出现动词、形容词、区别词等，谓语位置上可以出现动词、形容词、状态词，也可以出现名词等。因此，词的分布并不能完全决定词类性质的推断。我们既要依赖词的分布推断词类性质，又要通过一些手段排除影响词的分布的非语法意义因素以及词类性质与语法位置的不完全对应带来的干扰，在词类性质与词的分布的错综复杂的关系中寻找到词类与分布的对应关系，从而根据分布合理而有理据地划分出词类。

第6章讨论如何根据分布划分词类。并非任何分布上的差异都反映了词类性质的差异,不同的功能对于不同的词类,具有不同的划类价值:有的是区别性的,有的是非区别性的。因此,不能把一个词类的所有功能等量齐观,同等看待,我们只选择那些区别性功能来划类。可以利用功能的相容性及相关规则来确定功能的划类价值,以此找出具有区分词性作用的功能,从中选择划类标准。功能的相容性(compatibility)指同一批词共有两个或多个语法功能的性质,比如能做主语的词也能做宾语,反过来能做宾语的词也能做主语。而另一些功能之间相容性极小,如"不~"和"〈数〉~"。具有较大相容性的功能往往反映了这两个不同的语法位置对词语的选择限制相同,反映了共同的词类性质,因而是等价功能;相容性较小或无相容性的两个功能反映不同词类性质,一般是异价功能。等价功能具有传递性,如果把一种语言中的等价功能分别聚集成束,也就找到了词类与语法功能的对应关系,一个等价功能束就代表了一个词类。

第7章讨论兼类词和"名物化"问题。同一概括词具有多种词类性质不一定都处理为狭义兼类词,是否处理为狭义兼类词与划类策略有关。在汉语词类划分中,主要采取:1、同质策略(以词类性质为出发点,平等考虑一个概括词的所有词类性质,使分出的词类与词类性质一一对应,若一个概括词有多种词类性质,则处理为兼类词);2、优先同型策略(以概括词为出发点,优先考虑某些词类性质,兼有多种词类性质的词不处理为兼类词,而处理成优先考虑的词类,使词类与优先考虑的词类性质对应)。汉语词类问题的不少争论实际上都是由各自所持的划类策略不同引起的。策略只有好与不好之分,没有对与错之分。选择哪一种划类策略最好,要结合具体情况作通盘考虑。选择划类策略主要考虑以下两个因素:(一)词类的简单性:类的总数应尽可能少;狭义兼类词总数应尽可能少。(二)句法规则的简单性:划归同一词类的不同词的语法功能应尽可能单一。这两方面因素恰恰是矛盾的,考虑了词类的简单性就往往破坏了句法规则的简单性,照顾了句法规则的简单性又常常会破坏词类的简单性。因此选择划类策略时,应综合考虑这两方面因素,使两方面的总代价降到最低限度。具体原则是:

1、如果兼有两种词性的词的数量大或能找出条件(即能用规则控制),则采取优先同型策略,否则采取同质策略。这是因为,如果兼有两种词性的词数量大而采取同质策略,会造成大量兼类词,虽然在句法规则的简单性方面会得到好处,但在词类的简单性上代价太大,在句法处理前不得不鉴别大量兼类词,而一旦兼类词鉴别出现错误,句法处理也会跟着发生错误。

2、如果兼有两种词性的词数量少,采取优先同型策略虽然在词类的简单性上得到一些好处,但在句法规则的简单性上损失太大,因为需要增加句法规则来处理体现兼类词性的用法,而采取同质策略会使句法规则简单,而在词类的简单性上的损失不大。所以,考虑总代价,一般宜采取同质策略。但如果兼有其他词性的用法可以找出条件,可以用规则控制,那么也最好采取优先同型策略。

以此为据处理汉语兼有动词性和名词性的词,那么应按优先同型策略不处理为兼类词,而处理为动词。

"名物化"的实质有两种情况:1、外在表述功能的指称化、句法层面的名词化。仍具有动词、形容词的一般特征,词汇层面的词性未变。2、一些兼有动词性(或形容词性)和名词性的词在主宾语位置上体现名性。做主宾语时不再具有动词的一般特征,而具有了名词的一般特征,可以看作内在表述功能发生了变化,也就是说词汇层面的词类性质实际上已经变化,只是我们按优先同型策略没有处理为兼类。

第三部分(第8章)提出一套具体的汉语词类的划分标准并对汉语的20个词类进行描写说明。

第四部分(第9章)对汉语词类问题作统计研究,目的是为本书提出的词类划分理论和具体划分标准提供材料上的支持和实际语料的验证。

9.1 讨论词频与词的语法功能的相关性。发现对于某一类词而言，有些功能与词频正相关，有些功能与词频负相关或无显著相关。而兼类词数量也与词频呈正相关，因此可以断定那些与词频负相关或无显著相关的功能就是这个词类的本职功能，那些与词频正相关的功能就是这个词类的兼职功能。

9.2 用统计方法考察一些非语法因素对分布的影响，包括音节数对分布的影响、VO 格构词对动词功能的影响。

9.3 统计考察词频与各类词数量的相关性。除名词、状态词外，其他各类词数量都与词频正相关（拟声词、叹词由于词数太少，不予考虑），其中除动词、形容词、区别词、处所词外，都达到显著水平临界值。名词和状态词与词频负相关，虽然没有达到显著水平，但其变化趋势仍较明显。这表明，除名词、状态词外，动词、形容词、区别词、副词、数词、数量词、时间词、处所词、方位词、虚词等基本集中于常用词中，而非常用词中，主要是名词。

9.4 统计考察各词类在语料中的实际分布。句法成分与词类虽无简单的对应关系，但优势对应十分明显，只有定语是例外。此外，我们也注意到，一个词类的总体功能频率与其中部分词的功能频率可以相差很大，也就是说，存在功能的不平衡现象。由于功能不平衡现象的存在，根据主要功能划分词类必然会导致划类的混乱。

第五部分（第 10 章）从词类类型学视角分析汉语的词类系统。阿姆斯特丹词类模型用陈述短语的核心/修饰语、指称短语的核心/修饰语这四个语法位置，对应于动词/副词、名词/形容词，并通过这四个位置的词项是否分化，把词类分为刚性和柔性的不同类型。汉语的词类既有刚性的特征，又有柔性的特征。汉语的柔性主要体现在区别词性与体词性、谓词性的分化度非常低,只有 2.01%,汉语缺乏独立的区别词性的饰词。而汉语谓词和体词的分化度非常高,达到 93.85%。这些柔性词的处理是汉语词类划分的难点。其中,最具争议的是名词和动词的界限和关系。兼有名词性的动词是少数(23%)。而做一般主宾语时,由于还具有动词的基本特征(受"不"修饰、带宾语、带主语、受状语修饰等),因此不能认为具有名词性。

从类型学角度看,形容词是一个分歧较大而语法功能不太稳定的词类,因而对形容词的性质的认识和分类也就容易产生分歧。我们从形容词的语义基础——属性出发考察属性词的语法性质。属性词的语法性质主要在饰词性和谓词性两种典型类型之间竞争,而汉语属性词的语法性质处在两种典型类型之间,程度性的属性词编码为谓词,非程度性的属性词编码为饰词。由于程度性属性词是形容词的核心词,因此,我们仍把汉语谓词性的属性词叫形容词,而把饰词性的属性词归为区别词。

1.5 本书的方法和主要结论

1.5.1 本书的方法和主要观点

我们认为,词类从本质上说不是分布类,因而试图通过寻找对内有普遍性,对外有排他性的分布特征来划分汉语词类的做法难以成功。从本质上说词类大类(体词、谓词、饰词)是表述功能类,基本类(名词、量词、动词、形容词、状态词、数词、数量词……)是词的语义类别和语法功能的结合体的类。

在词类划分的操作上,本书通过计算语法功能之间的相容度的办法揭示语法功能同词类之间的关系。本书认为,有些语法功能之间具有相容性,比如能做主语的词也能做宾语,反过来能做宾语的词也能做主语,有较大相容性的不同语法功能反映了相同的词类性质,在与词类的对应关系上是等价的,可以捆在一起,一束等价功能实际上就是一个词类的区别性功能,找出了所有词类的区别性分布,实际上也就基本上把所有的词分成了不同的类。我们认为,这种方法使得词类划分朝着可论证的方向走了一步。

1.5.2 本书词类体系概貌

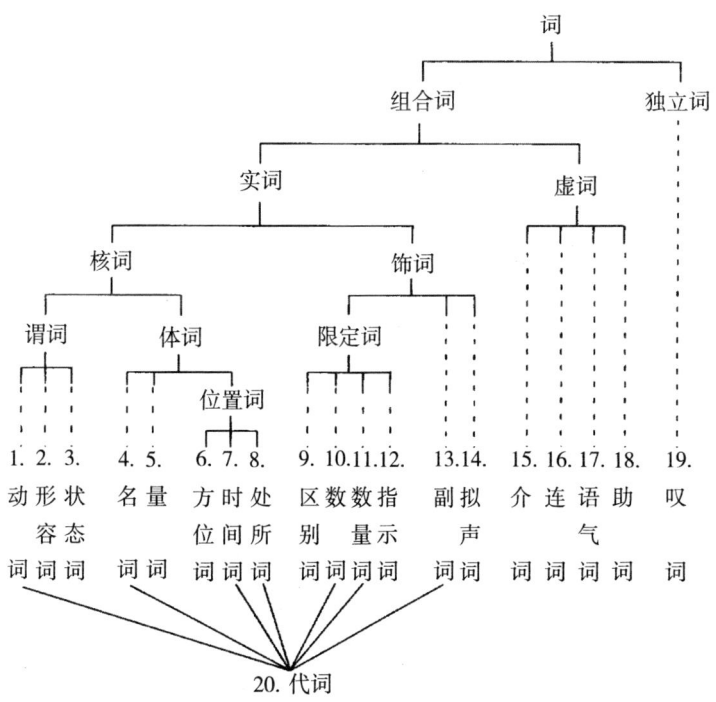

图 1.5－1　"现代汉语词类研究"系统简介

按层级划出词类,基本词类共 20 个,其中 19 类根据语法功能划出,代词是特殊类,不是根据语法功能划出的,在功能上分别相当于动词、名词、时间词、处所词、数词、数量词、副词。各类举例如下:

1、动词:吃、洗、跑、休息、想、病、坐、有、是、来、能、可以、完成、思考……

2、形容词:高、短、大、晚、干净、认真、伟大、不幸、有趣、可笑、结实、相同……

3、状态词:雪白、甜丝丝、黑咕隆咚、轰轰烈烈、优良、酷热、瘦高、皑皑、旖旎……

4、名词:石头、文化、国家、人民、船只、时间、钟头、长江、泰山、孔子、学校……

5、量词:个、张、斤、次、天、年、分、点、些、种、团、滴、杯、瓶、批、套……

6、方位词:前、上、里、左、南、下面、后头、以前、周围、旁边、附近、对面……

7、时间词:今天、去年、上午、刚才、过去、春节、正月、最近、拂晓、星期天……

8、处所词:当地、街头、门口、野外、一旁、乡下、民间、原处、远处、基层、头里……

9、区别词:高等、公共、亲爱、民用、日常、随机、袖珍、现行、野生、业余、男……

10、数词:一、二、两、三、五、十、百、千、万、亿、半、几、数、多、诸……

11、数量词:一切、大量、不少、所有、大批、部分、个把、少许、俩、片刻、许久……

12、指示词:这、那、每、其他、任何、另、唯一、上、下、前、后、头……

13、副词:很、都、只、也、又、就、不、赶紧、常常、正在、亲自、难道、究竟……

14、拟声词:啪、叮当、哗啦……

15、介词:把、被、从、对、在、按照、比、跟、向、由、凭……

16、连词:和、或者、并、而、不但、而且、虽然、但是、即使、况且……

17、语气词:吗、呢、啊、吧、来着、罢了……

18、助词:了、着、过、的、地、得、所、等、似的……

19、叹词:啊、唉、喂、哎哟、哼、哎呀……

20、代词:我、你、他们、谁、什么、哪里、几、多少、怎样、怎么样、这儿……

第 2 章　与词类划分有关的基础问题

2.1　词的切分

关于词的切分,这里不作全面讨论。

汉语中,词与词组的界限难以划分,不少学者提出词与词组的连续性[①]问题(参看王洪君 1994,沈阳 1996)。但也许不应强调词和词组的连续性,而应强调词和词组尽管难以划清,但还是有比较明显的界限。

要切分词,需认识词的性质。从功能上看,词是最小的造句单位。从性质上看,词是最小的独立运用的语言成分。

词具有以下三个性质:

1、完整性(integrity):词作为一个整体,原则上不能拆开或残缺。

2、独立运用性:作为造句单位,词与其他语言成分发生临时的组合关系或单说,而不是与其他语言成分发生固定的组合关系。

3、备用性:词是语言使用的备用单位,是存储于词库中的现成单位,而不是临时生成的语言单位。

从词的性质出发,可提出以下三方面的原则来确定词。

(一)完整性原则

[①]　实际上,词根相互组合构成的复合词与词组的界限不光在汉语中难以切分,在英语这样的语言中也有困难,比如可以看到 airmail 和 air mail 两种写法,在同一部词典(Webster's Ninth New Collegiate Dictionary, Merriam-Webster Inc.)中,平行的一对成分处理不同:full moon(满月) / half-moon(半月),back stroke(仰泳) / breaststroke(蛙泳),morning coat(大礼服) / tailcoat(大礼服),water buffalo(水牛) / watermelon(西瓜)。

词具有完整性,原则上作为一个整体不能拆分或残缺。完整性原则可由以下两条标准来表述:

1、扩展性标准

词一般不可扩展。原则上,一个可扩展的片段是词组,一个不可扩展的片段是词。

可扩展: 　　手疼→手很疼　　手上→我的手/上

不可扩展(词): 　肉麻→*肉很麻　　身上→我的/身上

"手疼""手上"可扩展,是短语;"肉麻""身上"不可扩展,是词。

2、整体性标准

词一般不可残缺。原则上,一个可残缺的片段是词组,一个不可残缺的片段是词。

可残缺:　　急性肠炎和慢性肠炎→急性和慢性肠炎

　　　　　　火车上汽车上→火车汽车上

不可残缺:　火车和汽车→*火汽车

　　　　　　桌子椅子→*桌椅子

　　　　　　地上身上→*地身上

"急性肠炎""火车上"可残缺,是短语;"火车""桌子""身上"不可残缺,是词。

(二)透明性原则

作为临时组合单位,词与其他成分组合时应具有结构、功能和意义的透明性,而词内部语素间常是不透明的。透明性原则表述为以下三条标准:

1、结构透明性标准

词与词或短语组合时,结构是透明的;词内部语言间的结构可能是不透明的。结构的透明性具体表现为:

(1)结构关系能否看出。内部结构关系不明的片段一般是词。

结构关系能看出:新书、桌子椅子、吃完;白菜、提高(短语)。

结构关系不明:天真、个别、若干、冬烘、将就。(词)

(2)结构关系类型是否存在于典型的词组中或与典型的词组是否相符。

不存在于典型的词组中:纸张、船只、马匹、人口(词)。

与典型词组的结构类型不符:枣红(名+形=定中偏正)(词)。

以上两种情况应视为词。

(3)是否发生结构的重新分析:

发生结构的重新分析的片段应视为词:等于、善于、所以、不仅、毫不、之一、之前、加以、有所。

2、功能透明性标准

功能透明指某种组合方式的片段与相同组合方式的典型词组在功能上相同。功能不透明的片段应视为词。

功能透明:手疼→*很手疼　很新→*很新衣服　加水→*加水杯子

功能不透明:头疼→很头疼　很多→很多衣服　加工→加工木材

"手疼""很新""加水"的功能是透明的,是短语;"头疼""很多""加工"功能不透明,是词。

3、意义透明性标准

意义透明指整体的意义能由组成成分的意义推知。一个意义不透明的片段应视为词。

意义透明:白鞋、白云、白发(短语或词)。

意义不透明:白菜、痛快、丈夫(词)。

(三)有限性原则

作为备用单位的词在数量和长度上应有限。

有限性标准:长度及同类成分的数量无限的片段应视为词组。

"三千二百四十五"这样的片段在长度上可以无限扩充,同类成分数量无限,原则上应视为词组。

2.2 现代汉语的内部分层

要标注词性,就应首先对一个成分是否成词作出区分。但一个成分是否成词有时不容易说清。吕叔湘(1979)指出,有些成分是否成词比较好说明,但有些成分就比较复杂,比如"叶"一般不单用,但在植物学中可单用,"时"在说话时不单用,但在文章中可单用,如果承认"叶、时"是词,那么就抹杀了一个重要事实:这些语素在一般场合是不能单用的。此外,一个词到底是什么词类,有时在不同的场合有差异,比如"杯"在口语中应看作量词,但在书面上又可作为名词(如"杯中");"金"在日常口语中是区别词,但在科技语言中是名词。过去把现代汉语看作一个同质的系统,因而,碰到这种现象无法处理。实际上,现代汉语是一个不同质的系统,由不同层次的成分混合而成,这类现象是现代汉语的内部分层造成的,对现代汉语内部分层作出分析,我们就可以较好地处理这类现象。

现代汉语主要有**历史层次和领域层次**两个方面的层次(或说是两方面的系统)。

现代汉语书面语实际上是不同历史层次的混合体,其中主要可以分出两个层次(系统):**现代白话层次和文言层次**。现代书面汉语以现代白话为底子,夹杂一些文言的说法。文言层次在现代书面汉语中主要表现为下面两种形式:

(一)夹杂于现代白话底子的文言词。如"国(国内)、校(校内)、时(来时)、战(战前)、该(该同志)、本(本校)、于(生于北京)、虽(虽有困难)、皑皑、旖旎"等。

(二)夹杂于白话底子的文言用法。有些词虽属于现代白话层次,但仍可有文言用法,如:

(1) 在一个"关于儿童对物体运动速度"的认知研究中,实验人员让儿童比较两个小汽车运动的速度是否一致(事实上两车运动的速度是一致的),其目的是要看看儿童是怎样理解求速度的公式的。(《儿童的心理世界》,方富熹、方格主编,北京大学出版社)

(2) 一些人纪律和全局意识淡化,搞上有政策、下有对策,有令不听,我行我素,导致小团体主义和无政府主义滋长。(《人民日报》1995年6月27日)

(3) 于1993年8月8日举办新兴公司成立两周年的盛大庆典,宴开137桌,发给与会千余来宾每人288元的"红包"。(《人民日报》1995年12月4日)

例(1)中的"车"是现代白话层次的词,但这里直接受数词修饰,是一种文言用法;例(2)中的"上、下"也是现代白话层次的词,在这里单独做主语,是文言用法。例(3)中位数词"千"前不带系数词,是文言用法。

文言层次的成分主要出现于韵文、标题、四字格和其他对举格式、单音节方位词"前、后、内、外、中"等的前面、军事语体、新闻语体、公文语体、科技语体。

不同历史层次内的成分在语法上有三方面可能的不同:

1、成词与否。如"时、国、校、敌、鸭、应、该、置、共、均、与、于、之"在现代白话层次不成词,但在文言层次成词,如:

(4) 冷战结束后,西方国家在对外政策中突出了经济因素,在处理国与国①关系时,对本国经济利益的考虑往往多于对政治的考虑。(《人民日报》1995年1月1日)

(5) 十多年来,该校共培养了2.7万名干部,超过了同期该校普通高等教育培养的人数。(《人民日报》1995年1月4日)

---

① 这里文言层次的"国"和文言层次的"与"是相互配合的,若用现代白话层次的"和"替换"与",说成"在处理国和国关系时"就不成话了。

(6) 左手一只鸡,右手一只鸭。(歌词)

(7) 运用观察法时,应使被观察者始终处于日常教学或生活的情景之中,尽量避免外来干扰。(《儿童的心理世界》,方富熹、方格主编,北京大学出版社)

(8) "抓两头",就不能一头热,一头冷,更不能"嫌贫爱富",置贫困村于不顾。(《人民日报》1995年1月4日)

(9) 他先以一部兵力围攻徐水,伺机诱歼来援之敌。(《人民日报》1995年4月28日)

2、语法功能。即上文所说的夹杂于白话底子的文言用法和一般用法的不同。

3、词类。例如"杯、盘、拳、口"在现代白话层次属量词,如"一杯酒、一盘菜、打一拳、咬一口",但在文言层次属名词,如"杯中、盘中、挥拳、口中"。"依然"在现代白话层次属副词,如"国际形势依然不稳定",但在文言层次属状态词,如"风采依然"。

领域层次主要可区分日常语言层次和专业语言(包括科技语言)层次。比如"叶、鳄"在日常语言层次不成词,但在生物学语言中成词;"胸、肩"[1]在日常语言层次不成词,但在生理学、医学语言中成词。又如"金"在日常语言层次属区别词,但在科技语言层次属名词;"热"在日常语言层次属形容词、动词,但在科技语言层次可以属名词。

对于这些在不同层次成词性以及词性有差异的词,有的词典只承认通用层次(现代白话和日常语言层次),只要通用层次不成词则按语素处理,只标注通用层次所属词类[2];有的词典则是通用层次和特殊层次都承认,但不加区分[3]。这两种处理都把问题简单化了,最好的处理办法是不同层次的成分都承认,并且标明其所属层次。比如现代白话层次和日常语言层次的成分不加标记,但给文言层次和专业语言层次

---

[1] 专业语言层次常取文言成分,"叶、鳄、胸、肩"在日常语言的文言层次也是成词的。
[2] 如《现代汉语学习词典》。
[3] 如《现代汉语用法词典》。

的成分加标记,如"国:[文言]〈名〉"、"口:❶量词;❷[文言]〈名〉"、"金:❶〈区别〉;❷[化学]〈名〉"。

语言在不同历史层次和领域上语法系统会有差异,词的语法功能也会有不同,划类标准也应不同。划分现代汉语的词类应考虑这种历史层次的不同,对不同层次的成分分别对待。最理想的处理方案是把两个层次完全分开,分别为两个层次制定一套划类标准。但现代白话层次和文言层次之间的界限并不十分清楚,要完全分清两个层次有一定困难,而且两个层次之间在语法上还是同大于异,此外我们这项研究的目的就是划分现代汉语书面语和口语中出现的所有的词,因此我们把现代白话层次和文言层次放在一起考虑,制定一套划类标准,如:满足"数～∧*主宾"才是量词。

2.3 词的同一性

2.3.1 个体词和概括词

词的每一次出现都是一个例(token)(个体词);若干个个体词,如果语音形式和意义相同,可归并为同一个型(type)(概括词)。确定概括词实际上就是确定出现在不同地方的词是同一个词的多次出现还是不同的词,即确定词的同一性。分类的对象是型(type 概括词),因此,在分类前必须经过归并的手续,归并是分类的前提(参看朱德熙、卢甲文、马真 1961)。

我们说划分词类是对概括词进行分类,是指以概括词为单位进行分类。因此处于不同语法位置上的个体词如果是同一的,那么所有这些功能应看作同一个词的不同功能;如果是不同一的,则应看作不同概括词分别处理。

词的同一性的确定涉及一个词是否具有某种语法功能,因而会影响到归类的结果,此外词的同一性的确定还会影响到收词,所以确定词的同一性是词类划分中应首先解决的问题之一。比如若认为"木头桌子"中的"木头"与"买木头"中的"木头"不同一,则会处理为名词兼形容词(非谓)。

2.3.2 几个案例分析

确定同一性的原则是同音同义,但尺度如何掌握,却是一个难题。下面就跟词类划分有关的几种情况的同一性确定问题作一些说明。

(一)成分义和结构义

在确定意义的同一性时,应区分词本身具有的意义(成分义)和结构带来的意义。有些书上认为,"他死了"和"他死了父亲"中的"死"意义不同,因而看作两个概括词,前者是不及物动词,后者是及物动词。在我们看来,"他死了"和"他死了父亲"的意义差别不是"死"本身带来的,而是整个结构带来的,两个"死"是同一个概括词。

那么如何鉴别某种意义是词本身的意义还是结构带来的意义?我们的标准是:成系统并能类推的是结构义,否则是成分义。比如"死"是一价变化动词,我们可以把其唯一的论元成分放在主语或宾语两个位置上,如上举"他死了"和"他死了父亲"两例,具有这种能力的不是少数,几乎所有的单音节一价变化动词和状态动词都能如此,如:

(10) a. 腿断了——b. 桌子断了条腿
(11) a. 眼睛瞎了——b. 他瞎了一只眼睛
(12) a. 钱丢了——b. 我丢了钱
(13) a. 第一段漏了——b. 漏了第一段
(14) a. 电线杆倒了——b. 倒了一根电线杆

以上五例的"断、瞎、丢、漏、倒"在 a、b 两组中应分别视为同一概括词。

又如:

(15) a. 他很高——b. 他高我一头
(16) a. 他很小——b. 他小我两岁
(17) a. 他很大——b. 他大我半岁
(18) a. 他很矮——b. 他矮我一寸

例(15)—(18)"高、大、小、矮"在 a、b 两组中有成系统的差别，b 组中的比较意义应看作由结构带来，不是"高、大、小、矮"本身具有的。两组中的"高、大、小、矮"应分别看作同一概括词。

下面再分析一组例子：

(19) a. 文化生活丰富——b. 丰富文化生活
(20) a. 思想统一——b. 统一思想
(21) a. 制度完善——b. 完善制度
(22) a. 关系密切——b. 密切与群众的关系
(23) a. 队伍壮大——b. 壮大队伍
(24) a. 生活充实——b. 充实生活

从上面的例子看，似乎"丰富"一类词在 b 组中的使动意义是成系统、可类推的，应看作结构带来的意义，即这类词用于"～〈宾〉"环境中时有"使动"义，把"使动"义归结为"形容词＋宾语"这个构式带来的意义。但只要扩大一下考察的范围，就会发现三个事实：(一)有所谓"使动"用法的形容词只是极少数；(二)有很多与"丰富、统一"一类词同义或近义的形容词并无使动用法，如："丰盛、一致、完备、紧密、强大、实在"分别与"丰富、统一、完善、密切、壮大、充实"近义或同义，但无"使动"用法；(三)所谓"使动"义不仅出现于带宾语时，而且还可出现于其他场合，如"基础得到巩固"、"对制度加以完善"、"使《纲要》提出的原则不断得到丰富和发展"、"意见不能统一"，在这些场合中，"巩固、完善、丰富、统一"等的"使动"义只能看作这些词本身具有的，而不是结构带来的。因此，我们只得承认"丰富"一类词的"使动"意义是词本身具有的。

把"丰富"一类词的"使动"意义看作词本身的意义而不看作结构带来的意义还有一个理由，就是如果我们把"使动"意义看作结构带来的，那么就不得不承认在现代汉语中"使动"是一种句法手段,因而只能把"丰富、完善"一类词归为形容词,而不能处理为形容词和动词的兼类词,这就使句法复杂化;而事实上基本上没有人认为在现代汉语中存在"使动"这种句法手段。在处理词的同一性问题时,应做到与句法的协调,既然我们认为句法中不存在"使动"用法,那么就只能把"丰富"一类词的"使动"意义归结为词本身的意义。所以,例(19)—(24)a、b两组中的"丰富……充实"应分别处理成两个概括词。

(二)词汇化的转指和句法化的转指

"领导、导演、锁、铲、练习、报告、典型、内行"一类词有谓词和名词两种用法,其中"领导、导演"的两种用法间有行为和施事的关系,"锁、铲"的两种用法间有动作和工具的关系,"练习、报告"的两种用法间有行为和内容的关系,"典型、内行"的两种用法间有性质和主体的关系,即其中的名词用法从意义上看是指称,而指称的对象不是动作、行为或性质自身,而是与动作、行为或性质有关的别的对象,我们把这种指称用法叫转指。上述几个词的转指是一种固定用法,词典中应作为一个独立的义项,我们把这种转指叫词汇化转指。由于词汇化转指是一种固定的用法,因而应作为一个独立的概括词,与相应的谓词用法区别开。

与词汇化转指相对的是句法化转指,指某些词在主宾语位置上发生的临时转指。由于句法化转指不是固定的意义,我们把句法化转指用法和相应的非转指用法处理为同一概括词。如:

(25) a. 很大/很小——b. 有大有小
(26) a. 很肥/很瘦——b. 有肥有瘦

例(25)b中的"大"、"小"指大的东西、小的东西,例(26)b中的"肥"、"瘦"指肥肉、瘦肉,都是句法的转指,我们把b组中的"大、小、肥、瘦"分别与a组中的"大、小、肥、瘦"归并为同一概括词。

谓词句法化转指在现代汉语中已很少见,但在古代汉语中很常见,例:

(27) 见贤思齐,见不贤而内自省。《论语·里仁》

(28) 然则小故不可以敌大,寡故不可以敌众,弱故不可以敌强。《孟子·梁惠王上》

(29) 失所长则国家无功,守所短则民不乐生。以无功御不乐生,不可行于齐民。《韩非子·安危》

(30) 将军身披坚执锐,伐无道,诛暴秦,复立楚国之社稷,功宜为王。《史记·陈涉世家》

(31) 今梁赵相攻,轻兵锐卒尽竭于外,老弱罢于内。《史记·孙子吴起列传》

现代汉语中较多的是饰词的句法化转指。如:

(32) a. 急性肠炎好治,慢性肠炎不好治　　b. 急性好治,慢性不好治
(33) a. 打一个长途电话　　　　　　　　　b. 打一个长途
(33) a. 许多苹果都坏了　　　　　　　　　b. 许多都坏了
(34) a. 没收一切财产　　　　　　　　　　b. 没收一切

例(32)、(33)b组中的区别词"急性、慢性、长途"和例(34)、(35)b组中的数量词"许多、一切"都是句法化的转指,分别与a组中的"急性、慢性、长途、许多、一切"归并为同一概括词。

(三)词汇化的转指和词汇化的自指

有些谓词同时还有指称的用法,但在意义上不发生转指,而是自指,即指称动作、行为或性质自身。如:

(36) a. 研究问题——b. 进行研究
(37) a. 答复对方——b. 给对方一个答复
(38) a. 收支不平衡——b. 保持平衡
(39) a. 很不幸——b. 遭受不幸

例(36)—(39)a组中"研究、答复、平衡、不幸"是谓词用法,b组是意义上自指的名词用法。这种自指是固定的意义,我们把它叫作词汇化自指。词汇化自指与相应的谓词用法意义我们处理为同一概括词。如例(36)—(39)中"研究、答复、平衡、不幸"在a组和b组中分别属同一概

括词。

虽然典型的词汇化自指和典型的词汇化转指区别明显,但词汇化自指和转指之间的界限仍是较模糊的。下面我们将具体说明两者的区分。

动作和指称用法之间的关系如下:

1、有动作和施事的关系,如"代表、领导、编辑、导演、指挥"。

2、有动作和工具的关系,如"锁、锯、铲"。

3、有动作和受事的关系,如"摆设、储蓄、花费、建筑、武装"。

4、有行为动作和内容的关系,内容指表现为具体的物质形态的东西或抽象的东西,如"通知、报告、补助、练习、要求、计划、忠告、根据、感觉、命令、建议、爱好、经历、定义、主张"。

5、有行为动作和来源、凭据的关系,如"区别、趋向、仇恨、依据、病、梦"。

6、名词性用法纯粹指行为动作本身,如"研究、调查、生产、解决、改革"。

以上六种情况中,前五种情况我们看作转指,处理为动词兼名词(参看第 7 章);第六种我们看作自指。

(四)构词、构形和句法现象

上面谈的是意义上引起的同一性问题。下面谈形式上的变化引起的同一性问题。

构形和构词概念是从印欧语研究中借来的。在印欧语中,词的形式的变化引起两种结果:

a.词的词汇意义变化:work－worker(附加),sing－song(内部屈折)。

b.词的语法意义变化(词汇意义不变):work－worked(附加),sing－sang(内部屈折)。

a 是构词,即词形变化构成了一个新词(派生词);b 是构形,即词形变化不构成新词,只是同一个词的不同词形,这就是词的形态变化。也就是说,a 中两个形式代表的成分不同一,应作为两个词看待;而 b 中两个形式代表的成分同一,应作为一个词看待。

一般认为汉语缺乏印欧语那样的形态变化,但还是有构形,汉语的构形主要是由重叠、附加(—子、—儿、—头、—化)来承担。但这些现象很可能既非构形也非构词,而是句法现象。所谓句法现象,是指形式变化可看作一种词和词的组合,比如"走+了"不是构词,也不是构形,而是句法组合现象。若是句法现象,那么原式和变式是同一概括词。我们从以下六方面来区分构词、构形和句法现象:

A. 是否有系统性:可在一定范围内类推。系统性并非只指数量大,在某种条件下大多有此变形的也算有系统性。

B. 是否有强制性:是否只要合条件就必须如此。

C. 是否具有功能同一性:变式的语法功能是否与原式相同或仍具有原式的基本功能。

D. 意义是否有成系统的差异:变式和原式相比,是否有成系统的意义差异。

E. 原式是否成词:英语中有"porter"(搬运工),但原式"port"(搬运)不成词。

F. 是否两个部分都成词:即主干和用来变形的部分是否都成词。

下面列表显示构形、构词和句法现象的区别。

表 2.3-1 构形、构词和句法现象的区别

	系统性	强制性	功能同一性	成系统的意义差异	原式成词	两个部分成词
构　形	＋	＋	＋	＋	＋	－
构　词	？	－	？	？	？	－
句法现象	＋		＋	＋	＋	＋

注:"＋"表示具有该项特征;"－"表示不具有该项特征;"?"表示对该项特征无要求,可以不具有,也有可能具有。

下面先分析重叠。重叠可能有三种:构形重叠、构词重叠和句法重叠。

张寿康(1985)列举了名、动、形、量、数、代各类词的构词法和构形法,认为动词、形容词、量词的重叠都是构形。下面用我们提出的六条标准分别分析。

1、动词重叠

动词的重叠有 ABAB 和 AABB 两种:

ABAB:商量商量,讨论讨论:有系统性,语法功能基本相同,但无强制性,两个部分都成词,因此不应看作构形,而应看作句法重叠。

AABB:a.比比划划,拉拉扯扯:无系统性,语法功能不同,是构词重叠。b.走走停停,说说笑笑:次序可变(停停走走),表示两个动作交替(或两个动作都发生),应看作"走"和"停"两个动词的重叠组合,这是句法重叠。

2、形容词重叠

过去把形容词的重叠式叫形容词的生动形式,看作同一性的。

形容词重叠可以说有系统性(不少形容词都可重叠)。但原式有不成词的,也不具有功能同一性:

a.原式和重叠式分别有不成词的:

原式不成词:堂堂正正,哩哩啦啦,风风火火,密密麻麻

重叠式不成词:胖胖,红红,圆圆

b.原式和重叠式功能不同。可以从两个方面说:

比较:	不～	很～	黏合式补	～补
干净	＋	＋	＋	＋
干干净净	－	－	－	－

形容词重叠后不再具有形容词的基本功能"很～",重叠式是状态词性质的。

另一方面,有些原式属其他词类:

原式是动词:比划、勾搭、跟跄、商量、溜达、哆嗦

原式是名词:疙瘩,枝节[①]

原式是副词:切实

原式是数量词:半拉

可见,状态词性的 AABB 是构词重叠。

此外,也有表示"或 A 或 B"意思的重叠:好好坏坏(意为"或好或坏")、大大小小(意为"或大或小")。是句法重叠。

3、状态词重叠

例子:雪白雪白、笔直笔直、通红通红、乌黑乌黑、喷香喷香

有系统性,功能相同(都是状态词性的),但没有强制性,两个部分都成词。应看作句法重叠。

4、量词重叠

例子:个个、条条、天天、次次

有系统性,语法功能有变,重叠式既有数量词功能,又有量词功能:

    量   数 量

一条条道路——九条道路 条条道路——九条道路

一次次摔倒——九次摔倒 次次都摔倒——九次都摔倒

           *摔倒次次——摔倒九次

但由于量词的基本功能还保留(可以受数词修饰),而增加的数量词的功能又不全,不看作构词重叠。由于没有强制性,两个部分都成词,应看作句法重叠。

[①] 指支支吾吾:[陈金福]枝枝节节,有点不敢说(洪深《五奎桥》);又指零零碎碎:我所爱的北平不是枝枝节节的一些什么,而是整个儿与我的心灵相黏合的一段历史。(老舍《想北平》)

5、数词重叠

例子：三三两两、千千万万、许许多多

数词重叠没有系统性,有一些功能变化,不能修饰量词(三三两两、许许多多),意义差异不成系统,应看作构词重叠。

6、名词重叠

例子：风风雨雨、方方面面、恩恩怨怨、条条框框、瓶瓶罐罐

无系统性,有些原式不成词(条框、瓶罐),应看作构词重叠。

7、方位词重叠

例子：上上下下、前前后后、里里外外、左左右右

有系统性,功能基本不变,但无强制性,两个成分都成词,是句法重叠。

8、副词重叠

例子：a.刚刚、常常、白白、早早、渐渐、悄悄、偏偏、隐隐约约、的的确确、陆陆续续

b.最最、永远永远、非常非常

a类不能类推,也没有统一的语法意义,有些原式不成词(悄),只能看作构词重叠。b类实际上根本不是重叠,而是重复,可以反复两次以上：非常非常非常非常好,永远永远永远永远不理你。重复既不是构词也不是构形,而是词的一种用法。

杨成凯(1991)认为词的重叠式不必作为词来归类,而不区分构词重叠还是句法重叠。句法重叠的确不必作为词来归类,但构词重叠应作为独立的词存于词库,参与词类划分。

附加的构形可以说在汉语中基本上不存在："X＋子、儿、头、化"是构词(竹子,尖子;兔儿,黄儿;石头,看头;液化,淡化),"X＋了、着、过、们"①是词组(参看陈保亚2000),是句法现象,但其作用相当于构形,考

---

① 除"为了、除了、人们、他们"等少数组合是词外,其他应看作词组。

察词的功能时,也可当作同一的单位看待(如"来了一个人"也看作"来"带宾语)。

(五)带"的/地"不带"的/地"问题

不少讨论词类的著作在考察词的语法功能时,把一个词带上"的"或"地"后的语法功能也算作这个词本身的功能。我们不采取这种办法。

从语法上分析,书面上的"的/地"可分析成副词后缀"的$_1$"、状态词后缀"的$_2$"和名词性成分的后附成分"的$_3$"(参看朱德熙1961)。一个成分是否带上"的$_1$"、"的$_3$",其语法功能可以很不相同。比如"逻辑、历史"原不能做状语,带上"的$_1$"后具有了做状语的能力,并且原有的做主语、宾语的能力消失;"急躁、狡猾、谦虚"本不能做状语,带上"的$_1$"后可以做状语了;而"吃、买、做"等加上"的$_3$"后不但语法功能发生变化,意义也发生很大变化。因此,在我们看来,一个词带上"的$_1$"、"的$_3$"与不带时完全是两个不同一的成分,不能把带上"的"后的功能算在这个词上。

"的$_2$"的情况较为特殊,一般情况下"的$_2$"前面的成分"X"与"X 的$_2$"的功能基本相同,都是状态词性的(如"干干净净"和"干干净净的")。只有当"X"是单音节形容词重叠式时与"X 的$_2$"性质不同,有两种情况:(a)"胖胖、红红、长长"一类单音节形容词不成词,而由此构成的"X 的$_2$"是状态词性的;(b)"好好、慢慢、大大"一类单音节形容词重叠式是副词性成分,而由此构成的"X 的$_2$"是状态词性的。我们的处理办法是,把"胖胖的"、"大大的"整个看作一个词,其中的"胖胖"一类单音节形容词重叠式看作非词,"大大"一类单音节形容词重叠式看作副词,与"大大的"作为不同概括词对待。其他"X 的$_2$"与前面的"X"当作一个概括词看待。

2.3.3 小结

划分词类为什么要谈词的同一性?根本原因是划分词类以概括词

为对象,体现在两个方面:

1、同一概括词的所有功能都是该词自己的功能,不能分割开作为不同单位。

2、不同概括词应分开来作为不同单位,分别考察其语法功能,不能合起来作为一个单位看待。

2.4 词的功能考察问题

2.4.1 功能考察所依据的材料问题

考察词的功能时,我们主要依据语感和1949年后的书面材料、当代有声材料(如广播、电影、电视中的语言材料)。个别词在1949年后的材料中较为少见,我们则把依据材料的时间上推至1912年以后。1912年以前的材料不作为考察词的功能的依据。

语言在不断变化,随时会产生一些新的用法和新词。如果新用法和新词使用较普遍、可接受性较强、较稳定,那么我们把这种新用法作为功能考察的依据,新词也适当收入;否则新用法不作为功能考察的依据,新词也不收入。如"投入"本为动词,不能受"很"修饰,但近年出现"很投入"的说法,词义与动词"投入"不同,使用较普遍、较稳定,我们据此把"投入"定为动词兼形容词。而"专业(专门从事某种工作或职业的)"只能做定语和带"的",是区别词,但近年产生"很专业"的说法,不过此用法并不普遍,也不稳定,给人一种活用的感觉,我们不把此用法作为功能考察的依据。"太业余了"也未固定下来,不作为功能考察的依据。

2.4.2 特殊用法的处理

语言中的词除了一般的用法以外,还会有一些特殊的用法。我们

以一般用法为功能考察的根据,特殊用法不作为划类根据。特殊用法包括以下几种情况:

(一)发生句法化转指时的用法。关于句法化转指,我们在前面已谈到。句法化转指是一种临时的用法,因而我们不作为功能考察的依据。

(二)明显可看作省略的用法。比如副词有时可做谓语,但明显可看作省略了中心语,我们不把做谓语看作副词的功能。(如"我不。""你赶快!")

(三)作为引用成分的用法。语言中的任何一个词语如果作为引用成分,其本身的功能就会改变,相当于一个名词,因此不能作为功能考察的依据。例如助词"的"本来不能做主语,但作为引用成分时可做主语,如"'的'是一个助词"。

(四)换算和运算表达中的用法。换算、运算表达由于用途特殊,自有一套表达方式,与日常语言的表达方式不同,我们也不作为功能考察的依据。如"两个五是十"、"把斤换算成克"。

(五)固定表达中的用法。固定表达已经凝固化,也不作为功能考察的依据。如不能根据"不男不女"断定"男、女"可受"不"修饰。"硬着头皮"也是固定表达,不能据此把"硬"看作动词。

(六)个别例外。其中有些是历史上的用法的遗留,有些来源不清楚。如"忽然之间"、"短期内"以及"很"做补语。

第3章 划分词类的可能性和目的

3.1 划分词类的可能性

3.1.1 汉语有无词类的争论

中国传统语言学不讲语法,当然也不讲词类。中国传统语言学中虽然有实字和虚字、动字和静字、死字和活字的区分,但这主要是词义的区分,并不是严格的语法学意义上的词类区分。中国汉语语法学中真正的词类划分始于马建忠的《马氏文通》(1898)。马氏借鉴西方语法学,把古代汉语的词类分为以下九种:名字、代字、动字、静字(形容词)、状字(副词)、介字、连字、助字、叹字。

但到了20世纪50年代,高名凯(1953)提出汉语(实词)没有词类的分别,引起一场争论。争论的起因是苏联学者康拉德(Конрад,Н. И.)的《论汉语》(1952)(见龚千炎1997)。康拉德认为:苏联的马尔(Mapp,Н.Я.)和西方语言学家马伯乐(Maspero,N.)、高本汉(Karlgren,B.C.)关于汉语是原始语言的看法不对,指出汉语词汇丰富,表现力强,是世界上最发达的语言之一。马伯乐认为汉语无语法范畴和词类,主要证据是汉语无形态,其他苏联学者和高本汉也有类似看法。康拉德反驳的出发点是证明汉语有丰富的形态,因而汉语有词类分别:

1、附加法:词头、词尾:一子、一儿、一头、一家(资本家);第一、无一(无条件地)、总一(总领事)、反一(反革命)。

2、重音:复音词中后一音节重为动词,前一音节重是名词(写字、道路)。

3、声调变化:内部屈折:好 hǎo(形)—hào(动)

4、语法形式的词汇化:

可能语态的分析形式:笑——可笑——可笑的,

被动语态的词汇化:拘留——被拘留——被拘留的

名词的格的形态:桥(МОСТ)——桥的(МОСТа)

臂(КИСТь)——用臂(КИСТью)

他(ОН)——给他(еМу)(与格)

动词的时的形态:来——来了　　来——要来

除了以上形态的证据外,句法标记也是汉语有词类的证据:句法标记就是词在句子中占有一定句法地位的能力。

康拉德的结论是:

1、现代汉语、汉民族语是以它的无比丰富的词汇著称的。

2、这种词汇是由形态学上形成的词构成的,而形成词的方法是多样性的。

3、汉语的词可以分成若干种词类。包含了一种语言所需要的一切概念。这些词类各有它的特殊的构词法。

4、词在话里头联结起来就表现出它的语法形式,这种语法形式在特征、意义上是丰富而多样性的。

5、汉语的句法构造有它自己的精确法则,句子里词跟词组的任何关系都可以由这些法则表现出来。

6、这种非常发达的词汇和语法构造使汉语能够表达出达到文化最高阶段的人民的任何意思。

高名凯支持马伯乐"汉语无词类"的观点,反对康拉德的观点。高氏(1953)的证明是这样的:

大前提:词类分别根据的是词的形态,

小前提:汉语实词没有形态(或没有足以分词类的形态),

结　论:所以汉语实词没有词类的分别。

高氏这样证明汉语没有形态:

1、附加不是形态:印欧语的形态的表现形式离不开词根。如拉丁语的 lego(我现在读书),legis(你现在读书),legit(他现在读书),都是词根和形态结合在一起,找不到独立存在的词根 leg-。拉丁语有属格:liber(书,主格)—libri(书的,属格),但法语用前置词 de(de le livre,书的)。而 de 不是格,因为它和 livre 是可分离的。汉语的附加成分(着、们、的)也是这一类成分。

2、声调变化也不是形态:声调变化并不是起分别词类的作用,只是分别不同的意义。如"好、钉、背"。

高氏总结说,认为汉语有词类,有四条理由,而这四条理由都不成立:

(一)认为汉语没有词类就使人以为汉语是低级的语言。有没有词类分别并不足以断定语言的高低,汉语尽管没有词类的分别,但说汉语的人却有"名"、"动"、"形容"等概念,不过这些概念是用词汇的形式表现出来,不是拿语法的形式表现出来罢了。而且从语言发展的事实来看,印欧语的形态是趋于简化,但我们不能说印欧语退化了。

(二)一般人说汉语有词类分别是从意义出发,而不是从形式出发。汉语没有分别词类的特殊形式,当然也就没有词类的分别。

(三)一般人认为汉语有词类,证据是汉语有形态。但他们没有弄清楚什么是形态,以为凡是跟在词根后面的或附在词根前面的成分都是形态。其实汉语的"着、的、了"等只是语法工具(句法手段),是虚词,不是形态。

(四)一般人认为汉语有词类,是因为汉语有声调变化。但声调变化代表的是意义的不同,而他们之所以认为声调变化后有词类的分别,仍是从意义出发。

康拉德认为汉语有形态实际上是用印欧语的眼光看汉语,比如把"给他"看成名词与格形态,把"用臂"看成名词工具格形态。高氏认为汉语没有形态的大部分理由都是成立的。但什么是形态仍是难以说清的问题。按照词根不能脱离形态形式的标准,英语的 books、looked 也不应看作形态。高氏和康氏的分歧是汉语有无形态,共同点是认为词类的本质是形态。由于把词类本质归结为形态,而什么是形态又没有明确的标准,所以汉语到底有无词类就很难说清。

高氏的文章发表以后,引来了一连串的批评。批评高氏的人采取了以下方法:

A. 同意划分词类的根据是形态(同意大前提),但认为汉语有形态,因而汉语有词类分别。以陆宗达(1955)、俞敏(1955)为代表。下面是俞敏的一个汉语形态表:

原词	重叠式	变了什么	是几个词	重叠表示什么	词类
ˈrén 人	rénˈrén 人人	挪重音,儿化	1	每	名
ˈxǎu 好	xǎuˈxâu 好好儿	挪重音,儿化,变调	1	很	形
ˈfêi 飞	ˈfêifei 飞飞	轻音	1	一下儿	动
ˈsân 三	ˈsânˈsân 三三	零	2	乘起来	数

俞、陆认为这个表显示名、形、动各有各的形态变化规律,以此把三类词分别开。

B. 同意划分词类的根据是形态,形态有狭义的和广义的,可以根据狭义和广义形态划分词类。以文炼、胡附(1954)和穆德洛夫(1954)为代表。

狭义形态:词缀,如"-子、-儿、-头",重叠。

广义形态:指词与词的结合能力。如:人——一个人,笔——三支笔;笑——不笑、会笑;快——很快。

C. 词的功能是划分词类的根据,同时结合意义。以曹伯韩(1955)为代表:"我们觉得划分词类的标准,必须根据词在句子中的功能,同时结合词的意义来看。"为什么要结合词义,主要是看到词类和句子成分并不完全密合(即并不完全一一对应),遇到这种情况就需要词义来帮助分类,比如,不必把做主语和宾语的词分别分成两类,因为做主语和宾语的名词都是表示事物的名称,性质是相同的。

此外还有主张意义、形态、句法三结合划分词类的,如王力(1955)。

高名凯(1954、1955)予以反驳:

1、不能以词与词的结合或功能分类。语法分为词法和句法,词类属于词法范围。所谓词类是作为语言的建筑材料的每一个词的分类(词库中的,备用的,还未进入组合、进入句子的),不是指词在句子中的地位或功能。如果根据广义形态划分词类,有以下毛病:

a.混淆了词法和句法的界限。广义形态或功能是句法范围的,不是词法范围的。"词类"和"词在句子中的功能"是两个不同概念。从前修房子用木头做柱梁,现在用钢筋做柱梁,钢筋有了木头的功能,但钢筋并没有变成木头。词类相当于木头、钢铁这样的区分(**静态性质**);而主语、谓语相当于柱子、梁、墙(**动态性质**)。词类是词本身的性质类,而不是词的功能类。木头、砖头、钢铁放在仓库中未使用也有分别,不必进入使用才有分别,如果进入使用才有类的分别,倒像是黎锦熙的"依句辨品,离句无品"了。

b.由于词类和功能不一一对应,根据功能划类不可能。比如英语主语可由名词、动词的现在分词、动词不定式、形容词充当。汉语中问题更严重。不光主语位置上所谓名词、动词、形容词都可出现,而且所谓狭义形态也管不住,如"不去"是所谓动词,"不红"却是所谓形容词。

2、狭义形态不足以划分词类。承认汉语有形态,但没有足以分别词类的形态。形态有两类：a.构词形态（词形变化构成新词），b.构形形态（词形变化是词类的特殊标记或表达特殊的语法范畴）。只有构形形态才能分别词类。汉语的形态都是构词形态：-者、-子、-儿，是构词法问题，与词类分别没有关系。而"了、们"是虚词，也不是形态。

高氏强调，关于汉语没有词类的分别是从语法上说的，在概念上，说汉语的人仍有事物、动作、性质的区别。古斯拉夫语有双数的范畴，俄语没有，但说俄语的人有双数的概念。

高氏之所以认为汉语没有词类，表面上的原因是以印欧语的眼光看汉语，认为词类只能根据形态来划分，但根本的原因是没有认识到词类的本质是什么。词类从本质上说不是形态上的类别，正如人的性别区分的本质不是人的体貌特征或衣饰特征。而批评高氏的人同样也没有认识到词类的本质是什么，或仍把形态看成词类的本质，硬要找出一些汉语的形态来（陆宗达、俞敏），或把词类的本质看成功能（包括词与词的结合和句子成分）（文炼、胡附、曹伯韩）。实际上功能（组合中的关系和位置）也不是词类的本质。从这一点上看，高氏的观点是值得肯定的：词类和词在句子中的功能是不同的概念，语法功能不是词类的本质。正因为如此，高氏并未被说服。

吕叔湘（1954）总结说："如果有一种或几种东西，能用来给词分类，即使不能叫作形态，那又有什么关系呢？换句话说，可以把高先生的小前提暂时放在一边，把他的大前提动摇一下试试看。"

后来，高名凯（1960）的观点有所改变，他认为，"词类问题本质上是语法意义的问题，词类是形式所表达的某些语法意义"（p.35），"形态也好，词的结合能力（包括句法上的结合能力，即句法功能）也好，都是以某种形式来表达语法意义的"（p.37），"从前我只把形态看成表示词类意义的形式，那种说法太窄了，现在我认为应该说词的形态变化，词的结合能力和词的句法功能等都是词的词类意义的外部标志。问题在于汉语的实词无论从哪一方面来看,都表现其具有多种词类意义,没有固定的词类特点"(p.38),"一词多类就等于没有词类"(p.38)。高氏承认,"汉语有词类范畴",语法功能可以反映词类性质,但由于汉语词类的多功能性,"一个词可以同时用作名词、形容词、动词"(指一个实词可以在主语、谓语、定语位置上出现),因此每个实词都是多类的,这就等于没有词类。

可以把高先生的论证总结为:

1、词类本质上是词表示的语法意义的类。

2、词的形态和语法功能以某种形式表达语法意义。

3、词的形态和语法功能都是词类的外在形式表现。

4、汉语中实词的形态和语法功能都表现出具有多种词类意义,没有固定的词类特点。

5、一词多类就等于没有词类。

6、所以汉语实词没有词类。

朱德熙(1960)指出,"根据形态划分词类只是一种方法,一种手段,这种方法和手段之所以成为可能是因为它仍然建立在词的句法功能基础上。形态不过是功能的标志而已"。根据句子成分定词类虽然从功能着眼,但"因为选择的标准太粗疏,方法太简陋,不但不能划分词类,反而得到了词无定类的结论。这种方法的根本错误在于假定句子成分和词类之间有一一对当的关系……但事实上词类跟句子成分之间的关系是错综复杂的"(p.42)。以句子成分定词类,结果是词无定类,实质是无词类,这是高氏后来坚持汉语无词类的两条重要证据之一。朱德熙指出,主语位置上的词不一定都是名词,比如"哭是不好的"里"哭"可以加副词"不",证明是动词(p.43)。因此,不能因为句子成分不足以区分词类就认为汉语没有词类。

50年代的词类讨论主要是汉语有无词类的争论,早期高氏和刘正埪、李行健认为汉语没有词类；其他人基本结论是：汉语有词类，划分汉语词类应主要根据词的功能。但有两个致命问题：a.划类标准问题。由于汉语词类和句子成分不一一对应，到底怎样选择划类标准就成了问题；b.词类本质问题。这两个问题一直没有得到解决，因而潜伏着分歧。而且高名凯观点中值得肯定的部分（如论证1、3）也未能很好的吸收，而是同其错误的部分一起被否定掉了。

朱德熙（1985a）认为汉语有两个特点：1、词类和句法成分不是一一对应的；2、句子的构造原则与词组的构造原则一致。徐通锵（1994a、b）认为：50年代的词类问题讨论是批评了一种以印欧语眼光来观察汉语（汉语实词因为无形态所以无词类），却为另一种印欧语眼光的流行和发展开辟了前进的道路。印欧语中词类与句子成分是一对一的，因而有划分词类的必要，汉语既然是一对多的，就意味着根本没有词类。印欧语中句子的结构模式是"主语＋谓语"，因而词类与句子成分是一对一，而汉语句子的结构模式是"话题＋说明"，不能分析为"主语＋谓语"，也就无法划分词类，分词类就是用印欧语的框架来套汉语。

由于一个词具有多种功能，与多种句法成分对应，因而无法分词类，这种看法与高名凯（1960）的观点实质是相同的，即假定句子成分和词类之间有一一对当的关系，如果没有找到这种一一对应关系，就认为没有词类区分。朱德熙（1960）对这种论证方法已作了批评。之所以有这样的看法，根源仍是没有认识到词类的本质，把词类的本质看成是做句法成分的能力。

吕叔湘（1954）对高先生形态词类观的批评同样也适合于对句子成分词类观的批评：如果有一种或几种东西，能用来给词分类，即使不是**句子成分**，那又有什么关系呢？

我们可以看到，汉语无词类论主要以两种方式出现，20世纪50年代把形态看作划分词类的唯一标准，以汉语无形态为理由认为汉语无词类;60年代后则把句法成分与词类一一对应起来,以汉语词类与句法成分没有一一对应的关系为理由,认为汉语没有词类。

3.1.2 汉语有词类的证据:语法位置对词语的选择限制

语法位置对词语有选择限制(selectional restrictions)。下面看一个例子:

(1) 这　一　本　书

```
| a |    b    |
        | c | d |
| e | f |
```

按层次分析法,例(1)共有六个语法位置,其中a、c、d、e、f五个位置分别可以由以下单词替换:

位置a:那、每、任何、某、另、唯一……

位置c:不少、一切、许多、俩……

位置d:纸、鱼、石头、花生、苹果……

位置e:两、三、四、十、半、几……

位置f:张、条、块、粒、个……

这种替换是有限制的,比如出现在位置d的词不能替换出现在位置a上的词,出现在位置a上的词不能替换出现在位置f上的词,反之亦然。这就是说,词在组合中不是随机排列的,而是有序的,这种有序性体现为语法位置对词语的选择限制,不同的语法位置允许进入的词是不同的。这就表明,词语的本身的性质有不同,我们就可以根据词的性质的不同把词分成不同的类。

高名凯先生和徐通锵先生主要是认为汉语名、动、形无法分词类,但根据上述办法,我们也可以分类:

	不/没~	很~	很~〈宾〉	〈主〉/〈宾〉
动词	+	-/+	-/+	-/+
形容词	+	+	-	-/+
名词	-	-	-	+

高名凯认为词的句法功能不能拿来分词类,词在句子中的功能差异高氏是承认的,但词类是词法范围的,而词的句法功能是句法范围的,词类是备用单位的类,而不是使用中的类,因此,词的句法功能不能拿来分别词类。既然词在句子中的功能有差异,那么我们要问,为什么有这种差异,原因还是词本身的性质有差异,句法功能虽然不是词类本身,但它反映了词类的差别,因此可以拿来分词类。好比木头和钢铁,功能并不完全相同,虽然都可以作柱梁,但木头可以烧火,而钢铁不能;钢铁可以作大炮,而木头不能,之所以有这样的功能差异,还是因为木头和钢铁本身的性质差异,假如我们不能直接分辨出木头和钢铁,我们可以用它们的功能来分辨。也就是说,我们要把事物的本质和事物的分辨手段区分开。分辨时我们往往以外在的形式或功能为手段,而不是直接认识到事物的本质属性。比如,认出一个东西是木头,是因为我们看到了它的外形(木纹)或感觉到它的重量。

语法功能可作为划分词类的标准,但不是说每一点语法功能上的差异都具有区分词类的作用,我们只是选择部分语法功能作为划分词类的标准。关于这个问题,我们将在后面详谈。

从世界语言的普遍特点看,区分词类,特别是区分名词和动词是普遍现象。有人提出有些语言名词和动词不区分,如努特卡语(Nootka)(见 Schachter 1985):

(2)a. Mamu・k-ma qu・ʔas-ʔi
　　　工作 (现在时)男人 这
　　"这个男人正在工作。"

b. Qu・ʔas-ma　　mamu・k-ʔi（mamu・k:陈述→指称）

男人（现在时）　工作　　这

"这个工作的是男人。"

他加禄语(Tagalog)：

(3) a. Nagtatrabaho ang lalaki

正在工作　（话题）男人

"男人正在工作。"

b. Lalaki ang nagtatrabaho（nagtatrabaho:陈述→指称）

男人（话题）正在工作

"工作的是男人。"

实际上这只是动词的转指现象和名词做判断句的谓语现象，不足以说明名动不分。比如动词转指做主宾要带定指词"ʔi"（类似于英语的形容词转指），因此(4)不成立；而且只有在特定的环境才有转指的意义。

(4)* Qu・ʔas-ma mamu・k

男人　（现在时）　工作

"一个工作的是男人。"

3.2　划分词类的目的

划分词类的目的实际上涉及对整个语言结构的态度。Householder (1952)把当时结构主义语言学家分成两派：变戏法派（Hocuspocus group）和上帝真理派（God's truth School）。

变戏法派对语言结构的态度是：语言不过是一堆乱七八糟的素材，语言学家的任务就是把这堆材料加以排列和组合，搞出一套结构来，因而结构在一定程度上依赖于人的安排。

上帝真理派对语言结构的态度是：语言的结构是语言本身固有的，

它存在于材料之中,语言学家的任务是去发现这个结构,尽可能清楚、经济、精细地描写这个结构。

Z.S. Harris、J.R. Firth 属于变戏法派,K.L.Pike 则属于上帝真理派。

今天关于汉语词类划分的目的、词类是否是客观的的争论,与这两派对语言的态度是相当的。

词类以词的语法性质(词性)为基础,词性是客观存在于语言中的。划分词类首先要确定一种语言中有哪些词性,具体的词包含几种词性,然后才考虑如何针对这些词性来分类。

分类有自然分类和人为分类之分,依据对象的本质特征所作的分类是自然分类,与自然分类相对的是人为分类。人为分类往往为特定的实用目的服务,而自然分类并不为实用目的服务,其目的是揭示自然规律。

从自然分类的角度看,词类是在句法结构中总结出来的,而不是为讲语法的方便预先人为设定的。从划分词类的过程来说,是句法规则在前,划分词类在后。为讲语法方便并不是划分词类的目的,而只是结果。划分词类的目的是揭示词本身的性质,建立一个词的通用参照系统。换句话说,我们认为语言是有条理地组织起来的,语言中存在独立于语言学家的自然秩序,而不是杂乱无章的。词在这种自然秩序中都有自己的位置。我们的语言观是上帝真理派的。我们不反对别的学者持变戏法派的语言观,但本书采取的是上帝真理派的语言观。

因此,从自然分类的角度说,划分词类可以说不能考虑怎样对句法分析有利,词类是怎么样的就怎么划,不能因为讲句法方便而违背事实。比如英语中,"the old"可以做主语,为句法分析方便,可以把"old"看作名词,过去有人这么讲。这样句法分析确实方便了:名+动=句子。但这样讲却违背了事实,实际上,这里的"old"等仍是形容词性的:

The (extremely) old need a great deal of attention.

The (very) best is yet to come.

He is acceptable to both (the) young and (the) old.

The number of jobless is rising.

从自然分类角度看,以句法分析为目的划分词类不但容易得到不真实的类,而且得到的方便可能是假的方便。比如黎锦熙(1924)的词类假借、依句辨品大概对句法分析是最方便的,动词一旦做主语就变成名词,名词一旦做定语就变成形容词,这样处理可以把句法规则写得很简单,的确方便了,却违背了事实,至少相当一部分动词在主语位置上仍是动词性的;而且方便也是假的,因为这种处理实际上把问题推到对一个词是动词还是名词的判断上,其总体难度是一样的。

只有在处理兼类问题时才考虑讲语法方便问题(见第 7 章)。

分类除了发现客观的自然秩序外,还要建立起一个通用参照系统(general reference system)。所谓通用参照系统,指这样的系统:通用参照系统是表达事物和现象间多种关系的系统,其特点是,尽管它可能是基于一种特征建立的,它却可以解释其他许多关系(Forey 1983:152-153)。生物分类是这样的系统(不但可以了解生物的进化关系,还可以了解生物的习性、生理特征),元素周期分类也是这样的系统(不但可以了解化学性质,还可以了解物理性质)。词类也是这样的通用参照系统。当然,在具体应用中可以在划类的精细程度、兼类策略上有所变化,可以忽略一些较小的词类,但整体的格局是不能打乱的。

通用的观念在很多人的头脑中是不存在的。他们认为划分词类的目的是讲语法方便,因而对于不同的语法(专家用的,计算机用的,外国人学汉语用的),可以有不同的词类体系。实际上,在这些变化的词类体系背后,还有一个固定的通用的体系,那些变化的体系无非是这个固定的通用的体系的临时变通。

第4章 词类的本质和表述功能

4.1 分布本质论的悖论

4.1.1 分布本质的词类观

谈词类的本质,是谈词类是什么的问题。

目前有一种观念,认为词类是分布类,词类的本质是分布。这是自结构主义语言学产生以来的普遍观念。这种观念主要用两种方式说明:一是用分布观念直接说明,二是用索绪尔的组合关系、聚合关系加上美国描写语言学的分布分析来说明。

美国描写语言学把分布和类联系起来。Bloomfield(1926)认为,形式所占据的位置是它的"功能(function)",所有具有相同功能(same functions)的形式组成一个"词的类(word-class)",语言中最大的"词的类(word-class)"就是这个语言的"词类(parts of speech)"。

索绪尔《普通语言学教程》指出,语言是形式,不是实体。所谓形式,指语言成分的价值不是由成分本身决定的,而是由成分之间的关系决定的。语言成分之间的关系有两种:组合关系(rapports syntagmatiques)和联想关系(rapports assosiatifs)。组合关系就是成分相互组合的关系,如法语:

Dieu est bon.(上帝是仁慈的。)

Re-lire(再读)

联想关系指有共同点的成分在人的记忆中通过联想而聚集成类的

关系,如:法语的 enseignement(教育·名词)这个词会使人联想到 enseigner(教·动词,有同源关系)、changement(变化·名词,后缀 -ment相同)、éducation(教育·名词,有同义关系)等,enseignement 和这些词有联想关系。

索绪尔的联想关系还不是分布意义上的关系,它主要是指同源关系、构词形式类似的关系、同义关系等。

为避免"联想关系"这一术语有心理主义之嫌,后人改用"聚合关系(rapports paradigmatiques)"。(参看程曾厚 1988)

陈望道(1941,1942,1978)进一步把聚合关系与分布分析结合起来:成分按组合关系组成组合体,组合体中处于相同语法位置的成分聚合成类(对于词的聚合而言,聚合类就是词类),而组合又是从聚合类中选择成员,即组合体是词类的序列。如:

```
           组   合   关   系
       ┌─────────────────────→
       │ 我        读    书
  聚    │ 他        看    报
  合    │ 王同志    写    文章
  关    │
  系    │ a         b     c
       │ 名     +  动  + 名
       ↓
```

说分布相同的词形成一个词类,这里的"分布"有三种可能的情况:

1、单项分布(为论述方便,此处把成分所占据的某一个语法位置叫一个分布,与 Harris 的定义不同)。从聚合角度定义词类的说法属于这种情况,即具有某项相同功能的词属于同一词类。

2、总体分布。即所有分布都相同,Bloomfield 的说法基本是这种情况。

3、部分分布。在部分分布特征上有共性的词可以归为一类。

无论是什么意义的分布,都不能证明词类是分布类,认为词类是分布类的观点是不能自圆其说的。下面从几个方面加以证明。

4.1.2 单项分布观的悖论

可以从三方面说明单项分布词类观的悖论。

一、单项分布相同的词并不一定属于同一词类,如:

(1) 　　状—中　　主—谓　　主—谓　　　述—宾
　　a. <u>很</u> 大　<u>今天</u> 晴　<u>人</u> 好　　喜欢 <u>吃</u>
　　b. <u>拳头</u>大　<u>今天</u> 晴天　<u>去</u> 好　喜欢 <u>酒</u>

又如能做主语的词中,有"电话、认真、休息、许多、慢性、十"等属于不同词类的词。

二、属于同一词类的词不一定有相同的单项分布,如:"年事、现年"只能做主语,"剧毒、泡影"只能做宾语,没有相同的单项分布,但都是名词。"活像、企图"只能"～宾",而"住(抓住)、着(打着)"只能做补语,但都是动词。

三、语法位置的总数非常多,很难说清语法位置到底有多少,而每一个位置上能进入的词都不完全相同,若一个单项分布代表一个词类,那么词类的总数也会多得多,而这些类的成员有很多又是重合的。根据单项分布分类,实际上相当于"一线制",让词类和句法成分一一对应起来,几乎每一个词都是兼类。因而这样的分类没有意义。

可见,认为单项分布相同的词形成一个词类的说法不成立。

4.1.3 总体分布观的悖论

一、语法位置的总数到底有多少,很难有确切的答案。用来分类的语法位置越多,类的总数就越多。用来分类的语法位置哪怕有一点差异,分出的类就会有很大的不同。因此,根据总体分布划分词类将很难有确定的类。

二、即使我们可以找到一种语言中所有的语法位置,以此来划分词类,那么可以发现几乎不存在分布完全相同的词,若要严格采取分布相同是一个词类的说法,那么,几乎每一个词就是一个词类,等于没有词类。

为了说明这一观点,我们选取了 60 个词,考察在 36 个语法位置上的分布情况,表 4.1−1(见附录)是考察结果。可以看到,这 60 个词中,分布完全相同的只有 4 对(人—桶,岁数—举动,慢性—私人,究竟—亲自)。若要以总体分布划分词类,那么这 60 个词应分为 56 类。

陈小荷(1998)尝试用做句法成分的能力的总体分布划类,结果得到一千多类,这样的分类是按较严格的分布观念进行的词类划分,划出的类的确是"词的分布类",但却不是"词类(parts of speech)"。显然,"词类(parts of speech)"是特定意义上的类,并非任何"词的分类"都是"词类","词类"是以范畴化为基础所作的分类,即划出的类之间都有范畴上的差异,都有模式上的差异。纯粹根据分布异同所作的词的分类跟把词分为单音节词/双音节词、单纯词/合成词一样,都不是词类。事实上,大多数学者的实际做法是选择部分分布特征来划类而忽略另一些分布特征。人们的这种做法与其所持的分布本质的词类观是冲突的,如果我们承认这种做法的合理性,就应否定分布本质的词类观。而且,选择哪些分布为划类标准,不是分布本身能回答的,需要依赖其他因素。

4.1.4 部分分布观的悖论

前两种分布词类观有人说,但实际操作的人少,多数学者采取的是选取部分分布特征划分词类而忽略其他分布特征的办法。若认为词类是分布类,这种办法在理论上有什么问题呢?

一、若认为分布是词类的本质,可以从词的分布中选取部分分布特征作为划类标准,那么,对某一类而言应有对内有普遍性并且对外有排他性的分布,但根据我们的考察,实际上找不到这样的分布。

下面我们就几个主要词类的主要语法功能举例说明这种现象。

先看对内无普遍性的情况(名词、动词、形容词的具体数据见9.1的统计):

(一)名词

1、*主语:作为、地步、新生、着落、剧毒、来由、国际、泡影、乐子、一体、鬼胎。

2、*宾语:年事、浑身、谈锋、爱憎、现年、常言。

3、*数量~:私人、人类、总和、内心、手工、哥、航运、列强、军事、利弊、总和。

4、*定语~:私人、外界、敌我、中外、出手、现年、国际。

5、*定语:把戏、称号、大局、法子、方针、害处、举动、巨响、计策、理由、勾当、胆子、跟头、差错、措施。

(二)动词

1、*不/没~:活像、有关、总计、连绵、致使、出落、看待、注定、有待、查收、胆敢、捉摸、地处、肄业。

2、*谓语:住(抓不~)、着(打不~)、透顶、绝顶。

3、*状语~:备用、不息、参半、不等、同上、扑鼻、留念。

4、*~真宾语:工作、休息、飞跃、搏斗、倒退、着想、劳动、成长、浮动、到来、交际、考试、崩溃、发育、相反、颠、倒(dào,颠倒)。

(三)形容词

1、*不~:荣幸、异常、难免、微小、无情、有趣、不安、不错、不利。

2、*很~[①]:平衡、相同、像话、一样、耐烦、景气、道德、起眼、要脸、寻常。

---

① "很"代表绝对程度副词。

3、*谓语:个别、停当、停妥、巧合。

4、*补语:荣幸、异常、辛勤、间接、抱歉、静、个别、固执。

5、*定语:不错、干脆、高兴、像话、荣幸、齐全、停当、妥当、糟糕、一样、对、多、挤、久、痒、痛。

(四)状态词

1、*谓语:飞快、崭新、火热。

2、*补语:好端端、雄赳赳、羞答答、指指点点、磨磨蹭蹭、闪闪、重重、旖旎、皑皑。

3、*～的$_2$:皑皑、闪闪、旖旎、优良、崭新、金黄、碧绿。

(五)区别词

1、*定语:亲爱、心爱。

2、*～的:公共、机要、日用、聋哑、接力、集约。

真正对内有普遍性的分布大概只有数词的"～量"、量词的"数～"和副词的"做状语",但都没有对外的排他性。

下面我们看对外无排他性的情况[1]:

(一)主语、宾语:除副词外几乎所有实词类都具备这两个功能,比如名词、动词、形容词、方位词、时间词、处所词、数词等都能做主语、宾语。

(二)定语:除副词、量词外,几乎所有实词都能做定语,如名词、动词、形容词、区别词、数词。

(三)定语～:除区别词、副词、数词外的几乎所有实词都能受定语修饰,如名词、时间词、量词、动词、形容词。

(四)谓语:除区别词、副词、数词外的几乎所有实词都能做谓语。

---

[1] 由于语法功能的总数很多,我们这里只谈有较大普遍性的语法功能。前面谈到几乎所有语法功能都没有对内的普遍性,为了叙述的方便,下面谈语法功能的对外排他性时所说的某类词具有某种语法功能都是说这类词中至少有一部分词具有这种语法功能。

动词、形容词、状态词一般情况下都能做谓语,名词、时间词、数词和副词在一定条件下也能做谓语。

(五)状语:副词、形容词、状态词、数量词、时间词、方位词、处所词能做状语。

(六)不/没～:动词、形容词具备此功能。

(七)很/很不～:形容词、动词具备此功能。

(八)补语:动词、形容词、状态词具备此功能。

(九)～补语:动词、形容词能带补语。

(十)～宾语:动词、形容词具备此功能。

(十一)状语～:动词、形容词、状态词、名词、时间词、数词能受状语修饰。

(十二)连谓:动词、形容词、状态词能做连谓结构的直接成分。

(十三)～了:动词、形容词、名词、时间词能带"了"。

(十四)～着:动词、形容词能带"着"。

(十五)～过:动词、形容词能带"过"。

(十六)数量～:名词、动词、形容词、时间词能受数量词组修饰。

(十七)数词～:量词、名词能受数词修饰。

(十八)在/到/往～:方位词、处所词、时间词能做"在、到、往"的宾语。

(十九)～量:数词、形容词、指示词具有此功能。

真正能被认为对外有排他性的较概括的语法功能[①]也许只有动词的"所～"、状态词的"～的$_2$"、指示词的"领属性定语～数量+名词",但又都没有对内的普遍性。

二、有些词具有完全不同的分布,但却属于同一词类。如上面所举

[①] 语法功能也有概括和具体的区别,比如"与别的成分组合"比"做句法成分"概括性高,"做句法成分"比"做中心语"概括性高,"做中心语"比"受状语修饰"概括性高,"受状语修饰"比"受'很'修饰"概括性高。

"年事、现年"只能做主语,"剧毒、泡影"只能做宾语,分布完全不同却都是名词。"活像、企图"只能在谓语中心位置出现,也不能受"不/没"修饰,而"住、着"只能在补语位置出现,但都是动词。

三、即使我们可以选取部分分布特征来划分词类,那么,我们发现实际上不能根据分布特征本身回答为什么选取这些分布特征而不选取另一些分布特征作为划类标准,而选取不同标准划类,得到的类也就不同。比如说我们把只能做状语的词划为副词,那么为什么不把只能做补语的词划为唯补词,只能做宾语的词划为唯宾词呢?换句话说,如果我们心目中事先没有词类区分,不考虑分布以外的其他因素,要纯粹根据分布特征划类,实际上无从下手。

下面以动词和形容词的区分为例,说明仅仅根据分布并不能决定动词和形容词的分区。

下表是朱德熙(1982b)对动词和形容词的划分:

朱德熙(1982b):动词和形容词的区分标准

	加"很"	带宾语	例　词
1	+	+	想、怕、爱、喜欢、关心、相信
2	−	+	唱、看、切、有、讨论、分析
3	−	−	醒、锈、肿、咳嗽、游行、休息、死
4	+	−	大、红、远、累、饱、结实、干净

实际上,从理论上说,针对"很～"和"～宾"这两个语法功能反映的语言事实,至少有以下分类方案:

1、根据能否带真宾语分成两类:a类(及物谓词:想、唱)和 b 类(不及物谓词:醒、大)。

2、根据能否受"很"修饰分为两类:a类(程度谓词:想、大),b 类(非程度谓词:唱、醒)。

3、把受"很"修饰和带宾语赋予合取关系,分成四类词:a 类(很～

∧~宾:想),b类(*很~∧~宾:唱),c类(*很~∧*~宾:醒),d类(很~∧*~宾:大)。

4、把受"很"修饰和带宾语赋予合取关系或析取关系,分为两类:a类(*很~∨~宾:想、唱、醒),b类(很~∧*~宾:大)。

5、把受"很"修饰和带宾语赋予合取关系或析取关系,分为两类:a类(很~∨*~宾:想、醒、大),b类(*很~∧~宾:唱)。

6、把受"很"修饰和带宾语赋予合取关系或析取关系,分为两类:a类(很~∨~宾:想、唱、大),b类(*很~∧*~宾:醒)

7、把受"很"修饰和带宾语赋予合取关系或析取关系,分为两类:a类(*很~∨*~宾:唱、醒、大),b类(很~∧~宾:想)

8、把受"很"修饰和带宾语赋予合取关系或析取关系,分为两类:a类((很~∧~宾)∨(*很~∧*~宾):想、醒),b类((*很~∧~宾)∨(很~∧*~宾):唱、大)。

还有其他几种分类方案,不一一列出标准,用下表显示所有可能的分类:

"~宾语"和"很~"两条标准得到的可能分类

	a	b	c	d		a	b	c	d
1	想、唱	醒、大			8	想、醒	唱、大		
2	想、大	唱、醒			9	想、唱	醒	大	
3	想	唱	醒	大	10	想、醒	唱	大	
4	想、唱、醒	大			11	想、大	唱	醒	
5	想、醒、大	唱			12	唱、醒	想	大	
6	想、唱、大	醒			13	唱、大	想	醒	
7	唱、醒、大	想			14	醒、大	想	唱	

可以看到,无论是"很~"还是"~宾",对于动词和形容词来说,都不是语法特点,只有把这两个功能赋予合取或析取关系,才能得到语法

特点,如"*很~∨~宾"是动词的语法特点,"很~∧*~宾"是形容词的语法特点。但问题是,如上表显示,当这两个功能用合取或析取关系联结在一起时,可以有很多种分类方案,朱德熙(1982b)选择的是方案4,这也是今天普遍接受的方案。但如果只考虑分布,看不出为什么只能选择方案 4,而不能选择其他方案。我们之所以选择方案 4 而排斥其他方案,原因是方案 4 可以达到句法功能和语义类别的吻合,根据这个句法标准分出的类,正好显示出语义类别上的差别:动作和性质。

4.1.5 相似论的悖论

由于很难为词类找到对内有普遍性、对外有排他性的分布特征,把分布特征看作词类本质的观念受到质疑。有学者尝试从相似论角度解释词类的分布本质,认为词类是根据分布上的相似性聚集成类的。根据是否利用原型来聚类又分为原型论词类观和总体相似聚类观。

4.1.5.1 原型论的悖论

史有为(1994)提出汉语词类的柔性处理方法,袁毓林(1995,1998)从原型论或家族相似性观点来处理分布和词类的关系。袁毓林(1995,1998,2001)认为,词类是原型类,一个类的典型成员共有一些其他词类所没有的分布特征,而非典型成员分布特征不完整,但可以根据与典型成员的相似性把非典型成员吸收进来,归为一类。比如"耐烦、景气"不能受"很"修饰,但典型的形容词除可以受"很"修饰外,还可以进入"很不~"位置,而"耐烦、景气"也可以进入"很不~"位置,所以根据分布的家族相似性原则,可以断定"耐烦、景气"是形容词。又如"极"一类词可以做状语和补语,可以比照只能做状语的典型副词"太",把"极"归入副词,再比照既能做状语又能做补语的非典型副词"极",把只能做补语的"透顶"归为副词。

这种做法有以下问题：

一、按照这种"分布的家族相似性"原则，几乎可以把所有实词归为一类。比如，典型的形容词可以做定语，因此，可以认为"相同、彩色、大型、木头、社会"这些可做定语的词是形容词的非典型成员而归入形容词；典型的形容词可以做状语，因此，可以把"亲自、全力"这样一些可做状语的词归入形容词；典型的形容词可以做补语，因此可以把能做补语的"雪白、来、着(zháo)"也归入形容词；典型的形容词可以做谓语，因此可以把"吃、洗、休息"归入形容词。你也许会说，"彩色、木头、亲自、雪白"不能受"很"修饰，因而不是形容词，但问题是，如何知道"很～"就是形容词的必要功能，而"做定语"就只是充分功能呢？"家族相似性"本身不能回答这个问题。正因为如此，在实际操作中实际上无法控制，比如由于典型形容词可以进入"完全～"位置，不但可以把能进入此位置的"相同、相反"归入形容词，也可以把"属实、腐烂、静止、停顿、败露、融化"这样一些通常归入动词的词划作形容词。

二、可以根据分布特征 x 把一个词归入 A 类，同时也可以根据分布特征 y 把这个词归入 B 类，这样"家族相似性"原则就成了凭感觉行事。比如可以根据能做定语、不能做谓语把"主要、次要、新型、亲爱、基本、心爱"归入区别词，但也可以根据能受"最"修饰归入形容词，因为典型的形容词可以受"最"修饰。也就是说，当一个词既有 A 类词的分布，又有 B 类词的分布时，"家族相似性"原则本身不能解决应归哪一类的问题。

三、从实际的操作来看，这种办法也不可靠。

史有为(1994)首先确定词类的基本部(典型成员)的分布特征，然后根据边缘部成员与基本部成员在分布上及构词上的联系值(即隶属度)的大小确定非典型成员的归属。比如，"温"，与形容词的典型成员"冷"比较，联系值只得 1.5 分；与区别词的典型成员"彩色"的联系值 6

分。"温"由于与区别词的典型成员的联系值更高,所以被归为区别词。但事实上根据可进入"有点~了"这一点就可以否定它是区别词,而应归形容词。可见隶属度并不能真实反映词的词类性质。

卢英顺(1998)提出计算"近似度(S)"的公式:S=N/M,其中M指某个词类的标准数目,N指某个词满足这些标准的数目。若S≥0.5,则基本属于该类词。他给出动词的5条标准:1、能受"不"或"没"修饰,能有"X不X"疑问形式;2、能带动态助词"了""起来"等表示完成、开始等,或带零标记表示习惯性行为或属性;3、不少词语后面能带宾语;4、能出现在名词后面构成主谓关系;5、能带数量宾语和其他成分构成述补关系。

根据他的计算,"吃"满足全部标准,S=1,"跑步"满足标准1、2、4,S=0.6,可以归入动词;"课文"都不满足,S=0,"春天"满足标准2、4,S=0.4,不能归入动词。

这个标准过宽,把一般的形容词也划了进来,但他认为动词和形容词就应该合为一类,这个问题在这里先不讨论,就只看对内是否有普遍性。现在我们用这种办法检验几个词:

"担待":满足标准4、5,不满足1、2、3,S=0.4;

"雷动":满足标准4,不满足1、2、3、5,S=0.2;

"媲美":满足标准3、4,不满足1、2、5,S=0.4。

这些词都是动词,若按照S≥0.5的标准,只能把这些词排除在动词之外,可见这种办法仍不可靠。

袁毓林(1995)认为:"因为词类是一种原型范畴,某一词类的全体成员往往并不共有一条其他词类的成员所无的分布特征;所以无法用几条特征之间的合取/析取关系来严格定义,而只能下一种基于某类词的优势分布的带有概率性的宽泛定义。""但是宽泛定义太模糊,不能令人满意","可以凭借典型成员所独具的分布特征来给词类下一种比较严格的定义。"

下面看看基于原型的词类划分标准是否可靠。

名词(严):以能受数量词修饰、但不受副词修饰的一批词为典型成员的一类词。

这个定义的确太严,只有78%的名词可以受数量词修饰,而且相当一批名词可以受一般副词修饰(2%),如果把范围副词也考虑进来,能受副词修饰的名词更多:"光馒头就吃了三个。"这样,我们不知道哪些词是典型的名词。

名词(宽):经常做典型的主语(施事)和宾语(受事、结果),一般不受副词修饰的词。

"野外、下面"袁毓林看作名词,但按照这个标准,很难归进来。说名词"一般不受副词修饰",那么能受副词修饰的那些名词如何处理?是看成一般不受副词修饰,还是看作一般可以受副词修饰?那些只能做主语的词(年事)和只能做宾语的词(地步)是否还归为名词?那些做主语并不多见的词是否还归为名词(如"私人")?

副词:基本上只能做状语的词。

"很"和"极"是否算基本上只能做状语?袁毓林把"透顶、透"归入副词,但这两个词实在不符合"基本上只能做状语"这个标准。

状态词(宽):经常做谓语、补语和状语,不受"很、不"等副词修饰的词。

能做谓语的状态词有86%,能做补语的只有50%,能做状语的只有15%,不清楚这三种功能之间是合取关系还是析取关系,若为合取关系,则满足的只有6%;若为析取关系,把副词也归了进来。

总的问题:1、我们不但要看词的功能,还要看功能的频率,这样的操作极繁琐,几乎不可能;2、"经常"的标准是什么? 不明确;3、功能不平衡现象几乎在每一词类中都存在,根据主要功能划类不可靠(见9.4.7)。

四、原型论没有给出确定一个词类的原型的方法。事实上,并不能根据分布本身确定一个词类的原型。

五、最根本的问题是,原型论有逻辑上的循环论证。要确定一个词类的原型必须先有了类的区分以及类的典型分布特征才能做到,也就是说,当你说"桌子、石头、人、马"这样一些词是名词的典型成员时,你已经知道有名词这个词类,而且已经知道典型的名词可以受数量词修饰,如果你还不知道有名词这个词类,或不知道典型的名词可以受数量词修饰,你就无法说这些词是名词的典型成员。因此,这实际上导致了循环论证:一方面,一个词类的原型以及原型的分布特征需在这个类划出后才能确定;另一方面,划类又依赖于词类的原型的确定。

我们在这里批评原型论的词类观,并不是完全否定词类的原型性。我们认为,虽然从本质上说词类不是原型类,从操作上看,原型论也不可行,但词类在表现特征上(而不是本质特征上)的确有原型性。这些原型性主要体现在四个方面:

1、词义的原型性。一个词类有一个原型的词义,如名词表示事物、动词表示动作,典型的名词表示三维实体(参看 Taylor 1989)。

2、词类和词义、句法成分的关联上有原型性,比如"动作－动词－谓语"是原型的关联,是无标记的,而"动作－动词－主语"是非原型的,有标记的(参看 Croft 1991)。

3、人对词类的感知是原型性的,即人们对辨识词类有原型性。

4、某类词在分布上具有原型性。

但这些都不是词类的本质上的原型性,与此类似的现象是性别,性别不是原型类,决定性别的是性染色体是 XY 还是 XX,根据是否带 Y 染色体可以截然分成雄和雌两类性别,但从性别的表现特征看,却有原型性,这些表现特征包括(以人为例)生理特征、体貌特征、服饰特征、行为特征、性格特征、职业特征等。有时同一种事物在表现特征上有很大差异,以致仅根据这些表现特征很难把两者联系在一起,只有通过其内在的本质特征,才能把两者联系起来,比如煤和金刚石。

一个类的原型体现在不同层面上,不能把表现特征的原型性当作本质特征的原型性,也无法纯粹根据表现特征的相似性,把对象聚集成类。我们不能因为词类在分布上具有原型性就认为词类是原型类,正如不能因为性别在服饰特征、性格特征上具有原型性而认为性别是原型类一样。

由于原型论理论上站不住,在操作上也不可行,我们不采取原型论模型,而采取特征论模型。从根本上说,原型论之所以站不住,是因为分布并非词类的本质特征,表述功能才是词类的本质特征。分布只是词类的表面特征,因此仅从分布上说明词类的区别自然不能成功。

4.1.5.2 总体相似聚类观的问题

为避免循环论证,另一个办法是先不确定类的原型,而是纯粹根据词在分布上的总体相似度(overall similarity)把词聚集成类。按照原型论的说法,词类是根据词与词之间在分布上的相似性而分出来的类,是人们根据词跟词之间在分布上的相似性而聚集成类的。为了验证这种方法是否可行,我们对表 4.1-1 中列举的 60 词作了分布相似度的聚类分析。设 $0 \leqslant S \leqslant 100$,两个词的分布相似度(S)计算公式为:

$$S = 100 \times I / (P － I)$$

其中,I 为两词出现位置相同数,P 为两词出现位置数之和。比如,"干净"能出现的语法位置 19 个,"附近"能出现的位置 9 个,两词共有的位置 5 个,两词相似度为:

$$S = 100 \times 5 / (28 － 5) = 22$$

表 4.1-2(见附录一)是根据表 4.1-1(见附录一)计算的这 60 个词相互之间在分布上的相似度,把这 60 词之间的相似度按大小排序,得到表 4.1-3(见附录一)。

4.1 分布本质论的悖论

从上表可以看到一个有趣的事实,与一个词在分布上最相似的竟不一定是属于同一词类的词。比如,与"花白"(状态词)在分布相似度上最接近的10个词是"日常、临时、野生、慢性(区别词)、私人(名词)、众多(数量词)、相同(形容词)、注定(动词)、个别(数量词)、钢笔(名词)";而与"着想"(动词)在分布相似度上最接近的10个词是"荣幸(形容词)、酷热(状态词)、注定、休息(动词)、野生(区别词)、相同(形容词)、洗(动词)、花白(状态词)、慢性、亲爱(区别词)"。

当然,要严格地根据相似度把个体聚集成类,还需根据统计学上的聚类分析法(cluster analysis)把词聚集成类。聚类分析法用一定的数学方法把距离近(相似度大)的个体聚集成簇,进一步把距离近的簇聚集成更大的簇,最终聚集为一个大簇。计算个体或簇间的距离有不同方法,由此形成不同的聚类分析法。最常用的聚类方法有近邻连接(nearest neighbor technique)、远邻连接(furthest neighbor technique)和平均连接(average linkage method)三种。

近邻连接法就是把两簇中个体之间最近的距离(相似度最大)看作两簇间的距离。比如,有a、b、c、d、e五个个体,五个体之间的相似度分别为:

表 4.1-4 五个体之间的相似度

	a	b	c	d
b	10			
c	7	4		
d	3	5	5	
e	5	8	5	9

a 与 b 相似度最大(10),首先聚集为一个簇(A)。剩下的个体中,d 与 e 相似度最大(9),也聚集为一个簇(B)。簇 A 中个体 b 与簇 B 中个体 e 的相似度为 8,大于余下的相似度,因此簇 A 和簇 B 聚集为更大的簇(C)。个体 c 与簇 C 中的个体 a 相似度为 7,与簇 C 聚集为更大的簇(D)。上述聚类操作可表述为树形层级图 4.1-1。

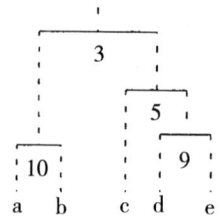

图 4.1-1　近邻连接层级图　　图 4.1-2　远邻连接层级图

远邻连接法则把簇之间的最大距离(最小相似度)看作两簇间的距离。以表 4.1-4 所列情形为例,用远邻连接法聚类结果可表述为图 4.1-2。

平均连接法则以两簇中各个体间的平均距离看作两簇间的距离。表 4.1-4 所列情形用平均连接法聚类,结果可表述为图 4.1-3。

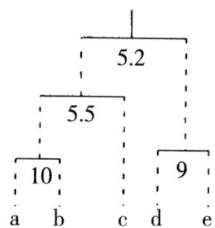

图 4.1-3　平均连接层级图

我们对表 4.1-3 所列 60 词间的分布相似度作了聚类分析。由于远邻连接法较为极端,本书只用近邻连接法和平均连接法作聚类分析,结果见图 4.1-4(见附录一)和图 4.1-5(见附录一)。

可以看到,无论用近邻连接法还是用平均连接法,其聚类结果与通常划分的词类都有不小差异。比如,按平均连接法,状态词"花白"首先与通常划为区别词的那些词聚成一个类;动词"着想"首先与形容词"荣幸"聚在一起,然后才与及物动词"注定"聚在一起;形容词"相同"首先与动词"休息"聚在一起;区别词"慢性"首先与名词"私人"聚在一起。

这样一种划类尽管也许有工程学上的意义，但显然没有语言学上的意义，并不是语言学意义上的词类。

1986年，当我们刚开展汉语词类研究时，抱着分布主义的观念，试图根据词的总体分布相似度来划分词类，但小规模的实验发现以此分出的类与语言学意义上的词类相去甚远，因此转而放弃分布本质的词类观，并探讨词类在更深平面的区别。

4.1.6 小结

我们不可能纯粹根据分布划分词类，我们实际上是忽略部分分布差异，而选取部分分布差异划分词类。而选取哪些分布特征并不是分布本身能确定的，必须考虑其他因素。事实上，我们是在寻求划出的类在语法意义上有价值，下面的章节中我们将谈到，我们是选取那些能在语法意义上把词类分开的分布特征划类。可见，词类从本质上说不是分布类。

根据分布划分词类，实质是根据语法位置对词语的选择限制划分词类。这种选择限制一定有某种依据作为选择限制的条件，否则选择会是无限制的。那么，这种选择限制的依据是什么呢？若认为词类是分布类，选择限制的依据是分布，那我们只能说一个词之所以能出现在某个语法位置，是因为这个词能出现于这个位置，这实际是同语反复。或者说一些词属于某个词类，是因为它们有相同分布，而它们之所以有相同分布，是因为它们属于同一词类，这又成了循环论证。但在变戏法派的结构主义看来，这就是问题的最终答案，他们拒绝谈意义，谈理据。语言学发展到今天，我们已经不满足于这样的答案，我们还希望了解答案背后的理据。我们认为，词与词之间之所以有相同或相异的语法分布，是因为有相同或相异的表达功能和语义类别，这就是词类的本质。

4.2 语法位置对词语选择限制的依据

那么,词类的本质是什么呢?我们要从语法位置对词语的选择限制的依据谈起。

前面我们说到,语法位置对进入的词语有选择限制。现在我们要说明,这种选择限制需要有依据。下面先举一个组合位置选择词语的例子,说明选择的依据是什么意思。

我们有"送、买、卖、借、抢、炒、还、赔、偷、沏、做、织"这样一些词,其中一些能进入位置Ⅰ,一些能进入位置Ⅱ,一些能进入位置Ⅲ:

(2) Ⅰ. ～ ＋ 给 ＋ A ＋ B(送给他一本书)送、卖、借、还、赔

　　 Ⅱ. 给 ＋ A ＋ ～ ＋ B(给他买一本书)买、借、偷、抢、炒、做、沏、织

　　 Ⅲ. ～ ＋ A ＋ B(送他一本书)送、卖、借、还、赔、买、偷、抢

根据出现的位置不同,可以把这些词分为三类(参看朱德熙1979):

a. 送、卖、借、还、赔(出现于Ⅰ和Ⅲ)

b. 买、借、偷、抢(出现于Ⅱ和Ⅲ)

c. 炒、做、沏、织(出现于Ⅱ)

尽管我们是根据分布划出的类,但大概不会有人认为这三类是分布类,因为如果要问,是什么因素影响了这些词的出现的位置?我们会毫不犹豫地回答,是这些词本身的语义:a类有给予义,b类有获得义,c类有制作义。换句话说,上面三个位置对这些词选择限制的依据是词本身的语义,词的语义不同,能进入的位置也就不同。因此,从本质上说,这三类是语义类。

实际上,组合位置对词语只要有选择限制,就一定有依据。除非组合位置对词语没有选择限制,能进入的词是任意的,没有选择的。上面

的例子是依据词的语义的例子,同样,排除了语义因素的更为抽象的语法位置对词语的选择限制,也有依据。先看一个英语的例子:

(3) (The) ~ are/is acceptable.

在(3)给出的位置中,可以出现:children、adults、students、teachers、young、old、smoking、teaching 等,而不允许出现 grow、born、study、teach、smoke。那么选择的依据是什么呢?显然不是语义因素。也不能认为选择限制的依据是词类,因为这样就造成循环论证,而且能出现的词并非都是名词,young、old 还可以带程度状语(The very young are acceptable),还有比较级、最高级;smoking 也不是名词,因为还可以带宾语(Smoking cigarettes is acceptable)。分析可以出现的词和不能出现的词的异同,那么可以发现能出现于(3)位置的词的共同点是指称,而不能出现的词是陈述。这个位置选择限制的依据是表述功能。

再看汉语的例子:

(4) X 的~   (5) ~好治

能够出现于(4)位置的词有:"书、桌子、愿望、感觉、出版、研究、到来、依赖、美丽、开明、邪恶",都是指称;不能出现的词有:"是、有、知道、觉得、舍得、看见、愿意",都是陈述。可以出现于(5)位置的词有:"肠炎、红眼病、感冒、拉肚子、流鼻血、急性、慢性"等,这些词有什么共同点呢?都是指称。这两个语法位置对词语选择的依据也可以看作是表述功能。

我们认为,之所以词语的分布有差异,是因为词语的某种性质有差异,这种性质就是词的表述功能和语义类别。

4.3 表述功能的类型和层面

4.3.1 什么是表述功能

我们认为词类的大类(体词、谓词、饰词)的本质是表述功能,所以有必要专门讨论表述功能问题。

上文说到,语法位置对词语有选择限制,我们认为选择限制的根本依据是词的表述功能。

朱德熙(1982b)最早提出指称、陈述概念。我们把指称、陈述这些概念叫表述功能。

提出表述功能主要是为了说明下面一类例子中 a 和 b 的区别。

(6) a. 想打球(陈述性宾语)——想怎么样
　　b. 看打球(指称性宾语)——看什么
(7) a. 子贡贤于仲尼(《论语·子张》)
　　b. 见贤思齐焉,见不贤而内自省焉(《论语·里仁》)
(8) a. 失所长则国家无功,守所短则民不乐生。
　　b. 以无功御不乐生,不可行于齐民。(《韩非子·安危》)
(9) a. 急性肠炎好治,慢性肠炎不好治(修饰)
　　b. 急性好治,慢性不好治(指称)
(10) a. 我们研究问题(体现为断言)　b. 研究很成功(体现为对象)
(11) a. 这个苹果大　　　　　　　　b. 有大有小
(12) a. 一切财产　　　　　　　　　b. 放弃一切
(13) a. I walk everyday.(体现为断言)
　　 b. I have a walk everyday.(体现为对象)

一个词语在不同的场合,尽管意义相同,但可以按不同的模式表达出来。比如"研究""大""一切"和"walk"在(10)—(13)的 a、b 中词义相同,但表义模式不同,a 是作为一个陈述表达出来,b 是作为一个指称表达出来。表述功能就是指词语表达语义的模式。

表述功能不同于句法成分。一方面,相同表述功能可以做不同句法成分,比如例(10)b"研究"和例(12)b"一切"都是指称,但前者是主语,后者是宾语;另一方面,不同表述功能可以做相同句法成分,如"保持安静"和"觉得安静"中,前一个"安静"是指称,后一个"安静"是陈述,但都是宾语。句法成分是从直接成分间的关系出发的,而表述功能是就词语本身的性质而言的。换句话说,我们把表述功能看作词语本身的性质,而不是看作语法环境的性质。

表述功能可分为四种基本类型:陈述——表示断言,可以受状语修饰;指称——表示对象,可以受定语修饰;修饰——对陈述或指称的修饰、限制,根据是对陈述的修饰还是对指称的修饰,又分为谓饰和体饰;辅助——起调节作用。

4.3.2　表述功能的类型

(一)陈述和指称

语言中最基本的两种表述功能就是陈述和指称。朱德熙(1982b)已提出陈述和指称的区分,他指出,陈述可用"怎么样"提问,指称可用"什么"提问,宾语和主语都有陈述和指称的区别(如(6)a 是陈述,b 是指称)。朱德熙指出,指称就是有所指,陈述就是有所谓。下面作一些补充:

陈述:表示一个断言,语义外向(指向另一个成分),一般可用"怎么样"提问。

指称:表示一个对象,语义内向,一般可用"什么"提问。

修饰语位置上"的"和"地"的区分,多少反映了人们心理上对指称和陈述的区分。

陈述:可以受状语修饰。可以受定语修饰。

上述形式上的特征有例外,如:

(14) 公认他是好人——* 公认什么,* 公认怎么样

(15) 彩色电视——什么电视(但"彩色"不是指称)

(16) 悄悄对他说——怎么样对他说(但"悄悄"不是陈述)

陈述和指称的对立是语言中最基本的对立,但如何用形式特征区分二者仍未完全解决。

(二)修饰

由于陈述和指称是语言中最基本、最明显的表述功能类型,人们倾

向于把一切成分都归为指称和陈述。但有些成分既非指称,也非陈述,下面三种情况表明,应把修饰语位置上的成分看作第三种表述功能类型——修饰。

1、区别词、副词、数量词做修饰语时,既不是一个断言,也不是一个对象。只有在主宾语位置上才是一个对象,在谓语位置上才是陈述。比较:

(17) a. 急性肠炎好治,慢性肠炎不好治　　b. 急性好治,慢性不好治
(18) a. 有男生,有女生　　　　　　　　　b. 有男有女
(19) a. 许多题都不会　　　　　　　　　　b. 许多都不会
(20) a. 我不去　　　　　　　　　　　　　b. 我不

2、形容词在谓语位置上和修饰语位置上性质有差异:

(21) a. 衣服干净　　　　衣服不/很干净
　　 b. 干净衣服　　　*不/很干净衣服
(22) a. 学习认真　　　　学习不/很认真
　　 b. 认真学习　　　*不/很认真学习

"干净"和"认真"在谓语位置上可以受状语修饰,但在修饰语位置上不能受状语修饰,说明性质有变。

3、名词在主宾语位置上和修饰语位置上性质有差异:

(23) a. 买木头　　　　　买十根木头
　　 b. 木头房子　　　*十根木头房子

"木头"在主宾语位置上可以受数量词修饰,但在修饰语位置上不能再受数量词修饰,说明性质有变。

但加"的/地"后原不成立的例子都成立了:

(24) 不/很干净的衣服　　　(25) 不/很认真地学习
(26) 十根木头的房子

因此,修饰语位置上的成分应看作第三类表述功能:修饰。

修饰的特点如下:对陈述或指称的修饰、限制,语义外向,本身不独

立(依附于陈述或指称),不能再受定语和状语的修饰。

修饰可分两类:体饰和谓饰。体饰是对指称的修饰,体现在句法成分上是定语;谓饰是对陈述的修饰,体现在句法成分上是状语。

"干净、认真"和"木头"直接做定语、状语跟带"的/地"做定语、状语性质是不同的,直接做定语、状语时,其表述功能是修饰,因此不能再受其他修饰语修饰;但带"的/地"做定语状语时,仍是陈述或指称,因而还有陈述或指称的特点:可以受其他修饰语修饰。

(三)辅助

辅助指介词、连词、语气词、助词等虚词体现的表述功能。它们既不能看作陈述也不能看作指称和修饰,这些成分是附加在陈述、指称或修饰上起一种辅助作用。这种辅助作用大致可以分以下几种情况:

1、改变所附成分的表述功能。如"的"(修饰化)、"者"(指称化)、"之"(修饰化)。

2、表示某种附加意义。如语气词表示语气,助词"了、着、过"表示时体方面的意义。

3、起连接作用。如连词。

此外,叹词体现的表述功能不是陈述、指称和修饰,也不是辅助,它是表述呼唤、应答和感叹,可以叫作呼叹。但呼叹实际上是语言系统之外的成分,因为其声韵系统特殊、无声调,总是单独使用。

4.3.3 语言的表达模式和运作机制

从语言表达模式看,指称和陈述构成了语言表达的基本构件;修饰不能独立使用,而是依附于指称和陈述成分上对指称和陈述成分加以修饰和限制;辅助则是附加在指称、陈述、修饰成分上起调节、转化的作用(参看郭锐1997)。表述功能的关系可以图示如下:

第4章 词类的本质和表述功能

辅助成分是附加在指称、陈述或修饰上的,未在图中显示。这个图的意思是说,有了指称和陈述的基本对立,就可以完整地表达意思。修饰并不改变基本对立,而是对基本对立加以限制,即修饰依附于指称,整个组合体仍是指称,比如"彩色电视";修饰依附于陈述,整个组合体仍是陈述,比如"认真学习"。这就是说,修饰没有独立性。辅助则可以附加在这两级对立的任何位置上,起调节作用。

我们注意到,一个陈述和一个指称组合,由此形成的更大组合体,其表述功能仍是陈述性的,比如"看+书"和"他+看"仍是陈述性的。因此可以说陈述比指称的独立性强。由此可以推断,陈述是语言中最基本的、最重要的表述功能。修饰是依附于陈述或指称的,陈述与修饰组合,得到的整体仍是陈述;指称与修饰组合,得到的整体仍是指称,因此修饰的地位最低。表述功能的这种独立性、重要性大小关系可以表述为下面的不等式:

陈述 > 指称 > 修饰 > 辅助

4.3.4 表述功能的层面

(27) a. 小王黄头发　b. 小王也黄头发　c. 小王一头黄头发

在(27)a 中,"黄头发"可用"怎么样"提问,可加状语,是一个陈述。但还可加定语,又应看作指称。这就产生矛盾。但我们发现,如果状语和定语同时出现,总是状语在前,定语在后,也就是说状语在外层,定语在内层:

(28) a. 小王也一头黄头发　b. *小王一头也黄头发

这表明,"黄头发"的表述功能分两层,内层是指称,外层才是陈述。再看一例：

(29) a. 这本书的出版　b. 这本书的及时出版　c. *及时这本书的出版

在(29)a中"出版"受一个定语修饰,是指称。但还可加一个状语,这个状语只能加在定语后面(b),不能加在前面(c)。因此"出版"在内层是陈述,外层是指称[①]。

上面我们把表述功能在组合层次上分成两层,换一个角度,从表述功能本身的性质看,可以把表述功能分成内在表述功能和外在表述功能两个层面。内在表述功能是词语固有的表述功能,外在表述功能是词语在某个语法位置上最终实现的表述功能。两个层面的表述功能一般情况下一致,如(27)中"小王"无论在内层还是在外层都是指称;有时不一致,如(27)a中的"黄头发"、(29)a中的"出版",此时外在表述功能是词语临时体现的表述功能。

用"怎么样"和"什么"提问方式对陈述和指称作出的区分是外在层次上的区分。比如(27)a只能用"怎么样"提问(小王怎么样),不能用"什么"提问(*小王什么);(29)a只能用"什么"提问(这本书的什么),不能用"怎么样"提问(*这本书的怎么样)。

4.3.5　表述功能和词性

表述功能实际上就是体词、谓词、饰词这样的大类词性的区分基础。请看下面的例子(参看陆俭明1991a)：

(30) 我们厂只做～,不做～。

"做(制作义)～"在例(30)中的两个位置,可以出现"柜子、桌子、沙发、板式、框式"等,既有体词,也有非体词("板式、框式"等),但"做"一

[①] 关于宾语位置上谓词性成分的指称性的内外层区分,参看萧国政(1991)。

般被看作体宾动词,即只能带体词性宾语,实际上所谓体词性宾语是指称性宾语。

此外,"应该"可以带"去、看",也可以带"三个人、星期一、阴天"这样一些词,而"应该"被看作谓宾动词,即这些宾语都被看作是谓词性的。

"赏、罚、诛"这样的词在古汉语中也可以看作体宾动词,但我们可以发现"赏有功、罚有罪、诛不义"这样的例子,所谓体词性宾语实际就是指称性宾语。

在上面这些例子中,人们心目中的体词性、谓词性这样的词性概念实际就是指称性和陈述性这样的表述功能,只是过去没有意识到这一点,我们在这里可以把词性和表述功能等同起来。但如何解释"(赏)有功"这样的体词性宾语(指称性宾语)由动词充任、"(应该)阴天"这样的谓词性宾语(陈述性宾语)由体词充任的"矛盾"呢?这与词性的分层有关。跟表述功能可以区分两个层面一样,词性也可以区分为两个层面。

名词、动词这样的词性区分的内在基础实际上就是指称、陈述这样的表述功能的区分,词类之间的分布差异、形态差异无非是表述功能差异的外在表现。相应于表述功能的分层,词性也应分成两个层面。我们把对应于内在表述功能的词性叫词汇层面的词性,把对应于外在表述功能的词性叫句法层面的词性。词汇层面的词性就是词语固有的词性,需在词典中标明;句法层面的词性是词语在使用中产生的,需由句法规则控制。两个层面的词性一般情况下一致,个别情况下不一致,如(29)a中的"出版"的词汇层面词性是动词性,在句法层面上是名词性的。对应于三种表述功能的内在层面,实词的词性也可三分:谓词(陈述)、体词(指称)、饰词(修饰)。

如果不对词性的层面作出区分,用 NP、VP 这样的语类(category)来描写汉语句子结构会遇到很大困难,比如把(32)描写成"VP+VP",

把(31)描写成"NP+NP",这样的描写很难反映短语的构造。

如何理解内外两层表述功能的差异?可以认为存在隐性的表述功能转化标记。见下面的分析:

(31) 小王也一头黄头发　　　(32) 学习很重要①

(33) 这本书的出版

例(31)中"黄头发"仍是名词性的,因为它可以带定语"一头"。由于体词性短语做谓语表示判断,在否定式中需出现显性的"是"(小王不是黄头发),因此体词性短语做谓语现象,可以处理为句法上存在隐性

---

① 汉语中的形容词(如"大、红、重要")是谓词,句法上属于VP,英语的 adjective 句法性质属于AP(饰词性成分),汉语的区别词在句法上属于AP,与英语的 adjective 相当。汉语中能直接做定语的形容词可以看作形容词兼区别词。

的系词,由于系词"是"没有读音,有读音的"一头黄头发"表面上就承担起"是一头黄头发"的功能,从而整体上具有了谓词性。例(32)中,动词"学习"并没有变成名词,因为它还可以带宾语、状语(学习语法很重要、认真学习很重要),可以认为主语位置上的动词"学习"带有一个隐性的体词化标记(NMk),其指称性是这个隐性的体词化标记带来的。例(33)中,AP 指定语短语,AMk 指定语短语的核心,即定语标记"的",定语"这本书的"修饰的是带有隐性名词化标记的"出版"。因此,内外两个层面的词性的区别实质是上下两层结构的语类区别:上层是 NP,下层是名词化标记和 VP。由于名词化标记是隐性的,所以上下层在形式上相同。

汉语中难以用形式语法来作全面的分析,其中一个原因是汉语的词类多功能现象带来的短语结构规则描写的困难,而区分词性的层面,并用隐性成分处理两个层面的差异也许是解决这个问题的可行途径。

把词性分成两个层面,可以更好地解释"得志於诸侯,而诛无礼,曹其首也。(《左传·僖公二十三年》)"中的"诛无礼"、"小固不可以敌大。(《孟子·梁惠王上》)"中的"敌大"一类例子中体宾动词带谓词性宾语的"矛盾":"无礼"、"大"在词汇层面是谓词性的,但在句法层面上是体词性的,符合体宾动词"诛、敌"的要求。因此可以说,体宾动词和谓宾动词之分以宾语在句法层面的词性为标准。现代汉语中助动词一般被看作谓宾动词,但我们也能发现带体词性宾语的助动词,如"应该阴天",只有把词性分成两个层面才能解决谓宾动词带体词性宾语的"矛盾":"阴天"虽然在词汇层面是体词性成分,但在句法层面是谓词性的,因此"阴天"仍是谓词性宾语。

通常说英语的形容词可以起名词短语中心语的作用(如(34)、(35)),这些形容词和所有名词短语一样,可以作句子的主语、宾语和介词补足语,但又有不同之处:没有复数词尾和所有格词尾的变化(Quirk et al, 1985)。从词性层面的角度看,这个现象可以得到解释:这些形容词的名词性是句法层面的,在词汇层面上仍是形容词性的,因而还可以受程度副词修饰、可以有级的变化,而名词的复数形式、所有格形式在英语中是词汇层面的名词性成分的特征,不能在句法层面上出现。

4.4 词类的本质

在体词、谓词、饰词这样的大类层级上,词类实际上是以词的词汇层面的表述功能为内在依据进行的分类。词的词类性质的差异先于词的分布的差异,词的词类性质是词固有的,而不是在使用中临时产生的。

Hengeveld(1992)把词类与陈述短语和指称短语中的四种语法位置对应起来(具体讨论介绍见10.1),这四种语法位置中的两种核心位置实际上分别包含了不同的具体语法位置:

指称短语的核心:主语、宾语、定语~(形~、数量~、数~)

陈述短语的核心:谓语、~宾语、~补语、补语、状语~

指称短语的修饰语:定语

陈述短语的修饰语:状语

换句话说,"谓语、~宾语、~补语、补语、状语~"这些语法位置具有相同的划类作用,只要具有其中一个功能,就表明具有谓词性。为什么如此?这是因为这些功能具有相同的表述功能——陈述。而"主语、宾语、定语~"则代表了体词性,修饰语代表了饰词性。

纯粹根据分布来划分词类实际上有成千上万种可能的划分,而为何我们选择谓词、体词、谓饰词、体饰词这样一套词类系统?根本原因是我们只是从成千上万种可能的划分结果中选择了与表述功能相吻合的一套划分结果。为什么要选择与表述功能吻合的词类划分体系?根本原因是,陈述、指称、谓饰、体饰这样的表述功能,反映了人类语言的基本运作机制,即人类语言是通过陈述和指称的组合形成常规的句子来表达意义。而人类语言的词汇,也基本上是按照表述功能的不同在语法功能、形态上出现分化。正因为如此,人类语言绝大多数区分出谓词(动词)、体词(名词)以及依附于谓词和体词的副词和形容词(区别词)。因此,选择与表述功能吻合的词类体系,可以最有效地把握语言的基本语法规则。

词类的大类(谓词、体词、体饰词、谓饰词)本质上是表述功能的类,但是否分成不同的类还要看词项在表述功能上是否分化。比如有的语言能进入指称短语核心的词与进入指称短语修饰语和陈述短语修饰语的词没有分化,基本上是同一批词,那么,尽管有指称和修饰的表述功能的不同,也不必分成体词和饰词两个词类。只有当词项在表述功能上大致实现分化,不同的位置出现的词基本不重合,才有必要分出不同的大类来。

格局1:不必分两类词

格局2:必须分两类词

格局3:有必要分两类词,交叉部分处理为兼类

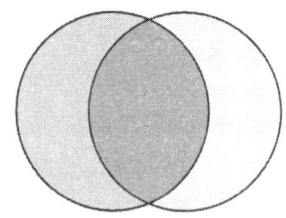

格局4:可以分两类,交叉部分可处理为兼类,也可不处理为兼类

而谓词、体词、饰词内部的名词、动词、形容词、区别词、副词这样的小类的划分,也并非完全由分布决定。谓词、体词和饰词内部的小类(名、量、方位、时间、处所;动、形、状态;区别、副、数、数量、指示)是语义类别-句法功能的结合体(combination of semantic type-syntactic function)的类,语义类别是范畴化的语义,包括实体、位置、单位、动作、属性、状态、属性、方式、数、数量、指示等。只有语义类别与句法功能吻合时,才有独立成类的必要。也就是说,语义类别的不同与句法分布的分化一致时,才有分为两类词的必要。

比如,单位词与实体词有语义上的不同,在句法分布上,两者出现了分化:单位词可以进入"数词～"的环境,而实体词不能,因此现代汉语中可以把量词与名词分为不同词类。而先秦汉语中虽然也有单位词与实体词的语义类的不同,但句法分布并无分化,两种词都能进入"数词～"的环境,因此不必把量词与名词分开。

谓词内部动作词与属性词语义类别不同,句法分布也有大致的分化:属性词可以进入"很～"环境,动作词一般不能,因此可以把形容词和动词分开。但这种分布上的分化并不十分彻底,"害怕、喜欢"一类词虽然可以进入"很～"环境,不过语义上更接近于动作词,归入形容词显然不合适,于是需要补充标准"很～宾",把"害怕、喜欢"从形容词中撇出来,归入动词。

谓词中的属性词与状态词语义类别不同,句法表现也出现分化:状态词不能进入"很～"环境,因此也可以分成不同词类。

单纯的分布上的差异不能作为分类的理由。比如"年事"只能做主语,"地步"只能做宾语,有分布上的不同,但由于语义上属于同一类(实体),因此没有必要把它们分为不同词类。"采取"可以带宾语,"休息"不能带宾语,有分布上的不同,但语义类别上相同(行为),还得都归入动词。

单纯的语义类别上的相同,也不是归为一类的理由。如"睡觉、打仗、开刀"语义上表示动作,"睡眠、战争、手术"语义上也表示动作,但由于分布上有较大差异,不能归为一类。前者是动词,后者是名词。"分、天、年"与"月、钟头"都是表示计量时间的单位,但由于分布不同,前者能进入"数～"环境,而后者不能,因此前者归入量词,后者应归入名词。

"荣幸、痛、饱"与"大型、野生、急性"都表示属性,但在分布上有较大差异,前者可以做谓语,不能做定语,后者可以做定语,不能做谓语。更重要的是,谓语和定语的差别,反映了表述功能的陈述性和修饰性的差别,在大类上就要归入谓词和饰词两个大类中,因此把这两组词都划入形容词的做法不可取。把前者归为形容词,后者归为区别词不但有分布上的依据,也有语义上的基础。虽然形容词和区别词的语义类别都是属性,但汉语形容词(谓词)是程度性属性词,可以受程度副词修饰,区别词是非程度性的属性词(饰词),不能受程度副词修饰。

因此,要把词分为不同词类,需要有分布和语义两方面的依据,单纯的分布和单纯的语义上的差异都不能作为分类的依据。相比较而言,语义类别上的差异在词类划分中可能更重要,如果有语义类别的差异,而分布上没有差异,宁愿根据语义类别的差异分为两类。比如"滂沱、逶迤、斑驳、旖旎"与"交加、参半、洞开、参天"是谓词,在述谓功能中只能做谓语,分布相同,而语义类上前者表示状态,后者表示动作,因此可以据此把"滂沱"这些词归为状态词,"交加"这些词归为动词。

早期的汉语语法研究倾向于把词类看作语义类,自 1950 年代以来汉语语法学界流行分布论的观点,近年来,有学者重拾词类是语义类的观点(石定栩 2007、2009,陆丙甫 2010,任鹰 2010)。我的观点处在这两种极端的观点之间:词类本质上不是单纯的分布类,也不是单纯的语义类,从本质上说词类大类(体词、谓词、饰词)是词根据内在表述功能分出的类,词类的基本类(名词、量词、方位词、处所词、时间词、动词、形

4.4 词类的本质

容词、状态词、区别词、副词、数词、量词、指示词等)是词的语义类别-句法功能的结合体的类。语义类别之于词类之所以重要,是因为语义类别反映了语言范畴化,而词类区分正是范畴化的结果。表述功能是词语的表义模式,语义类别是范畴化的语义,两者可归为语法意义,可以说词的语法意义是词类的内在基础。

把表述功能、语义类别和分布类型的结合体而不是分布看作词类的本质,也可以解释为什么词类具有跨时代、跨语言的可比性。分布本质的词类观不能说明为什么那些在不同时代、不同语言中分布不同的词却都是同一词类,比如现代汉语中的"看"和古代汉语中的"视",分布不同,前者可以带数量宾语,不能受数词修饰(看三次、*三看),而后者不能带数量宾语,可以受数词修饰(*视三、三视),却都是动词;英语中的"stone"可以受数词修饰(two stones),可以做处所介词的宾语(on the stone),汉语中的"石头"不具备这些功能,但都是名词。而用表述功能和语义类别-句法功能结合体的词类本质观就可以得到合理的解释:因为它们具有相同的表述功能和语义类别。

词性是一个范畴,即词性间一定有性质上的区别,这是跨语言比较的基础。

我们把词类的基本类看作分布和语义类别的结合体,正因为如此,不同的词类有不同的语义基础,可以利用词义来帮助判断词类。但定义、解释不等于定标准,表述功能或意义可以用来下定义或解释本质,但不能用来作为划类标准。道理很简单,表述功能和意义不可直接观察。因此,划类标准仍然要找能直接观察的东西,比如分布、形态。

表 4.4-1　词类的语义基础

	表述功能	语义基础
动词	陈述	行为动作
形容词	陈述	程度性属性

续表

状态词	陈述	状态描写
名词	指称	实体
量词	指称	计量单位
时间词	指称	绝对时间位置
处所词	指称	绝对空间位置
方位词	指称	相对位置
数词	修饰	数值
数量词	修饰	数量
区别词	修饰	非程度性属性
指示词	修饰	指示
拟声词	修饰	模拟声音
虚词	辅助	辅助性意义
叹词	呼叹	独立的感叹、呼应

实际上,不把分布看作词类的本质并非本书的独创,很多学者持类似观点,这种观点甚至可以说是一种复古。下面谈谈其他非分布本质的词类观。

一、话语功能的词类观。Hopper & Thompson(1984)指出,话语的目的在于报告发生在参与者身上的事件,有两个基本的话语功能:引出参与者,报道事件,而名词和动词正是这两个话语功能的词汇化(lexicalization)。Hopper & Thompson 的观点有更深的背景,他们认为,话语功能是制约语法现象的根本因素,语法形式无非是话语功能的固定化,说到极端,就是根本不存在语法,只存在话语功能;从历时发生学角度看,语言形式在原则上是缺乏范畴性的,即本来不存在词类范畴的对立,只存在不同的话语需要,这样的需要分别固定在一批词汇上,就形成了名词和动词的对立。

我们的观点与此不同,我们是从语言表达模式出发来观察词类范畴的对立,认为词类的对立从根本上说是词汇形式在语言表达模式中的分工不同,换句话说,首先存在的是表述功能的对立,词类无非是表述功能的词汇化或表述功能在词汇形式上的固定化。而话语功能则是相当外层的东西,它是以表述功能为基础的,话语功能的动因往往是成分本身的语法·语义特征,语法·语义特征是基础的东西,话语功能无非是语法·语义的体现。换句话说,话语功能必须以一定的语法·语义特征为依托。比如"引出参与者"的基础是指称,"报道事件"的基础是陈述(断言)。表述功能先于话语功能,表述功能才是词类的本质。

二、意义本质的词类观。有几种不同的说法,分别简述如下:

1、传统语法:名词表示事物的名称,动词表示行为动作,形容词(附属名词)表示性质。这是从概念意义出发,显然难以说清,比如"手术"是动作,但是名词。

2、马格努森(Magnusson 1954)的四个范畴论:马氏借用亚里士多德的范畴理论来说明词类的本质。亚氏把单个的词语区分出 10 个范畴:实体(人或马)、数量(三尺长)、性质(白的,懂语法的)、关系(一倍,大于)、地点(在市场上)、时间(昨天,去年)、姿势(躺着,坐着)、状态(穿鞋的,武装的)、活动(切割,烧灼)、遭受(被刺,被烧灼)(亚里士多德《范畴论》)。亚里士多德主要从两个角度讨论范畴。其一是存在论角度,即把范畴看作存在的类,实体可以独立存在,是自存的,其他范畴统称属性(亚里士多德《后分析篇》),是不能自存的,而是存在于主体之中,都是实体的伴随物(亚里士多德《形而上学》),由此形成实体(substance)和属性(property)的对立。马氏把其中最重要的四个范畴(实体 substance,数量 quantity,性质 quality,关系 relation)抽出来,用来说明词类的本质:表示性质的词——形容词,表示实体和性质,但不表示关系的词——名词,表示实体,但不表示性质的词——代词,表示关系的词——介词、副词、连词,表示数量的词——冠词,表示实体、性质和关系的词——动词。

从根本上说这仍是概念意义角度的词类观。

3、普遍唯理语法：表示实体的词是名词，表示偶性(accident)的词是形容词，名词和形容词都表示思维的对象。动词是表示思维方式的词，即表示断言的词，表示对事物作出判断并加以断定(参看安托尼·阿尔诺、克洛德·朗斯诺 1660)。这种观点与我们的观点非常相似，可以说表述功能的词类观是普遍唯理语法的词类观的复古，只是普遍唯理语法没有明确从表述功能角度说明，但实质是一样的，即都是从语言表达模式或语言表达的组织的角度(普遍唯理语法称之为思维的形式，言语是对思维形式的表达)来说明词类的对立。当然，普遍唯理语法只区分两种功能：思维的对象(名词、冠词、分词、介词、副词)和思维的方式(动词、连词、叹词)，相对来说较为粗疏。

4、Givón(1984)用时间稳定性(time stability)来说明词类的意义：语言中倾向于把时间上相对稳定的东西编码为名词，而把迅速变化的东西编码为动词。属性义在时间稳定性上居中，因此有的语言把属性义编码为名词，有的语言编码为动词。

有人指出，时间稳定性很难控制，比如"fire(火)、flicker(闪光)"时间稳定性很弱，却是名词，"to tower(高出)"时间稳定性强，却是动词(见 Whaley, L, 1996)。

5、Langacker(1987a、1987b)则从认知原则出发说明词类的意义：名词标示的是"事物(thing)"，动词标示的是"过程(process)"，而形容词/副词标示的是"非时间关系(atemporal relations)"。从根本上说这种路子仍是概念意义的，也许是对的，但其操作性太弱，可证伪性太弱。

4.5 划分词类的实质

划分词类实际上就是根据可观察的外在特征推断词内在的语法性质(表述功能)。所以，严格说，分类实质上是去发现类，识别类。

4.5 划分词类的实质

分类标准不一定是类的本质特征，形态不是词类的本质，我们可以拿它来作为划类的标准；同样分布也不是词类的本质，我们只是拿它来作为划类的标准。我们识别性别也是这样，比如，我们识别公鸡、母鸡，可以根据它的体态特征，也可以根据习性（打鸣还是下蛋），还可以根据其身体的内部构造从解剖学角度来识别，这些都是可观察的，但都不是公鸡、母鸡的本质属性，而只是本质属性的外在表现。当然，被我们用来分类的这些外在特征也有深浅的不同，有的离内在本质属性近，有的离得远。比如解剖学特征比较内在，而打鸣比较外在。词类划分中，形态是比较外在的特征，分布是比较内在的特征。利用比较内在的特征一般来说比外在特征可靠，但观察不易；而比较外在的特征观察较易，却往往不太可靠。

那么，我们能不能直接根据内在本质来分类，而不要绕一个弯儿，根据外在特征来推断内在本质呢？从理论上说是可以的。但关键是我们要能直接观察到这种内在本质。能否观察到本质，有时依赖于我们的分析手段。随着分析手段的进步，我们今天观察不到的东西，也许以后观察得到。我们今天不以词类的本质（表述功能）为划类标准，是因为它不可直接观察。如果有一天，由于分析手段的提高，我们可以观察到表述功能，那就不妨以表述功能为划类标准。

我们了解了划分词类的本质，也就可以回答高名凯提出的问题：词类性质是静态的、备用的（固有的），为什么可以根据语法功能（动态使用）来分类？这只是根据外在形式来推断词的固有性质。我们并不是拿使用中的功能作为词类的本质。就好比木头可以用来做燃料煮饭，而钢铁不能，钢铁可以用来做锅，而木头不能，以此可以推断出是木头还是钢铁。为什么木头可以用来做饭，因为它有可燃烧的性质；为什么钢铁可以用来做锅，因为它有传热快、熔点高的性质。

正因为分布不是词类的本质，只是词类的外在标志，所以分布不是唯一的划类标准。

本书认为,词性是先于语言学家的划分存在的,是语言本身的组织构造的一部分。以词性为基础的词类不是分布类,分布只是词性的外在表现。词性和分布没有完全整齐的对应,不可能纯粹根据分布的异同划分词类,即使采用原型论模型也不可能纯粹根据分布划分词类。语法位置对词语有选择限制,根本原因是这些词语本身有性质上的差异。我们根据分布划分词类,实质是通过分布来推断导致分布差异的词本身的性质差异。这种性质就是词性的本质。

因此,我们完全同意高名凯(1960)"词的形态变化,词的结合能力和词的句法功能等都是词的词类意义的外部标志"的观点,不同之处是,高名凯认为汉语实词是万能的,因而词无定类,词无定类就是无词类,而我们并不认为汉语实词是万能的,语法位置对词的选择限制依然存在,虽然较抽象的语法位置(句法成分)对词语的限制不如印欧语严格,但在比较具体的语法位置上(如"很～"、"不～")相当严格,由此可以利用词的较具体的分布特征划出词类来。况且,在句法成分位置上,优势的选择仍是十分明显的,比如88%以上的主语是由体词性成分充任,99%以上的谓语是由谓词性成分充任。

4.6 划类依据和划类标准

我们同意文炼(1995)的观点,区分划类的依据和划类的标准。分类的依据(basis)指分类的内在基础,即类的本质;分类的标准(criterion)指用来鉴别一个对象属于哪一类所需满足的条件。分类的依据可以是不能直接观察到的东西,但分类标准必须是能观察到的东西。两者可以一致,也可以不一致,但分类标准必须能反映分类的依据。比如生物谱系分类的依据是生物间的亲缘关系,但可以以生物的形态为分类的标准,因为形态上的差异可以反映亲缘关系的远近。词类划分的依据是词的内在表述功能或词的语法意义,但由于词的表述功能或语法意义不可直接观察,因而我们是以可观察的词的形态或词的语法功能为分类标准,这些形态或功能能反映词的内在表述功能或语法意义。

把不同的东西作为词类的内在依据,其结果会很不相同。把形态作为词类的内在依据,就会得出瓦罗(Varro)的划分,由于背后没有表述功能或语法意义的支持,这种分类就同林耐的生物分类相似。把分布作为划分词类的内在依据,就会得出陈小荷(1998)的划分,这种划分也与林耐的生物分类相似,类并不反映范畴性的东西。但以表述功能为分类的内在依据就与前面两种分类不同,因为在我们看来,分布差异只是表述功能的外在表现,我们要从分布异同中求得表述功能的异同,这样我们并不是简单地根据分布异同定类,而是忽略一些分布上的差异(如能受"没"修饰还是能受"不"修饰的差异),也忽略一些分布上的共性(如名、动、形都能做主语),通过分布相容度的分析找出制约分布的表述功能,使一定的分布与一定的表述功能相联系(见第6章)。

因此,划类是对已存在的词性做鉴别,然后按一定的划类策略(见第7章)分类的过程。是先有词性,后找标准。

4.7 表述功能的转化和词性的转化

4.7.1 什么是表述功能的转化

朱德熙(1983)指出陈述和指称可以转化,"当我们在VP后头加上'的'的时候,原来表示陈述的VP就转化为表示指称的'VP的'了"。我们虽然不采取"的"的作用是指称化的说法,但赞同表述功能可以转化的观点。陆俭明(1991)讨论了现代汉语中的转指现象,下面我们进一步讨论表述功能的转化。

4.3 中例(9)b 中的"急性、慢性"可以看作是修饰的指称化,例(27)a 中的"黄头发"是指称的陈述化,例(29)a 中的"出版"是陈述的指称化。这是现代汉语的例子。古代汉语也有表述功能的转化,如例(7)b、(8)b 中的"贤、不贤、无功、不乐生"是陈述的指称化。

表述功能的转化是语言中的普遍现象,不仅汉语中有,其他语言也有。下面是其他语言的例子:

英语:

(34) The extremely old need a great deal of attention. (extremely old:修饰→指称)
"很老的人需要大量关心。"

(35) The number of jobless is rising. (jobless:修饰→指称)
"失业者的数量正在上升。"

(36) Mary's was the prettiest dress. (Mary's 修饰→指称)
"玛丽的是最漂亮的衣服。"

(37) We'll meet at Bill's. (Bill's:修饰→指称)
"我们将在比尔处碰面。"

西班牙语:

(38) a. Saludemos a los valientes combatientes.
　　　致敬[第一人称]向（定指）勇敢　　战士
　　　"让我们向勇敢的战士致敬。"
　　b. Siempre muestra gran respeto a los valientes. (valientes:修饰→指称)
　　　一向　表示[第三人称]大　敬意 向（定指）勇敢
　　　"他一向对勇敢的人表示很大的敬意。"

匈牙利语:

(39) a. szép ház　　b. A ház szép.
　　　漂亮　房子　　（定指）房子　漂亮
　　　"漂亮房子"　　"那座房子漂亮。"
　　c. A szép kevés, a rossz sok. (szép, rossz:修饰或陈述→指称)

（定指）漂亮 少（定指）坏 多
"好的少,坏的多。"

阿眉斯语：

(40) a. taʔaŋajaj kuni a kuŋa.
　　　大　 这 的 甘薯
　　"这甘薯真大。"
　b. nilətəkaj tuni a taʔaŋajaj kaku.(taʔaŋajaj：陈述→指称)
　　　砍　 这 的 大　 我
　　"我砍这棵大的（树）。"
(41) a. maumah-aj　ku tʃiwama.
　　　劳动（进行）（主）父亲
　　"父亲刚干完活。"
　b. ninukaj-aj tu ku maumah-aj a maəmin.(maumah-aj：陈述→指称)
　　　回来(进行)(完成)(主) 劳动（进行）地 全部
　　"干活的人都回来了。"

此外阿尔泰语系的不少语言中,动词或形容词也可以指称化(转指),如维吾尔语、东乡语、裕固语、保安语、赫哲语等。羌语、门巴语、瑶语、毕苏语等的形容词以及越南语的动词也可以指称化(转指)。

4.7.2 表述功能转化类型

表述功能的转化有不同类型,首先可把表述功能的转化分成词汇化转化和句法化转化。

词汇化转化指通过构词手段使表述功能转化,如：看～看头,刷～刷子,work(v.工作)～worker(n.工人),happy(a.幸福)～happiness(n.幸福),以上是带标记的；领导(v～n),定义(n～v),water(水 n～浇水 v),cook(烹调 v～厨师 n),以上是零标记的。

从表述功能的层面上看,词汇化转化发生在内在表述功能层面。因此带标记的实际上已派生为一个新词；零标记的转化其词汇层面的词性已变,实际上就是兼类。词汇化的转化本书不作详细讨论。

句法化转化指通过句法手段改变表述功能,也可以分成零标记的和带标记的。零标记的转化指不加任何标记,但词语在某个句法位置上发生临时的表述功能转化,即句法层面的词性发生改变;带标记的转化指通过加功能词的方式改变词语的表述功能。零标记的转化如:

(42) 小王<u>黄头发</u>(指称→陈述)
(43) 这本书的<u>出版</u>(陈述→指称)
(44) <u>急性</u>好治(修饰→指称)
(45) 夫尚<u>贤</u>使能,赏<u>有功</u>,罚<u>有罪</u>,非独一人为之也……(《荀子·强国》)(陈述→指称)

零标记的句法化转化实际上就是从内在表述功能到外在表述功能的转化,也可以说就是从词汇层面的词性到句法层面的词性的转化。具有多种固有表述功能不是语法化转化,如"研究、讨论、危险、困难"具有陈述和指称的固有表述功能,不是语法化转化,而是词汇化转化。带标记的转化如:

(46) a. 他看书　b. 看书<u>的</u>人(a 陈述→b 修饰,标记:的)
(47) a. 生产<u>有计划</u>　b. <u>有计划地</u>生产(a 陈述→b 修饰,标记:地)

古代汉语的"之"也可以看作修饰化标记,"者"则是指称化标记。英语中不定式标记"to"可看作指称化标记,名词后面的"'s"可看作修饰化标记。带标记的句法化转化可分析如下(图中 Mk 表示转化标记,AMk 表示区别词化标记,AdMk 表示副词化标记,NMk 表示名词化标记):

(48) 有计划地生产　　(49) 一箪食,一豆羹,得之则生,弗得则死,呼尔而与之,<u>行道之人</u>弗受。(《孟子·告子上》)

4.7 表述功能的转化和词性的转化

零标记的句法化转化是核心成分空缺所致,包括饰词性核心成分空缺和标记性成分空缺,如上文所分析的"小王一头黄头发"、"学习很重要"、"这本书的出版"。这种情况如图 4.7－1 所示,核心成分 X 的空缺造成与这个空缺成分搭配的成分 Y 单独负担起 X、Y 的母节点(mother node)XP 的职能,使 Y 的外层表述功能和句法层面的词性发生变化。又如例(50)中实际上被"不"修饰的 VP 空缺,本为修饰性成分的"不"就负担起陈述的职能;例(51)中的"急性"本为修饰,由于被"急性"修饰的 N′空缺,使"急性"起到了 NP 的作用。结构树中的 ø 表示空缺的成分。

图 4.7－1 核心成分空缺造成的转化

如此看来,零标记的表述功能转化,成分空缺有两种,一是表述功能转化标记空缺,如"学习很重要""这本书的出版",二是核心成分空缺,如"小王一头黄头发""我不"。表述功能转化标记也是核心成分,因此,零标记转化实际上都是核心成分空缺造成的。

4.7.3 指称化和名词化

指称化和名词化分别在两个层面上发生,内在表述功能的指称化对应于词汇层面的名词化,外在表述功能的指称化对应于句法层面的名词化。两个层面的名词化要区分开,不能把句法层面的名词化等同于词汇层面的名词化。比如下面的例子都只是句法层面的名词化,词汇层面的词性没有改变:

(52) <u>学习</u>很重要(学习:动词)
(53) <u>急性</u>好治(急性:区别词)
(54) 有<u>大</u>有<u>小</u>(大、小:形容词)
(55) 赏<u>有功</u>,罚<u>有罪</u>(有功、有罪:动词性短语)
(56) 贤者以其<u>昭昭</u>使人昭昭(昭昭:状态词)(《孟子·尽心下》)

4.7.4 自指和转指的句法构造

指称化就是一个非指称性成分转化为一个指称性成分。指称化有以下三种构造(Y 表示非名词性成分,NMk 表示名词化标记):

图 4.7－2　指称化的句法构造

a 式和 b 式是通过指称化标记实现指称化,a 式的指称化标记是显性的,b 式的指称化标记是隐性的。c 式不带指称化标记,但存在一个隐性的名词中心语。这三种构造的共同之处是:一个非名词性成分单独或与一个标记词一起承担一个名词性的母节点(mother node)的职能。

指称有自指和转指两种形态。从形式语法角度看,自指的指称化和转指的指称化的区别在母节点 NP 与 Y 的所指关系上。如果母节点 NP 指 Y 本身,则为自指的指称化,如例(32)"<u>学习</u>很重要"、例(33)"这本书的<u>出版</u>"。如果母节点 NP 不是指 Y 本身,而是与受母节点 NP 支配(dominate)的某个节点上的另一个名词短语同指,则为转指的指称化,这个 NP 通常要空缺,如例(51)"急性(好治)"、例(60)"看书的"。下面再看几个 c 式的例子:

(57) 不备不<u>虞</u>,不可以师。
　　《左传·隐公五年》

(58) 王亲受而劳之,所以惩不敬,劝<u>有功</u>也。《左传·成公二年》

(59) 他有两个哥哥,<u>一个高</u>,一个矮。

(60) <u>看书的</u>比买书的多

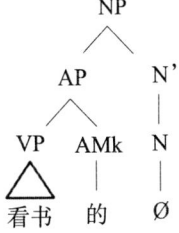

(61) The extremely old need a great deal of attention.

(62) Mary's was the prettiest dress.

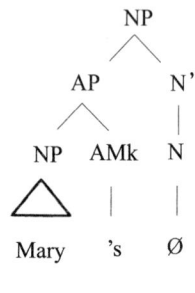

我们把母节点 NP 所指的成分叫指称源,并借用朱德熙(1983)的"提取"概念,把指称化成分指涉指称源的过程叫提取。这样,我们可以说自指是提取 Y 本身,转指是提取母节点 NP 下面的一个 NP。比如例(51)中"急性"的转指是提取受"急性"修饰的中心语,例(58)中"有功"是提取受"有功"修饰的名词短语。

从上面的例子中可以看到,无论汉语还是英语,成分的转指一般提取被修饰的空缺的 NP①。现代汉语中谓词性成分的转指基本消失②,在古代汉语中一般情况下是提取这个谓词性成分的主语,如例(58),提取宾语一般要加标记"所",如"病而乞盟,所丧多矣(《左传·僖公五年》)"、"寡人所好者,音也(《韩非子·十过》)",不加"所"转指宾语的(如例(57))极少见③。努特卡语(第3章例(2))和他加禄语(第3章例(3))中谓词性成分也是提取主语。

---

① 关于饰词性成分的转指,陆俭明(1991)有详细的讨论。
② "那商店卖的盆儿有大有小"中的"大、小"是转指,但这类转指受很大限制,只用于"有……有……"格式。
③ 不加"所"转指宾语通常有条件:谓词带否定词,带能愿动词"可"。

4.7.5 "的"和"地"在汉语句法中的作用

"的₃"的作用问题实际上与表述功能的转化和句法层面的词性转化有关,"的₃"是饰词标记,它可以把一个谓词性成分或体词性成分转化为饰词性成分,单独做主宾语的"X的"是饰词性成分的零标记转指,即句法层面的名词化。"地(的₁)"的作用也是把一个谓词性成分或体词性成分转化为饰词性成分。"看书的"把谓词性成分饰词化,"木头的"把体词饰词化;"有计划地(生产)"是把谓词性成分饰词化,"历史地(看问题)"是把体词饰词化。两者的不同是:"的₃"是体饰的标记或定语标记,"地(的₁)"是谓饰标记或状语标记。

"干净的衣服"中,"干净"仍是谓词性的,相当于一个小句,"干净"还有谓词的一般特征:"不干净的衣服,很干净的衣服"。但"干净衣服"中的"干净"实际上是饰词性的,因此不能再受"不、很"修饰:*不干净衣服,*很干净衣服。

"的₃"和"地"在汉语句法中起着转化标记的作用,使不同词性的成分可以相互转化,这一点至关重要。因此,一个词能直接做定语和只有加"的₃"后才能做定语反映了词的不同的词性,能直接做定语的词有饰词性,加"的₃"后才能做定语的无饰词性,仍是体词或谓词性成分。由于"的₃/地"在汉语句法中的特殊作用,我们把一个词加"的₃/地"后的功能与这个词本身的功能严格区分开。

4.8 词类、表述功能和句法成分的关联

Croft(1991)从类型学角度出发,观察世界语言在词性上的普遍现象。他把词性与语义、语用功能联系起来,认为三者有关联性(correlation):

表 4.8－1 Croft:句法范畴、语义类和语用功能的关联

句法范畴	名词 Noun	形容词 Adjective	动词 Verb
语义类	事物 Object	属性 Property	动作 Action
语用功能	指称 Reference	修饰 Modification	陈述 Predication

这是原型的关联,是无标记的,其他的关联则是有标记的。比如名词 vehicle(车辆)表示指称时是无标记的,表示修饰时加标记's 或用派生形式形容词 vehicular(车辆的),表示陈述时加标记 be(是);形容词 white(白)表示修饰时是无标记的,表示指称时加标记变成名词 whiteness,表示陈述时加标记变成 be white。动词 destroy 表示陈述时是无标记的,表示指称时则需加标记 to 或 -ion,表示修饰时则需加标记 -ing、-ed。

表 4.8－2 Croft:英语中的无标记关联和有标记

	指称	修饰	陈述
事物	vehicle	vehicle's, vehicular, of vehicle, in vehicle	be a/the vehicle
属性	whiteness	white	be white
动作	destruction, to destroy	destroying, destroyed	destroy

(注:带下划线的成分表示标记成分)

Croft 的标记理论中,事物与指称、名词的关联,动作与陈述、动词的关联都是成立的,但属性与修饰、形容词的关联则缺乏普遍性,在汉语以及大多数汉藏语言中属性主要与陈述对应①。词性与语义类的对

---

① 沈家煊(1997)认为汉语形容词的主要功能是做定语。笔者认为汉语形容词的主要功能是述谓功能,属谓词,直接做定语实际是因为部分形容词兼有区别词性。

4.8 词类、表述功能和句法成分的关联

应实际上是构词问题,不是句法问题;有些标记(如-ness)也是构词问题,不是句法问题。如果我们只考虑句法问题,就可以观察词性、表述功能和句法成分之间的关联。三者的关联如下:

  词类   表述功能   句法成分
  谓词——陈述——述谓成分(谓语、述语、补语、真谓宾动词的宾语)
  体词——指称——主语、体宾动词和准谓宾动词的宾语、定~
  饰词——修饰——定语、状语

以上是原型的关联,被看作词类的多功能现象的其他关联则是非原型的:发生表述功能的转化(带标记的或外在表述功能的转化),比如陈述和指称要做修饰语则加"的/地",指称要做谓语则要转化为陈述,陈述要做主宾语则要转化为指称,修饰要做主宾语也要转化为指称。

汉语中句法成分位置上与词性的对应关系较松,但在实词与虚词的组合位置上,对词性的要求较严,比如"不~""很~"只允许谓词性成分进入。这就是我们不得不用到具体的分布作为划类标准的原因。

第 5 章 划分词类的标准

5.1 划类标准的条件

我们在 4.6 谈到,分类的依据(basis)和分类的标准(criterion)不是一回事。两者可以一致,也可以不一致,但分类的标准必须能反映分类的依据。

一种因素要作为划分词类的标准,需满足以下三个条件:

A.能反映词的词类性质,即内在表述功能。词类的本质是表述功能,词类的异同显示了词在表述功能上的异同,因此,只有那些能反映词的内在表述功能的因素才能作为划类的标准。

B.可以观察。所谓可以观察,指作为划类标准的某种因素有明显的外在形式,或者本身就是某种外在形式,因而可以明确把握。提出这一点,是因为只有以可以观察的东西作为划类标准,才不至于仁者见仁,智者见智,才能使分类明确、可靠,具有可操作性。

C.具有全面性。所谓全面性,指作为划类标准的因素对于所有词或大部分词都适用。只有具有全面性的因素才能作为划类的主要标准,不具有全面性的因素至多只能作为辅助的标准,对主要划类标准予以补充,在主要标准不能控制的个别词的划类中起作用。

过去曾提到过的划类标准主要有以下三种:1、词的形态,2、词的意义,3、词的语法功能。在本项研究中,我们是以词的语法功能为划类标准。为什么如此?下面作一个简要的分析。

5.2 词的形态、意义和语法功能

5.2.1 词的形态能否作为划类标准

所谓形态就是词形和词形变化。形态显示出词类区别有两种情况，一是词的词形本身有成系统的差异，显示出词类区别。如意大利语：

动词：-are/-ire/-ere：benefiare（受益） leggere（读） finire（结束） amare（爱）

名词：-o（阳）/-a（阴）/-e（阴阳）：beneficio（利益） leggenda（传奇） fine（结束） amore（爱）

二是词有成系统的词形变化，显示出词类区别。瓦罗（Varro，W. T.，公元前116－前27，罗马人）《拉丁语学》就是根据词形变化把词分为四类：

名词：有格的变化的词。动词：有时的变化的词。

分词：有格和时的变化的词。虚词：无格和时的变化的词。

只有当这种显示词类区别的词形差异或词形变化具有系统性时，才足以用来分词类。

词类从本质上说是词在内在表述功能上的类别，形态并不是词类的本质，只是词的表述功能的最外在的表现，因此不能因为一种语言的词没有成系统的词形差异或词形变化而认为这种语言没有词类。但在有形态的语言中，词的形态与词的表述功能往往有较为严格的对应关系，比如英语中具有复数（plural）变化的词能做主语、宾语，是指称；具有时态（tense）、体（aspect）变化的词能做谓语，是陈述。所以可以认为词的形态能间接地反映词的表述功能，满足词类划分标准的第一个条件。在形态丰富的语言中可以根据形态划分词类，就是因为词的形态与词的表述功能有较严格的对应关系,换句话说,形态可看作词的内在表述功能的标志。

形态当然是可观察的,也满足划类的第二个条件。

但是在汉语中缺乏严格意义的形态标记和形态变化,形态不具备全面性,对于无词形变化的绝大多数词只能根据语法功能来划类。所以汉语中的形态最多只能作为划类的参考标准。比如对于"轻松、凉快、暖和"一类词,根据语法功能只能确定为形容词,但这些词还有ABAB的重叠形式,如果我们把ABAB重叠形式看作动词的一种形态变化,那么就可以据此把"轻松、凉快、暖和"看作形容词和动词的兼类词。不过,正如我们在2.2中所说,严格地说,汉语没有真正的构形重叠,只有构词重叠和句法重叠,ABAB重叠形式是一种句法现象,应看作词的一种语法功能。

5.2.2 词的意义能否作为划分词类的标准

马建忠(1898)、王力(《中国现代语法》,1943;《中国语法理论》,1944)都是以意义为划类标准。

词的意义有两种,一是词汇意义,二是语法意义或类别意义。讨论意义能否作为划类标准需考虑这两方面。

我们先用前面提出的划类的三个条件来检验词的词汇意义能否作为划类的标准。首先,词的词汇意义不能反映词的表述功能。比如下面几组词内部的几个词具有相同或大致相同的词汇意义,但它们的表述功能却很不相同:

a)　　　　不～　很～　补　谓　状
　　突然　　+　　+　　+　+　+
　　忽然　　−　　−　　　　−　+

b)

	不～	很～	补	谓
白	+	+	+	+
雪白	−	−	+	−
白色	−	−	−	−

c)

	没～	很～
胜利	+	−
成功	+	+

d)

	主	在～	三天～	春节～
以前	+	+	+	+
过去	+	+	−	−

第二,词汇意义是不可观察的,它只能意会,而不能明确把握。

因此,尽管词的词汇意义满足划类标准的第三个条件,但由于不满足第一和第二个条件,不能作为划分词类的标准。

能否根据词的语法意义(或称类别意义)来划分词类呢?王力(1943)就是以类别意义为划类标准,他反对用形态或语法功能分类:"我们以为词类是可以在字典中标明的,是就词的本身可以辨认,不必等它进了句子里才能决定。根据词的句中的职务而分的,我们叫作词品。"(19页)"词可以分为两大类:凡本身能表示一种概念者,叫作实词;凡本身不能表示一种概念,但为语言结构的工具者,叫作虚词。实词的分类,当以概念的种类为根据;虚词的分类当以其在句中的职务为根据。"以下是王氏的部分实词分类标准(21—29页):

名词:凡实物的名称,叫作名词(noun)。

数词:凡词之表示实物的数目者,叫作数词(numerals)。

形容词:凡词之表示实物的德性者,叫作形容词(adjectives)。

动词:凡词之指称行为或事件者,叫作动词(action-words,或verbs)。

副词：凡词，仅能表示程度、范围、时间、可能性、否定作用等，不能单独地指称实物、实情或实事者，叫作副词（adverb）。

王力认为，由于汉语没有形态，划类反而比西语容易。西语由于有形态，形态又不完全，还要靠功能分类，而功能与词类又不完全对应，最后还得靠概念来分类。如法语"Je suis fort"（我是强壮的）和"Je suis roi"（我是国王），fort 和 roi 没有形态上的区别，只能从概念上区分出 fort 是形容词，roi 是名词。而汉语"完全没有词类标记，正好让咱们纯然从概念的范畴上分类，不受形式的拘束"。所以汉语的词类比西语的词类容易区分些。

词的类别意义与词的表述功能有大致的对应关系，比如我们说事物对应指称，动作对应陈述，但类别意义是不可直接观察的，不能直接明确地把握，而且类别意义极为复杂，什么叫动作，什么叫事物，什么叫性质，它们之间的界限在哪里，一共有多少种类别意义，可以引起无穷无尽的争论，永远得不到解决（朱德熙 1985a），因此，类别意义不满足划类标准的第二个条件。所以王力所说的汉语根据意义分词类容易是假象。

不少人承认划分词类主要根据词的语法功能，不过同时又强调意义是重要的参考标准。有的书上还说意义和功能应该并重，二者不能偏废（朱德熙 1985a）。但实际情况往往是当用语法功能标准划类顺利时，就用语法功能划类；一旦用语法功能划类遇到麻烦或根据语法功能划出的类与人们对意义的直觉不吻合时，就干脆放弃语法功能标准，而根据语法意义来划类，成了一会儿用语法功能，一会儿用不明确的意义标准，导致分类的混乱。比如过去不少人认定表性质的是形容词，于是把"高等"、"大型"一类词也归入形容词。其实人们也看到了"高等"、"大型"与典型的形容词"高级"、"大"等在语法功能上的差别，如"高级"、"大"能受"不、很"修饰、能做谓语等，而"高等"、"大型"不具备这些功能。但由于认定它们表示相同的语法意义,因而宁愿把"高等、大型"一类词叫作非谓形容词,也不愿把它从形容词中剔除出去,结果使形容词成了成员间语法功能分歧很大的大杂烩。总之,最终还是要落实到语法功能上才能划分词类。

5.2.3 根据语法功能划分词类

根据语法功能划分词类有以下三种情况:

Ⅰ.根据句法成分划类。让句法成分与词类一一对应,以实现的功能作为划类标准。由于与汉语事实不符,易导致词无定类,甚至汉语无词类的结论。如黎锦熙(1924)。

Ⅱ.根据狭义分布划类。即以一个词相对于别的词或词组的配合环境为划类标准。如:

数词~[量词:个,支,斤]

数量~[名词:苹果,山,纸]

所谓鉴定字或测试槽(slot)、广义形态(方光焘1939)就是这种办法。

英语语法中常用这种办法分词类,下面是 Simpson,J.M.Y.(1979)英语词类划分标准:

1、~hat is on the table.[Det.:a, the, that…]

2、(Det.)~is /are good. [Noun:man, oats, John…]

3、(Det.)Noun~((Det.) Noun).[Verb:is, sings, smokes…]

4、(Det.)~Noun. [Adj.:big, green, brackish…]

5、Det. Noun is~Adj.[Adv.:too, very, badly…]

6、~Verb (Det.) Noun. [Pron.:I, you, he…]

7、Noun Verb Pron.~.(~≠ Adv.)[Particle:up, over, out…]

8、Det. Noun Verb~Det. Noun(~≠ Adv.)[Prep.:into, under, up…]

这种办法的问题是,只有当进入某个位置的词类是唯一的时候,这个分布才能有效地划分词类。即使在英语中,这种办法也有问题,如 Noun 跟 Pron.很难区分开,Noun 和 Adj.也很难区分开。

在汉语中,由于一种语法位置常可由多种词类占据,两类词相组合往往具有不止一种语法关系,所以用这种办法分类必须加条件,加的条件太多,则使标准繁复,不易控制。

Ⅲ.根据句法成分和狭义分布划类。包括两方面:

(一)做句法成分的能力;(二)与别的词组合的能力。

即在狭义分布基础上加上做句法成分的能力,弥补了用狭义分布分类的不足,在汉语的词类划分中比较有效。

本书的方法属于Ⅲ。但(一)本身也有确定句法成分的问题,故尽可能只用(二),只有当只用(二)不能有效地划类或标准过于繁复时,才用(一)划类。(一)和(二)都是语法功能,都是分布,在下文中我们将说明两者的统一性。

为什么可以根据语法功能划分词类? 前面我们说到,语法位置对词类有选择限制,语法位置对词语的选择的标准是词语本身的语法性质。换句话说,由于词语的语法性质不同,因而所能占据的语法位置也不同。由于语法位置对词语有选择限制,因而可根据这种选择限制来划分词类,即根据分布来划分词类。

词占据语法位置的能力(即词的语法功能)反映了词的内在表述功能,根据词的语法功能分出的类的确是词在语法上的类,因而满足划类标准的第一个条件。

语法功能也满足划类标准的第二个条件。语法功能包括两个方面:(一)做句法成分的能力,如能否做主语、宾语、谓语、定语等;(二)与别的成分(词或词组)组合的能力,如能否受"很"的修饰、能否受数量词组修饰、能否带方位词,等等。这两个方面都是可观察的。

语法功能也满足划类标准的第三个条件。每一个词都有自己的语法功能，因此以语法功能为标准划分词类对每一个词都适用。

这样看来，语法功能满足划类标准的所有条件，可以作为划分词类的标准。

5.2.4　小结

从理论上说，词的形态、词的语法功能、词的语法意义或内在表述功能都可以作为划类标准。

形态可观察性高，能反映词的表述功能，但在汉语中缺乏全面性，只能作为补充标准。

词义分词汇意义和类别意义，词汇意义虽有全面性，但不反映词的表述功能，不可观察，因此不能作为划类标准；词的类别意义虽有全面性，但关键是不可观察。内在表述功能本身也不可直接观察，也不能作为划类标准。

语法功能能反映词的表述功能，也可观察，具有全面性，可以作为划类标准。

5.3　什么是语法功能

根据分布(distribution)划分词类可追溯到美国描写语言学的分布分析。Bloomfield(1926)说：

[29. Definition]结构中的每一个有次序的单位是"位置(position)"。

[30. Assumption 10]结构中的每一个位置只能被一定的形式填充。

[32. Def.]形式所占据的位置是它的"功能(function)"。

[33. Def.]所有具有相同功能的形式组成一个"形类(form-class)"。

[37.Def.]词的形类就是"词的类(word-class)"。

[38. Def.]语言中最大的"词的类(word-class)"就是这个语言的"词类(parts of speech)"。

Harris(1946)说:每一(语素)类都有特殊的句子位置,可以用本类中的任何成员填进去,并且只能用那些成员填进去。如:

N:出现于复数-s 或其变体之前,或 the 或形容词之后:hotel, butter, two。

V:出现于过去式-ed 或其变体之前;-ing 之前,N 加 should, will, might 等之后:go, take, do。

A:出现于 the 和 N 之间,永远不在复数-s 之前出现:young, pretty, first。

D:出现于 the 和 A 之间,但不在 the 和 N 之间出现:rather, very, now, not。

Fries(1952)说:在英语的单个自由话语模式里,凡是能够占据相同的一套位置的词,必定属于同一个词类。

什么是分布？Harris 说:一个成分的分布就是它所出现的全部环境的总和,也就是这个成分的所有的(不同)位置(或出现的场合)的总和,这个成分出现的这些位置是同其他成分的出现相关的。(The distribution of an element is the total of all environments in which it occurs, i.e. the sum of all the (different) position (or occurrences) of an element relative to the occurrence of other elements.)(Harris 1951:15—16)

什么是环境(environment)、位置(position)？Harris 说:话语里的某个成分的环境或者位置是由它邻近的成分组成的……所谓"邻近",是指处于该成分之前或之后,或者同时[指语调、重音等非线性成分]出现的成分的位置。(Harris 1951:15)如在 "I tried."中,/a/的位置就是:/tr_yd/,或/tr_yd/+/./,或/ay tr_yd./。如果考虑语调,还应包括一个(同时的)陈述语调。

从 Bloomfield 和 Harris 的定义看,美国结构语言学的位置概念,以成分的相对顺序位置关系为基础,只看成分间的表层顺序位置关系:前、后或同时,而不考虑层次和成分间的语法关系。这样的分布概念过于表面化。语法位置之所以可以用来给成分分类,根本的原因是位置对词语有选择限制,而这种选择限制,并不是由表面上的顺序位置关系决定的,而是由层次和语法关系决定的。如:

(1) 给我书 / 给我哥

若只考虑表层顺序位置关系,会认为"书"和"哥"处于相同位置,但实际上两个片段层次构造不同,因而占据的是不同位置。"我哥"这个整体占据的位置相当于前一片段中"我"占据的位置。

(2) 这三个苹果 / 这三个好吃

若不考虑语法关系,会认为"苹果"和"好吃"在这里出现于相同位置,但由于语法关系不同,两者实际上占据不同位置。

(3) 学习文件

单看顺序位置关系,这个片段中"学习"只代表了一种分布,但实际上这里的"学习"代表了两种分布[①]:一种相当于"学习汉语"中的"学习",一种相当于"学习时间"中的"学习"。

因此,在我们看来,用来定义分布的位置是包含了层次和语法关系的,我们把这样的位置叫语法位置。有两方面因素规定着成分的分布:

1、直接成分间的语法关系及由此规定的直接成分的语法关系角色。

语法关系既包括较抽象的关系(如主谓、述宾、定中、述补),也包括

---

① Harris 所说的分布指成分出现位置的总和,为了叙述方便起见,本书把成分的某一个出现位置叫这个成分的一个分布。

较具体的关系。如"许多书"和"新书""一个",如果看大的关系,"许多"和"新""一"分布相同,但看具体的关系,两者不同。"桌子腿"和"桌子上"也与此类似。

2、两直接成分组成的结构整体所能处的更大环境。

比如"大型"和"大量"都可出现于"～名词",但"大型+名"还可以出现于"数量～",而"大量+名"不能,因此从较具体的语法位置看,"大型"和"大量"所处的语法位置不同。

根据上文的分析,我们可以给出三个重要的定义:

定义 1:句法结构中具有一定语法关系的直接成分所处的位置是语法位置。语法位置包含了层次和语法关系信息。

定义 2:词所占据的语法位置是词的分布。

定义 3:词占据某一特定语法位置的能力是词的一个语法功能。

词的分布或功能常表述为以句法成分或鉴定字、词类为环境的位置(或称为测试槽 slot),如:"〈～宾〉","很～","〈数词〉～";有时表述为句法成分,不过与表述为以句法成分为环境的位置等价,如"〈谓语〉"等价于"〈主语〉～"。

我们没有谈到顺序关系位置(之前、之后),是因为语法位置从本质上说是语法关系位置,即由语法关系决定的位置,而顺序位置倒是无关紧要的。比如在拉丁语中,由于有格标记,主语、宾语和谓语动词的顺序位置相当灵活:

(4) Puer amat puellam. 少年 爱 少女
Puer puellam amat. 少年 少女 爱
Amat puer puellam. 爱 少年 少女
Amat puellam puer. 爱 少女 少年
Puellam puer amat. 少女 少年 爱
Puellam amat puer. 少女 爱 少年

其中,puer 是主格(原形 puer),puellam 是宾格(原形 puella),amat 是

第三人称单数(原形 amare),在上述不同句子中语法关系角色不变,应视为分别占据相同语法位置。

俄语与此类似(石安石、詹人凤 1988:110－111):

(5) Я люблю мать. 我 爱 母亲
　　Я мать люблю. 我 母亲 爱
　　Люблю Я мать. 爱 我 母亲
　　Люблю мать Я. 爱 母亲 我
　　Мать Я люблю. 母亲 我 爱
　　Мать люблю Я. 母亲 爱 我

由于有格标记(Я 主格,мать 宾格,люблю 第三人称单数),不同的顺序都是"我爱母亲"的意思。Я、люблю、мать 在上述不同句子中语法关系角色不变,应视为分别占据相同语法位置。

这样,我们就能理解为什么英语的一些词出现的顺序位置或前或后,但却都归为副词:

(6) a. He always loses his pencils.　b. He loved her deeply.

always 和 deeply 虽然顺序位置不同,但语法关系位置是相同的:都与其直接成分构成状中关系,都占据其中起修饰作用的成分的位置。

那么为什么我们讲词的分布时常表述为顺序位置关系呢?这是因为一般情况下,顺序位置反映了唯一的语法关系位置(关系和角色)。如"很～"一般是状中关系。鉴定字规定的位置表面上看没有语法关系,但实际上包含了语法关系,只是没有说出,因为一般情况下语法关系是唯一的。如(Det.)～is /are good. 中,总是主谓关系。朱德熙(1982a)说:"就印欧语而言,抓住了词类和层次,就可以在一定程度上讨论句法。因为在印欧语里词类和层次在一定程度上可以控制结构关系。"朱德熙认为这就是为什么美国结构主义不讲语法关系的原因之一。因此,句法成分和以鉴定字、词类为环境规定的语法位置可以用占据语法位置的能力统一起来。

有两点需要说明：

A.上面我们说分布由1、2两个方面决定。但并不是任何分布上的差异都反映了词类的差别，有的分布差异反映了词类差别（很突然/ *很忽然），但有的分布差异不反映词类差别（九个人/ *九个人们），有的分布差异只反映小类的差别（一个＋名/ *一下＋名）。到底分布与词类是什么关系？如何根据分布来划分词类？我们在第6章中会谈到。

B.虽然狭义分布和做句法成分的能力可以统一起来，但二者还是有所不同。下面将谈到二者到底有何不同。

5.4 语法功能的概括水平

5.4.1 具体的功能和概括的功能

上面说到决定语法位置的两个因素，其中排除了具体的语义的不同。比如：

(7) a. 一～苹果（个） b. 一～树（棵）

这种位置的不同纯粹是语义因素造成的，不是语法关系不同造成的，因此不是语法位置的不同，不表明"个"和"棵"的语法分布有不同。

也就是说，语法位置实际上是一种较为抽象的词语组合框架中的位置，是较为抽象的位置。而这种抽象的程度有高有低。以具体的词或某一类词为环境的位置相对来说是较具体的位置，比如：

(8) 数＋量　数量＋名　形容词＋名　指示词＋名
　　　九　个　一切　人　坏　人　这　人

这四个例子之所以说代表了四对语法位置，并不是因为作为环境的成分的词类或具体词不同，根本原因还是因为其语法关系不同，只是这种语法关系是较具体的语法关系:数和计量单位的关系,量和对象的关系,性质和对象的关系,指示和对象的关系。当这些成分共现时,其占据不同语法位置表现得很明显:

(9) 　这九个坏人　　　这一切坏人
　　＊这个九坏人　　＊这坏一切人
　　＊人坏九这个　　＊人坏一切这
　　……　　　　　　……

如果这几个定语有严格的替换关系,那么它们应不可在同一名词组中共现,但实际上可以共现,可见并非真正的替换,不同定语并非占据同一语法位置。

由于具体的语法位置中的语法关系不易表述或说起来太繁琐,我们干脆直接用具体词或词类形成的环境来表述这种语法位置,而不提具体语法关系。但要清楚,这里实际包含着具体的语法关系。

如果对这些语法位置进行概括,舍弃具体的语法关系的差异,只考虑主谓、述宾、偏正这样的抽象程度更高的语法关系,那么这几个语法位置又可以概括为"定语-中心语"这样两个更抽象的语法位置。

这样,我们可以把建立在具体语法关系基础上的语法位置叫具体的语法位置,建立在抽象语法关系基础上的语法位置叫抽象的语法位置。占据具体语法位置的能力叫具体分布,占据抽象语法位置的能力叫概括分布。这就是狭义分布和占据句法成分的能力的不同:抽象程度不同。

现在,我们可以总结说语法功能包括两个方面:

(一)与别的词或词组结合的能力。(具体的分布)

(二)做句法成分的能力。(概括的分布)

5.4.2　能否只根据概括分布或具体分布划类

能否只根据概括分布划类?

根据概括分布划类的代表是黎锦熙和陆志韦。黎锦熙(1924)虽然从意义角度定义词类,但辨认词类时是根据句子成分,"国语的词类,在词的本身上(即字的形体上)无从分别;必须看它在句中的位置、职务,才能认定这一个词是属于何种词类","词类多从句的成分上分别出来"。他把句法成分分成主语、述语、宾语、补足语、定语(形容词的附加语)、状语(副词的附加语)六种,把实词词类与句法成分对应起来:

主语、宾语——名词、代名词　述语——动词

定语——形容词　　　　　　　状语——副词

可是由于汉语的词类和句法成分无简单的对应关系,黎锦熙提出"依句辨品":"国语的九种词类随它们在句中的位置或职务而变更,没有严格的分业"。如:

铁桥:"铁"由名词转变成形容词

律师的辩护:"辩护"由动词变为名词

飞鸟:"飞"由动词变为形容词

其结果是词无定类,于是最后得出"离句无品"的结论。"离句无品"实际上意味着无词类,因为词类是词本身的类,离句无品就意味着无本身的类。

陆志韦(1938)提出两种结构关系:

(一)附加的关系:红花,大海,好人(附加者＋被附加者)

(二)接近的关系:吃饭,在家,指着他(接近者＋被接近者)

这两种结构关系规定了三种基本词类:

占据被附加者或被接近者位置——名词

占据接近者位置——动词

占据附加者位置——形容词

陆志韦提出的划类的分布大致相当于主语、宾语、谓语(述语)、定语这样的概括水平。所以与黎锦熙的分类方法没有实质不同。若严格

贯彻陆氏的方法,词无定类的问题仍然存在,但陆氏并未严格贯彻:

布鞋、狗尾巴:"布"像是变成了形容词,但由于有"织布",可确定"布"是名词,它用在附加者位置上时也是名词。

风大、墨臭:"大"、"臭"像变成了动词,但由于有"大风、臭墨",因而不再考虑"风大"一类例子,"大、臭"还是形容词。

死鱼、断桥:"死、断"仍是动词。(陆氏举的例子是"飞船、包车",是一个多音词,若能拆开,仍是"动词＋名词",此二例按陆氏的说法自拟)

在陆氏心目中词类是不变的,因而一旦认定一个词是形容词,在任何位置上都是形容词,这初始的认定根据的是两种关系的四个位置。但如果能占据两个位置,以哪一个位置为准呢？比如我们完全可以说由于有"风大",因而"大风"中的"大"也是动词。陆氏没有说明,但可以看出,陆氏这里又回到了根据意义判断词类。即虽然表面上以分布为标准,但并不严格根据统一的分布标准分类,而是根据词的意义各取所需,分布标准成了虚设。

可见,只根据概括分布不足以划分汉语的词类。

能否只根据具体分布划分词类？

胡明扬(1996a)认为,"单纯用鉴定词和鉴定格式的办法来划分词类,似乎很客观,很科学,事实上往往陷于循环论证,因为初始标准是主观选定的,未经论证的。"但实际上选定鉴定字划分词类是有道理的,只是人们未用明确的方法来证明,我们在下一章将谈到根据具体语法功能(包括鉴定字规定的具体功能)划分词类是可以论证的,即如果一些语法功能具有很大相容性,那么说明反映了相同的词类性质,是等价的,一束等价功能就代表了一个词类的区别性功能,用来划类的标准(包括鉴定字规定的功能)就是从等价功能中选出来的。

与胡明扬(1996a)的观点相反,陈保亚(1999)提出,由于词类与句法成分对应复杂,以句法成分为标准划类不能解决标准的对外排他性

问题,并且语法关系本身难以判断,应该只根据具体分布(鉴定字)划分词类。这种办法有以下问题:

1、仍然不能完全解决标准的对外排他性问题,几乎没有只为一类词所具有的狭义分布。如:

不/没~:动词、形容词具备此功能。

很/很不~:形容词、动词具备此功能。

~了:动词、形容词、名词、时间词能带"了"。

~着:动词、形容词能带"着"。

~过:动词、形容词能带"过"。

〈数量〉~:名词、动词、形容词、时间词能受数量词组修饰。

〈数词〉~:量词、名词能受数词修饰。

在/到/往~:方位词、处所词、时间词、名词能做"在、到、往"的宾语。

2、标准的对内普遍性更差(详见 4.1.4)。

于是不得不用大量的析取性标准,使标准过于繁复,以致不可操作。比如很难完全用具体分布划分出区别词、副词、名词,甚至动词、形容词也难。

3、无法看出词类的系统性。关于词类的系统性与划类标准的关系我们将在 8.2 中谈。

因此,只有具体分布和概括分布结合,才能有效地划分汉语的词类。但概括分布的确存在语法关系有时难以判断的问题,所以,我们的做法是,能用具体的分布尽量用,只有具体分布管不住或太繁复时才用概括分布。

4、实际上鉴定字和句法成分是统一的,都表示占据语法位置的能力。鉴定字包含了语法关系,只是没有明确说出。比如用"〈数量〉~"来鉴定名词,但是也可以出现"好"、"坏了"等谓词,必须根据语法关系的不同排除。用"~〈数量名〉"来鉴定指示词,但动词也可以进入,必须用语法关系排除。换句话说,鉴定字只是具体的功能,与句法成分的区别只是概括水平的区别。

5.5 为什么可以根据语法功能划分词类

结构中的每一个位置只能被一定的形式填充(Bloomfield 1926)。词在组合中不是随机排列的,而是有序的,这种有序性体现为语法位置对词语的选择限制,不同的语法位置允许进入的词是不同的。

组合位置对词语只要有选择限制,就一定有依据。除非组合位置对词语没有选择限制,能进入的词是任意的,没有选择的。

语法位置对词语的选择限制有依据。比如可出现于"不～"的词都是一个陈述性成分,能出现于"〈数量〉～"的词一般是指称性成分,能出现于"在～"的词一般是表示位置的成分,能出现于"〈数〉～"的成分一般是表示计量单位的成分。语法位置对词语选择的主要依据是词的语法意义。因此根据分布划出的类从本质上说是语法意义上的类。词的语法意义的类型就是词的词类性质。可以根据语法位置对词的选择限制(即根据词的分布)反映出的词类性质对词进行分类。

划分词类从实质上说就是根据词的分布特征推断词的词类性质。那些能出现于同一语法位置的词是因为具有相同语法意义,那些不能出现于相同位置的词可能是因为不具有相同语法意义。换句话说,词的语法意义是制约词的分布的主要内在原因,词的语法意义基本上决定了词的分布,这也就是为什么尽管分布不是词类的本质,但属于同一词类的成员有大致相似分布的原因。分布和形态一样,只是词的语法意义的外在表现。也就是说分布和词的语法意义之间有"反映－表现"关系:分布反映了词的语法意义,词的语法意义表现为分布。因此,尽管我们认为词类区别的内在基础是词的表述功能和语义类别,即词的语法意义,词类从本质上说不是分布类,但由于词的分布反映了词的语法意义,因而可以以词的分布为划分词类的形式标准。

5.6 分布在词类划分中有多大效力

虽然词的分布能反映词的词类性质,但分布同词类的关系是错综复杂的,表现在以下方面:

一、并非只是词类性质决定词的分布,词的词汇意义、语用因素、构词方式、韵律特征等都有可能影响词的分布。下面分别举例说明:

1、词的词汇意义影响分布。如"认识"不带"过",是因为"认识"从过程结构看没有终点;"完、毕业"不能带"着",是因为"完、毕业"不具有持续性(参看郭锐 1993);"切记"不带"了、着、过",是因为"切记"的词义本身有祈使义,而祈使句中的谓语动词一般不能带时体成分。

2、语用因素影响词的分布。如"耐烦、像话、好意思、要脸、起眼"不受"很"修饰。"耐烦"一类词都表示基本量,即某个意义领域的最小量,最小量在语言中通常只出现于否定句中(参看石毓智 1992),不能出现于肯定性的"很"的后面,只有受"不"否定后才可以再受"很"修饰,如"很不耐烦、很不像话"。这是由"足量表达"的语用原则决定的,即人的语言表达通常要求把量说足,而"耐烦"一类词是最小量,是某个意义领域的下限,用来作为肯定表达不能满足把量说足的原则,而对下限的否定则是对整个意义领域的否定,符合足量原则,因此常用来表达完全否定。

3、构词因素影响词的分布。现代汉语的复合词有不少都是由词组凝固而成,制约词组的句法规则在一定程度上仍作用于词内部的语素,影响着词的功能。

构词因素影响语法功能的显著例子是动词、形容词的第一个词根

是"不、无、有"时,这个动词或形容词不能受"不"的修饰,如:

(10) 不顾、不容、不如(动词);不安、不幸、不利(形容词)

在句法层面上,动词"有、无、没有"不能受"不、没有"修饰,这种限制也保留在词法层面上[①]。

(11) 有喜、有助、有请(动词);有趣、有名、有害(形容词)
(12) 无关、无意、无视(动词);无情、无聊、无知(形容词)

第二个例子是 VO 格的动词一般不能带真宾语。在句法层面上,除了"给、送、借"等能带双宾语的动词外,一般动词带一个真宾语后不能再带真宾语,这种限制在词法层面上仍基本上保留。下面这些 VO 格动词都不能带真宾语:办公、闭幕、毕业、打仗、发言、加班、见面、就业、开学、破产、缺席、上班、失效、照相。但这只是倾向性因素,有些 VO 格动词可以带真宾语,如"进口、出土、担心、加工",但统计分析显示,VO 格和非 VO 格带真宾语的能力有显著差异(见表5.6-1)。

表 5.6-1 构词方式与动词带宾能力(双音动词)

条件	VO 格	非 VO 格
可带真宾	194	4709
比例	7.2%	75.4%
不可带真宾	2495	1534
比例	92.8%	24.6%
总计	2689	6243
Z[②]/显著水平	-92.331	++

4、韵律因素影响词的分布。这是倾向性因素,如动词做定语一般限于多音节(表5.6-2),单音节形容词做补语的能力大大强于双音节形容词。

---

① "不无"是例外。
② Z指正态分布的标准分,参看 9.2 中的相关内容。

表5.6-2 音节数与动词做定语能力

条　　件	单　音	双　音
可做定语	9	3147
比例	1.0%	35.2%
不可做定语	872	5785
比例	99.0%	64.8%
总计	881	8932
Z[①]/显著水平	－56.224	++

二、有一些语法位置反映了相同的词类性质，由此造成的分布差异不能反映词类性质的差异。比如说"很～"和"～极了"实际上对进入的词语要求相同，两个词在这两个功能上的差异不反映词类性质的不同。

三、有一些语法位置可能允许多种词类性质进入。比如主语位置上既可以出现名词，也可以出现动词（去是应该的）、形容词（骄傲使人落后）、区别词（急性好治）等，谓语位置上可以出现动词、形容词、状态词，也可以出现名词（今天阴天）等。

因此，词类的异同不是简单地体现为分布上的异同，"所有具有相同功能的形式组成一个形类（form-class）"（Bloomfield 1926）的说法不能成立，不可能纯粹根据词在分布上的相似性划分词类。（见第4章）

也就是说，词的分布并不能完全决定词类性质的推断。并不是任何语法功能上的差异都反映词在词类性质上的差异。这样也就不难理解为什么我们后面给出的划分词类的标准有那么多的析取性标准。但即使如此，完全用语法功能划分词类仍会遇到问题，比如区别词"男、女、急性、慢性"等可以做主宾语，完全根据语法功能划分的话，会划到

---

① 参看第6章。

名词中去。又如,根据我们的标准,可以把大部分形容词和动词区分开,但个别形容词和动词仍难以区分,如"温、紫"可做谓语、受绝对程度副词"有点"修饰,不能带真宾语,不是区别词,应看作形容词,如果把"有点"看作"很"类绝对程度副词,则可把"温、紫"划入形容词,但不及物动词"感冒、咳嗽、下雨、哆嗦、发慌"也能受"有点"修饰,按这个标准就会把这些动词也划到形容词中去;如果把"有点"排除在"很"类绝对程度副词之外,则只能把"温、紫"划入动词。

另外,有一些谓词只能做谓语,难以根据分布确定是动词还是状态词,如:奇缺、洞开、参半、斑驳、无双、交加、依旧(文言)、依然(文言)。

由于语法功能标准有局限,我们需要别的途径来解决遇到的困难。首先要对语法功能加以限制,即排除特殊的用法。其次要承认存在例外,即语法功能标准并不能管住所有词的划分,在找到有效的标准前,"温、紫"就只能看作例外。

分布标准的局限主要由三方面因素引起:Ⅰ.词性与分布不一一对应。Ⅱ.表述功能的临时转化。如区别词做主、宾语是指称化(转指)的结果。Ⅲ.语法因素以外的其他因素引起的分布差异。分布标准有局限的根本原因是词类从本质上说并不是分布类。

但毕竟词的词类性质是制约词的分布的主要因素,而词的语法意义又不可直接观察,分布仍是我们鉴别词类性质的根本依据。我们既要依赖词的分布推断词类性质,又要通过一些手段排除影响词的分布的非语法意义因素以及词类性质与语法位置的不完全对应带来的干扰,在词类性质与词的分布的错综复杂的关系中寻找到词类与分布的对应关系,从而根据分布合理而有理据地划分出词类。

第6章 如何根据词的分布划分词类

6.1 其他学者的研究

6.1.1 经过多年的讨论,汉语词类划分应以词的分布为依据已成为学者们的共识,并提出划类的具体标准,但基本上是心目中有了类的区分再找标准,没有对提出的标准进行有效的论证,比如,为什么要根据"只做定语"划出区别词,根据"只能做状语"划出副词,而不把这些词划入形容词?为什么不把只能做主语的词独立为一类词,把只能做宾语的词独立为另一类词,却要把它们都归入名词?我们不清楚选用这些分布特征划出这些类而不选用另一些分布特征划出另一些类的理由。下面打算对我们所提出的词类系统进行初步论证,说明选用这些分布特征划出这些词类的理由。

6.1.2 如何根据词的分布特征划分词类?普遍的做法是选取一部分分布特征划分词类,但不说明为什么选取这些分布特征划类。如石安石(1980)、卢甲文(1982)、艾文、蒋文钦(1980)、陈爱文(1986)、鲁川(1991)、高更生(1995)等。另一些学者则试图予以论证,主要有以下观点:

一、从语法特点中找划类标准

吕叔湘(1979)说,理想的划类标准应该是对内有普遍性,对外有排他性。朱德熙(1985a)认为,划类标准要从语法特点中找,他给出一个关于划类标准和语法特点关系的不等式:$u \supset v \supset w$。其中,u 表示某类词的全部语法性质;v 表示某类词的全部语法特点,即仅为此类词所有而它类词所无,同时此类词的所有成员都具备;w 表示某类词的划类标准。

但实际上我们几乎找不到 u。

为了找到对外有排他性的语法功能,我们可以把若干语法功能赋予合取(conjunctive)关系,当作一个整体看待。比如,有语法功能"很~"和"~〈宾〉",若赋予合取关系,就可以把词分成四组:

表 6.1-1　(引自朱德熙《语法讲义》55 页)

	很~	~〈宾〉	例词
A	+	+	想,怕,喜欢
B	-	+	唱,看,讨论
C	-	-	醒,锈,休息
D	+	-	大,好,干净

也就是说,尽管在 A、B、C、D 四组中单独看"很~"和"~〈宾〉"都找不到对外有排他性的语法功能,但如果把两者当作一个整体,那么 A 组的[+很~,+~〈宾〉]、B 组的[-很~,+~〈宾〉]、C 组的[-很~,-~〈宾〉]、D 组的[+很~,-~〈宾〉]都对外有排他性。

可是前面我们说到,绝大多数语法功能都对内无普遍性,把若干语法功能赋予合取关系虽然能找到对外有排他性的语法功能,但对内的普遍性却更差。所以,不得不把 A、B、C 合成一类(动词)。这样一来,实际上就自相矛盾了:用来划分动词的三条标准没有一条是语法特点。若要严格贯彻从语法特点里找划类标准的原则,那么只能划成三个独立的词类。我们实际上把一些语法功能赋予析取(disjunctive)关系,共同划分一类词,比如按照表 6.1-1,动词的标准是:~〈宾〉|(*~〈宾〉∧ *很~)[①],即能带宾语或者既不能带宾语又不能受"很"修饰的

---

① "~"表示被测试词出现的位置,"|"表示析取关系,"∧"表示合取关系,"*"表示不具有此功能,"〈 〉"内是词类名称或句法成分名称。

谓词是动词。但是我们根据什么理由把 A、B、C 合成一类呢？

最根本的问题是，从语法特点中找划类标准的说法实际上有循环论证的毛病：只有在类已经划出后才能说哪些东西是语法特点，而划类本身又依赖于语法特点。

二、以主要功能为划类标准

王力(1960:13)说"在判断一个词是不是名词的时候，要看它是不是经常具有主语和宾语的功能；在判断一个词是不是动词的时候，要看它是不是经常具有叙述词（叙述句中的谓语中心词）的功能；在判断一个词是不是形容词的时候，要看它是不是经常具有定语的功能。"此后，陈望道(1978:48)也提出"分类应以主要功能为根据"。起初说根据主要功能判断词类的意思是说根据一个词的主要功能（或经常功能、优势分布）来判断一个词的词类归属，但后来就演变为根据一个词类的主要功能来确定这个词类的划分标准，如莫彭龄、单青(1985)。

这种看法有两方面的问题：

（一）一个词类的总体功能频率与其中部分词的功能频率可以相差很大，也就是说，存在功能的不平衡现象。主要体现在两个方面，一是同一大类的小类之间功能频率差异很大；二是一类词的各个成员间功能频率也可能差异很大。由于功能不平衡现象的存在，根据主要功能划分词类必然会导致划类的混乱。

（二）最根本的问题是，用主要功能划分词类的提法有逻辑上的毛病，即循环论证：一方面，要确定一个词类的主要功能，必须先划出了类才能进行；另一方面划类又要根据主要功能。而以词的主要功能归类，实际上已经划好了类，词类划分仍未论证。[①]

三、原型论模型的划类

---

① 详细的讨论见 9.4。

关于原型论词类划分模型的问题,已在第 4 章中论述,此处不再谈及。

四、纯粹根据分布总和划分词类

关于根据分布总和划分词类的问题,已在第 4 章中论述,此处不再谈及。

这些观点的共同问题是循环论证:一方面语法特点、主要功能、典型成员的确定都要在类的区分已经建立的前提下进行;另一方面类的建立又要依赖语法特点、主要功能和典型成员的确定,因此这些论证都是缺乏效力的。

6.1.3 在我们看来,过去的论证之所以不成功,根本原因是把词类看作分布类,以为完全根据分布的相似性就可以解决词类的划分问题。事实上,分布同词类的关系是错综复杂的,词类的异同不是简单地体现为分布上的异同。词类从本质上说是表述功能和语义类别-语法功能结合体的类,而不是分布类,因此,我们应在方法论上来一个转变:从根据分布上的相似性划分词类转到根据词的分布推断词的词类性质。上文我们说到,词的语法意义(即表述功能和语义类别)是制约词的分布的主要内在原因,词的语法意义基本上决定了词的分布。分布和形态一样,只是词的语法意义的外在表现。分布反映了词的语法意义,词的语法意义表现为分布。因此,划分词类的根本任务就是确定语法功能同词类性质之间的对应关系。下面在这样的理论背景下来展开汉语词类划分的论证。

6.2 功能的相容性和划类标准的选择

6.2.1 语法功能的划类价值

之所以可以根据词的分布特征划分词类,是因为有的功能之间的

差异指示了词类性质的差异,比如词 a 具有"不～"的功能,不具有"〈定语〉～"的功能,词 b 正好相反,那么可以推断词 a 是谓词,而词 b 是体词,这样的一对语法功能可以叫作异价功能;而有些功能之间的差异并不指示词类性质的不同,比如词 c 只具有"〈主语〉"的功能,词 d 只具有"〈宾语〉"的功能,两词都是名词,这样的功能可以叫等价功能,即反映了相同词类性质的多个语法功能。由于等价功能间没有区分词类性质的作用,因而可以把等价功能作为析取性标准用来划分同一个词类。比如析取性标准"〈主语〉|〈宾语〉|〈定〉～"可以作为划分体词的标准。等价功能的存在表明,并非任何分布上的差异都反映词类性质的差异。

等价功能是传递的,由此形成一束等价功能。一束等价功能实际上就是一个词类的区别性功能。划类标准就是从等价功能束中选择出来的。所谓区别性功能指能体现某类词的词类性质的功能,比如等价功能束"不～"、"没～"、"〈谓语〉"、"～〈宾〉"、"～〈补〉"体现了动词的性质,"〈主〉"、"〈宾〉"、"〈定〉～"体现了名词的性质,"很～"、"很不～"、"*很～〈宾〉"体现了形容词的性质。不同的词类,其区别性功能不同。比如"〈主〉"对于动词、形容词来说就不是区别性功能。严格地说,所谓区别性功能就是反映了某类词的本质(表述功能或语义类别)的功能,比如名词的本质是指称,"〈主〉""〈宾〉""〈定〉～"就反映了指称的性质;动词的本质是陈述,"不～""〈谓语〉""～〈宾〉"就反映了陈述的性质;形容词的本质是程度性属性的陈述,"很～""～程度补语""比×～"反映了程度性属性的陈述。

也就是说,不同的功能对于不同的词类具有不同的划类价值:有的是区别性的,有的是非区别性的。因此,不能把一个词类的所有功能等量齐观,同等看待,我们只选择那些区别性功能来划类,这就是我们只是选择部分分布特征作为划类标准的原因。根据语法位置对词语的选择限制理论,词语之所以有分布的不同,根本原因是词语本身有语法意义上的差异,词类在本质上是词在语法意义上的类,分布只是语法意义的外在表现,而分布特征的差异有的是区别性的,有的是非区别性的,因此,不可能纯粹根据分布上的相似性划分词类,而只能选择部分分布特征即区别性分布特征作为划类标准,而区别性分布特征实际上就是反映了词的表述功能和语义类别的那些语法功能。

从理论上说,如果能够找出一种语言的所有功能,并且确定哪些功能间是等价的,就把语法功能聚成了一束一束的等价功能,这样我们也就找出了所有词类的区别性功能,实际上也就基本上把所有的词分成了不同的类。因此确定等价功能就成了寻找划类标准和确定一种语言中有多少词类的关键。

6.2.2 语法功能的相容性和等价功能的确定

6.2.2.1 功能的相容性能提供什么信息

既然划类标准要从区别性功能中选择,那么确定等价功能就成了划分词类的关键。如何确定等价功能?可以利用功能的相容性来确定功能的划类价值,以此找出具有区分词性作用的功能,从中选择划类标准。

功能的相容性(compatibility)指同一批词共有两个或多个语法功能的性质,比如能做主语的词也能做宾语,反过来能做宾语的词也能做主语;能进入"很～"的词也能进入"～极了"、"～得很",能进入"～极了""～得很"的词也能进入"很～"。而另一些功能之间相容性极小,如"不～"和"〈数〉～","〈数量〉～"和"〈状〉"。如果两个功能之间有很大相容性,那么意味着什么呢?如果两个功能之间相容性极小,那么又意味着什么呢?前面我们说到,语法位置对词语选择限制的根本依据是词语的语法意义,因此具有较大相容性的功能往往反映了这两个不同的语法位置对词语的选择限制相同,即两个语法位置对词语语法意义的要求相同,反映了共同的词类性质,因而是等价功能。相容性较小或无相容性的两个功能反映不同词类性质,一般是异价功能。因此,我们可以根据功能的相容性来判断语法功能是等价的还是异价的。

6.2.2.2 相容度的计算和汉语主要功能间的相容度

功能之间的相容性有大有小。要利用功能的相容性来确定功能的划类价值,就应计算两个功能间的相容度(C)。我们是这样计算相容度的:设 $0 \leqslant C \leqslant 1$,功能 x 相对于功能 y 的单向相容度(Cx-y)、功能 y 相对于功能 x 的单向相容度(Cy-x)、功能 x 和功能 y 的总相容度(Cx*y)的计算公式为:

1) Cx-y ＝ xy 重合词数/x 词数
2) Cy-x ＝ xy 重合词数/y 词数
3) Cx*y ＝ xy 重合词数/(x 词数＋y 词数－xy 重合词数)

例如:

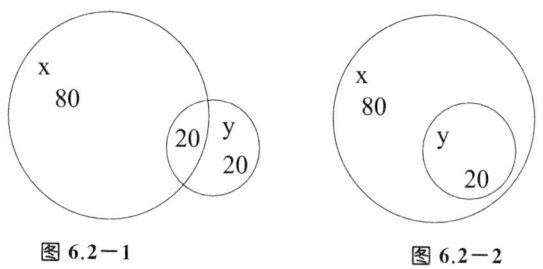

图 6.2－1　　　　　图 6.2－2

图 6.2－1 中具有 x 的词 100 个,具有 y 的词 40 个,其中只有功能 x 的词 80 个,只有功能 y 的词 20 个,兼有 x 和 y 的词 20 个,相容度为:

Cx-y＝20/100＝0.2　　　Cy-x＝20/40＝0.5

总相容度意义不大。如图 6.2－2:Cx*y＝20/(100＋20－20)＝20/100＝0.2。总相容度虽然能反映出 x 相对于 y 的相容度,但不能反映 y 相对于 x 的相容度:Cy-x＝20/20＝1。

我们用上述办法计算了汉语实词主要功能之间的相容度(见表

表 6.2-1 汉语实词主要语法功能间的相容度

语法功能	词数 x	词数 y	x&y	相容度 Cx→y	等级	相容度 Cy→x	等级	Cx*y	等级	等价
不~&.没~	11020	10790	9918	0.90	++	0.92	++	0.83	+	+
不~&.谓语	11020	13261	11000	1.00	++	0.83	+	0.83	+	+
没~&.谓语	10790	13261	10754	1.00	++	0.81	+	0.81	+	+
不没~&.谓语	11809	13261	11788	1.00	++	0.89	+	0.89	+	+
不没~&.黏补	11809	506	497	0.04	--	0.98	++	0.04	--	--
不没~&.组补*	11809	6494	6090	0.52	+	0.94	++	0.50	+	+
不没~&.黏补	11809	6820	6748	0.57	+	0.99	++	0.57	+	+
不没~&.真宾	11809	6163	5783	0.49	-	0.94	++	0.47	-	+
不没~&.准宾	11809	7467	6755	0.57	+	0.90	++	0.54	+	+
不没~&.着了过	11809	10459	10240	0.87	+	0.98	++	0.85	+	+
不没~&.状~	11809	13345	11837	1.00	++	0.89	+	0.89	+	+
不没~&.很~	11809	2552	2509	0.21	-	0.98	++	0.21	-	-?
不没~&.定~	11809	23544	3764	0.32	-	0.16	-	0.12	-	-?
不没~&.名(定)~	11809	1592	462	0.04	--	0.29	-	0.04	--	-
主语&.宾语	31394	33989	30351	0.97	++	0.89	+	0.87	+	+
不没~&.主|宾	11809	34796	6842	0.58	+	0.20	-	0.17	-	-?
谓&.主|宾	13261	34796	7481	0.56	+	0.22	-	0.18	-	-?
不没~&.名(定)~	11790	14298	630	0.05	--	0.04	--	0.02	--	--
谓&.状~	13261	13477	13122	0.99	++	0.97	++	0.96	++	+
状&.黏补	1573	506	53	0.03	--	0.10	-	0.03	--	--
很~&.~得很	2552	1607	1607	0.63	+	1.00	++	0.63	+	+
很~&.~极了	2552	2012	2012	0.79	+	1.00	++	0.79	+	+
很~&.状~	2552	1008	985	0.39	-	0.98	++	0.38	-	+?
很~&.~着了过	2552	10459	1888	0.74	+	0.18	-	0.17	-	+?
很~&.~谓	2552	13261	2533	0.99	++	0.19	-	0.19	-	+?
很~&.~真宾	2552	6163	203	0.08	--	0.03	--	0.02	--	+?
定~&.主|宾	23544	1592	296	0.01	--	0.19	-	0.01	--	--
状&.定~	1550	6494	240	0.15	-	0.04	--	0.03	--	--
数量&.定~	24314	23544	17731	0.73	+	0.75	+	0.59	+	-?
数量&.状~*	24314	1592	112	0.00	--	0.07	--	0.00	--	--
主|宾&.数量~	34796	24314	22887	0.66	+	0.94	++	0.63	+	+
主|宾&.定~	34796	23544	22105	0.64	+	0.94	++	0.61	+	-?
主|宾&.状~	34796	1592	504	0.01	--	0.32	-	0.01	--	--
主|宾&.定~*	34796	33706	30881	0.89	+	0.92	++	0.82	+	+
主|宾&.名(定)~	34796	14538	14124	0.41	-	0.97	++	0.40	-	+
主|宾&.状~	34796	13472	3272	0.09	--	0.24	-	0.07	--	--

说明：1. 带*的功能的词数是根据抽样统计的比例推算得出的。2. 相容度等级的临界值：高相容度（++）：C≥0.5，其中包括极高相容度（+++）：C≥0.9；低相容度（--）：C＜0.5，其中包括极低相容度（---）：C＜0.1。3. 表中"x&y"表示具有功能 x 并且具有功能 y 的词数。4. "等价"一栏中"+"表示等价，"-"表示不等价，"?"表示相容度低于 0.5 但根据相关规则应判为等价，"+?"表示相容度高于 0.5 但根据相关规则应判为不等价。

6.2—1)。

6.2.2.3 等价功能的确定方法

等价功能基本可以由分布的相容度来确定,不过由于词的分布虽然主要由词的词类性质决定,但同时语义、语用、韵律、构词方式等其他因素也会对词的分布造成影响,另外某些语法位置可能允许多种词类性质进入,有一些词可能具有多种词类性质,因此不能完全靠功能的相容度确定功能的划类价值,还需要考虑其他因素,排除其他因素造成的对功能相容性的干扰。

我们按下列规则判断语法功能之间的等价关系。

规则1:若两个功能的单向相容度小于0.5(C<0.5),则基本可推测两个功能反映不同词类性质,是异价功能[①];若一个词兼有这两种功能,则可认为这个词兼有两种词类性质;但若某项功能可以找出条件,可以适当类推,那么就不能认为这些词具有多种词类性质,是语法位置允许多种词类性质进入造成;如果两个功能的任一单向相容度大于0.5(C>0.5),则需经过规则2—4的检验。

比如"不~&〈定〉"、"不~&〈状〉"、"很~&〈定〉"、"很~&〈状〉"、"不~&〈名〉~(定中)"、"〈定〉&〈状〉",各单项相容度都小于0.5,可视为异价功能。而"〈数量〉~&〈状〉",虽然各项相容度都小于0.1,但能受数量词修饰的词做状语可以找出条件并可适当类推,主要有三种,一是表示比喻,如"拳头大、碗口粗"[②],二是表示方式、工具,如"电话采访、公款请客、掌声鼓励",三是表示处所,如"操场去、学校见、主场迎战对手"。可以找出条件并适当类推的功能是句法现象,不是词汇现象,

---

[①] 根据上文提出的假设,具有极高相容度的功能才是等价功能,这里以相容度小于0.5为推断异价功能的标准是为了稳妥。

[②] 当然选用什么实体词为喻体与实体的典型性及社会心理和文化有关。

因此不能认为这些词具有副词性质。换句话说,状语位置也允许一部分名词性成分进入。

规则 2:若在其他语法位置上,具有其中一项功能的词和不具有这项功能的词表现出较大差异,说明功能的相容性是由语法位置允许多种词类性质进入和一个词具有多种词类性质造成,不能推断是等价功能;若在其他位置上不表现较大差异,则可推断是等价功能。

比如,"不|没~&〈主〉|〈宾〉",单项相容度分别为 0.58、0.2,但在"〈数量〉~"和谓语、补语位置上,表现出较大差异,能进入"不~"的词一般也能进入"〈谓〉、~〈补〉",不能进入"〈数量〉~",而不能进入"不~"的词大多能进入"〈数量〉~",不能进入"〈谓〉、~〈补〉",因此可以推断相容性是由"〈主〉|〈宾〉"这个位置允许多种词性进入造成。此外,"〈谓〉&〈主宾〉"单项相容度最高达 0.56,但其中能做谓语的词一般也能进入"不~",但一般不能进入"〈数量〉~";而不能做谓语的词一般能进入"〈数量〉~",不能进入"不~",两功能的相容度是由"〈主宾〉"位置允许多种词性进入造成,两功能不等价。

规则 3:若具有功能 x 的词和具有功能 y 的词有相当一部分在其中一项功能上能构成偏正结构,则可推断 x 和 y 的相容性是由部分词具有多种词性造成,无法断定是等价功能。比如,"〈数量〉~&〈定〉"、"〈主宾〉&〈定〉"(桌子、节目——木头、电视)两对功能相容度最高分别达到 0.75、0.94,但可构成直接成分"木头桌子、电视节目",因此可推断"木头、电视"具有多种词类性质,不能断定两功能等价。

提出这一规则,是因为我们发现处在偏正结构修饰语和中心语位置上的同一词形具有很不相同的句法表现,比如:

(4) a. 也干净 　　　也不干净、也很干净
　　 b. 干净衣服 　*不干净衣服、*很干净衣服
(5) a. 都认真 　　　都不认真、都很认真
　　 b. 认真学习 　*(不认真)学习、很认真学习

(6) a. 我的木头　　我的十根木头
　　b. 木头房子　　*十根木头房子

"干净"、"认真"在中心语位置上可以受状语修饰,其性质与在谓语位置上相同,但在修饰语位置上不能受状语修饰,表明两者性质有异;"木头"在中心语位置上可以受数量短语修饰,与在主宾语位置上相同,而在定语位置上不能再受数量短语修饰,说明性质有变(参看吕叔湘 1979,张伯江 1994,郭锐 1997a)。从语法意义看,"干净、认真"在中心语位置上是陈述,与谓语位置上相同,而在定语、状语位置上是修饰;"木头"在中心语位置上是指称,与主语、宾语位置上相同,而在定语位置上是修饰(参看第4章)。两种功能相容度高,但又不反映相同词性,根本原因是这两种词性在词汇中分化程度不高(参看 7.3.3、10.1)。

规则 4:若 x 和 y 重合的词数随词频降低而明显减少,则可推断 x 和 y 的相关性由一些词具有多种词类性质造成。

表 6.2-2　相容度和词频的相关性、功能和词频的相关性[①]

频率级	1级		2级		3级		4级		5级		总　计		相关系数	显著水平
词数	512		512		512		512		512		2560			
中间词频	3113		535		167		48		4					
	词数	相容度	词数	相容度	词数	相容度	词数	相容度	词数	相容度	词数	相容度		
很～&〈定〉	282	0.55	169	0.33	126	0.25	85	0.17	45	0.09	707	0.28	0.925	＋
很～&不～	459	0.90	474	0.93	487	0.95	484	0.95	482	0.94	2386	0.93	－0.946	＋
很～&～着了过	399	0.78	397	0.78	404	0.79	360	0.70	307	0.60	1867	0.73	0.444	－
	词数	比例	词数	比例	词数	比例	词数	比例	词数	比例	词数	比例		
很～	498	97％	506	99％	508	99％	510	100％	504	98％	2526	99％	－0.873	
〈定〉	292	57％	172	34％	126	25％	86	17％	46	9％	722	28％	0.931	＋

提出这一规则,是因为我们发现,这种现象是由于其中一项功能出

---

① 关于词频和语法功能的相关性问题,参看第9章。

现词数随词频下降而显著下降,另一项功能则与词频无显著相关或呈负相关,比如表 6.2－2 显示,"很～"同"〈定〉"的相容度与词频呈正相关,原因是其中具有"定"的词数随词频下降而显著下降,而"很～"不但不随词频下降而下降,反而上升,呈负相关;与之形成对比的是"很～"同"不～"、"很～"同"～着了过"的相容度与词频不呈正相关。同时,我们也发现,兼类词同词频也呈显著正相关(见表 6.2－3),我们可以说词所具有的词类性质的多少与词频正相关①,因此有理由认为两项功能的相容性是由一些词具有多种词类性质(兼词性)造成。

表 6.2－3　兼类词数与词频的相关性②

频率级	1 级		2 级		3 级		4 级		5 级		总　计		相关系数	显著水平
词数	7622		7622		7622		7622		7622		38110			
中间词频	2901		401		114		33		6					
兼类词	词数	比例	词数	比例	词数	比例	词数	比例	词数	比例	词数	比例		
	1308	17%	417	5.5%	229	3.0%	136	1.8%	95	1.2%	2185	5.7%	0.996	++

规则 5:等价功能具有传递性,如果功能 x 与功能 y 等价,功能 y 与功能 z 等价,那么功能 x 也与功能 z 等价,由此可形成等价功能束。有些功能间虽然相容度小于 0.5,但由于分别与某个相同功能等价,两功能可由这种传递性被赋予等价性。比如"很～&〈黏补〉"、"很～&〈真宾〉"两对功能的相容度均小于 0.5,但"很～"与"不|没～"等价,而"不|没～"与"〈黏补〉"、"～〈真宾〉"又等价,根据传递性"很～"和"〈黏补〉"、"～〈真宾〉"也等价。

规则 6:语法功能的概括水平与所反映的词类性质的概括水平相一致,等价束中概括水平低的功能可以根据上述 5 条规则确定同等概

---

① 很多学者已注意到语言形式和意义的变化与词频的正相关,这种现象可以这样解释:变化总是在使用中发生,使用越频繁的成分发生变化的可能性也就越大,使用越少,出现变化的可能性越小。那些最不可能发生变化的成分是已经不用的成分。
② 多义词、同形词的多个词条只作为一个词条统计,因此统计词数(38110)少于总词数(43330)。

括水平的等价功能,代表不同的次类;如果等价束中某概括水平高的功能与概括水平低的功能间形成单项相容度悬殊的情况(如图 6.2-2 所示),则概括水平低的功能可能代表了一个次类,应参考重叠形式等其他特征考虑是否划出次类。

上文说到句法成分这样的功能比以具体的词或词类为环境的功能概括水平更高,前者反映的词类性质的概括水平也高于后者。比如概括水平高的等价功能"〈主〉|〈宾〉|〈定〉~"反映的是体词性,而概括水平低的"〈数〉~"与"在~"相容度为 0.01 和 0,在低概括水平的功能上是异价的,代表了两个次类。又如"很~&〈谓语〉"的单项相容度分别是 0.99 和 0.19,两者悬殊,"很~"是概括水平低的功能,反映了次类的存在。

6.3 汉语实词划分标准

6.3.1 汉语实词大类划分标准

按上述规则确定汉语语法功能的等价性,可以形成以下等价束:

等价束 1:不~,没~,~着了过,〈谓语〉,〈补语〉,~〈补〉,~〈真宾〉,~〈准宾〉,〈状语〉~,很~,很不~,~极了,~得很

等价束 2:〈主语〉,〈宾语〉,〈定〉~,〈数量〉~

等价束 3:〈修饰语〉[①]

等价束 1 代表了谓词,等价束 2 代表了体词,等价束 3 代表了饰词。

但等价功能束还不是划类标准,因为某些语法位置可能允许多种

---

① 本书分别统计了定语和状语与其他功能的相容度,未把两者合为"修饰语"统计,但具有状语功能的词很少,定语的情况基本代表了修饰语的情况。

词性进入,因此等价束虽然具有对内的普遍性,但不具有对外的排他性。这一点可以用不等价功能可以共现来证明,如不等价的"不~"和"〈主〉"可以共现①,如"不去是应该的"。那么,如何判断是哪一个位置允许多种词性进入?可以通过共现功能的层次性判断出:处于外层的功能允许多种词性进入。在这种情况下,词性的判断应优先考虑内层功能。比如"不//去/是应该的",那么可以断定处于外层的"〈主语〉"功能允许多种词性进入,"去"应按"不~"归入谓词。再如,"谓"和"定~"不等价,但可共现,如"小王/黄//头发",谓语功能在外层,因此,可以认为谓语位置允许多种词性进入,"头发"应按内层功能"〈定〉~"归入体词。又如,"〈定〉~"和"〈状〉~"不等价,但可以共现,如:

(7) a. 这本书的/及时//出版 b. *及时/这本书的//出版
(8) a. (小王)也/黄//头发 b. *(小王)黄/也//头发

这两例表明,"〈定〉~"和"〈状〉~"都允许多种词性进入,"出版"按内层功能"〈状〉~"归入谓词,"头发"按内层功能"〈定〉~"归入体词。(参看第4章)

也就是说,等价功能束只表明同一束内的功能之间无区别词性作用。划类标准要从等价束中选择,并对允许多种词性进入的位置加以限制,使划类标准具有对外的排他性。比如能做主语或宾语、受定语修饰并且不以等价束1的功能为内层功能的词才归为体词。此外,划类标准还与划类策略有关,这个问题我们将在第7章专门讨论,这里假定划类策略已经解决。在作了上述考虑后,各大类实词划分标准可制定如下②:

---

① 我们把短语整体的功能算作该短语核心成分(head)的功能。比如"大苹果好吃"中"苹果"做主语;"我马上去图书馆"中,"去"做谓语。
② 使用这些标准时,应排除省略和转指的用法,如"我不"是省略用法,不能认为"不"做谓语而归入谓词,"许多都坏了"中"许多"是转指用法,不能认为"许多"做主语而归入体词。

谓词：不～│没～│很～│很不～│～〈宾〉│～〈补〉│〈补〉│(〈谓〉∧ *〈主〉│〈宾〉)

体词：〈主〉│〈真宾〉│〈定〉～∧ *〈谓词〉

饰词：〈修饰语〉∧ *(〈谓词〉│〈体词〉)

体饰词：〈定语〉∧(*〈谓词〉│〈体词〉)

谓饰词：〈状语〉∧(*〈谓词〉│〈体词〉)

6.3.2 基本类的划分

6.3.2.1 根据规则6，语法功能的概括水平与所反映的词类性质的概括水平相一致，因此上述同一等价束功能所确定的谓词、体词、饰词内部还可以根据概括水平低的等价功能束进一步分出名词、动词这样的基本类。我们同样根据功能间的相容度及相关规则推断功能的划类价值，下面先看饰词主要功能间的相容度（见表6.3-1）。

这里首先要澄清一个问题，就是我们用来定义语法功能的环境用到了词类概念，如"〈数〉～"、"～〈方位〉"，那么是否有循环论证的问题呢？循环的问题可以用先列举出类的全体或部分成员的办法解决，如数词和方位词是封闭类①，可以先穷尽列举，量词则可列举一些典型成员，如"个、斤、项"等，以此定义环境。而白硕(1995)则根据不动点理论证明，从理论上说以尚未定义的词类为环境来划分词类并不存在逻辑循环问题。

从本书的角度看，以词类为环境也不存在逻辑循环：前面我们说到，语法位置指句法结构中具有一定语法关系的直接成分所处的位置，以词类为环境的语法位置从根本上说仍是由结构关系决定的，比如"X〈方位〉"是指有"参照体—相对位置"关系的偏正结构，"〈数〉X"是指有

---

① "一百二十三"之类的片段是短语。

"数值-计量单位"关系的偏正结构,因此以词类来定义环境的实质是以词类组合代表的特定语法关系来定义环境,而语法关系是独立于词类的,因此并没有循环论证。

表 6.3－1　饰词的具体语法功能间的相容度

语法功能 x&y	词数			相容度						等价
	x	y	x&y	Cx-y	等级	Cy-x	等级	Cx*y	等级	
～量 & ～X 的名①	54	64	6	0.11	—	0.09	— —	0.05	— —	—
～量 & ～数量名	54	11	5	0.09	— —	0.45	—	0.08	— —	—
～量 & 数量～名	54	449	0	0.00	— —	0.00	— —	0.00	— —	—
～数量名 & ～X 的名	11	64	3	0.27	—	0.05	— —	0.04	— —	—
～数量名 & 数量～名	11	449	0	0.00	— —	0.00	— —	0.00	— —	—
～X 的名 & 数量～名	64	449	0	0.00	— —	0.00	— —	0.00	— —	—
～量 & 准宾	54	31	5	0.09	— —	0.16	—	0.06	— —	—
准宾 & ～数量名	31	11	0	0.00	— —	0.00	— —	0.00	— —	—
准宾 & 数量～名	31	449	0	0.00	— —	0.00	— —	0.00	— —	—
准宾 & ～X 的名	31	64	13	0.42	—	0.20	—	0.16	—	—

6.3.2.2　饰词内部,比"〈修饰语〉"更具体的功能"〈定〉"和〈状〉"的相容度分别为 0.01 和 0.19,可以断定不等价,由此形成两个等价束:

等价束 3.1:〈定语〉　　　　等价束 3.2:〈状语〉

由此可以把饰词分为限定词和副词:

限定词:〈定语〉∧ *(〈谓词〉|〈体词〉)

副词:〈状语〉∧ *(〈谓词〉|〈体词〉)　　{马上、亲自、特意、也}

限定词内部,比定语功能概括水平低的功能"～〈量〉"(三个)、"～

---

① "X 的名"指"的"字结构及带"的₂"的成分做定语。

X 的 名"(所有迟到的学生)、"~〈数量名〉"(这三个学生)、"〈数量〉~〈名〉"(三台黑白电视)之间的相容度很低,基本可以断定是不等价功能,由此再把限定词分为四类:

数词:~〈量〉∧*(不~|~(〈数+量+名〉))　　　{一、几、半、十}
指示词:~(〈数+量+名〉)∧*(〈谓词〉|〈体词〉){每、任何、其他、这}
数量词:~X 的〈名〉∧*~(〈数+量+名〉)　　　{许多、一切、所有、俩}
区别词:〈数量〉~〈名〉∧*(〈谓词〉|〈体词〉)　　{高等、公共、野生、日常}

这四类限定词的标准的后半部分用负值的合取性标准是为了把也可能具有前半部功能的其他词类排除。数词标准中,"~〈量〉"位置上也可以出现形容词、指示词(大块、每台),因此需要用"*(不~|~(〈数+量+名〉))"排除。指示词标准中,"~(〈数+量+名〉)"位置上还可以出现谓词(雪白一双鞋)和体词,所以把体词和谓词一起排除。此外,文言层次的指示词"本、该"不能出现于上述位置,与现代白话层次的指示词功能不同,需用另外的标准划出,具体讨论见 8.5.10。数量词标准中,"~X 的〈名〉"位置上还可以出现指示词,我们用"*~(〈数+量+名〉)"排除;区别词标准中,"〈数量〉~〈名〉"位置上也可出现体词、谓词,我们用"*(〈谓词〉|〈体词〉)"排除。

数量词从语法意义上看表示数量,其整体功能实际上与"数词+量词"构成的短语相同,比较:许多迟到的学生——十个迟到的学生、来了三个——来了许多。这是我们命名为数量词的原因。

饰词中,可以做状语的实际有两类词,一类总是在被修饰的成分前面做状语,我们归为副词,另一类通常放在被修饰的成分后面,朱德熙(1982b)叫准宾语,如"高一点"、"等候片刻"、"沉思许久",但在

否定表达中一般放在前面,"一点也不高"、"片刻不得安宁"、"许久未来",我们认为准宾语严格说实际上是一种修饰语,从语法关系上说与放在前面的状语相同,叫作"后状语"也是可以的(参看郭锐1997a)。"许久、片刻"这一类词的语法意义实际上也是数量,其语法功能与另一些数量短语相同,比较:等了三天/等了许久、高两厘米/高一点。而且有些词实际上既可出现于"~X 的〈名〉",又可出现于准宾语位置,如"一些、许多、很多、不少、片刻、一点"。因此,可以把出现于准宾语位置上的词也归为数量词。这样看来,数量词内部的性质并不完全一致,有的只具有体饰词性(一切、所有、少许、俩),有的只具有谓饰词性(副词性)(许久、良久、不久),有的既具有体饰词性,又具有谓饰词性(一些、许多、片刻、丝毫)。数量词标准可修改为:~X 的〈名〉|〈准宾〉∧*~(〈数+量+名〉)。

剩下的副词内部是否还能划出更小的次类?很多人注意到,从意义上看,副词有虚实之别,如"也、还、究竟"较虚,"特意、飞速、亲自"较实。但要划出更小的类来还有困难,张谊生(1995a)分为副词和状词、陈一(1989)从副词中划出动词前加词,但提出的标准都缺乏对内的普遍性,难以有效地把两类词划开。

6.3.2.3 体词内部,"〈数量〉~"和"~〈方位〉"相容度很高(见表6.3-2),根据6.2.2.3提出的规则,可以断定是等价功能,"在[〈实词〉]~"[1]和"〈数量〉~"、"在[〈实词〉]~"和"~〈方位〉"相容度也超过0.5,但这两对功能重合词数与词频显著正相关(见表6.3-3),其中"在[〈实词〉]~"随词频下降而显著下降,而"〈数量〉~"、"~〈方位〉"与词频无显著相关,根据规则4,可以认为相容性是由能进入"在[〈实词〉]~"的

---

[1] "[ ]"表示可以不出现的成分。

词具有多种词性造成,不能认为这两对功能等价。

表 6.3-2 体词的具体语法功能间的相容度

语法功能 x&y	词数			相容度						等价
	x	y	x&y	Cx-y	等级	Cy-x	等级	Cx*y	等级	
〈数〉~&在[实词]~	509	1313	6	0.01	— —	0.00	— —	0.00	— —	—
〈数〉~&〈数量〉~	509	21423	207	0.41	—	0.01	— —	0.01	— —	—
〈数〉~&~〈方位〉	509	22683	250	0.49	—	0.01	— —	0.01	— —	—
在[实词]~&〈数量〉~	1313	21423	871	0.66	+	0.04	— —	0.04	— —	—?
在[实词]~&~〈方位〉	1313	22683	1018	0.78	+	0.04	— —	0.04	— —	—?
〈数量〉~&~〈方位〉	21423	22683	19553	0.91	+ +	0.86	+	0.80	+	+

表 6.3-3 词频与相容度的相关性(体词)

词级	1级		2级		3级		4级		5级		总计		相关系数	显著水平
总词数	5541		5542		5542		5542		5542		27709			
中间词频	1094		142		34		6		0					
	词数	比例	词数	比例	词数	比例	词数	比例	词数	比例	词数	比例		
在[实词]~&〈数量〉~	450	8.1%	164	3.0%	81	1.5%	36	0.6%	155	2.8%	886	3.2%	0.959	+ +
在[实词]~&~〈方位〉	554	10.0%	221	4.0%	110	2.0%	50	0.9%	160	2.9%	1095	4.0%	0.970	+ +
在[实词]~	588	10.6%	225	4.1%	111	2.0%	51	0.9%	162	2.9%	1137	4.1%	0.974	+ +
〈数量〉~	4289	77.4%	4232	76.4%	4236	76.4%	4279	77.2%	4387	79.2%	21423	77.3%	-0.037	—
~〈方位〉	4766	86.0%	4616	83.3%	4711	85.0%	4711	85.0%	4655	84.0%	23459	84.7%	0.652	—

这样,体词内部形成三个等价束:

等价束 2.1:〈数〉~(也可以以具体的数词为环境)

等价束 2.2:在[实词]~

等价束 2.3:〈数量〉~、~〈方位〉

由此分出量词、位置词、名词。标准如下:

量词:(一|几)~∧*〈主〉　　{个、次、年、斤}
位置词:在[〈实词〉]~∧*~(里|以南)
名词:〈主〉|〈真宾〉|〈定〉~|~(里|以南)∧*(〈谓词〉|〈量词〉|〈位置词〉)　　{桌子、面积、地步}

量词标准中,有些名词可进入"(一|几)~",如"这一地区、几兄弟",所以用"*〈主〉"排除。位置词标准中,有些名词也能进入"在[〈实词〉]~",如"在教室、在北京、在操场",但这些词还能进入"~〈方位〉",可以认为这些词兼有名词和位置词词性,我们这里按同型策略不处理为兼类,而划入名词,用"*~(里|以南)"是为了把这一部分名词排除。用来划分名词的标准中有"〈主〉""〈真宾〉""〈定〉~"这样的概括水平较高的功能,是因为"〈数量〉~""~〈方位〉"没有对内的普遍性,而名词实际上是体词中的剩余类,所以可以用体词中剔除量词、位置词的办法来划分名词。

位置词内部还可以划出方位词、处所词、时间词,其划分仍可以用上面提出的方法论证,但限于篇幅,论证从略,此处只列出划分标准:

方位词:在(〈体词〉~)∧*~(里|以南)　　{周围、以前、附近}
时间词:在~∧(等到~|~以来|~的时候){刚才、去年、最近}
处所词:在~∧*(~(里|以南)|〈时间词〉){原地、一旁、民间}

6.3.2.4　谓词内部"很~"和"〈谓语〉"的相容度分别为 0.99 和 0.19,两者悬殊,概括水平不同,根据规则 6,"很~"可能代表了一个次类。考察其他句法形态特征,发现刚好能进入"很~"的双音、单音谓词的重叠形式大多分别为 AABB 式和 AA(不轻声)式,而不能进入"很~"的双音、单音谓词的重叠形式大多分别为 ABAB 式和 AA(轻声)式,因此可以认为"很~"及与其有极高相容度的"~得很"、"~极了"、"很不~"代表了谓词内一个与其他谓词相区别的次类。"很~"和"~〈真宾〉"的相容度极低,分别为 0.08 和 0.03,而能进入"~〈真宾〉"的词的重叠形式大多也是 ABAB 式和 AA(轻声)式,所以尽管根据等价功能的传递性,这两个功能在较高概括水平上是等价的("很~"与"不~"等价,"不~"与"~〈真宾〉"等价),但在较低概括水平上是不等价的。至于"很~"和"~〈真宾〉"共现的情况("很喜欢他"),由于"~〈真宾〉"在内层,因此应按"~〈真宾〉"优先的原则归为动词。形容词划分标准如下:

形容词:很[不]~ ∧ *(很~〈宾〉)　　　{红、大、干净、认真}

那些能进入"很~"的词中相当一部分可以进入"~〈真宾〉",有两种情况,第一种是表示程度比较,只出现于"~〈真宾〉(比较对象)+〈准宾〉",如"高他一头"、"大他一岁",其程度性与形容词的程度性正相吻合;第二种表示某个整体的某个部分出现某种变化,主语和宾语有整体和部分的关系,如"(脸)红了半边"、"(手上)黑了一块"、"(你我)都白了头发"。在较低概括水平上"很~"和"~〈真宾〉"不等价,但这种现象可以找出条件并适当类推,根据规则 1 应认为是句法现象,仍是形容词的功能,不能看作变成了动词。

剩下的动词和状态词之间的划分则较为困难,主要原因是状态词是一个功能狭窄的类,没有什么特殊的功能,而动词的个体差异又较大,很难通过功能的等价性把两类划开。不过,排除了形容词的双音谓词中,尽管重叠形式大多是 ABAB,但其语法意义和语音形式不同,"调整、请示、商量、研究"等重叠形式后半部分轻读,语法意义表示小量;而"雪白、通红、矮胖、干瘦"等重叠形式不轻读,语法意义表示程度加深。前者大多能进入"不~"、"没~"、"~〈宾〉"、"~〈补〉"、"~着|过",而后者不能,因此可以把两类谓词划开:

动词:不~ | 没~ | ~〈宾〉 | ~〈补〉 | 〈黏补〉 | (~着|过) | (((〈谓〉| 〈状〉)~) ∧ *〈主〉) ∧ (* 很[不]~ | (很~〈宾〉))
　　　{吃、看、研究、应该}

状态词:(⟨组合式补⟩|(⟨谓⟩∧*(⟨主⟩|⟨宾⟩))∧*(⟨动词|形容词⟩)   {通红、花白、酷热}

状态词大多是形容词的量化形式,不少人据此认为应把状态词归为形容词。但从形容词到相应的量化形式是一种构词形式而不是构形形式,也不是句法现象,而且与形容词在句法特征上差别显著,特别是不再具有形容词的本质功能"很[不]~",因此应单独划为一类词。

6.3.2.5 从上面的讨论中可以看到,大多数确定为等价的功能其相容度至少有一个达到极高相容度临界值($C \geqslant 0.9$),而那些不能确定为等价的功能间的相容度一般不能达到这个临界值。反过来说,那些相容度达到 0.9 以上的功能都是等价功能,只有"⟨主宾⟩&⟨定⟩"例外。可见相容度在确定等价功能中的作用。

等价功能束加上排除其他词类的限制,就是一个词类的划分标准。我们的划类标准中既有析取性标准,又有合取性标准。同一等价束内部的功能间无区别作用,用来作划类标准,就是析取性标准;标准中用来排除其他词类的功能则是合取性标准。

15 个实词中,我们讨论了 13 个,还有代词和拟声词没有讨论。代词实际上是从话语功能的角度分出的类,严格地说与其他词类不在一个层面上,从一般意义上的词类角度看,代词应分别归入体词、谓词和饰词以及更小的基本类中去,这里不再讨论。拟声词是一个特殊的词类,对其在词类体系中的地位我们还缺乏足够的认识,尚不清楚如何用本书的方法来论证。

6.4 小结

上文中我们做的工作,实际上就是确定语法功能与词性之间的对应关系。确定了哪些语法功能对应于哪些词类性质,也就基本上完成了划分词类的任务。

从上面的分析可以看到,"不～"和"〈定语〉"、"不～"和"〈名〉～"、"很～"和"〈定语〉"、"很～"和"〈状语〉"、"〈主宾〉"和"〈定〉"等功能间是异价功能,代表了不同的词类性质。因此"研究、调查"这样的既可以受"不"修饰,又可以受名词直接修饰、直接做定语的词实际上兼有动词性、名词性和区别词性,"干净、新"这样的既可以受"很"修饰,又可以直接做定语的词实际上兼有形容词性和区别词性,"迅速、妥善"等既可以受"很"修饰,又可以直接做状语的词实际上兼有形容词性和副词性,"木头、质量"等既可以做主宾语,又可以直接做定语的词实际上兼有名词性和区别词性,只是我们按照优先同型策略没有处理为兼类词(参看第7章)。另外,由于"〈谓语〉"和"〈补语〉"是等价功能,因此只能做补语的所谓"唯补词"没有必要划出。由于不同语法位置上的词可能词类性质不同,黎锦熙(1924)所说的"依句辨品"是有一定道理的,只是黎锦熙没有给出确定哪些语法位置表现了不同词性、哪些语法位置表现了相同词性的办法,把"依句辨品"绝对化,走向了"词无定类"、"离句无品"的极端。

词类从本质上说是词的表述功能的类(大类)和语义类别-语法功能结合体的类(基本类),不是分布类。因此不可能简单地根据分布上的相似性划分词类。但分布是词类性质的外在表现,可以通过确定分布同词性的对应关系来推断词性,而分布同词性的对应关系可以根据语法功能间的相容性及相关规则来确定,从而找到各类词的划分标准。然而,分布毕竟不是词类的本质,多种因素影响词的分布,以分布特征为标准划分词类也有局限。比如,有两种在述谓功能中只具有做谓语功能的词,一是"交加、倍增、参半、奇缺",这些词一般归为动词;二是"旖旎、婆娑、皑皑、卓然",这些词一般归为状态词,但难以从功能上分开。尽管如此,根据词的分布特征仍能把绝大多数词划入相应词类,只有极个别词的归属难以确定。

上文是从内部来论证汉语实词的划分,也可以从外部来论证,比如从类型学角度来论证,这方面的讨论见 McCawley(1992)、郭锐(2001)。

第7章 兼类词和"名物化"

7.1 兼类词和异类同形词

一个词属于多个词类,就是兼类词。

兼类词与同形词的处理是相互关联的。与兼类词有关的现象有以下三种:

A.同一义项(严格说是同一概括词)兼属多个词类。如"长期、真正、临时",可做并且只能做定语和状语,兼属区别词和副词;又如"小时",既可说"一个小时",又可说"一小时",因此处理为名词兼量词。

B.意义上有联系的几个义项属于不同词类。如"典型"在"一个典型"和"很典型"中意义不同,前者是名词,后者是形容词。再如"通知开会"和"写一个通知"中的"通知"意义不同,前者是动词,后者是名词。

C.意义上无联系,音同、词形同的几个词属于不同词类。如"会游泳"和"开一个会"中的"会"同音同形,前者属动词,后者属名词。又如"一套制服"和"制服了对手"中的"制服"是同音同形词,前者是名词,后者是动词。

A 当属兼类词,我们把这种兼类词叫同型兼类词。C 当属异类同形词,这是没有异议的。对 B 的处理有不同意见。严格说,兼类词应指同一概括词兼属不同词类,因而只有 A 算兼类词。但在词汇学上把意义上有联系的义项看作是同一词的不同义项,在词典中安排词条时也作为一个词条,我们的词表中也是以这样的单位为一个词条,这样处理较为经济(可叫做词汇词,而按同一性归纳成的单位叫语法词)。尽管从理论上说,只有 A 是兼类词,但考虑到在词典中我们把有联系的义项作为一个词条,而且在计算机的汉语处理中,计算机不能辨识 A 和 B 的区别,所以我们变通处理,把 B 也算兼类词,叫异型兼类词。为了区分这两种范围的兼类词,我们把同型兼类词叫狭义兼类词,把狭义兼类词加上异型兼类词叫广义兼类词。

可以看出,广义兼类词跟词汇词的确定有关。

7.2 什么是真正的兼类词

确定是否是兼类词要考虑三个方面:

(一)两种位置上的词是否属于同一概括词(同一性问题)。

(二)是具有多种词类性质还是词类的多功能现象(有无词汇层面的词性转化)。

(三)采取何种划类策略。

若词义不同而词类性质也不同,实际上是不同概括词属于不同词类,当然应算作异型兼类词。因此问题(一)没有什么可讨论的,只要不同概括词有不同的词类性质,都应视为兼类词。比如"锁"、"领导"、"科学"、"死"都应看作兼类词。

在确定了同一性后,应再确定词的不同功能间是否有词性的不同。确定的办法就是按第 6 章提出的确定等价功能的办法。这样可以证明带"着、了、过"的形容词并非兼动词。也可以证明那些句法层面的词性转化不是兼类,如"去是应该的"一类动词做主语的情况不是兼名词,因为还具有动词的基本功能(如带宾语、状语),而且大批动词都可以做主语。另外,也可以证明"研究、调查"这样的既可以受"不"修饰,又可以受名词直接修饰、直接做定语的词实际上兼有动词性、名词性和区别词性,"干净、新"这样的既可以受"很"修饰,又可以直接做定语的词实际上兼有形容词性和区别词性,"迅速、妥善"等既可以受"很"修饰,又可以直接做状语的词实际上兼有形容词性和副词性。这个问题前面已经解决,这里不再讨论。需讨论的是划类策略问题。

7.3 划类策略和兼类词

7.3.1 划类策略

同一概括词具有多种词类性质不一定都处理为狭义兼类词,是否处理为狭义兼类词与划类策略有关。我们先看看可以有哪几种划类策略。

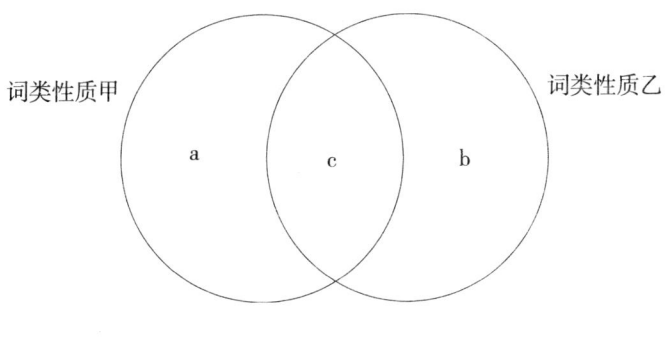

图 7.3－1

如图 7.3－1 所示,两种词类性质在词汇上可以是部分重合的,范围 a 的词具有甲类词性质,范围 b 的词具有乙类词的性质,范围 c 的词既具有甲类词的性质又具有乙类词的性质。从理论上说,可以有以下四种处理策略:

Ⅰ.同质策略:以词类性质为出发点,平等考虑一个概括词的所有词类性质,使分出的词类与词类性质一一对应,若一个概括词有多种词类性质,则处理为兼类词。如图7.3-1所示情况,则分为两个词类:甲类(a、c)和乙类(b、c),其中c为甲类兼乙类。

同质策略的优点是词类与词类性质一一对应,缺点是可能使狭义兼类词太多。

Ⅱ.同型策略:以概括词为出发点,平等考虑各种词类性质,只要一个概括词内所包含的词类性质不同,就分成不同的词类。如图7.3-1所示情况,则分成三个词类,a、b、c各是一类。

同型策略的优点是无狭义兼类词,缺点是类的数目大,词类与词类性质不一一对应。

Ⅲ.优先同型策略:以概括词为出发点,优先考虑某些词类性质,兼有多种词类性质的词不处理为兼类词,而处理成优先考虑的词类,使词类与优先考虑的词类性质对应。如图7.3-1所示情况,则分成两类:甲类和乙类。由于优先的顺序不同,c的归类也不同,共有以下两种情况:

(一)优先顺序为:甲>乙。按照这种优先顺序,则a、c归为甲类,b归为乙类。

(二)优先顺序为:乙>甲。按照这种优先顺序,则a归为甲类,b、c归为乙类。

过去人们常说的"词义不变,词类不变",实际上说的就是采取优先同型策略。

优先同型策略的优点是无兼类,词类的数目不大,缺点是词类与词类性质不完全对应。

Ⅳ.合并策略:两种词类性质的词合并为一个词类。如图7.3-1所示情况,a、b、c归并为一类词。

合并策略的优点是无狭义兼类词,类的数目小,缺点是词类与词类性质不一一对应。

7.3.2 划类策略的选择

应如何选择划类策略呢?划类策略的选择没有对错之分,只有好与不好之分,从理论上说,上述四种划类策略都是可能的,选择何种策略应考虑整个语法体系及划类目的。从实用目的出发的划类策略选择视目的而定,比如在信息处理用的词类系统中,完全可以采取同质策略,把兼有动词和名词的词项处理为动词和名词的兼类。本书的词类系统不为特定目的服务,我们选择划类策略主要考虑以下两个因素:

(一)词类的简单性:类的总数尽可能少;狭义兼类词总数尽可能少。

要使类的数量少,就需要采取同质策略、优先同形策略或合并策略;要使兼类词数目少,就需采取同型策略和优先同型策略或合并策略。

为什么要避免类的总数过多?划分词类,首先是满足人学习语言、分析语言的需要,过多的类的数量,增加记忆负担,也难以对整个词类体系有完整的把握。如果都采取同型策略,那么不但动词性-名词性的词要单独划为一类,动词性-名词性-区别词性的词也要单独划为一类,动词性-名词性-副词性的词也要划为一类,区别词性-副词性的词也要单独划为一类……。如此划类,词类的总数不是几十,而是几百类。如此多的类,显然超出了一般人的把握范围。由于同型策略会带来词类数目的膨胀,我们不采用同型策略。

为什么要避免兼类词过多?有两方面原因。第一,如果把兼有两种词性的词处理为兼类词,在做句法规则时,首先需要判断结构中的词属于什么词类,兼类过多则会增加判断词类的负担。第二,从词类的分化角度说,如果两个词类之间多数词是这两类词的兼类,那就说明这两类词还没有分化开,也就不必分为两类。

（二）句法规则的简单性：划归同一词类的不同词的语法功能应尽可能单一。

要做到这一点，就需要采取同质策略处理兼有不同词性的词。比如对于兼有动词性、名词性或饰词性的词，如果采取同质策略，处理成动词、名词或饰词的兼类，那么在用词类构建句法规则时，就可以得到如下规则：

名词＋动词→主谓

动词＋名词→述宾

动词＋动词→联合，述宾，述补，连谓

如果采取优先同形策略，那么相同的词类序列，会得到更多的结果，增加句法分析的歧义，从而增加句法分析的难度。如：

名词＋动词→主谓，联合，定中，状中

动词＋名词→主谓，述宾，联合，定中

动词＋动词→主谓，联合，述宾，述补，连谓，定中，状中

优先同型策略使用越多，造成的句法歧义也越多，句法描写分析的效率就越低，甚至可能使利用词类序列来描写句法规则失去意义。因此，选择优先同型策略要严加限制。

也许有人会说，既然汉语的词类与句法成分没有一一对应的关系，利用词类序列来描写规则必定会遭遇句法歧义过多的难题，为什么还要限制优先同型策略的使用？实际上，汉语词类与句法成分没有一一对应关系的特点，很大原因就是汉语语法体系采取优先同型策略划分词类的结果，如果不采取优先同型策略划分词类，那么汉语词类与句法成分的对应将会严格得多。因此，词类与句法成分不一一对应的现象不是对优先同型策略不加限制的理由。

此外，在特殊情况下，还应考虑：

（三）心理接受性：一个词类包含的词类性质不止一种时，应与人的

心理相符。如果采取优先同型策略,那么同一词类的两种词类性质应有明显的高下之分,并优先考虑句法地位高的词类性质[①]。比如,"研究、调查"等兼有动词和名词两种词类性质,应采取动词性质优先的优先策略归为动词,而不能倒过来处理为名词,因为动词的句法地位比名词高。

其中因素(一)、(二)是最基本的,因素(三)只是补充性的因素。但(一)和(二)恰恰是矛盾的,考虑了词类的简单性又往往破坏句法规则的简单性,照顾了句法规则的简单性又常常破坏词类的简单性。因此选择划类策略时,应综合考虑前两方面因素,使两方面的总代价降到最低限度。同型策略无论在什么情况下都使两方面总代价极大(类的数目增加,词类与语法性质不对应),所以我们不考虑采用。我们只在同质策略、优先同型策略和合并策略之间作选择。

汉语词类问题的不少争论实际上都是由各自所持的划类策略不同引起的。策略只有好与不好之分,没有对与错之分。选择哪一种划类策略最好,要结合具体情况作通盘考虑。

那么,什么情况下采取同质策略或优先同型策略呢?我们的原则是:

1、如果交叉部分的成员占多数,应采取合并策略。

2、如果兼有两种词性的词的数量较大或能找出条件(即能用规则控制),则采取优先同型策略,否则采取同质策略。这是因为,如果兼有两种词性的词数量大而采取同质策略,会造成大量兼类词,虽然可以在句法规则的简单性方面得到好处,但在词类的简单性上代价太大,在句

[①] 句法地位高低主要由以下几点决定:1、与别的词组合后整体的性质与哪一个词相同。如名词与区别词组合形成的词组仍是名词性的,则名词地位比区别词高。2、词类性质的演变方向。如区别词大多是由名词性成分、动词性成分变来的,而相反方向的变化极少,则名词动词的地位比区别词高。参看 4.3.3。

法处理前不得不鉴别大量兼类词,而一旦兼类词鉴别错误,句法处理也会跟着发生错误。所以,在兼有两种词性的词数量大的情况下,最好采取优先同型策略。

3、如果兼有两种词性的词数量少,采取优先同型策略虽然可以在词类的简单性上得到一些好处,但在句法规则的简单性上损失太大,因为需要增加句法规则来处理体现兼类词性的用法,而采取同质策略会使句法规则简单,而在词类的简单性上的损失不大。所以,考虑总代价,一般宜采取同质策略。但如果兼有其他词性的用法可以找出条件,可以用规则控制,那么也最好采取优先同型策略。

也就是说,选择哪一种划类策略,与兼有两类词性的词的数量大小有关。这就是朱德熙(1985a)所说的兼类词不宜过多,我们把这个原则叫做系统性原则。系统性原则的依据是什么? 如果两种功能所覆盖的词是同一批或基本上是同一批,那么意味着这两种功能在这种语言中没有分化,也就不必划分为两类词。至于说选择不同划类策略需要兼有两类词性的词的数量占多大比例,并没有一个绝对的标准,但可以提出倾向性的标准。下面就说说选择不同划类策略的具体标准。

一、合并策略的选择标准

要把两种词性的词合为一类,两种词性交叉的词数应不低于两种词性总词数的90%。即绝大多数词兼有两种词性时,才不必划分为两类词。

图 7.3-2　两种词性接近完全重合和接近包含关系

接近包含关系可看作合并策略的一种特殊情况:

如图 7.3-2 所示,如果具有词类性质乙的词绝大多数也具有词性甲,而具有词性甲的词只有少数具有词性乙,那么,可以把 b 作为 a 的一个次类。

二、优先同型策略的选择标准

优先同型策略只适于交叉的两种词性有优势/弱势之分时。词性的优势等级如下:

谓词性 > 体词性 > 饰词性

图 7.3-3　词性的优势等级(郭锐 1997)

这个等级的依据是组合优势,左侧的成分与右侧的成分组合,得到的组合体的性质与左侧的性质相同,即左侧成分是核心,如:

谓词性+体词性→谓词性

谓词性+饰词性→谓词性

体词性+饰词性→体词性

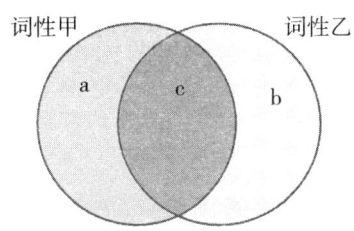

图 7.3-4　交叉的部分占到优势词性(甲)的 40%-80%

交叉的部分占到优势词性的 40%-80% 时,可把交叉的部分归入优势词性一类,而只具有弱势词性的词独立为另一类。

三、同质策略的选择标准

若两种词性交叉的部分是其中一种词性的词数的少数(<20%),那么最好采取同质策略把交叉的部分处理为兼类。

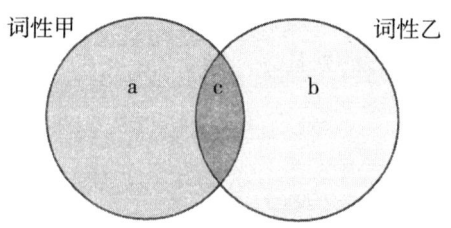

图 7.3-5 交叉部分占少数(<20%)

即使交叉部分占弱势词性的词数的多数(51%-90%),也应采取同质策略,不采取优先同型策略。但若由于优势词性中交叉的比例较高而已经按优先同型策略处理为优势词性的词类,则不再采取同质策略。

上述数量标准是就一般情况说的,在实际操作中,还要考虑交叉部分的绝对数大小。如果兼有两种词性的词的绝对数较大,也不适合按同质策略处理为兼类。此外,如果同一批词兼有三种及以上词性时,采取何种划类策略需通盘考虑。正是由于这些原因,我们在上面的标准中,空出了两种划类策略的临界比例 20%-40%、80%-90%,处于临界比例的情况,需根据交叉词性的绝对数和兼有其他词性的情况做灵活处理。

7.3.3 汉语主要词类的划分策略

汉语语法学界过去倾向于优先同型策略的处理,如把做谓语、定语、状语都看作形容词的功能。按照本文提出的标准,这些处理应重新考虑。

按照上文提出的标准,下面对汉语主要词性间的交叉做出划类策略的选择。

先看主要词性间的交叉情况:

表 7.3-1 主要词性间的交叉

	多功能词	占两词性比例	占前词性比例	占后词性比例	单功能词	比例	功能词数	总计
谓-体	2490	6.15%	19.08%	8.33%	37968	93.85%	谓词+体词	40458
谓-区	3895	12.13%	29.85%	16.97%	28207	87.87%	谓词+区别	32102
谓-副	469	3.49%	3.59%	55.70%	12954	96.51%	谓词+副词	13423
体-区	20081	63.18%	67.17%	87.51%	11702	36.82%	体词+区别	31783
体-副	106	0.88%	0.35%	12.59%	11965	99.12%	体词+副词	12071
区-副	284	1.21%	1.24%	33.73%	23221	98.79%	体饰+副词	23505

一、谓词和体词的划分

谓词和体词有交叉,朱德熙(1985a)提出三条标准判断兼有体词性的谓词:

1、可以做准谓宾动词"有"、"作"、"加以"、"进行"等的宾语。如"有研究"、"有苦难"、"进行研究"。

2、可以受其他名词直接修饰。如"历史研究"、"经济困难"。

3、可以直接修饰修饰其他名词。如"研究方向"。这条标准对名形词没有鉴定作用。

但第 3 条标准其实并不反映体词性,而是反映饰词性。因此,鉴定名动词和名形词只需要前两条标准就够了。其实,在朱德熙《语法讲义》(1982b)中,名动词的标准也只有前两条。

汉语中兼有谓词性和体词性的比例在谓词中只占 19%,体词的 8%,远远低于采取合并策略的标准,也不能把谓词看作体词的次类。谓词和体词交叉的比例适合按同质策略处理为谓词和体词的兼类。

上面的数据是把谓词内部的动词、形容词、状态词合起来一起考察的，如果分开来考察，把动词和形容词、状态词分开，那么：

多功能词	数量	占两词性比例	占动词性比例	占名词性比例
动词-名词	2381	6.31%	23.12%	8.0%

兼有动词性和名词性的词在动词中所占比例仍较低，处于优先同型策略和同质策略的临界区间。采取合并策略，把汉语动词处理为名词的一个次类完全不合事实，可以按同质策略处理为动词和名词的兼类，如"研究、生产、管理、学习"。

特别是考虑到，在实际语料中，有些词的名词用法远远高于动词用法，归为动词就很不合理了。如下面是随机在北京大学 CCL 语料库两页语料检索中得到的数据：

	动词性	名词性
管理	23	55
睡眠	2	49

在这种情况下，显然处理为动词和名词的兼类更合理。

但考虑到兼有动词性和名词性的绝对数较大，按优先同型策略处理为动词也是可以接受的。本书仍按朱德熙（1982，1984b，1985a，1985b）的方案处理为动词（名动词）。

形容词性与名词性也存在交叉。在 2355 个形容词中，具有名词性的有 109 个，占 5%，如"平衡、健康"。数量虽然不大，如果单独考虑形容词的情况，完全可以采取同质策略处理为形容词兼名词，但由于同属谓词的动词采取的是优先同型策略，所以最好采取相同策略，不处理为形容词兼名词。

二、体词和区别词的划分

体词性与饰词性(区别词)重合的部分比重太大(占体词的67%),说明饰词与体词分化程度很低,宜采取优先同型策略处理为体词(名词),而不处理为兼类。比如可以做主宾语、定语"木头、质量、语言"一类词处理为名词,而不处理为名词兼区别词。

具有区别词性的词中87.5%兼有名词性,比例非常高,但区别性相对于名词性是弱势词性,所以不宜采取优先同型策略把交叉的部分处理为区别词。

三、谓词和区别词

谓词性和区别词性交叉的比例都不高(6%,19%,8%),可采取同质策略处理为谓词和区别词的兼类。

如果把谓词中的动词和形容词分开考察,数据如下:

多功能词	数量	占两词性比例	占谓词性比例	占区别词性比例
动-区	3189	29.6%	31.0%	87.4%
形(谓词性)-区	690	24.5%	29.3%	60.1%

总比例不高,占优势词性的比例也不高,处于同质策略和优先同型策略的临界区间。可以按同质策略处理为动词兼区别词(成立、到达、学习、研究)和形容词兼区别词(新、红、干净、优秀),但考虑到绝对数较大,特别是在词频最高的468个形容词中,有285个,占61%。本书仍按优先同型策略处理为形容词。

交叉部分占弱势词性的比例非常高,说明区别词的专门化程度较低。

四、谓词和副词

谓词性和副词性交叉的总比例和占优势词性的比例很低,可按同质策略处理为兼类。占副词性的比例很高,表明副词性的分化程度较低。

下面把动词和形容词的情况分开看：

多功能词	数量	占两词性比例	占动词性比例	占副词性比例
动-副	131	1.2%	1.3%	39.8%
形(谓词性)-副	277	10.3%	11.8%	45.7%

谓-副交叉部分比例和占优势词性的比例很低，理想的方案是处理为兼类词。即把"区别、继续、重复"处理为动词兼副词，把"认真、努力、迅速、紧急"处理为形容词兼副词。但考虑到在词频最高的468个形容词中有172个，占37%，比例较高，另外其中的"认真、紧急"同时也兼有区别词性，本书已按优先同型策略处理为形容词，为保持处理策略的一致，仍按优先同型策略把兼有形容词性和副词性的词处理为形容词，只把动-副交叉部分处理为动词兼副词。

交叉部分占弱势词性的比例非常高，说明副词的专门化程度不高。

五、名词和副词

多功能词	数量	占两词性比例	占名词性比例	占副词性比例
名-副	345	2.4%	1.2%	41.0%

交叉部分占总词数比例和优势词性比例很低，应处理为兼类，即把"系统、正面、礼貌"处理为名词兼副词。

六、区别词和副词

多功能词	数量	占两词性比例	占区别词性比例	占副词性比例
区-副	284	1.2%	1.2%	33.7%

交叉部分占总词数比例和区别词性比例很低，处理为兼类为好。

占副词性比例较高,但没有达到按优先策略处理的标准,又由于区别词性和副词性同属饰词,没有优势/劣势词性的区别,没有采取优先同型策略的前提,还是按同质策略处理为好。即把"共同、临时、长期"等可做定语、状语,不做其他成分的词处理为区别词兼副词。

七、名词和量词

有些名词可以做量词用,主要是两种情况:一是做容纳量词,如"碗、桶、车、杯子",二是做动量词,如"鞭子、刀、枪"。在27408个名词中,只有109个名词具有这种用法,只占0.4%,数量很小,但这种用法能找出条件来,前者限于表示常专门用作容器的事物的名词,后者限于表示常专门用作工具的事物的名词。由于可以用规则控制,采取优先同型策略时在句法规则上没有损失,还可以在词类的简单性上得到好处,所以宜采取优先同型策略,不处理为名词兼量词。

上面的讨论是在没有特定句法系统的背景下进行的。在实际的操作中,除同型策略由于造成词类数目太大的结果而不宜采用外,同质策略、优先同型策略和合并策略都是可能的选择。选择哪一种策略除上文谈到的原则外,还和与之相配的句法系统相关。在生成语法等"词库-句法结构"的系统中,最好采取同质策略。比如针对图7.3-2所示,可以把"顾虑、盼咐"(可以做"有"的宾语)处理为动词兼名词。按照相同的策略,"木头、质量"(可直接做定语)应处理为名词和区别词的兼类,"成立、作废"(可以直接做定语)应处理为动词和区别词的兼类,"调查、研究"(可做"有"的宾语、直接做定语)应处理为动词、名词和区别词的兼类。此外,还应把"干净、新"(可以直接做定语)处理为形容词兼区别词,把"危险、温暖"(可做体宾动词的宾语、可直接做定语)处理为形容词、名词、区别词的兼类,把"迅速、妥善"(可直接做状语)处理为形容词和副词的兼类,把"强烈、熟练"(可直接做定语、状语)处理为形容词、区别词和副词的兼类(参看第6章)。

图 7.3-6

不过,除了把"调查、研究"处理为动词和名词的兼类、把"危险、温暖"处理为形容词和名词的兼类外,其他的兼类处理鲜有所见。只把"调查"一类词处理为动词兼名词,并不是同质策略的彻底做法,彻底的做法就是如上所述把凡是兼有多种词性的词都处理为兼类。有学者强调应把"调查、研究"处理为动词兼名词,却并不把"成立、作废"处理为动词兼区别词,也不把"木头"处理为名词兼区别词、"干净、新"处理为形容词兼区别词。可见优先同型策略是大家经常采取的策略,只是大家没有意识到。如果我们可以接受不把"成立、作废"处理为动词兼区别词,不把"干净、新"处理为形容词兼区别词,那么,也应该可以接受不把"调查、研究"处理兼类,而仍处理为动词。当然,采取何种处理方案,需考虑与句法系统相适应。这不是事实的对错问题,而是策略的好还是不好的问题。

7.4 汉语词类多功能现象的实质

最早揭示汉语词类的多功能现象的是高名凯先生。他说"汉语的实词无论从哪一方面来看,都表现其具有多种词类意义,没有固定的词类特点"(高名凯 1960:38),"绝大多数的汉语的词都不只有一种结合性,汉语绝大多数的词都可以跟许多种类的词结合"(高名凯 1957:75)。

高名凯先生把词多功能现象看作汉语实词没有词类分别的理由:"汉语的情形是:一个词的词干就是一个词位,它在词类的语法范畴上可以在言语里体现为不同的变体,这就是说,汉语的同一个词干或词可以在不同的场合具有不同的词类意义,因此,汉语具有词类范畴,但正因为这些不同的词类意义可以是汉语的同一个词干所有的不同变体,所以汉语的实词不能依照其所具有的词类意义的情形而被分成名、动、形等词。"(高名凯 1963:49)

朱德熙先生则进一步把类的多功能现象看作汉语语法的重要特点。朱德熙(1985a)认为,印欧语里,词类和句法成分间有一种简单的一一对应,大致说来,动词跟谓语对应,名词跟主宾语对应,形容词跟定语对应,副词跟状语对应。而汉语中词类和句法成分间没有简单的一一对应的关系,如图:

图 7.4－1　英语和汉语词类与句法成分的对应

由于形容词在英语中主要做定语,属于体饰词,而汉语的形容词主要做谓语,属于谓词。汉语中与英语形容词在功能上相当的是同为体饰词的区别词,因此上图中汉语形容词的位置应是区别词,形容词则与动词放在一起构成谓词大类。

另外,由于英语名词普遍可以做定语,所以名词与定语之间也应添加连线。

调整后的词类与句法成分对应图如下:

图 7.4-2　汉语词类与句法成分的对应

在调整了形容词的位置后,汉语词类多功能现象有减少,这是因为汉语的两类饰词的功能还是单一的,词类多功能现象主要体现在谓词和体词上。

汉语词类多功能现象的实质是什么呢? 主要有三种情况:

一、主宾语位置和谓语位置对词语词性的选择限制较为宽松。

可以看到,汉语词类与句法成分的多对应关系很大部分表现在谓

7.4 汉语词类多功能现象的实质

词可以做主宾语和体词可以做谓语上,而主宾语位置和谓语位置恰恰对进入的词语的词性选择限制不严,主宾语位置除了允许体词性成分进入外,还允许谓词性成分进入,谓语位置除了允许谓词性成分进入外,还允许体词性成分进入。

在4.3中,我们说到,"学习很重要"中做主语的"学习"由于可以带宾语、状语,仍是动词性的。谓词性成分做主宾语在汉语中是非常普遍的现象,不能看作做主宾语的成分的词在词性上发生了变化。

"小王黄头发"一类名词短语做谓语的例子中,由于"黄头发"还能受定语修饰(一头黄头发),所以仍是名词性的。

在4.3中,我们也说到,谓词性成分做主语时,虽然词性可以不变,但外在表述功能往往会发生指称化;体词性成分做谓语时,虽然词性可以仍是体词性的,但外在表述功能往往要陈述化。

也就是说,这种类型的词类多功能现象其实是外在表述功能的转化造成,词性并没有不同,也可以说是句法位置选择限制不严的表现。

在英语中,动词要做主宾语、定语,需在形式上发生变化,其实就是添加表述功能转化标记,如"to""-ing""-ed"等;名词要做谓语,需添加系词be。从这一点看,汉语和英语具有共同点,即词语的表述功能都可以发生转化,从而充任非常规成分。不同之处在于,汉语多是无标记的转化,而英语则是带标记的转化。朱先生也说,"造成这两个特点[①]的根源都在于汉语词类没有形式标记"(朱德熙 1985a:9)。

由于表述功能和词性的两个层面及转化的存在,词类假借、依句辨品说有其合理成分,只是没有把两个层面的词性区分开,因而其间的关系未能说清,导致词无定类,甚至无词类的说法。

二、对兼有两种或以上词性采取优先同型策略划类。

[①] 指词类与句法成分不一一对应和句子构造原则和词组构造原则基本上一致两个特点。

有些词的多功能现象,是因为其词性有不同。比如"检查、管理、调查"一类名动词,兼有动词性和名词性,这些词可以做谓语,具有谓词性,但在"进行检查"一类结构中做宾语时,只表现出名词性(可受定语修饰、可受数量词修饰),完全没有动词的特征(不能带宾语、不能带状语、不能带"了/着/过"、不能带补语),因此是名词性的。又如"干净、优秀、好"可以做谓语、受"很"修饰,具有谓词性,是形容词,但在直接做定语时(干净衣服、优秀学生、好人),不再有形容词的特征(不能受"很"修饰、不能受"不"修饰),因此是区别词性的。再如"木头、工人、手机"可以自由做主宾语、受数量词修饰,具有名词性,但在直接做定语时不再具有名词的特征(不能受数量词修饰),实际上也是区别词性的。

这种情况的词类多功能,实际上是因为这些词本来就具有多种词性。既然有多种词性,为什么还看作词类多功能现象呢?其他语言,比如英语同样存在一个词兼有多种词性的现象,为什么不看作词类多功能性?这是因为,在目前的汉语词类划分体系中,一般采取了优先同型策略,把这些兼有多种词性的词,划到优势词性的类中去了。比如把兼有动词性和名词性的"检查、管理、调查"划到动词类,把兼有形容词性和区别词性的"干净、优秀、好"划到形容词类,把兼有名词性和区别词性的"木头、工人、手机"划到名词类。

也就是说,这种情况的词类多功能现象,其实是由划类策略的选择造成的,严格说就是兼有多种词性现象。

上文说,汉语的两类饰词不能存在多功能现象,但实际上在汉语中存在区别词兼副词的情况,如"共同、长期、自动、临时、真正",只是在我们的词类体系中采取同质策略处理为区别词和副词的兼类,这样就不存在词类多功能现象了。

英语中也存在一词兼有多种词性现象,但由于英语语法一般采取同质策略,所以基本没有词类多功能现象,除了一种情况:英语名词由于大量做定语,采取优先同型策略,没有处理为名词兼形容词,因而出现名词的多功能现象。

如果汉语中对动词性-名词性、形容词性-区别词性、名词性-区别词性等,也采取同质策略处理兼类,那么汉语的词类多功能现象也会大大减少。从这一点看,汉语和英语在语言事实上并没有实质不同,只是采取的划类策略不同。

汉语中之所以一般采取优先同型策略,是因为汉语中兼有多种词性的词的数量较大,也就是词的词性分化度不高。这个问题我们将在第 10 章讨论。

7.5 "名物化"问题

"名物化"问题的争论最初发生在 20 世纪五六十年代。所谓"名物化"就是说主宾语位置上和受定语修饰的动词和形容词的性质发生了变化,有不同具体的说法:1、当名词用;2、变成名词、名词化;3、就是名词;4、名物化、事物化。如:看下棋,学习很重要。

朱德熙、卢甲文、马真(1961)批评"名物化"的说法,主要是从语法意义和语法性质两个方面来谈的。

从语法性质方面看:"名物化"论者的理由之一是这些位置上的动词、形容词具有一系列名词的语法特征,丧失了动词、形容词的部分或全部语法性质。所谓具有一系列名词的语法特征是指,可以用名词或代词复指;可以受定语修饰;可以和名词组成联合结构。所谓丧失了动词、形容词的部分或全部语法性质是指,不能重叠、不能做谓语。朱德熙等的论证如下:

a.异类的词有相互区别的个性,但也有一些共性。比如动词和形容词都可以带"了"。上面说的三点都可以看作动词、形容词和名词的共性。

b.一个词类的语法性质体现在概括词上,一个概括词的语法性质不可能在一个位置上全实现。所谓丧失的语法性质,无非是未实现的语法性质。比如水有沸腾和结冰两个性质,但两个性质不能同时实现。动词有"没~"和"~了"的性质,但不能同时实现。

从语法意义方面看:"名物化"论者的理由是在这些位置上,动词、形容词的意义已经"事物化"了,因而也就名词化了。朱德熙等的论证是,有三个层面的事物化:

1、类别意义的事物化:动词表示行为、动作,名词表示事物,形容词表示性质。

2、主宾语位置体现的事物化。

3、"什么、怎么样"代表的意义层面上的事物化。

这三个层面的事物化是不一致的。比如:

(1) 看下棋——看什么 (1、2不一致)

(2) 坐着也行,站着也行——怎么样都行 (2、3不一致)

"名物化"论者所说的"事物化"是第2个层面的。由于与第1个层面的事物化不一致,不能证明已经"名词化"了。

朱先生的批评主要是针对"名词化"的,实际上并没有否认"事物化"。朱先生自己后来观点也有改变,认为准谓宾动词后面的动词、形容词(如"进行调查、有困难"中的"调查、困难")是名词性的,并分别叫名动词、名形词(朱德熙1985b)。

近年来,又有不少人重新提出名物化问题,主要是五种方式。一是把语义平面和句法平面区分开,认为"名物化"是语义平面的(胡裕树、范晓1994)。二是不肯定名物化也不否定名物化,但强调主宾语位置、定语后面的动词、形容词发生了性质上的变化,即谓词性减弱、名词性增强(如张伯江1993,1996)。三是认为主宾语位置上、定语后面的动词、形容词有些已经名词化了,有些虽然还是谓词,但谓词性减弱,向名词方向转化(如杨成凯,1991)。四是从向心结构的中心语与整体的词性"矛盾"来论证存在名词化或名物化(见施关淦 1981,1988)。五是从表述功能角度解释名物化现象(见李宇明 1986;项梦冰 1991)。下面分别讨论。

胡裕树、范晓(1994)提出,把"名词化"和"名物化"分开,名词化指句法平面上动词、形容词转化为名词,名物化指语义平面上动词、形容词的述谓义转化为"名物"义("事物"义)。他们的论证是:句子语义结构的中心是动核和动元。动核就是谓语中心,动元就是论元,配价成分。动元就有名物义或指称义。如"骄傲使人落后"。

这种说法还是朱先生所说的第 2 个层面的事物化。问题是,动元怎么就表示了"名物"义呢?例(2)中的"坐着"就很难看成有名物义。再如:

	a	b
(3)	干净最重要	干干净净的舒服
	教书不容易	天天练才学得会
(4)	看下棋	打算下棋
	考虑参加不参加	觉得很好

b 列例子中的主语或宾语都没有名物义,尽管它们是动元。

第二、三种方式虽然结论不完全相同,但所用证据基本相同,我们放在一起讨论。持主宾语位置、定语后面的动词、形容词性质发生变化观点的人,主要的证据是:1、不能带"了、着、过"等时体成分或完句成分,即丧失了时间性;2、不能带"大概、也许、必定"等情态状语;3、不能带数量宾语。由此认为,主宾语位置、定语后面的动词、形容词丧失了谓词的部分性质,而有了名词的部分性质。

这种论点与五六十年代的名物化论者的观点相似。朱德熙、卢甲文、马真(1961)对这样的观点提出批评:一个概括词的语法性质不可能在一个位置上全实现。所谓丧失的语法性质,无非是未实现的语法性质。这主要是从逻辑角度论证,虽然表明无法肯定主宾语位置、定语后面的动词、形容词性质发生了变化,但也无法否定性质可能发生了变化,朱德熙(1985b)也承认"进行研究"中的"研究"是名词性的。那么,性质变化论者提出的三方面证据能否证明这些位置上的动词、形容词的确丧失了部分谓词性带有了部分名词性呢?我们认为仍然不能。这三方面证据都依赖这样一个假设,带时体成分、带情态状语、带数量宾语体现了成分的谓词性,这些特征的丧失意味着谓词性的丧失。我们想说明这个假设不能成立。

证据1(主宾语位置、定语后面的动词、形容词不能带"了、着、过"等时体成分)主要与谓词的时间性有关,通常认为此时动词、形容词丧失了时间性。根据郭锐(1993,1997b),谓词的时间性包括内在时间性和外在时间性两个方面,内在时间性指谓词的词汇意义决定的时间性,体现为内在的过程结构。过程结构指起点、续段、终点三方面的性质,由此把动词分成状态动词、动作动词和变化动词;外在时间性指谓词性成分与外部时间流逝的关系,通过观察谓词性成分是否被放入外部时间流逝过程,把谓词性成分分为过程和非过程。内在时间性是谓词固有的性质,外在时间性不是谓词固有的性质,而是在使用中实现的性质。从这个角度来看,证据1并不能证明主宾语位置、定语后面的动词、形容词丧失了时间性,事实是,主宾语位置、定语后面的动词、形容词只是处于某种特殊的时间性中。下面分析几个例子:

(5)假若不幸而无论如何也不调谐,她会用她的气派压迫人们的眼睛,承认她的敢于故作惊人之笔,像万里长城似的,虽然不美,但惊心动魄。(老舍《四世同堂》)

此例中的"敢于"不能带"了、着、过"等时体成分,实际上,"敢于"与"是、属于、觉得"一样,在任何情况下都不带时体成分,这是内在时间性

7.5 "名物化"问题

上的限制,因此,并非丧失了时间性,而是属于状态动词中的无限结构动词,这"无限性"就是它的时间性。即使在谓语位置上,"敢于、是、属于、觉得"这些动词也不能带时体成分。因此内在时间性上的无限性并不表明谓词性的丧失。

(6) 这本书的<u>出版</u>给我们带来了麻烦。

这个例子中的"出版"不能加时体成分,这是外在时间性问题。郭锐(1997b)认为,根据外在时间性可把谓词性分为两种,一种是过程性成分,即放入外部时间过程来观察的谓词性成分,如"他在抽烟"、"他抽了烟"、"他抽过烟"、"他抽烟呢",一般用"没(有)"来否定;另一种是非过程性成分(也可以叫性质成分),如"他抽烟"、"我抽烟"、"你坐下"、"猫吃老鼠"、"地球绕太阳运行"等,一般用"不"或其派生形式"别、甭"否定。"了、过、呢、在"等时体成分的作用就是标记过程性成分,而无标记成分通常是非过程(性质)成分。也就是说,在谓语位置上,谓词性成分就有过程成分和非过程(性质)成分之分,谓语位置上的性质成分并非丧失了时间性,而是一种特殊的时间性——非过程。如果一定要说丧失了时间性也可以,但不能认为丧失了这种时间性就丧失了谓词性,因为不能否认做谓语的非过程成分丧失了谓词性。同样,主宾语位置、定语后面的动词、形容词也经常表达为非过程成分(用"不"否定),不能因为不是过程性成分而否定其谓词性。事实上,大家都承认,主宾语位置、定语后面的动词、形容词仍可以带"不"、"及时"等状语,还能带宾语,有的还能带主语,这表明仍是谓词性的。主宾语位置、定语后面的动词、形容词并不是丧失了时间性和谓词性,而是表达为非过程性成分,就同祈使句、意愿句、习惯句、规律句中的谓词性成分表达为非过程性成分一样,我们不能为祈使句、意愿句等中的不能带"了、着、过"而认为这些位置上的动词丧失了谓词性。

从根本上说,谓词(动词和形容词)本身并没有过程性,只表示抽象的动作或状态、属性,都是非过程性的。这种情况就同名词本身是无指的、只表示抽象的事物一样(Li,Y.—H. 1997)。"了、过、在、呢"这样一些成分对谓词性成分的作用类似于数量词、指示词对名词性成分的作用,它们使抽象的东西变成具体的、现实的东西。因此,不带"了、过、在、呢"这样一些时体成分的谓词性成分,恰恰是谓词性成分的本来面目。

证据 2 的情况与证据 1 的情况类似,带情态状语只是谓词性成分的一种使用情况,因为情态成分是句子(或小句)的,不处于句子(或小句)谓语位置上的成分不带情态成分是很正常的现象,不能因此而断定丧失了谓词性。从根本上说谓词(动词和形容词)本身并不表示任何情态,情态是使用中产生的,不带情态成分倒是谓词的本来面目。

证据 3 本身与事实不符,我们仍能发现主宾语位置带数量宾语的例子:

(7) a. 去一次不够   b. 他建议去一趟

不过,定语后面的动词、形容词确实难以带上数量宾语,倒是可以把数量成分加在前面(杨成凯 1991):

(8) a. *这本书的出版多次   b. 这本书的多次出版

谓语位置上的谓词性成分同样可以在前面加数量成分:

(9) a. 他三天没吃饭   b. 他一次也没去
    c. 我多次告诉他……   d. 我三次去上海,都没有找到他

数量成分放在谓词前面还是后面?规则是什么?我们还不完全清楚,可能与语用因素有关,与焦点的安排有关。不过有一点可以肯定,从这些例子看,放在前面并不能证明丧失了谓词性。

这样看来,所谓主宾语位置、定语后面的动词、形容词的性质变化并不是真正的性质变化,而只是谓词的性质之一,不但不是丧失了谓词性,反倒是动词、形容词的本来面目——表示抽象的动作、状态、属性。

第四和第五种方式可以放在一起讨论。施关淦(1981)认为,由于"这本书的出版"结构整体是名词性的,如果把其中的"出版"仍看作动词性的,就违背了向心结构理论,因而应把其中的"出版"看作名词性成分。李宇明(1986)认为,所谓"名物化"是动词、形容词在主宾语位置上体现出来的"位置义",即语法位置带来的意义。项梦冰(1991)认为,名物化实际上是指称化,至于"这本书的出版"中心语与偏正结构整体的词性矛盾则根本不存在,因为这个结构整体仍是动词性的。

我们的观点与李宇明和项梦冰类似,即认为所谓"名物化"实际是指称化,但不认为是语法位置的性质,而认为是谓词性成分本身的性质,只是它是临时的性质。我们也不认为"这本书的出版"整体是动词性的,其性质的确是名词性的。那么中心语和结构整体的词性不一致的"矛盾"如何解释呢?在4.3中,我们谈到,表述功能分为内在(固有)层面和外在(临时)层面,相应于此,词性也有词汇层面和句法层面之分。"这本书的出版"中"出版"的指称化是外在层面的,从词性角度看,就是句法层面的名词化。因此,"出版"虽然词汇层面的词性仍是动词性的,但句法层面的词性是名词性的,"这本书的出版"整体的名词性与中心语"出版"的句法层面的词性是一致的,这样并不违背向心结构理论。而主宾语位置上的动词、形容词的"名物化"也是外在层面的指称化,即句法层面的名词化。其词汇层面的词性仍是动词性、形容词性的。

我们的观点可以总结如下:

"名物化"的实质有两种情况。

1、外在表述功能的指称化、句法层面的名词化。

(10) a. 去不合适　　b. 不去不合适
　　　c. 去广州不合适　d. 你去不合适
　　　e. 马上去不合适

(11) a. 社会的公正(是社会进步的基础)。
　　　b. 社会的不公正(在任何时代都存在)。
　　　c. 社会的绝对公正(是社会进步的基础)。

"去"、"公正"仍具有动词、形容词的一般特征,词汇层面的词性未变。

2、一些兼有动词性、形容词性和名词性的词在主宾语位置上体现名词性。做主宾语时不再具有动词、形容词的一般特征,而具有了名词的一般特征,比如:

(12) a. 进行调查　　　　　　b.*进行不调查
　　　c.*进行调查这个问题　　d.*进行他们调查
　　　e.*进行马上调查　　　　f. 进行仔细的调查
　　　g. 进行社会调查
(13) a. 保持稳定　　　　　　b.*保持很稳定
　　　c.*保持不稳定　　　　　d.*保持稳定得很
　　　e. 保持社会稳定　　　　f. 保持社会的稳定

"调查"、"稳定"在这里只体现名词性,因此可以说"调查"、"稳定"具有动词(形容词)和名词两种词类性质。可以看作内在表述功能发生变化,也就是说词汇层面的词类性质实际上已经变化,只是我们按优先同型策略没有处理为兼类。

第二卷 现代汉语词类系统

第 8 章 现代汉语词类系统

8.1 词类的共性和词类的层级

异类词有互相区别的个性,但并不是说异类词之间毫无共性(参看朱德熙 1985a)。从语法功能角度看,异类词的共性体现在两个方面:(一)不同词类具有相同的语法功能,比如动词和形容词都可做谓语,都可带补语,都能受状语修饰。(二)不同词类具有共同的更为抽象的语法功能,比如动词、形容词、名词、量词等词类之间功能差别很大,但都能做句法成分,从做句法成分这一更抽象的语法功能看,这些词具有共性,而与介词、连词、语气词、助词区分开。

由于不同词类之间有共性,因此可以把基本词类归并为大类。比如我们可以把动词、形容词、状态词归为谓词,把名词、时间词、处所词、方位词、量词归为体词。本书的现代汉语词类系统就是基于这样的想法,把基本词类再归并成不同层级的大类。把词类分成不同层级的类,就可以全面反映出词类间的关系和词类的系统性,我们也就能确定某一词类在整个体系中的地位,因而非常重要。可以说,划出基本类只完成了词类划分的一半任务,只有划分出不同层级的大类,才算完成了所有任务。正是由于词类的这种层级性,我们在划分词类时,可以根据词类本身的层级关系从大到小逐层划分。

但大类主要与更抽象的语法功能有关,而与有共同的一些分布没有直接关系。比如:我们把名词和动词归为大类核词并不是根据它们都可以做主语的功能,因为有些动词可以做主语(去、学习),有些不能

(是、等于),而是根据它们有更概括的共同功能:做主要成分。

同类词有共性,但并不是说同类的词语法功能完全相同。因此基本词类下还可以再分小类,比如动词根据能否带真宾语可分成及物动词和不及物动词。

8.2 语法功能的概括水平和词类的层级

作为共性的语法功能的概括水平的高低与类的大小是一致的。

前面说到,可以根据更为概括的语法功能划分词类的大类,因此在分层划分中,上层标准应对下层标准有包含关系,这样分出来的类才能保证反映词类的层级关系。我们的大类划分标准如下(见图8.2—1):

图 8.2—1 大类划分标准

大类的划分应遵循以下原则:

---

① 述谓成分指体现谓词性的成分,主要有"不~|没~|很~|~〈宾〉|~〈补〉|〈介词结构〉~|所~"等。

(一)上一层的划分标准应对下一层的划分标准有包含关系①(参看石安石1980)。我们在词类的四大类层级上所用的标准都有这样的包含关系,如:

与别的成分组合⊃〈句法成分〉⊃〈主要成分〉⊃述谓成分

(二)具有最小概括性的语法功能②不应拆开来作为不同大类的特征,以保证划出的大类内部各类词有足够多的共性。比如过去不少书划分实词和虚词,把"主、谓、宾、中心语、定语"作为实词标准,区别词只能做定语,归为实词,而副词只能做状语,被划归虚词,定语和状语都是修饰语,具有最小概括性③,被分开来作为实词和虚词的特征,使得虚词内部缺乏共性,这就违反了原则(二)。

(三)应按照语法功能的概括水平逐级选择标准,不能跳过某一概括水平的语法功能直接进入下一概括水平的划分。比如,我们在第二层划分时,如果用"〈主要成分〉"这一标准划分,也符合原则(一)、(二),但由于跳过了"句法成分"这一概括水平更高的标准,因而把饰词和虚词划归到了一类中,这样就破坏了词类的层级关系。

(四)同一层级上的划类标准,其反映的词类性质应相同(即应为等价功能)。如不能把"很～"和"〈定〉"作为同一层次的析取性(disjunctive)标准。

(五)这些大类的分类标准应是词的常规功能,排除了受到较大限制的非常规功能。名词也能做谓语,但名词做谓语受到很大限制,是非常规功能,因此不把名词归为谓词。区别词、数词、数量词可以做主宾

---

① 在其他分类中,如果分类标准是不同质的,可把不同质的标准放在不同层级上,这样分出的类也能反映层级关系。但词类划分的标准只是语法功能,只有上层标准比下层标准概括水平更高时,才能保证分出来的类反映层级关系。

② 具有最小概括性的语法功能指属于同一最小上位语法功能的一组语法功能,比如定语、状语都属于同一最小上位语法功能——做修饰语,是具有最小概括性的语法功能。

③ 介词、连词、语气词、助词都不能做句法成分,而副词可以,如果把副词归为虚词,那么虚词内部副词与其他类之间就缺乏共性。

语,但这几类词做主宾语时受到特殊限制,一般需要发生语义的转指,也不是常规的用法,不归为体词。有些副词也能做谓语(如"你赶快""我不"),但也受到很大限制,是非常规功能,不归为谓词。

8.3 如何选择划类标准

我们是以语法功能为划分词类的标准的,即从各等价功能束中选择一部分作为分类标准,那么应如何选择划类的标准?我们认为选择划类的标准应遵循以下原则:

(一)完备原则:划类标准应能把所有应归为一类的词归为一类,即具有划分的穷尽性;并能把所有不应归为一类的词归到不同类中,即具有划分的排他性。

语法功能和词类没有一一对应的关系,找不到某个词类的所有成员都具备的某一条语法功能,也几乎找不到只为一类词所具有的某一条语法功能。我们所说的语法特点实际上是具有合取关系或析取关系的一组语法功能。划类标准就是从这样一组语法功能中选择出来的。

之所以要把一些语法功能赋予合取关系,看作一项语法功能,是因为有些语法位置的选择限制较宽,能进入该语法位置的不止一类词。比如主语位置上,名词、动词、形容词等都可出现;"不~"或"很~"位置上,形容词和动词都可出现。假如我们以这样的语法功能为划类标准,那么划类标准就没有对外的排他性。但能进入某个语法位置的两类词可能在别的语法功能上有差别,比如虽然形容词和部分动词都能进入"很~"这个语法位置,但能进入这个位置的动词还能进入"很~〈宾〉"位置,而形容词不能,因此我们可以用"很~∧*(很~〈宾〉)"把形容词和动词区分开,形容词满足此标准,动词不满足。

由于找不到对内有普遍性的单项语法功能,因此需要把若干语法功能赋予析取关系同等看待,这样才能找到对内有普遍性的标准。之所以能把一些语法功能赋予析取关系,是因为这些语法功能间有较大的相容性,反映了相同的语法上的性质。比如,有部分形容词不能进入"很～"位置,还有部分形容词不能进入"很不～"位置,但由于两个位置有很大相容性,能进入"很～"的词大多可进入"很不～",我们可以断定这两个语法位置反映了词的语法上的相同性质,因此可以把这两个语法位置赋予析取关系同等看待。

考虑以上两方面情况,就可以这样选择形容词的标准:很[不]～∧*(很～〈宾〉)。

过去不少汉语语法著作以"很～∧*～〈真宾〉"作为形容词的划类标准,严格地看,这个标准也不满足完备原则。一方面,并非所有形容词都能受"很"修饰,比如"景气、耐烦、平衡"不能受"很"修饰;另一方面并非所有形容词都不能带宾语,比如"高他一头、熟了一个"是形容词带宾语。可见这个标准不具有完备性。

有些语法书以"数～"作为量词的标准,严格看也不满足完备原则。因为一些名词也可受数词修饰,如"三兄弟、十亿人民、这一地区"等,也就是说这个标准不具有排他性,如果改成"〈数〉～∧*(〈主〉|一个～)"就可避免这个问题。

(二)方便原则:尽可能选择一般人熟悉的、易于把握和控制的语法功能作为划类标准。

提出这一条原则是为了使划类操作方便、容易。一般说来,词与别的词或词组组合的能力比词做句法成分的能力更易把握和控制,所以我们在找划类标准时,在满足原则(一)的条件下,尽可能多地以词与别的词或词组组合的能力为划类标准。

(三)简单原则:尽量选择覆盖面大的语法功能为划类标准;有析取关系的两条标准间相重合的部分应尽可能小。

提出这一条原则是为了使标准简短而经济。

这三条原则地位不等。在本项研究中,我们更注重词类系统本身的完善,划类的方便和简单是次要的。因此,完备原则必须首先满足,而方便原则和简单原则则是在满足完备原则的前提下需要考虑的补充性原则。实际上,完备原则和简单原则往往是相互冲突的,要找到完备的标准,结果往往使得标准繁复;追求标准的简单化,又常破坏标准的完备性。由于我们强调完备性,因而所用划类标准比一般语法书要繁复一些。

8.4 汉语词类分层划分的标准

8.4.1 分层划分标准

我们按图 8.4－1(见下页)中的标准划分现代汉语的词类。

根据词类的层级性,我们从大到小逐层划分词类,图 8.4－1 是分层标准,可以从中抽取出单层标准。在 8.5 讨论各类词的具体情况时,我们将给出各类词的单层标准。

图 8.4－1 划分标准说明如下:

(一)对符号的说明

"～":语法位置;"｜":或;"∧":并且;"*":不能;"( )":层次;"[ ]":选择性成分;"〈 〉":作为分布环境的词类名称或句法成分名称;"【 】":大类名称;"〖 〗":说明性文字;"＋":满足此标准;"－":不满足此标准。

(二)对文字的说明

1、标准中的文字表示句法成分名称(如"〈主〉"、"〈补〉")、词类名称(如"〈数〉")、具体的词或词组(如"很"、"一")和陈述性文字(如"与别的

8.4 汉语词类分层划分的标准

图 8.4-1 现代汉语词类分层划分标准

成分组合"、"单用")。

2、句法成分名称一律用简称表示。如"主、谓、宾"分别表示"主语、谓语、宾语"。

3、基本词类名称用简称表示,如"名、数、量"分别表示"名词、数词、量词";大类名称一律用全称,如"谓词、体词、核词、饰词"。

(三)对语法功能的说明

1、句法成分指主谓、述宾、偏正、述补、联合、复谓这六种句法结构的各直接成分,包括主语、谓语、述语$_1$(带宾语)、述语$_2$(带补语)、宾语、补语、修饰语(包括定语和状语)、中心语(包括带定语的和带状语的中心语),还包括没有专门名称的联合结构、复谓结构的各直接成分。

2、主要成分指核心成分中除了修饰语以外的其他句法成分,包括:主语、谓语、述语$_1$、述语$_2$、真宾语、除介词结构补语外的其他补语以及复谓结构的各直接成分。修饰成分与主要成分相对,包括定语和状语。联合结构的各直接成分视整个联合结构做主要成分还是做修饰语分别归为主要成分和修饰成分。数量准宾语和介词结构补语也看作修饰成分。

3、各句法成分的范围与朱德熙《语法讲义》所述大致相同,只在下面两点上有所不同:

Ⅰ.介词结构在一个谓词性成分前面或后面出现时,《语法讲义》把整个结构归为连谓结构,我们这里把介词结构出现在谓词性成分前面的组合整体看作状中偏正结构,其中的介词结构是状语;把介词结构出现在谓词性成分后面的组合整体看作状语后置的状中偏正结构,其中的介词结构是状语。

Ⅱ.真宾语和准宾语的标准不同。本书的真宾语指典型的宾语,有两个特点:1、宾语语义上指称实在的对象;2、动词与其搭配是自由的。

非典型的宾语是准宾语,包括两种情况:1、宾语语义上不指称实在的对象;2、动词与其搭配是不自由的。

准宾语有以下三种类型:

(一)虚指宾语:宾语不指实在的对象,也不表示数量。包括四个小类:

A."什么"充任的宾语,整体意义表示否定,如:

(1) a. 好什么。　　　　　b. 看什么看。

B."他"充任的宾语,整体意义表示满不在乎、轻松的语气;

(2) a. 喝他三天三夜　　　b. 睡他几天再说

C."他说他的,我看我的"格式;

(3) a. 他说他的,我看我的　b. 你走你的

D. 四是脏话格式。例如:

(4) a. 好你个头　　　　　b. 懂个屁

(二)数量宾语:专门表示数量的宾语。数量宾语要与数量短语充任的真宾语区分开,如"买一个、看两本"是真宾语。准宾语中的数量宾语包括三个小类:

A.动量宾语,如:

(5) 看一下　　笑了两声　　踢一脚

B.时量宾语,如:

(6) 看一天　　踢一小时　　笑了半天

C.程度量宾语,如:

(7) 好一点儿　　大一些　　降了一厘米

(三)特殊宾语:一般情况下与动词不构成动宾搭配关系的名词性成分由于特殊原因出现在宾语位置上,一般不自由。主要有以下几个小类:

A. 工具宾语:吃大碗　写毛笔(语义解读:用毛笔写)

B. 原因宾语:哭周瑜　笑什么(语义解读:为什么笑)

C.目的宾语:排电影票　跑经费(语义解读:为经费跑)

D.方式宾语:吃食堂　踢前锋(语义解读:按照某方式踢)

E.比较宾语:大他一岁　高我一头(语义解读:比我高一头)

F.主体(施事)宾语:来客人　死了一头牛(语义解读:有一头牛死了)

G.后果宾语:摸了一身油　跑了一身汗(语义解读:跑出了一身汗)

H.受损宾语:按了他一喇叭　吃他一个苹果(语义解读:吃掉他一个苹果)

I.得到宾语:唱了个第一名　跑了个冠军(语义解读:跑而得到个冠军)

(四)对标准的说明

上述标准是按优先同型策略选择出来的,凡是用优先同型策略处理的地方,上述标准都已经解决了。但按同质策略处理的地方,上述标准不适用。在 8.5 中我们会专门说明按同质策略处理的地方,为了读者方便,这里不避重复先开列一个清单:

(a)"胜利、区别、连续、破例"等词有一般动词的特征,又可不带"地"直接做状语,处理为动词兼副词。

(b)"冷静、暖和、高兴、轻松"等词能受"很"修饰,不能带宾语,是形容词无疑,但又有 ABAB 式重叠式,这是动词的特征,我们处理为形容词兼动词。

(c)"小时、组、星期"等词可受数量词修饰,又可直接受数词修饰,处理为名词兼量词。

(d)"临时、长期、真正"等词可做定语和状语,不能做其他成分,处理为区别词兼副词。

(e)"许多、若干、很多"等词可直接修饰名词性成分,又可带量词,处理为数量词兼数词。

(f)"每、另外、另"等词可出现于"～〈数量〉＋〈名〉"中,是指示词,但又可做状语,处理为指示词兼副词。

(g)"大量"可以出现在"～(〈核词〉＋的＋〈中心语〉)"中做定语,并且不能进入"～数＋量＋名"做定语,是数量词;但还能做状语,并且不是表示时长的状语,而一般的数量词做状语限于表时长的数量词,如"片刻、很久",因此我们把做状语的"大量"处理为副词。

(h)"众多、个别"分别是状态词和形容词,但还可以出现在"X 的"前面做定语,此时处理为兼数量词。

8.4.2 大类划分标准和大类说明

词类是一个层级体系,我们把汉语的词类分成四个层级上的大类,共十九个常规基本类。下面我们先看看是如何划分大类的。

(一)组合词和叹词

在划分的第一步,我们根据是否有组合能力把词分成组合词和叹词两大类。各种语法功能概括到顶点,无非两种:与别的成分组合和单独成句(或做独立成分)。因此,根据"能否与别的成分组合"这样概括的语法功能划分出来的大类应该是概括水平最高的大类。过去分大类时,一般首先区分实词和虚词,不过又说叹词既不属于实词又不属于虚词,这与我们在第一层级上先把叹词分出来的做法实质是相同的。

说组合词有组合能力并不是说组合词不能单独成句,实际上大部分组合词都能单独成句。

(二)实词和虚词

组合词内部根据能否做句法成分划分成实词和虚词。实词能做句法成分,而虚词不能,因此,虚词只包括介词、连词、语气词和助词,而不包括可做状语的副词。

(三)核词和饰词

根据能否做主要成分把实词再分为核词和饰词。核词可以做主要成分,饰词不能做主要成分,只能做修饰语。但实际上不加限制地使用这条标准会把一些区别词、副词、数词、数量词划到核词中去,因为这些词也能做主要成分。如:

(1) 急性好治,慢性不好治。　　(2) 生男生女都一样。

以上是区别词做主语、宾语。

(3) 我不。　　(4) 我马上!

以上是副词做谓语①。

(5) 一切从头开始。　　(6) 来了不少。

以上是数量词做主语、宾语。

(7) 一加一等于二。　　(8) 十个十是一百。

以上是数词或数词词组做主语、宾语。

尽管这些区别词、数量词、数词、副词能做主要成分,但是我们仍然把它们归为饰词。理由有二:

Ⅰ.划分区别词、数词、数量词、副词的标准都是修饰语,而不是主要成分,这些标准对内有普遍性,应看作这些词类的特点,在划分大类时仍应以此为准,而把做主要成分看作例外。

Ⅱ.区别词、数词、数量词、副词做主要成分都是一种特殊情况:或是运算、换算表达(如例(7)、(8)),或是意义上有转指(例(1)、(2)、(5)、(6)),是句法层面的词性转化,或可明显看出省略了中心语(例(3)、(4))。

所以,划分核词和饰词的标准应加上限制:做主要成分时意义上转指或为运算、换算表达以及可明显看作省略了中心语,则不算满足能做主要成分这一标准。

部分数量词可以做准宾语,如"休息片刻"、"等候许久",但我们把

---

① 参看陆俭明(1982)。

准宾语看作修饰成分,所以数量词仍符合饰词的标准。

说核词能做主要成分,并不是说核词不能做修饰语,大部分核词都能做定语,这是汉语中区别词与核词分化度不高的表现(详见 7.3.3 和 10.1.3)。

(四)谓词和体词

根据是否充任述谓成分把核词分成谓词和体词,述谓成分是若干体现陈述功能的句法功能的总称,包括"不～|没～|很～|～〈宾〉|～〈补〉|〈补〉|所～|〈介宾〉～|(〈谓〉∧*(〈主〉|〈宾〉))"。

谓词的主要功能是做谓语。过去划分谓词和体词主要根据能否满足"不～|〈谓〉","不～"当然是适应面最大的语法功能,但仍有不少谓词不能受"不"修饰,因此不得不再加上别的功能作为补充,其中每一条功能都不能管住所有谓词,但放在一起赋予析取关系(这些功能是等价的)就能管住绝大部分谓词。根据能否做谓语划分谓词和体词会把不少体词也划到谓词中去,因为不少名词、时间词也可以做谓语,因此单独用这条标准不太可靠,需要加上"并且不能做主语、宾语"这个条件,才能把这些体词从谓词中排除出去。但这样又会把不少谓词也排除出去,所以我们只是把"〈谓〉∧*(〈主〉|〈宾〉)"作为若干析取性标准中的一条。这样就可以把"奇缺、不等、参半、闪闪、旖旎"这些只能做谓语的词也划到谓词中去。

体词的主要语法功能是做主语、宾语、受定语修饰,但这些功能并不是体词的专利,大多数谓词也有这些功能。

8.5 谓词

谓词是陈述性词类,主要功能是做述谓成分(谓语、补语、述语)。谓词包括动词、形容词、状态词。

8.5.1 动词

动词是谓词中最重要的词类。从意义上看,动词表示行为动作。动词的基本功能是做谓语、述语、补语,是一种陈述性词类。

动词例子如:

打、吃、看、坐、病、死、是、有、来、进、能、会

休息、散步、学习、喜欢、打扫、进来、回去、可以、可能

8.5.1.1 动词划分标准

动词划分标准可有简繁两种。先看简单的划分标准。

不～∧(*很～|(很～〈宾〉)),或:(不|没)～∧(*很～|(很～〈宾〉))。但要注意,能受"不"修饰的动词只有86%(8806词),能受"没"修饰的动词只有89%(9124词),能受"不"或"没"修饰的动词只有93%(9552词),仍有7%(747词)的例外。当然可以再补充一条"～宾":((不|没)～|～〈宾〉)∧(*很～|(很～〈宾〉))。能带宾语(包括真宾语和准宾语)的有76%(7856词),加上这条标准,则可以管住97%(9969)。

上面的标准没有使用"谓语"这一条适用面很广的标准,是因为一些名词可以做谓语。为了涵盖尽量多的动词,需要用到做谓语、补语这些功能。

有一些词不能受"不""没"修饰,也不能带宾语,无法用上面的简单标准归入动词,但可以做谓语,如"洞开、交加、参半、参天";还有一些词可以做补语,如"停当",或可以带"着/过",如"恅",或可带虚词"所",如"必需",这些词表示动作意义,应归入动词。

下面的复杂标准就是为了解决简单标准不能涵盖的这些动词:

(不～|没～|～〈宾〉|～〈补〉|所～|〈黏合式补语〉|(～着|过)|(((〈谓〉|〈状〉)～)∧*〈主〉))∧(*很[不]～|(很～〈宾〉))

上述标准的意思是：能受"不"否定、或者能受"没"否定、能带宾语、能带补语、能前加"所"（我所认识的）、能做黏合式补语（学会、送来）、能带"着/过"、能做谓语、能受状语修饰，但不能做主语，并且不能受"很[不]"修饰或虽能受"很[不]"修饰但还可以进入"很~〈宾〉"格式（很喜欢他）。

标准的前半部用了很多析取性标准，是因为找不到一条语法功能是所有动词都具备的，只好选用具有等价性的析取性标准，以解决标准的对内普遍性问题。但其中有些语法功能形容词也具备，如"不~"、"没~"、"~〈补〉"、"〈黏合式补语〉"等，因此需再用"*很[不]~｜（很~〈宾〉）"把形容词排除。

这是严格的词类标准，可以管住99%以上的动词。

动词是谓词中最重要的一类，但其内部成员间语法功能的分歧大概也是最大的。

在43330词中，动词总数为10300，占24%。

8.5.1.2 动词和名词的兼类和区分问题

在前面我们谈到，兼类词有同型兼类词和异型兼类词之分，即有词义相同的兼类词和词义不同的兼类词的分别。异型兼类词由于词义不同，处理成兼类没有问题。下面我们只讨论同型兼类词。

在所有关于兼类的讨论中，动词和名词的兼类问题是争论最多的，争论的焦点集中在做主宾语、受定语修饰的"动词"是否是名词上。"动词"做主宾语有两种情况，一种是在主宾语位置上仍保留动词的性质，具有动词的一般特征，如受"不"修饰、带宾语、带主语、受状语修饰，例如：

(1) a. 去不合适　　　　　b. 不去不合适
　　c. 去广州不合适　　　d. 你去不合适
　　e. 马上去不合适

另一种情况是,做主宾语时不再具有动词的一般特征,而具有了名词的一般特征,比如:

(2) a. 进行调查　　　　　　　　b.* 进行不调查
　　 c.* 进行调查这个问题　　　　d.* 进行他们调查
　　 e.* 进行马上调查　　　　　　f. 进行仔细的调查
　　 g. 进行社会调查

"调查"在这里只体现名词性,因此可以说"调查"具有动词和名词两种词类性质。

"动词"受定语修饰时也有两种情况。一种情况是,受定语修饰时仍保留动词的一般性质,此时定语一般是带"的",如:

(3) a. 这本书的出版　　　　　　b. 这本书的及时出版
　　 c. 这本书的不出版

另一种情况是受定语修饰时不具有动词性质,如:

(4) a. 社会调查　　　　　　　　b.* 社会不调查
　　 c.* 社会调查这个问题　　　　d.* 社会他们调查
　　 e.* 社会及时调查
(5) a. 仔细的调查　　　　　　　b.* 仔细的及时调查
　　 c.* 仔细的不调查

这种情况与上面说到的动词做主宾语的第二种情况是相通的,即此时"调查"只体现名词性。

"动词"做主宾语、受定语修饰时,如果还保留动词的一般特征,当然仍应看作动词,不应看作兼类词,如例(1)中的"去"、例(3)中的"出版"都应看作动词。这种情况看作句法层面的词性转化(参看 4.3.5 和 4.7)。而对"调查"一类既有动词性又有名词性的词,则可以有不同的处理策略。按照我们在第 7 章中提出的原则,选择同质策略还是优先同型策略要在词类的简单性、句法规则的简单性和心理接受性三方面作通盘考虑,选择总代价最小的策略。而某种策略的总代价大小主要决定于具有多种词类性质的词的数量大小,如果数量大,则应采取优先同型策略;如果数量小,则应采取同质策略。因此是选择同质策略把"调查"一类词处理成动词兼名词,还是选择优先同型策略处理成动词,主要看"调查"一类兼有动词性和名词性的词的数量。

要考察"调查"一类词的数量,首先要找出确定兼有动词性和名词性的词的标准。确定一个"动词"是否有名词性,主要看三个位置:a.宾语,b.受定语修饰,c.主语。但在这三个位置上出现的词不一定都是名词性的,因此要加以限制。宾语位置上我们是看能否做准谓宾动词的宾语,能做准谓宾动词的宾语的有名词性,准谓宾动词包括"有、进行、加以、予以、作、受"等。受定语修饰我们是看能否受名词或区别词、形容词、动词直接修饰(不带"的"),满足此条件的词有名词性。主语位置则找不到限制的条件,因此很难用做主语来确定一个"动词"有无名词性。这样我们找出确定名词性的两条析取性标准:

(一)做准谓宾动词的宾语,如:

　　(6) a. 有研究　　　b. 予以解决　　　c. 作贡献

(二)能受作为定语的名词、区别词、形容词、其他动词的直接修饰,如:

　　(7) a. 技术改造　　b. 语言研究　　　c. 财务管理

以上是直接受名词修饰。

　　(8) a. 日常管理　　b. 临床研究　　　c. (进行)定量分析

以上是直接受区别词修饰。

　　(9) a. (实行)民主管理　　b. (进行)认真研究　　c. (进行)全面调查

以上是直接受形容词修饰。

　　(10) a. 生产管理　　b. 发酵研究

以上是直接受动词修饰。

我们用上述标准考察兼有动词性和名词性的词,发现数量相当大,在10300个动词中有2381词,占23%,在3925个词频最高的动词中有1220个,占31%。所以我们按照优先同型策略把这种词处理为动词,而不处理为动词兼名词。朱德熙先生把这种既有动词性又有名词性的词叫"名动词"。但有极个别的兼有动词性和名词性的词,其名词性用法远比动词性用法多,我们把这种词处理成名词兼动词,如"比赛、行动"等。

在生成语法这样的形式语法体系中,"研究、调查、学习"这样的名动词宜于采取同质策略处理为动词和名词的兼类词,这样才能准确地描写从词到句法结构的投射,并与句法层面的词性转化相区别。比较:

(11) a. 进行全面的<u>调查</u>(调查:名词)

b. 这本书的出版(出版:动词,在句法层面转化为指称性成分)

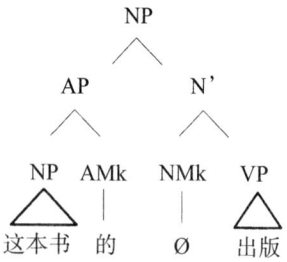

真正的动词兼名词是动词用法和名词用法词义有异的词,共476个,占动词总数的4.6%。

8.5.1.3 动词和副词的区分和兼类问题

有些词有动词的一般用法,还可以不带"地"直接做状语,如"胜利、区别、持续、优先、讽刺、附带、抢先、着重、尽力、轮流",由于数量极少（占动词总数的 1.3%），我们按同质策略处理为动词兼副词，做状语时看作副词。

动词兼副词共 171 词，占动词总数的 1.7%。

有些词本来是动词性成分，但不能单用，只能用在另一个动词性成分前面做状语，如"按期、分批、借故、凭空、伺机、无故、迎面、埋头"，我们把这种词都看作副词。

还有一些动词可以带"地"后做状语，如"担心、怀疑、巴结"等。根据 4.7.5 的讨论，"地"的作用是把一个谓词或体词性成分转化为一个副词性成分，状语位置上的"V 地"整体是副词性的，但其中的"V"仍是动词性的。

8.5.1.4　下面是动词的常见语法功能及其他一些特征：

1、99.8%的动词可以单独做谓语。但由此形成的主谓结构一般需加状语、宾语、"了、着、过"、语气词等成分后才能单独成句，单个动词做谓语的主谓结构或者处于被包含状态（如用于"～的"中、做宾语、做主语等），或者表示祈使、对比及用于答话。

2、大多数动词可以受否定副词"不"（86%）和"没（有）"（89%）的修饰。

3、76%的动词可以带宾语（包括真宾语和准宾语），但能带真宾语的动词大约只有动词总数的 59%。根据能否带真宾语，把动词分成及物动词和不及物动词。

4、2.2%的动词可以单独受"很"修饰，并且可以进入"很～〈真宾〉"环境。如"很喜欢——很喜欢他"、"很重视——很重视这个问题"、"很可能——很可能下雨"。形容词也能受"很"修饰，但不能同时带真宾语，可以据此把动词和形容词区分开。

5、大多数动词可以带补语。其中47%的动词能带黏合式补语。

6、46%的动词可以做组合式补语,但只有3.1%的动词可以做黏合式补语。能做黏合式补语的主要是趋向动词,此外还有"到、完、死、伤、哭、跑、走、醒、瘸、垮、断、翻、着(zháo)、反、倒(dǎo)、懂、会、住、掉"等,其中"着、住"只能做补语。

7、99.3%的动词可受状语修饰。

8、大部分动词可带"了、着、过"(85%)。

9、46%的动词可单独做主宾语,如果扩大到带其他成分(宾语、状语、主语等)后做主宾语,那么比例会增大。在主宾语位置上,有的实际上体现名词性,是名动词,有的仍是纯粹的动词。

10、51%的动词可以受定语修饰,不过性质也有不同,有的实际上体现名词性(6.1%),是名动词,有的仍是纯粹的动词。

11、31%的动词可以直接做定语。名动词和能直接做定语的词不完全重合,比如"到达、成立"能直接做定语,但不具有名词的一般特征;"保持、尝试、制止、威胁"是名动词,但不能直接做定语。能直接做定语的动词中名动词占45%,名动词中能直接做定语的占60%。

12、12%的动词可以重叠。单音节动词重叠形式是"AA",如"看看、试试",双音节动词重叠形式是"ABAB",如"研究研究、商量商量"。

13、一部分动词可以扩展开,这类动词叫"离合词",占动词总数的20%。动词中的离合词有两种,一种是动宾式,如"结婚、睡觉、游泳",中间可插入"了、着、过"、补语、数量词、其他定语等,有时还可以把后面的成分挪到其他位置上,如"觉也睡不着"。这类词占离合动词总数的85%。另一种是动补式,如"看见、完成、离开、上来",中间可插入"得、不"。这类词占离合动词总数的15%。

8.5.1.5　动词所带的真宾语有体词性和谓词性之分。根据动词能带体词性宾语还是谓词性宾语,可把及物动词分为体宾动词和谓宾动词。体宾动词占及物动词的 96%,如"洗、采取、买";谓宾动词占及物动词的 26%,如"认为、觉得、企图"。相当一部分及物动词(及物动词中的 14%,谓宾动词中的 78%)既可带体词性宾语又可带谓词性宾语,我们把它看作体宾动词兼谓宾动词,如"喜欢、同意、看、知道"。此外,"进行、加以、予以、作、有"一类谓宾动词所带的动词宾语实际上都是名动词,因此严格说不应该把"进行"一类动词归为谓宾动词,但由于我们把名动词归为动词,所以仍把这类宾语叫谓词性宾语。为了与能带一般谓词性宾语的动词区分开,我们把"进行、加以、予以、作"一类动词叫准谓宾动词,把能带一般谓词性宾语的动词叫真谓宾动词。准谓宾动词占及物动词的 4.2%,主要有"有、进行、加以、予以、作、受、遭受、受到、保持、获得、发生、出现、接受"等。

8.5.1.6　一般的语法书都把助动词(能愿动词)作为动词的一个小类,但我们难以找到划分助动词的语法功能标准。在汉语中,助动词与其说是语法上的类,不如说是语义或逻辑上的类,换句话说,建立助动词这个小类有助于理解和分析句子的意义和逻辑结构:把句子的意义分析为经验意义(或基础意义)和情态意义,而助动词正是表示情态意义的成分之一。

由于汉语助动词的这个特点,纯粹根据语法功能划分出助动词的各种努力都不成功。问题主要是助动词与一般动词、副词和形容词难以区分。要确定一个词是助动词,首先应确定这个词满足动词的标准,即排除副词和形容词的可能,然后再与一般动词区别开,标准是:可以带真谓词性宾语,表示情态意义。比如"一定"可以受"不"修饰,可见不是副词,而且不能受"很"的修饰,也不是形容词,而是一个动词;又由于可以带真谓词性宾语,表示情态意义,所以"一定"是助动词。又如在"容易生锈"、"容易感冒"一类用法中的"容易",可以受"不"修饰,不是副词;而且可进入"很~〈宾〉"格式("很容易生锈"),可见不是形容词;又由于可带真谓词性宾语,表示情态意义,可归为助动词。而"必须、大概、准"虽然也表示情态意义,但不满足动词的标准,因此不能看作助动词。

8.5.2 形容词

形容词也是谓词中的主要词类。从意义上看,形容词表示程度性属性。形容词的基本功能是做谓语和补语,也是一种陈述性词类。

形容词例子如下:

　　大、小、新、高、深、轻、饿、痛
　　干净、优秀、高兴、认真、荣幸、缓慢

8.5.2.1 划分形容词的标准

很[不]～∧*(很[不]～〈宾〉)

标准中的"很"代表绝对程度副词,包括"很、挺、顶、满、怪、十分、非常、格外、极、极其、分外、无比、甚、特别、颇、颇为、极为、较、较为、太、真"等。但不是所有形容词都能受这些程度副词的修饰,比如"耐烦、相同、景气",不过这些词的否定式都能受"很"类程度副词的修饰,如"很不耐烦、很不相同、很不景气",在这一点上与一般的典型形容词相同,因此我们加上"[不]"作为补充。

一部分动词也满足"很[不]～"这一点,如"喜欢、重视、照顾",过去为了把形容词与这一部分动词区分开,加上合取性标准"*～〈宾〉"这一标准,但实际上一部分形容词也能带宾语,如"高他一头、大我一岁、熟了一个",用这条标准会把部分形容词也排除。不过能带宾语的形容词不能在带宾语的同时再受"很"的修饰,所以加上合取性标准"*(很

[不]~〈宾〉)"把形容词与能受"很"修饰的动词区分开。

在 43330 词中,形容词有 2355 词,占 5.4%。

8.5.2.2　形容词和动词的区分和兼类问题

形容词和动词的纠缠有不同情况,下面分别说明。

(一)"端正、丰富、充实、弯、紧、饿、歪、乱、热"

这些词可以受"很"修饰,也可以带真宾语(端正态度、充实生活、弯胳膊、紧一下弦、饿他一顿、一歪头帽子掉了、乱了自己),不能用于"很[不]~〈宾〉"格式,但正如我们在 2.2 中所说,这些词带真宾语时体现的"使动"意义应看作词本身的意义。由于词义不同,受"很"修饰和带真宾语时应看作不同概括词,处理为形容词和动词的兼类词。

(二)"可怜、奇怪"

这些词可以受"很"修饰,可以带真宾语,并能进入"很[不]~〈宾〉"格式。但带真宾语时有"意动"意义,这种意义也应看作词本身的,因此应处理为形容词和动词的兼类词。

(三)"孝顺、节约、浪费、迷信、像"

这些词可以受"很"修饰,可以带真宾语,可以进入"很[不]~〈宾〉"格式。这些词带真宾语时没有"使动、意动"意义,但词义与受"很"修饰时仍不同。比如"节约"在"节约粮食"中是"少耗费或不耗费"的意思,但在"他很节约"中是"节俭"的意思。这些词都应处理为形容词和动词的兼类词。

(四)"革命、凝固、吃亏、下饭、响、亮"

这些词可以受"很"修饰,不能带真宾语。但实际上受"很"修饰与其他用法间有不同的意义,比较:

(1) ① a. 人民要革命　　　　　b. 他很革命

---

① 本章举例较多,序号以小节为单位编排。

(2) a. 蛋白质遇热会凝固　　　　b. 结构很凝固
(3) a. 这样会吃亏　　　　　　b. 这样很吃亏
(4) a. 用辣椒下饭　　　　　　b. 辣椒很下饭
(5) a. 电铃还在响　　　　　　b. 电铃很响
(6) a. 电灯一直亮着　　　　　b. 电灯很亮

b 组例子中这些词是受"很"修饰，与 a 组例子中的意义不同，应看作不同概括词，处理为动词和形容词的兼类词。比如(2)a 中的"凝固"相当于"凝结"，指一种现象，而 b 中的"凝固"相当于"稳固、固定"，表示一种性质。

（五）"负责、挑剔、小心、忙"

这些词可以受"很"修饰，可以带真宾语，不能进入"很[不]～〈宾〉"格式。但带真宾语时与受"很"修饰时词义不同，比较：

(7) a. 他负责施工　　　　　　b. 他很负责
(8) a. 他总挑剔别人的毛病　　b. 他很挑剔
(9) a. 小心敌人破坏　　　　　b. 他很小心
(10) a. 他在忙论文　　　　　　b. 他很忙

这些词在 a、b 两组例子中词义不同，应处理为动词和形容词的兼类词。

（六）"暖和、轻松、热闹、凉快"

这些词可以受"很"修饰，不能带真宾语，但有"ABAB"式重叠，且重叠后不能带"的$_2$"，与"雪白、笔直、漆黑"等状态词重叠后可带"的$_2$"不同，而与一般双音节动词重叠相同。我们把这些词处理为形容词和动词的兼类词。

（七）"红、白、硬"

这些词可受"很"修饰，另外还有"红了脸"、"红了眼"、"白了他一眼"、"硬着头皮"的用法，但这些用法都有特殊的意思。"红脸"有两个意思，一是指发怒、生气，如"我们跟他没红过脸"，二是指因害羞而脸红，如"他红着脸说"，因其他原因而脸红不能叫"红脸"；"红眼"指发怒；"白眼"指因不高兴而现出白眼珠看人，"硬着头皮"指勉强做某事。"红"、"白"和"硬"也都不能带其他真宾语。因此实际上"红脸、红眼、白眼"都是离合词,"硬着头皮"是不连续词,其中的"红"、"白"和"硬"只是语素,都不应看作动词。

(八)"肥了个人,瘦了国家"、"苍白了你的头发"一类表达中"肥、瘦、苍白"带宾语,但应承认这是一种词类活用,应看作是修辞现象。

(九)"热心、忠诚、有利"可以带宾语,如"人心公益事业、忠诚教育事业、有利人民健康",这类例子可看作省略了介词"于",因此,这些词仍应归为形容词。

形容词兼动词共 171 词,占形容词的 7%。

8.5.2.3 形容词和名词的兼类问题

有些词满足形容词的标准,并能做"有"和其他准谓宾动词的宾语或受名词直接修饰,如"平衡、安静、苦恼、痛苦、努力、特殊、疲劳、曲折、遗憾、幸福"等,应认为兼有名词的性质。这类词在形容词中数量不大,在形容词中只占 5%。按我们在第 7 章中提出的原则,应处理为形容词和名词的兼类词,但由于我们把兼有动词性和名词性的词处理为动词,而形容词和动词同属谓词,两类情况相近,所以我们仍按优先同型策略处理为形容词。

另外,"困难、危险、麻烦、矛盾、耐心、热情、秘密、典型"在"有不少困难、生命危险、有麻烦、主要矛盾、有耐心、热情高、保守秘密、树立典型"等用法中与受"很"修饰、做谓语时词义有不同,属不同概括词,应看作形容词和名词的兼类词。

形容词兼名词共 67 词,占形容词的 2.8%。

8.5.2.4 形容词和副词的区分和兼类问题

"认真、完全、仔细、全面、疯狂、简要、刻苦、和睦、充分、光荣、残酷、安全、坚决"等词满足形容词的标准并能直接做状语,这种词占形容词的12%,在最常用的468个形容词中占37%,比例相当高,我们按优先同型策略处理为形容词,而不处理成形容词兼副词。

但有些词做状语时词义已不同,比较:

(11) a. 样子很特别　　　　　b. 特别干净
(12) a. 说得很干脆　　　　　b. 干脆不去了
(13) a. 这人很实在　　　　　b. 实在不行
(14) a. 消息很确实　　　　　b. 确实来了
(15) a. 说的很绝对　　　　　b. 绝对没问题

此时,应归为不同概括词,处理为形容词和副词的兼类词。

形容词兼副词共38个,占形容词的1.6%。

8.5.2.5　形容词和区别词的区分

过去不少语法书认为做定语、谓语是形容词的主要功能,因而把"干净、认真、漂亮"等能受"很"修饰、不能进入"很~〈宾〉"的词和"急性、公共、日常"等只能做定语的词都归为形容词。我们发现,就这两种词而言,能否受"很"修饰反映了语法性质上的很大区别,如果能受"很"修饰,还有其他一系列功能,如一般也能做谓语、带补语、受"不"修饰、受其他状语修饰,不少还能做补语、有AABB式重叠。换句话说,"很~"和这些功能间有很高的相容性,根据我们的统计,"很~"和这些功能中的部分功能的单项相容度分别是:

很~/〈谓语〉:99.3%　　　　很~/不~:98.3%
很~/~〈补语〉:83.4%　　　很~/〈补语〉:88.4%

而如果不能受"很"修饰,除了个别词能受"最"修饰外(最基本、最亲爱、最根本、最主要),其他功能都不具有。这表明"很~"代表了形容词的语法性质,反映了形容词和区别词的对立。其根本原因,是程度性属性和非程度性属性在汉语中是谓词性属性词和饰词性属性词的分化依据,程度性的属性词编码为谓词,非程度性的属性词编码为饰词(详见

10.2.3)。因此我们把其中能受"很"修饰的词归为形容词,而把其中不能受"很"修饰的词归为区别词。

受"很"修饰相对于直接做定语的相容度是 3.0%,直接做定语相对于受"很"修饰的相容度是 2.9%,明显低于"很～"相对于做谓语、补语、带补语、受"不"修饰的相容度。在 9.1 中(表 9.1.2.1-1)我们将谈到,在常用形容词中,能直接做定语的占 61%,而在不常用形容词中只占 9%,变化很大。因此做定语并不是形容词的本职功能,而是跨类功能,即兼有区别词的性质,只是我们按优先同型策略处理成了形容词。

8.5.2.6 下面是形容词的常见功能和其他特点:

1、99.47%的形容词可以做谓语。

2、98%的形容词可以受以"很"为代表的绝对程度副词的修饰。

3、94%的形容词可以受"不"的否定,但能受"没(有)"的否定的要少得多。

4、97%的形容词能受其他状语的修饰。

5、83%的形容词可以带补语。

6、69%的形容词可以做补语。可以做组合式补语的占形容词的67%,可以做黏合式补语的占形容词的 8%。

7、只有 10 个形容词可以带实指宾语,但后面要带上表数量的准宾语,一般表示比较和出现,如"高他一头、大他两岁、熟了一个"。这些实指宾语由于限制较大,是一种非常规搭配,我们归为准宾语。

8、72%的形容词可以带助词"了"或"着、过",但其中能带"着"的极少。

9、93%的形容词可以做主语、宾语。与动词做主语、宾语的情况类似,形容词做主宾语也有两种情况,其一是主宾语位置上的形容词仍保留形容词的性质,如:

(16) a. 认真不好　　　b. 不认真不好
　　 c. 太认真不好　　d. 办事认真不好

其二是形容词做主宾语时体现名词性质,如:

(17) a. 追求幸福　　b.*追求很幸福　　c. 追求自己的幸福
(18) a. 保持平衡　　b.*保持很平衡　　c. 保持身体的平衡

我们把第二种做主宾语的形容词仍叫形容词,不处理为兼类词,叫"名形词"。

10、32%的形容词可以受定语的修饰,也有两种情况,其一是受定语修饰的形容词保留形容词性质,此时定语带"的",如:

(19) a. 形势的稳定有利于经济发展
　　 b. 形势的不稳定不利于经济发展
　　 c. 形势的迅速稳定有利于经济发展

其二是只体现名词性质(0.43%),如"经济困难、生命危险"。

第二种情况中的形容词都是名形词。

11、很多形容词都可以做定语,但其数量远不如过去想像的那么高,只占形容词总数的29%。过去人们一提起形容词,首先想到的似乎就是做定语。汉语形容词是谓词[①],直接做定语是兼有区别词的性质,只是我们按优先同型策略没有处理为兼类(参看第7章、8.5.2.5、郭锐2001、第10章)。

形容词在述谓成分位置上是谓词性的,在定语位置上是区别词性的。在生成语法的结构分析中,宜处理为谓词和区别词两类词。如:

[①] 英语等语言中形容词是一种饰词,主要功能是做定语,汉语中的形容词在语法性质上与此差别很大,倒是汉语的区别词与英语的形容词功能相似,主要做定语,也是饰词。严格说来,不应把汉语中的形容词叫"形容词",而应把汉语中的区别词叫"形容词"。我们这里仍沿用"形容词"这一名称主要出于两方面考虑:1、汉语中的形容词和英语等语言中的形容词在词义上有普遍的对应关系,特别是常用词,比如汉语"红"对应"red","漂亮"对应"beautiful、pretty"等;2、从黎锦熙《新著国语文法》以来,汉语语法学界普遍使用"形容词"这一名称,为照顾传统,宜保留大家普遍接受的名称。

(20) a. 衣服很干净。(谓词)　　　　b. 干净衣服

12、12％的形容词可以直接做状语。有一些形容词虽不能直接做状语,但加上"地"后可以做状语(形容词的40％)。由于做状语的形容词比例不算很高,所以把能做状语的"形容词"处理为形容词和副词的兼类也是可行的。

13、2.73％的形容词是离合词。形容词的离合词只有动宾式一种,如"吃惊——吃了一惊"、"称心——称他的心"。

14、15％的形容词有相应的重叠形式,单音节形容词的重叠形式是AA,如"红红、胖胖";双音节形容词的重叠形式是AABB,如"干干净净、大大方方、端端正正"。单音节形容词重叠形式通常要加"的"才能用,双音节重叠形式可加"的",也可不加"的"。无论单音节重叠形式还是双音节重叠形式,都应看作一种构词形式,因此跟原式不具有同一性。形容词的重叠形式与形容词的语法功能不同。单音节形容词的重叠式有两种,一种是副词,如"慢慢、好好、大大",另一种不是词,如"胖胖、瘦瘦、绿绿"。单音节形容词重叠式加上"的$_2$"后是状态词,双音节形容词重叠式是状态词。关于状态词,详见8.5.3。

0.1％的双音节形容词有ABAB重叠形式,如"暖和暖和、轻松轻松、热闹热闹、高兴高兴",这种重叠形式与双音节动词的重叠形式相

同。实际上这种用法的词与原式形容词的意义已有不同,应看作另一个概括词,归为动词。"暖和、轻松、热闹"应处理为形容词兼动词。

8.5.3 状态词

从意义上看,状态词表示状态的描写。基本功能是做谓语和补语,是一种陈述性的词类。

8.5.3.1 状态词的标准是:

(〈组合式补语〉|(〈谓〉∧*(〈主〉|〈宾〉)))∧*(〈动词|形容词〉)

状态词也许可看作谓词中的剩余类,归不进动词、形容词的谓词都归进了状态词。

能做补语的都是谓词;能做谓语的除谓词外,还有部分体词。但体词还能做主宾语,因此满足"〈组合式补语〉|(〈谓〉∧*(〈主〉|〈宾〉))"的一定都是谓词,排除动词、形容词,剩下的就是状态词。也可以写出具体的标准:

(〈组合式补语〉|(〈谓〉∧*(〈主〉|〈宾〉)))∧*(不~|很~|~〈宾〉|~〈补〉|〈黏合式补语〉|所~)

从意义上看,状态词一般都带有程度的意味,这一点与形容词不同。在 43330 词中,状态词有 395 词,占 0.9%。

8.5.3.2 状态词的功能如下:

1、50%的状态词可以做组合式补语。状态词不能做黏合式补语,这是与动词、形容词较明显的一点区别。

2、86%的状态词可以做谓语。

3、15%的状态词可以做状语。

4、4%的状态词可以直接做定语。

8.5.3.3 状态词既然是剩余类,其内部分歧也很大,可以分成以下小类:

A. 甲、胖胖的、红红的、甜甜的、干干净净、大大方方、端端正正(完全重叠:AA,AABB)

马里马虎、流里流气、稀里糊涂(不完全重叠:A里AB)

黑咕隆咚、黄不拉唧、黑不溜秋(A+三音节后附成分:A+BCD)

甜丝丝、皱巴巴、绿油油、顶呱呱(A+叠音后附成分:A+BB)

乙、丁丁当当、嘀嘀咕咕、吱吱呀呀(完全重叠:AABB)

叽里咕噜、稀里哗啦、丁零当啷(不完全重叠:ABCD)

扑通扑通、丁当丁当、哗啦哗啦(完全重叠:ABAB)

这类状态词可以加或已带"的₂"。又分两小类,甲类主要是由形容词的重叠式及形容词的变化形式(如"马里马虎、稀里糊涂")构成,另外还有一些原式为其他词类或找不到原式的,如"疙疙瘩瘩、磨磨蹭蹭、比比划划、哩哩啦啦、堂堂正正"等。甲类主要做谓语、补语,常做状语和定语。

乙类从意义上看都是描摹声音的,过去一般归为拟声词。但这类词语法功能与一般拟声词不同,如"咚、哗啦、当当"只能做修饰语或独立成分,而乙类可以做谓语、补语,还可带"的₂",符合状态词的标准。而且,从构词形式上看,乙类和甲类也有共同之处。因此,我们把乙类也归为状态词。

状态词与拟声成分有密切联系。甲类中"A+BCD"中的三音节后附成分实际上是拟声成分,而三音节拟声成分又是由双音节拟声成分扩展而来,如"一咕隆咚←咕咚"、"一不拉唧←吧唧"。"A+BB"中的后附成分有些也是拟声成分,如"凉飕飕、笑哈哈、顶呱呱、胖乎乎"。拟声成分之所以可以出现在状态词中,是因为拟声成分通过**通感**,使人由听觉形象来体验相关联的视觉、嗅觉、味觉、触觉、体感等其他形象,从而达到帮助描写状态的作用。如"咕隆咚"的声音与"黑"配合,造成宛如黑暗的深洞中有石子掉落便会发出"咕咚"的声音的感觉,从而达到对视觉形象"黑"的状态描写。又如"飕飕"是描摹风声的拟声成分,可以使人通过风声体验到"凉"的感觉。在日语、朝鲜语、蒙古语等语言中,甚至可以单独利用拟声成分来描摹状态。如日语拟态词:

(1) 喉がからからだ。
　　　Nodo-ga karakara-da.
　　　喉咙-主格 karakara-是
　　　"喉咙干得冒烟"
(2) 財布がからからだ。
　　　Saihu-ga karakara-da.
　　　钱包-主格 karakara-是
　　　"钱包空空的"

日语中"からから(karakara)"本是表示枯木摩擦发出的声音的拟声词,可通过枯木摩擦发出的声音来表现喉咙干的状态和容器内空空如也的状态。

　　B. 雪白、通红、稀烂、笔直、飞快、精光、崭新、冰凉、死沉、烂熟

这类状态词都是双音节的,主要做组合式补语,有的也可以做谓语,通常不能直接做定语、状语,做定语、状语一般要加"的$_3$/地(的$_1$)",一般不能加"的$_2$";大多有 ABAB 式重叠,重叠后可加"的$_2$",如"雪白雪白的、笔直笔直的、死沉死沉的"。从构词上看,这类状态词也很有特色,都是"X+单音节形容词语素","X"都是比况性成分。

　　C. 巨大、繁多、大好、严寒、酷热、众多、广大

这类状态词常做谓语,做谓语时通常用于四字格,如"数额巨大、品

种繁多"。一般也可直接做定语,不能做补语。从构词上看也是"X＋单音节形容词语素",不过其中的"X"不是比况性的,而是表示程度。这类状态词不能加"的$_2$",也没有重叠形式。

D. 灰白、瘦长、细长、矮胖、优良、花白、干瘦、干冷

这类状态词常做谓语,一般也可直接做定语。由于不能受"不"和"很"修饰,我们归为状态词。从构词上看,一般是两个形容词词根的平列,整个词的意义是两个形容词词根的意义相加。这类状态词也不能加"的$_2$"。大多有 ABAB 式重叠,重叠后可加"的$_2$",如"灰白灰白的、矮胖矮胖的、干瘦干瘦的"。

E. 闪闪、皑皑、悠悠、滔滔、潺潺

　　旖旎、滂沱、婆娑、逶迤、绰约

这类状态词是文言状态词的遗留。有叠言式和 AB 式两种。常做谓语,也可直接做定语,个别的也能做状语,一般不能做补语,不能加"的$_2$"。

8.5.3.4 "的$_2$"的性质和作用

A 类状态词(干干净净、红红、甜丝丝)、B 类状态词的重叠式(雪白雪白、通红通红)、D 类状态词的重叠式(花白花白、瘦长瘦长)可以后附"的$_2$",这个"的$_2$"是状态词后缀(朱德熙 1961)。一些其他词性的成分,也可以添加"的$_2$",从而获得状态词的性质,如:挺干净的、蛮有意思的、你一言我一语的。

8.6　体词

8.6.1　量词

从语法意义上看,量词表示计量的单位或等级、编号单位。

量词本身并不包含数量的意义,只有与数词结合后,数量词组整体才表示数量,因此把量词叫"单位词"更准确。

量词可分为名量词(个、斤、些)、动量词(次、回、趟)、时量词(天、年、会儿)和自主量词(分、倍、节)四类。

8.6.1.1 划分量词的标准是：

$$((一 | 几)\sim)\wedge {}^*\langle 主\rangle$$

标准中,"(一|几)～"指受以"一、几"为代表的数词修饰,加上"*〈主〉"主要是为了把能受数词修饰的一些名词及位数词[①]排除(参看8.6.3.2)。

从语法意义上看,量词表示计量的单位或等级、编号单位。量词本身并不包含数量的意义,只有与数词结合后,数量词组整体才表示数量,因此叫"单位词"更贴切。

在 43330 词中,量词有 259 词,占 0.6%。

8.6.1.2 量词的功能如下：

1、量词都可以受数词或数词词组的修饰。这是量词最重要的功能。当数词是"一",并且不是信息的焦点、"一"量(名)结构处在宾语位置上或前头有指示词时,这个"一"常隐去,如：

(1) 买(一)瓶汽水。　(2) 前面来了(一)个老太太
(3) 每(一)张纸　　　(4) 这(一)些东西
(5) 某(一)个领导

当"一"是信息的焦点时,这个"一"绝对不能隐去,如：

(6) a. 只用买一瓶汽水,两瓶喝不了　　b.* 只用买瓶汽水,两瓶喝不了

---

① 数词"十"在运算、换算表达中也可做主语,但我们在 2.4 中谈到,运算、换算表达属特殊情况,不计入其功能。

2、从表面形式上看指示词可直接修饰量词,如"这种、每张、某个",但实际上如上面所说,其中都隐含一个数词"一"。"这种"只能理解为"这一种",不能理解为"这两种、这三种";"每张"也只能理解为"每一张",不能理解为"每两张、每三张"。

3、单个量词不能做主语,一般也不做宾语,只在以下情况中做宾语:

A.做"论"的宾语,如"论斤还是论两?"

B.在"把～换算(变)成～"及"由～换算(变)成～"格式中做宾语,如"把斤换算成两"、"把单位由公斤变成克"。

C.在"用～(来)计算"格式中做宾语,如"用公斤计算"、"用小时来计算"。

由于量词不能做主语,所以尽管部分名词也能受数词修饰,但可以根据能否做主语把量词和能受数词修饰的名词区分开。

4、量词不能再受数量词或数量词组的修饰。"一个小时、三个立方"中的"小时、立方"都应看作名词。"小时、立方"又能受"一、两、几"的修饰,我们按同质策略处理为名词兼量词。

5、部分量词可以受"大、小、满、整、长、厚、薄"等少数几个形容词的修饰,其中主要是部分容纳量词、成形量词、集合量词、个体量词、动量词、时量词,如"一大张、两小杯、一满盆、一小块、一大团、一薄片(肉)、一大群、一小批、一厚本(日记)、一长列(火车)、(吓我)一大跳、(转了)一大圈、一整天、一整夜"(参看陆俭明1987)。

6、56%的量词可以重叠。能重叠的量词都是单音节的,但不是所有单音节量词都能重叠,能重叠的单音节量词占81.62%。量词重叠后,功能与单个量词不同,而与相应的数量词组功能基本相同,可以做定语、主语,有些还能做状语,比较:

(7) 九条大路——<u>条条大路</u>(做定语)

(8) 十朵葵花——朵朵葵花(做定语)
(9) 八个都是好汉——个个都是好汉(做主语)
(10) 三次去他家都没找着他——次次去他家都没找着他(做状语)

当重叠量词放在主语中(主语中心及主语中的定语)或状语位置上时常有任指意,但放在宾语中及前有指示词时一般没有任指意,如:

(11) 仰头望着晴朗的蓝天,那朵朵白云仿佛变成了条条的小手绢,顷刻间堵了一切好事者的嘴。(谌容《减去十岁》)
(12) 可是"渭城朝雨挹轻尘",也有像渴久了的禾稼一样,枝叶被丝丝细雨越浇越青翠,疲困的旅客经了雨打才精神抖擞起来的。(吴伯箫《微雨宿渑池》)

从意义上看,量词重叠也与数量词组相当,即不再仅仅表示单位,而是表示数量,具有了量化的性质。

量词重叠后虽一般不能再受数词修饰,但还能受数词"一"修饰,如:

(13) 一棵棵挣破了枣红色老皮的古松枝拔地而起,树顶深绿色的松针托举着一团团洁白的雪;那雪就像一朵朵固体的白云,那固体的云朵仿佛稍受一点震动就会洒落下来。(王凤麟《野狼出没的山谷》)

因此,尽管量词重叠后与原式量词有较大的功能差异,但还保留能受数词修饰这一区别性特征,语法性质没有根本改变,仍是量词性的。我们把量词重叠后的形式称作"重叠量词"。

8.6.1.3 量词可分以下小类:

A.名量词:事物的计量单位。与数词组合后一般都可以修饰名词性成分,如"一本书、三斤苹果、一些钱";可以做动词的宾语,如"买一个、看两本",通常是一种转指用法;有时还可以做谓语,如"这只羊五十斤";少数可以放在动词、形容词后面做准宾语,如:

(14) 比他矮一寸　　(15) 增加十斤

(16) 高一些　　　　(17) 下降了一点儿

根据意义又大致可分为以下几小类：

(一)个体量词：以计量对象的自然个体为计量单位。如：个、只、位、本、支、辆。

(二)集合量词：把计量对象作为群体事物来计量。如：双、对、副、批、伙、套、群。

(三)约定量词：从某个角度观察而自然约定的计量单位。观察的角度有多种，主要是以一次出现的量为单位，如：笔(一~债)、份(一~礼)、剂(一~药)、支(一~军队)、宗(一~交易)、桩(一~买卖)；也有其他角度，如：套(一~把戏)、手(一~本领)、项(三~比赛)。

(四)度量词：计量长度、面积、体积、容积、重量、频率、币值等可精确度量的抽象性质时人为制定的计量单位。如：尺、亩、立方、升、斤、赫兹、圆、伏特、安培。有些度量词受数词修饰后只能单独使用，后面不能直接跟名词，如：码、海里、伏安。

(五)成形量词：把计量对象形成的形状作为计量单位，经常用于无自然个体的事物，也可用于有自然个体但不以自然个体为计量单位时。选择哪一个量词与事物在某种状态形成的形状有关。如：团、块(一~土)、片(一~西瓜)、摊、滴、股、堆、层、串、节、绺、卷、捆、缕、排、丝、条。

(六)容纳量词：以某个容器或承载物所容纳的量为计量单位。如：a.杯、箱、瓶、袋、盘、盆、把、捧、担、挑、包，b.身(一~土)、口(一~白牙)、地(一~水)。其中 b 以整个容器和承载物所容纳的量为计量单位，可叫作"满纳量词"。此类量词前数词只能用"一"，意思相当于"满＋量"。

(七)部分量词：以某个整体中的一部分为计量单位。如：部分、半、段(一~文章)、截、成。

(八)种类量词：以种类为计量单位。如：种、类、样。

(九)过程量词：把计量对象作为一个过程来计量。如：场(一~电影)、顿(一～饭)、次(一～地震)、盘(一～棋)、圈(两～麻将)、任(三～总统)、出(一～戏)。

(十)编号量词:等级或编号单位。如:等、级、号。

(十一)不定名词:以一个不确定的量为计量单位。只有"些、点儿"两个。前头只能加数词"一"("一"常省去)。"点儿"表示的量较小,"些"一般表示小量,但实际上当前面有指示代词时,一些很大的量也可以用"些",如:

(18) 峨眉山上猴子很多,这些猴子经常跟游人要东西吃。

这只是一个大致的分类,还有一些名量词不大好归入上述各类,如:站(三～路)。

以上谈的是专职的名量词,有些名词也有名量词的性质,只是我们按优先同型策略处理成了名词。这些名词主要是表示具有承载功能的事物的词,体现量词性质时主要有两种情况,一种体现为一般容纳量词,如"一桶水、两碗饭、三车煤、一瓶子酱油、两书架书";另一种体现为满纳量词,如"一头白发、一脸汗、一院子人、一桌子灰"。这种用法能找出条件来:限于表示具有承载功能的事物的名词,特别是常专门用作容器的词。因此这些名词用作量词看作临时用法,一般叫借用量词或临时量词。

B.动量词:动作的计量单位。与数词组合构成数量词组后可以放在动词、形容词后面作准宾语。如"打一下、看一遍、去一次、咬一口"。有时也可以放在动词性成分前面做状语,如"一次也没去、一遍也没看、曾经三次戒烟"。常用动量词有"下、遍、趟、回、声、次、拳、眼、口、番"。

此外还有部分名词、动词也有动量词功能,只是我们按优先同型策略处理为名词或动词,而不看作兼量词。如:

(19) 放一炮 砍两刀 踢几脚 抽一鞭子

以上是体现量词功能的名词,作为名词时通常是动作的工具。"眼、拳、口"作为"名词性成分"时已不成词,只能作为一个语素使用,作为词使用时只作量词用,不宜看作具有动量词功能的名词。

(20) 看一看　　想一想　　拍一拍　　踩一踩

以上是镜像重复前面出现的动词作为计量单位①,现代汉语中只有单音节动词有这种用法,数词也只能用"一"。

C.时量词:时间的计量单位。与数词组合后可以放在动词、形容词后面做准宾语,表示时长;有时也可修饰名词性成分。如:

(21) 坐三天　　等一会儿　　一年时间

有时也可放在动词前面做状语,如"一天没动、一分钟也等不了"。

时量词中,有些表示确定的量,如"天、年、周、分钟";有些表示不确定的量,如"会儿、阵儿、下(等～)",不定时量词前只能用数词"一"。

D.自主量词:从意义看,这类量词一般表示事物的量,但与数词组合后不能修饰名词,一般也不能做准宾语,只能单独使用。如:岁、边(两～都是人)、头(两～跑)、面(三～环水)、撇(指"丿",如"加一撇")、课(最后一～)、票(得了八～)、章、倍、分(考了一百～)、版(第一～)、人(八～迟到)。其中由"岁、倍"构成的数量词组可以做准宾语。

8.6.1.4　量词是一种分类词吗?

个体量词与被计量的名词间有特殊的搭配关系,如:

一条黄瓜　一个西瓜　一辆车　一架飞机　一把刀　一支笔
一根/条绳子　一只鞋　一张桌子　一封信　一把椅子
一支/把/条枪　一条裤子　一件衣服　一棵树　一朵花
一头牛　一匹马　一条鱼　一只鸟　一口/头猪　三口/个人

有学者把汉语的个体量词叫作分类词(classifier),认为个体量词

---

① 这种镜像重复前面成分作为计量单位的现象也许是量词产生的原始形式,甲骨卜辞和西周金文中有不少镜像重复前面的名词为计量单位的例子,如"羌百羌"、"人十有六人"、"玉十玉"、"田十田"、"羊卅八羊",汉藏语系中不少语言也有类似现象。

的主要功能是给名词分类。但在母语者心目中下面的名词类并不存在：

把类：刀、枪、椅子、铲子、扇子、茶壶、铁锹
张类：脸、纸、嘴、床、桌子、弓、饼
头类：牛、驴、猪、骆驼、大象
只类：鸟、蚊子、狗、猫
匹类：马
个类：西瓜、人、手机、碗、苹果、班、小时
条类：鱼、蛇、黄瓜、绳子、树枝、腿、路、消息、要求

认为个体量词主要用来对名词分类，其实是误解。那么应如何看待个体量词与名词的这种搭配限制？计量单位是量词的基本功能，由于量词大多来源于名词、动词，而名词、动词演变为量词都借助于被计量的物体与作为计量单位的名词、动词的内在联系。个体量词与名词、动词在语义上有密切的关系，这种密切程度可分为五个等级：

1、个体量词与名词完全相同。即拷贝型量词，如：

(22) ba^{31} ni^{33} ba^{31} （纳西语）
　　 花　 二　 花　 "两朵花"

2、个体量词与名词同类。即以某类名词中的一个作为代表来计量名词。其中，选择哪一个名词为代表，大致有两种方式：

A. 以类代表该类中的其他个体：

(23) 学生三人

(24) ʐɔ^{31} mv^{33}　te^{53}　mv^{33}　（拉祜语）
　　 羊毛　　 一　　 毛　 "一根羊毛"

B. 以具有某个典型形状的物体代表形状相似的其他个体，如汉语的"根、条"本来都是名词，选择为长形物、条状物的计量单位。又如纳西语：

(25) nv^{55} me^{33}　du^{33}　ly^{33}
　　 心　　　 一　　 头　 "一颗心"

3、个体量词是名词表示的事物的某个突显部位。即以部分来计量整体,如汉语"一头牛、三口人、五峰骆驼"。

4、个体量词是名词的某种特征。如"一张网(展开的)、一封信(封口的)"。此类往往是用动词表示的特征建立量词与名词的联系。

5、个体量词与名词看不出语义上的联系。如汉语的"个、只"。

以上 5 类情况,个体量词与名词、动词的语义上的联系由强到弱。之所以有这样的语义联系,与个体量词的产生有关,前 4 种情况实际上是个体量词产生的理据,个体量词不是凭空产生的,它是由其他词类的词通过一定的语义联系演变而来,而拷贝、选代表、以部分代表整体、以特征为计量单位等就成为把名词或动词与计量单位建立联系,形成个体量词的手段。而第 5 类则基本是其他 4 类虚化、泛化的结果。

个体量词与名词的这种选择限制关系,使量词产生标示类别的附带效应。因此,"分类"功能并非个体量词的基本功能,而仅是附带功能。

8.6.2 方位词、时间词、处所词

方位词、时间词、处所词的共同特点是可以直接或加定语后做"在│到"的宾语。从语法意义上看,这三类词都可表示位置:或表示空间位置,或表示时间位置,或既可以表示空间位置又可以表示时间位置,因此我们也可以把这三类词合称位置词。由于这三类词有如此多的共同点,所以我们这里放在一起来谈。

8.6.2.1 方位词

从语义功能上看,方位词表示带有参照点的方向或相对位置关系。方位词表示的相对位置既可以是空间,如"桌子上面、大树下";也可以是时间,如"春节前、三天以后"。个别方位词只能表示位置,如"以上、之下"。

划分方位词的标准是:

$$((在 \mid 到)\langle体词\rangle\sim) \wedge {}^* (\sim(上 \mid 里 \mid 以南))$$

标准中的"(在|到)〈体词〉～"指方位词可以放在一个体词后面构成方位结构后再做"在|到"的宾语。方位结构是一种定中偏正结构,判断的标准是:前面的定语是后面成分的参照。方位词表示相对位置或方向,所谓相对位置,即需要参照物的位置。

有些趋向动词发展出表示方向的用法,如"往回走、往出走、往起拉",应认为已经变为表示方向的方位词。

方位词主要的语法特点是,能做表示处所的介词或动词"在/到"的宾语;能做表示方向的介词"往/向/朝"的宾语;最主要功能是出现在实词性成分后面,构成方位结构,如"大树旁边、桌子上"。

根据构词形式,方位词可分为以下小类:

a.单纯方位词:上、下、东、里、内、外、前、后、旁

b.合成方位词:

  b1.前后、上下、左右、里外;东南、西北、东北;

  b2.东边、前边、左边

    前面、上面、南面

    东侧、后侧、左侧

    前头、后头、上头

    东方、前方、下方

  b3.以东、以前、以后、以下、之前、之上、之下

  b4.中间、跟前、旁边、周围、附近

8.6.2.2 时间词

时间词表示时间位置,一般可以用"这时、那时"指代,用"什么时候、多会儿"提问。

时间词例子如下:

今天、明年、上午、星期三、春节、现在、刚才、将来、过去、原来

划分时间词的标准是：

(在｜到)~∧(等到~｜~以来｜~的时候)

有一些词表示时间意义，进入"在｜到~"的能力很弱，如"原来、原先、早先、本来、起初、平常"，但这些词经常做主语(原来我们不认识)，也可以做宾语(现在比原来好)、定语(原来的朋友)，可以用"什么时候"提问，用"这个时候、那个时候"指代，因此也应归为时间词。

划分处所词的标准是：

(在｜到)~∧*(~(里｜上)｜〈时间词〉)

8.6.2.3 处所词

处所词表示绝对空间位置，即没有参照物的空间位置。

处所词例子如：

当地、远处、空中、野外、原地、故乡、身上、眼前、头顶、一旁、门口、民间、中国、广州

时间词可以用"什么时候"提问，用"这个时候、那个时候"指代；处所词可以用"什么地方、哪里"提问，用"这里、那里"指代。如果用这个标准来辨识时间词和处所词，倒不失为一种简便的方法。

在 43330 词中，时间词有 301 词，占 0.7%；处所词有 90 词，占 0.21%；方位词有 123 词，占 0.28%。

8.6.2.4 方位词和方位结构的性质

从语法性质看，方位结构是体词性的。从结构关系看，方位结构是一种定中偏正结构。方位词的作用是把一个实体转化为位置，方位词是位置的标记。方位词是一种体词，而不是后置词，有三点理由：

(一)方位结构是偏正结构，其中如果方位词是双音节的，前面还可

以加上"的"(桌子的上面),单音节方位词前面虽然不能加"的",但可以加上相当于"的"的文言助词"之"(泥土之中)。

(二)双音节方位词大多可以直接做主宾语,单音节方位词虽然单独做主宾语不自由,但仍可以有条件地做主宾语。方位结构都可以做主宾语。有时方位词和方位结构甚至可以做普通动词的宾语,如"看后头、喜欢屋里头"。而后置词不能做主宾语,后置词结构主要功能是做状语,也不能做主宾语。

(三)方位词大多可以做定语,如"上面的人、底下的水",而后置词作为一种介词,不能单独做定语。

8.6.2.5 方位词、时间词、处所词的功能如下:

1、时间词、处所词和大部分方位词都可以做"在|到"的宾语,单纯方位词一般不直接做"在|到"的宾语,只能放在一个实词性成分后面构成方位结构,但在对比格式中可以单独做"在|到"的宾语,如:

(1)一个在上,一个在下。

"以南、以外、之南、之外"等部分带"以、之"的合成方位词也不能直接做"在|到"的宾语,需带上表示参照的定语后才能做"在|到"的宾语。

部分名词也能直接做"在|到"的宾语,如"工厂、学校、商店、教室"。这类名词实际上都兼有处所词性质,但由于数量相当大,我们按优先同型策略处理,不看作名词兼处所词(参看 8.6.3.5)。

2、方位词(100%)、时间词(50%)、处所词(63%)可以带定语,但情况有所不同。方位词都可后附于一个实词性成分(特别是体词性成分),以这个实词性成分为参照物,形成方位结构,这是方位词与其他所有词类的根本区别。时间词所带定语只能是数量、描写、包含性领属定语,如"两个下午、(一个)热热闹闹的星期天、今天下午"。处所词只能带描写、领属性定语,如"生机盎然的野外、中国民间"。

3、方位词或方位结构后面不能再带方位词;处所词后面也不能再带方位词"上、里、中、内",如"＊当地里"、"＊野外中"、"＊内地上";具有处所性质的名词可以再带方位词"上、里、中、内",如"工厂里、操场上、商店内、教室里",以此可以把处所词和具有处所功能的名词区分开。69％的时间词可以带方位词,如"春节前、星期二以后",但相当数量的时间词不能再带方位词,如"将来、过去、先前"等。

4、所有时间词、所有处所词都可以自由地做主宾语;合成方位词中除"以南、之中"等少数几个外也都能做主宾语,单纯方位词一般情况下不能做主宾语,但在对比格式中以及表示方向的介词"朝、向、往"后可做主宾语,如:"上有老母,下有幼子"、"往前走"、"朝上看"、"向南飞"。

方位词单独做主宾语时并未变成处所词,一方面因为大部分方位词都可以单独做主宾语;另一方面因为方位词单独做主宾语时,参照成分虽然没有出现,但实际上在意义上总隐含着一个参照,这个参照物或者在上文中出现,或者是说话时说话人、听话人的位置(空间的或时间的),如:

(2) 桌子前面有一个椅子,后面有一个书架。("后面"的参照是上文的"桌子")

(3) 后面有人!("后面"以说话人或听话人的位置为参照)

(4) 我到北京以前不喜欢吃面食,以后就喜欢了。("以后"的参照时刻是上文曾出现的"我到北京"时)

(5) 以后再说吧。("以后"的参照时刻是说话人说话时)

而处所词做主宾语时并不隐含一个参照,因为处所词根本没有参照,它表示绝对位置。方位词无论用在方位结构中还是单用都带有一个参照,只是一个是显性的,一个是隐性的。方位词表示相对位置,必须有一个参照。

时间词也表示绝对位置,不能带有参照。"以前、以后"可以表示时间,意义与"过去、将来"差不多,不少书上把它们当作时间词,实际上两者差别很明显,"以前、以后"前面可以带上一个实词性成分作为意义上

的参照,而"过去、将来"不能。比较:

(6) a. 春节以前/春节以后　　b.＊春节过去/＊春节将来
(7) a. 三天以前/三天以后　　b.＊三天过去/＊三天将来
(8) a. 上学以前/上学以后　　b.＊上学过去/＊上学将来

即使"以前、以后"的参照不在句中出现,也隐含一个参照,如例(3)。因此我们把"以前、以后"归为方位词。时间位置和空间位置在很大程度上是相通的,一些方位词既可表示空间位置又可表示时间位置不难理解。

5、有些方位词、时间词、处所词可以做状语。但这三类位置词做状语时很难与做主语区分开。

6、方位词(55％)、时间词(31％)、处所词(96％)可以做定语。合成方位词做定语时,可放在"指示词＋(数词)＋量词"前面,如"里面这个人"、"外边那棵树"。"上、下、前、后"可放在一个数量词组前面做定语,但实际上是指示词,如"上一个人"、"前两次会议"。

7、部分时间词(23％)还可以做谓语,如"今天星期天"、"后天春节"。方位词、处所词一般不能做谓语。

8.6.3　名词

名词是体词中最主要的词类。从意义上看,名词表示实体。名词的基本语法功能是做主语和宾语,是一种指称性成分。

名词的例子如下:

个体名词:人、羊、桌子、实体、苹果、门、纸

机构名词:学校、医院、商店、邮局、警察局、外交部

场所名词:教室、操场、房顶、阳台、过道

集合名词:姐妹、兄弟、夫妻、父子、师生(个体性集合名词);车辆、纸张、树木、军火、信件(集体性集合名词)

物质名词:水、气、土、灰尘、羊肉、酱油、铁、木头

抽象名词：思想、意见、买卖、时间、胆量、心情、能力、方法

专有名词：长江、泰山、老王、小刘、微软

8.6.3.1 划分名词的标准是：

(〈主〉|〈宾〉|〈定〉～|～(里|以南))∧*(〈谓词〉|〈方位词〉|〈时间词〉|〈处所词〉|〈量词〉)

名词实际上是体词中的剩余类，体词中归不进方位词、时间词、处所词、量词的都归入名词。标准后半部的"*(〈谓词〉|〈方位词〉|〈时间词〉|〈处所词〉|〈量词〉)"只是简化的写法，意思是"不满足谓词、方位词、时间词、处所词、量词的标准"，完整的写法应该是在"*"后写出谓词、方位词、时间词、处所词、量词的具体标准。但要完整地写出具体标准，会很繁复，教学中也可简化为：

(〈主〉|〈宾〉|〈定〉～)∧(～(里｜以南)｜*(在[〈体词〉]～｜不～｜〈补〉｜～〈宾〉))

这个标准能管住所有名词，但对外的排他性稍差，有个别非名词也满足这个标准。

从语法意义上看，名词表示实体。

在43330词中，名词有27408词，占63%。

8.6.3.2 名词的功能如下：

1、名词最常见的功能是做主语、宾语。但并不是所有名词都能做主语和宾语，有3%的名词不能做主语，2.4%的名词不能做宾语。

2、78%的名词能受数量词组修饰。不能受数量词组修饰的名词如"边缘、表面、对方、列强、年龄、人事、双方、私人、岁数、行政、医药、主流、主权、总和、自然"。

3、名词一般不受数词、数词词组直接修饰，但在下面几种情况中可受数词或数词词组直接修饰：

A.大整数数词＋名词：十亿人民、三百万军队、三千干部。

B.大于"一"的系数词＋部分集合名词：五姐妹、三兄弟、两夫妇。

C.限定词＋"一"＋名词：这一地区、这一问题、每一成员、某一事物、上一阶段。这种情况主要出现于书面语中。其中，限定词是"这"的最多。

D.数＋"大"＋名词：十大新闻、三大主力、三大工程。

这种情况严格说是数词修饰一个偏正词组，不过因为这个偏正词组的中心语是名词，所以我们也放在这里一起讨论。

E."一"＋名词。这种情况出现在口语中，如：

（1）前面来了一老太太。 （2）他甄了一瓶子。 （3）一小孩儿跑丢了。

值得注意的是，这里的"一"无论在什么声调的字前都读阳平调，而不发生一般情况下要发生的变调，所以很可能本来是"一个"修饰名词，"一"在去声"个"前读为阳平调，而"个"则因弱化而脱落①。

F.数＋名词。这种情况出现在书面语中，特别是在论文和标题中，可看作文言用法的遗留。例如：

（4）两数之和等于2的整倍数 （5）国有资产管理局等三部门
（6）马尔马拉海上一渡轮失火(标题) （7）香港两公司捐赠两千万港元(标题)

G.表示顺序的数词＋名词。如"三食堂、二十五中学、三十二楼"。

H.凡词义表示有容器或其他承载物功能的物体的名词通常都可以受数词的修饰，这里的名词从意义上看都表示单位，实际上都体现量词功能，因为这个名词的后面还可再出现一个名词，如"一桶水、两碗饭、一车煤、一屋子人、一桌子土"，由于这种用法具有系统性，我们按优先同型策略处理为名词。另外，词义表示有工具功能的事物的名词也

---

① "'一'＋量＋名"在口语中有两种变化，第一种是我们在8.5.4.2中谈到的"一"隐去；第二种就是这里所说的"个"隐去。两者的共同之处是"一"都不是焦点；不同之处是：1、前者量词没有限制，后者量词只限于"个"；2、前者只出现在宾语位置上，后者也可出现在主语位置上。从使用者的范围上看，前者是普遍的，而后者大概只限于北京话。在普通话中"车"、"病"都不能与量词"个"搭配，但在北京能听到"前面来了一车"、"得了一病"的说法，这是因为在北京话中"车"、"病"可与量词"个"搭配。

可以受数词修饰,此时也体现量词性质,我们也按优先同型策略处理为名词,而不处理为名词兼量词。如"(踢)一脚、(砍)两刀、(打)一枪"。这两种名词占名词的 0.4%。而"杯、盒、箱、瓶、口、拳、眼"跟这两种情况类似,但不能做主宾语,不应再归为名词,而应看作专职的量词,如"一杯水、一盒粉笔、两箱书、三瓶汽水、咬一口、打几拳、看一眼"。

其中具有 A、B 两种情况的名词占 0.9%。

4、98% 的名词还可以受数词、数量词组以外的其他定语的修饰,其中能受另一个名词直接修饰的名词占 50%。

5、68% 的名词可以直接做定语。这表明名词和区别词分化程度不高。

6、一般名词不能做"在"的宾语,加方位词以后才能做,如:

(8) a.* 在桌子——在桌子上 b.* 在碗——在碗里 c.* 在树——在树上

而"教室、工厂、操场、邮局、学校"等名词可以直接做"在"的宾语(占名词的 3.1%),我们把这种名词叫"具有处所功能的名词",其与处所词的不同之处是这些名词还能带方位词"上、里",而处所词不能。比较:

(9) a. 在教室——在教室里　　b. 在工厂——在工厂里
　　c. 在操场——在操场上　　d. 在学校——在学校里
(10) a. 在当地——* 在当地里　　b. 在野外——* 在野外上
　　c. 在民间——* 在民间里　　d. 在远处——* 在远处上
　　e. 在一旁——* 在一旁里

7、名词一般不能做状语,但在下面几种情况中可以做状语:

A.有处所功能的名词+动词。如:"操场去、图书馆去、学校见、主场迎战对手"。

B.名词+形容词。如:"拳头大、碗口粗"。这种情况中名词表示比喻。

C.名词+动词性成分。如:"电话采访、公费请客、凉水洗澡、武力镇压、政治解决柬埔寨问题"。这类例子表示使用某种工具或通过某种途径做某事。

以上三种情况中的名词做状语数量虽然不大(0.2%),但可以找出条件,我们按优先同型策略处理,不看作名词兼副词。除了上述情况外的"名词"做状语的情况都不具有系统性,我们按同质策略处理为名词兼副词,做状语时看作副词。如"重点解决、顺序上车"中的"重点、顺序"应看作副词。

8、名词一般情况下不能受状语修饰,但在下面四种情况中可受状语修饰:

A.时间副词+非初始项顺序义名词+了。如"都大学生了、已经大人了"。

B."也"+体态特征名词。如"(他)也双眼皮、(他)也高个儿"。

C."也"+表身份的名词。如"(他)也大学生、(我)也团长"。

D.表限制的范围副词+名词。如"就苹果好吃、光飞机就有一百架"。这种情况中的"状语+名词"用在主语位置上。

其中,A、B、C 三种情况的名词占 1.6%。

9、名词一般情况下不做谓语,但可以有条件地做谓语,有两种情况:

A.用于"(VP+的)~"结构:

(11) ——你买的什么东西?
——我买的书。

B.其他:

(12) 今天阴天。　　(13) 他双眼皮。　　(14) 下午运动会。

能在 A 类结构中做谓语的名词是大量的,而能在 B 类结构中做谓语的名词只占名词总数的 1.6%。

由于一些名词可以做谓语,所以不能仅根据能否做谓语来区分谓词和体词。区分谓词和体词,我们主要是根据"不~、没~、很~、~〈宾〉、~〈补〉、〈补〉"等功能,绝大多数谓词至少具有其中一项,体词一

项也不具备。但有一些谓词只能做谓语,根据以上标准就很难把这部分谓词与体词区分开。所幸的是,能做谓语的名词都还能做主宾语、受定语修饰,所以我们用"〈谓〉∧*(〈主〉|〈宾〉|〈定〉~)"把只能做谓语的谓词与可以做谓语的体词区分开。

10、名词通常不能重叠。有些名词似乎可以重叠,如"人人、家家",但我们发现"人、家"还能直接受数词修饰,如"一人、三人、一家、四家",因此重叠的"人人、家家"应看作量词重叠。此外,有些双音节名词确有相应的重叠形式,如"子孙——子子孙孙"、"风雨——风风雨雨"、"恩怨——恩恩怨怨"、"方面——方方面面",重叠形式都有"多"、"每"的意思。但这种名词数量极少,我们看作构词重叠。真正的名词重叠大概只有"村村、县县"等,不过都可看作文言层次的用法。

8.6.3.3　个体量词的特殊性

表示计量单位的词在很多语言中都存在,但把量词作为一个独立词类却只有部分语言。关键是表示个体的计量单位是否在数词与名词的结合中是必需的。在英语、古代汉语中,数词与个体名词的结合不需要表示个体计量单位的词参与,而是数词与个体名词直接结合,如"two books""五马、三士"。而现代汉语中数词与个体名词的结合需要表示个体单位的词参与,数词不与名词直接结合,如"两**本**书、五**匹**马"。由于现代汉语中表示计量单位的词语与名词之间有较大的功能差异,因此有必要把表示计量单位的词作为一个独立词类看待。

8.6.3.4　名词和量词的功能分化

现代汉语中名词和量词的关系十分密切。量词的特点在于可以受数词直接修饰,而名词在不少情况下也可以受数词直接修饰(参看8.6.3.2)。这种现象与量词作为一个词类的产生是密切相关的。先秦汉语中，量词作为一个语法类别并没有产生。甲骨卜辞中虽然已产生集合单位词(朋、丙)、成形单位词(丿)、容器单位词(升、卣)，但由于名词普遍可以直接受数词修饰，因而从语法上说单位词与名词性质是相同的(参看郭锡良 1984)。如：

  (15) 贝二朋(贝一对曰朋)(甲骨文合集 40073)
  (16) 十屯有一丿(骨版一对曰屯，骨版一块曰丿)(甲骨文合集 17580)
  (17) 鬯二升一卣(升，舀酒具；卣，盛酒器，都用为容器单位词)(甲骨文合集 30937)

  此时名词和数词结合时加单位词纯粹是一种语义上的需求，而不是语法上的要求：单独的数词只表达数值，对于非离散性的事物(如酒)，要表达数量还需与表达计量单位的成分结合，对于具有自然个体的离散性实体来说，自然个体本身就可以作为计量单位，因而不需要另外加上一个显性的计量单位。如：

  (18) 五人卯五牛于二朋。(甲骨文合集 1052)
此例中，"人、牛"既表示实体，又表示计量单位。名词的实体功能和计量单位功能是未分化的。

  但是，上古汉语数词可以与个体名词直接结合，并不是不需要计量单位，而是个体单位和种类单位可以作为默认的计量单位而不用显性的成分表达，实际上有一个隐性的计量单位。先秦时期个体量词的萌芽和魏晋时期个体量词的大量产生，正是因为数词和名词之间本来就有一个隐性的计量单位。请看下面的例子：

  (19) a. 杨子取为我，拔一毛而利天下，不为也。(《孟子·尽心上》)
    b. 君子不重伤，不禽二毛。(《左传·僖公二十二年》)
上面例子中虽然没有出现个体量词，但"一毛"应解读为"一根毛发"，"二毛"则应解读为"两种毛发(白发和黑发，此处转指花白头发的老人)"，可见形式上虽未出现个体量词和种类量词，但实际上其中隐含着计量单位。

由于上古汉语数词和名词之间隐性计量单位的存在,使用量词的语义需求逐渐演变为一种语法要求:实体名词和数词结合需要带上表示计量单位的成分,无论语义上是否需要。这种演变以个体单位词的产生和扩展为标志,因为从语义上说个体单位词在形式上不是必需的,实体作为自然个体可以同时负担计量单位的职能。个体单位词从西周、春秋时期开始萌芽(参看管燮初 1981、郭锡良 1984、王力 1989、何乐士 1989),如:

(20) 孚车十两。孚牛三百五十五牛,羊廿八羊。(小盂鼎)
(21) 易尸嗣王臣十又三白,人鬲千又五十夫。(大盂鼎)
(22) 王易兮甲马四匹,驹车。(兮甲盘)
(23) 君有楚命,亦不使一个行李告于寡君,而即安于楚。(《左传·襄公八年》)
(24) 子产、子大叔相郑伯以会,子产以幄,幕九张行,子大叔以四十,既而悔之,每舍,损焉。(《左传·昭公十三年》)

尽管此时个体单位词数量不多,大多数名词还可以直接与数词结合,但至少说明数词后出现单位词已不纯粹是语义上的要求。到了中古时期,这种语法需求已成为数和名词结合的普遍要求,实体名词一般不能直接与数词结合,量词作为一个语法类别已经产生,汉语名词实体和计量单位的分化大致实现。但语法演变往往是一个漫长的渐变过程,可以说直到今天这种演变仍未彻底完成,现代汉语中还有不少数词直接修饰名词的现象,大多可以看作古代汉语中个体单位与实体合一现象的遗留。

总的说来,汉语中数词与名词的结合需要量词做中介,数词不能单独修饰名词,修饰名词的是数量短语(QP)。表示数量意义的"大量、所有、一切、许多"这样的词可以直接与名词结合,是因为这些词本身就有数量短语的功能。而量词实际是数量短语标记(QMk),那些数词直接修饰名词的情况,可看作隐含着一个数量短语标记。从上古汉语到现代汉语,个体量词从无到有的过程,其实是数量短语标记从隐性到显性的发展过程。

(25) a. 两本书　　　　　　　b. 所有书

(26) a. 两兄弟　　　　　　　b. 拔一毛而利天下

8.6.3.5 名词和位置词的区分

把位置词从名词中独立出来,主要是因为与古汉语相比,实体范畴和位置范畴已基本分化①。在古汉语中,实体和位置是合一的,一个实体名词也可以表示位置(直接放在处所介词后),如:

(27) 君子藏器於身,待时而动,何不利之有!(《周易·系辞下》传)

(28) 鸟兽之肉不登於俎,皮革、齿牙、骨角、毛羽不登於器,则公不射,古之制也。(《左传·隐公八年》)

(29) 八佾舞於庭,是可忍也,孰不可忍也?(《论语·八佾》)

(30) 孙叔敖举於海,百里奚举於市。(《孟子·告子下》)

---

① 英语的情况与古汉语相似,实体和位置未分化。

由于普通名词可以直接出现于"于/於～"位置上,因此先秦汉语还没有产生独立于名词的方位词和处所词。先秦汉语"于/於～"位置上也可以出现"〈名词〉＋〈方位名词〉",但这主要是语义上的要求,而不是语法上的要求,即不加方位名词则不能表达出在何种方位。如:

(31) 王遂行,卒於樠木之下。(《左传·庄公四年》)
(32) 子食於有丧者之侧,未尝饱也。(《论语·述而》)
(33) 王坐於堂上,有牵牛而过堂下者。(《孟子·梁惠王上》)

另一方面,先秦汉语已产生这样的用法:"于/於＋〈名〉＋上/中/内"表示在某实体表面或某范围内,从语义上说,不带方位名词也表示这样的意思,去掉方位名词意思不受影响。因此可以说,这种用法中加方位名词不是语义上的要求,而是语法上的要求,即名词的实体功能和位置功能出现了分化。

(34) 虎兕出於柙,龟玉毁於椟中,是谁之过与?(《论语·季氏》)
(35) 有业屦於牖上,馆人求之弗得。(《孟子·尽心下》)
(36) 柱厉叔事莒敖公,自以为不知,而去居于海上,夏日则食菱芡,冬日则食橡栗。(《吕氏春秋·恃君》)

不表示特殊位置,仅表示"在里面/在上面"而添加方位词,在上古还不多见,但到南北朝大量增加。如:

(37) 须臾之间,贼便弃去,还以儿头著於身上,不可平复。(百喻经)
(38) 王遣著衣,实非山羌本所有故,不知著之,应在手者著於脚上,应在腰者返著头上。(百喻经)
(39) 时此愚人见子既死,便欲停置於其家中,自欲弃去。(百喻经)

因此,可以认为先秦汉语名词基本上兼有实体和位置的功能,而现代汉语中实体功能和位置功能则基本分化开,只有少数名词兼有实体和位置的功能。

这种分化在先秦时期刚开始萌芽,到现代汉语中仍未彻底完成。

我们抽样考察了不同时代的语料中名词的实体功能和位置功能的分化情况。下面列表显示这种变化。

表 8.6－1 实体和位置分化的历时发展

材料＼位置表达	零标记		带标记		标准	考察字数（万字）
	次数	比例	次数	比例		
论语	33	77%	10	23%	于/於/乎/在～	2.1
孟子	142	68%	67	32%	于/於/乎/在～	4.5
吕氏春秋（卷16－20）	36	67%	18	33%	于/於/乎/在～	3.6
论衡（卷3－7）	113	65%	60	35%	于/於/乎/在～	5.2
百喻经	21	38%	35	62%	于/於/乎/在～	2.1
朱子语类（卷1－10）	17	13%	118	87%	在～	10.0
红楼梦（21－30回）	32	14%	192	86%	在～	7.2
看上去很美（1－4）	26	13%	178	87%	在～	3.2

下图是相应的折线图。

图 8.6－1 位置功能带标记比例

现代汉语中的实体名词大多需附加方位词才能放在处所介词后

面,比较:在头上/＊在头,在桌子上/＊在桌子,在屋里/＊在屋,在路上/＊在路。但有些名词仍兼有实体和位置功能,包括机构名词(邮局、学校、医院、教育部)、场所名词(教室、操场、山脚)等。实体和位置功能分化程度是连续的,可以按分化程度不同排列如下:

实体　　　　　　实体/位置　　　　　　位置
桌子　　　　操场　工厂　泰山　　中国　门口　上面

要区分名词和位置词就需要在实体和位置的连续段上根据分布标准划出分界,我们的标准是,如果能进入"在～"并且不能进入"～上|里|中|以南"则归为处所词或时间词,如果不能进入"在～"或可以进入"～上|里|中|内"则归为名词。这样把"桌子、操场、泰山"归为名词,"中国、门口、上面"归入处所词或时间词、方位词。

我们认为,汉语名词的语义功能出现了两次分化。在先秦汉语中,名词既有实体的功能,又有位置的功能(直接出现于"于/於～")、计量单位的功能(直接受数词修饰,以其自然个体兼表计量单位)。到了现代汉语,名词的位置功能和计量单位的功能基本消失,其中计量单位的功能由量词承担,而位置功能则由三类位置词承担。也就是说,名词通常只具有实体功能,要表示位置则需带方位词。这表明,位置词(时间词、处所词、方位词)和量词的语义类别-语法功能结合体已经形成,这就是我们为什么要把位置词和量词从名词中独立出来的原因。

在汉语中,体词短语应分为两类,一类是表达实体的名词短语(NP),另一类是表达位置的位置词短语(LocP)。做"於、于、乎、在、至、到"等处所介词的宾语的成分要求是位置词短语。如果表达的是除了附着关系的"上"和在范围内的"里/内"之外的其他位置关系,位置词短语需要添加位置词标记——方位词,如(31)—(33)。如果是表达"上"或"里/内"位置关系,上古汉语经常不添加位置词标记,如(27)—

(30)。这种情况下,名词的实体功能和位置功能是合一的,实质是用于处所介词宾语位置的名词成分中隐含一个位置词标记,或者说名词与位置词标记(Loc)是融合在一起的。比较:

自中古起,汉语名词的实体和位置功能逐渐分化开,具体表现是:

1、产生一批专门表达位置的词——处所词。处所词属于位置词,用于处所介词宾语位置时无需添加其他位置标记。

2、普通名词必须添加位置词标记才能表达位置。位置词标记包括方位词、名词"处"、代词"这里、这儿、那里、那儿"。如"在桌子上/*在桌子"、"在我这儿/*在我"、"到班长那里/*到班长"。

(41) a. 在桌子上　　　　　　　　b. 在抽屉里

(42) a. 在我这儿　　　　　　　　b. 到班长处/那里

也就是说,普通名词只具有实体功能,而不再具有位置功能。

3、表示机构、场所的名词既具有实体功能,又具有位置功能:可直接放在"在～"环境,也可以添加位置词标记,如"在学校、在学校里"。当直接用作位置词时,可看作隐含一个位置词标记。或者说,这个隐性的位置词标记与"学校、教室、操场"这些词是融合在一起的,还没有分化开。而地名词可直接放在"在～"环境,也不能添加"上、里"等位置词标记,如"在广州、*在广州里",可认为地名词本身就是位置词。

(43) a. 在学校　　　　　　　　　b. 在学校里

(44) 在广州

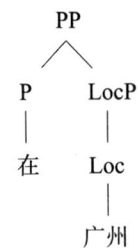

8.7 饰词

饰词包括区别词、数词、数量词、指示词、拟声词、副词。饰词是专门充任修饰语（定语、状语）或准宾语的词，一般不能充任主语、谓语、真宾语、述语、补语、中心语这些主要句法成分，只有在特殊条件下才可充任主宾语、谓语。

饰词包括体饰词和谓饰词，体饰词的基本功能是做定语，谓饰词的基本功能是做状语或准宾语。区别词、数词、指示词属于体饰词；副词属于谓饰词。数量词中，有的属于体饰词（如"大量、所有、多数"），有的属于谓饰词（如"许久、片刻"），有的兼属体饰词和谓饰词（如"许多、部分、一点儿、一些"）。拟声词既可做定语，又可做状语，也可以看作体饰词和谓饰词的兼类。

8.7.1 区别词

从意义上看，区别词也表示属性，这一点与形容词相同。不同之处是，区别词表示的属性是非程度性的，区别词的基本功能是做定语而不是谓语。

下面是区别词的例子：

男、女、正、副、公、母、粉(颜色)

高等、大型、民用、袖珍、野生、公共、日常、现行、次要、大龄、黑白

8.7.1.1 划分区别词的标准

区别词是可以直接或带"的"做定语,并且不满足核词、数词、数量词、拟声词、指示词标准的饰词。区别词的划分标准可写为:

〜[的]〈名〉∧(*〈谓词〉|〈体词〉|〈数词〉|〈数量词〉|〈拟声词〉|〈指示词〉)

也可以写出后半部分的具体标准:

〜[的]〈名〉∧*(不〜|〜〈宾〉|〈主宾〉|〜〈量〉|〜(〈实词〉+的+〈名〉)|"〜"[的]一声)

由于区别词做定语后前面还可以带数量词,而其他饰词不能,因此区别词标准可写为:

〈数量〉〜[的]〈名〉∧*(〈谓词〉|〈体词〉|〈拟声词〉)

把标准后半部具体化,则写为:

〈数量〉〜[的]〈名〉∧*(不〜|〜〈宾〉|〈主宾〉|"〜"[的]一声)

标准中没有用"能做定语",而是用〈数量〉〜[的]〈名〉,主要是考虑饰词中的数词、数量词、指示词也可以做定语,"〈数量〉〜[的]〈名〉"可以排除这三类词。

在 43330 词中,区别词共 459 词,占 1.1%。

8.7.1.2 区别词的功能

1、区别词做定语有直接和带"的"后做两种情况,其中有些区别词只能直接做定语,如"公共、常务、日用";有些区别词只能带"的"后做定语,如"亲爱、心爱、上好",但大部分区别词既可直接做定语,又可带"的"后做定语,如"大型、主要、急性"等。

区别词无论直接做定语还是带"的"后做定语,后面都不能出现数量定语,数量定语只能出现在区别词定语前面。所以如果一个饰词能进入"〈数量〉～[的]〈名〉",那么一定是区别词。

2、大部分区别词可用于"是～的"结构中,如"是急性的"、"是野生的"、"是主要的"。有些区别词没有这个功能,如"公共、亲爱、日用"。

3、区别词一般不能做主宾语,但在下面两种情况中可做主宾语:

A.表示转指时。如:

(1)急性好治,慢性不好治。　(2)男女平等。　(3)生男生女都一样。

一般说来,区别词表示转指时要对举使用,上面的例子都是如此,这与古代汉语动词、形容词性成分表示转指时一般要对举使用的情况相同。

B.在"从(由)～到(变为)～"结构中做宾语。如:

(4)从急性到慢性　(5)由国营变为私营　(6)由黑白到彩色

由于区别词做主宾语是特殊情况,不作为鉴别词类归属的证据;也由于划分区别词的标准中正面功能是修饰语,因此我们仍把区别词归为饰词。这与数词、数量词的情况类似。

4、个别区别词可以受程度副词"最"的修饰,如"主要、基本、心爱、亲爱"。大部分形容词和部分动词也都能受"最"修饰,但与形容词不同的是,这些词受"最"修饰后只能带"的"做定语或用于"是～的"结构中,而不能做谓语、补语,不能带宾语、补语。我们把这种用法看作区别词功能的例外。之所以有这种例外,可能是因为这些区别词来源于谓词而仍保留部分谓词的功能。如"亲爱、心爱"在下面的古代、近代汉语材料中都是谓词。

8.7.1.3　区别词的名词、动词来源

很多区别词来源于名词或动词的功能衰减,即名词或动词的其他

功能消失,只能做定语时,就变成了区别词。从名词变来的如"男、女、金、银",从动词变来的如"亲爱、心爱"。下面看"亲爱、心爱"的例子:

(7) 仁人之於弟也,不藏怒焉,不宿怨焉,亲爱之而已矣。(《孟子·万章上》)

(8) 时彼二人信知诳惑,各舍所亲爱,出家修道。(《杂譬喻经·木师画师喻》)

(9) 至如小人於恶人,则喜其与己合,必须亲爱之。(《朱子语类》卷24)

(10) 王都尉见端王心爱,便说道:"再有一个玉龙笔架,也是这个匠人一手做的,却不在手头。"(《水浒传》(百回本)第八回)

(11) 佳人心爱西门庆,说破咽喉总是闲。(《金瓶梅》第七回)

8.7.1.4　区别词的谓词化

另一方面,区别词也有谓词化(形容词化)倾向。吕叔湘、饶长溶(1981)指出"非谓形容词很容易转变成一般形容词"。我们对吕、饶列举的非谓形容词(相当于区别词)作了统计,在344个较通用的非谓形容词[①]中,已有27个形容词化,占7.8%,如"高级、低级、积极、消极、直接、间接、绝对、直观、绝妙、无辜、有效、无效、无私、新式、机密、意外、廉价"等。值得注意的是,有些变化是不对称的,如"新式"已形容词化,但"旧式"未形容词化;"绝对"已形容词化,"相对"未形容词化;"廉价"已形容词化,"高价"未形容词化,这样就造成一对反义词属不同词类的情况。

8.7.2　数词

数词表示数值(基数词);由于数值有顺序性也可以用来表示顺序或编号(序数词)。序数词常前加序数助词"第",但也可以不加。

数词的基本功能是做定语,是一种体饰词。

---

① 排除了"101型、上海式"等太专门的词及"大量(数量词)、金黄(状态词)、任何、唯一(指示词)"等应属其他词类的词。

数词例如下：

a.系数词：一、二、两、五、七、九、半

b.位数词：十、百、千、万、亿

c.概数词：几、许多、若干

8.7.2.1 划分数词的标准

([一]~〈量〉)∧*(不~｜~(两〈量〉))

位数词通常要前加系数词后才出现于量词前，所以用"[一]~〈量〉"概括系数词和位数词出现的位置。有些形容词可以进入"~〈量〉"位置（大张、小块），所以用"*不~"排除。有些指示词可以进入"~〈量〉"位置（这两个），所以用"*~(两〈量〉)"排除。

出现于"~〈量〉"的形容词前还可加其他数词，如"一大张"，所以数词标准也可写成：

([一]~〈量〉)∧*(一(~〈量〉)｜~(两〈量〉))

数词是封闭类，"二十"、"三百五十二"、"一万六千一百"等应看作数词词组。

数词词组中"系数＋位数"可看作一种定中偏正结构，"（系数＋位数）＋（系数＋[位数]）"可看作联合结构，整个词组的构造跟"一斤二两"、"三丈五尺八寸"之类的结构相同。

小数（"三点一四"）、分数（"三分之二"）也应看作数词词组。其中的"点、分之"是助词。

数词表示数值或顺序时，可在前面加助词"第"表示顺序。"第＋数"或"第＋数词词组"应看作词组。

数词词组跟单个数词的功能基本相同，仍是数词性的。

数词词组常带上"来、多、余"表示概数，如"二十来岁"、"三十多个"、"三千余名"，这里的"来、多、余"应看作助词。

在 43330 词中,数词有 42 个,占 0.1%。

8.7.2.2　数词可分成以下两类:

(一)系数词:一、二、两、三、四、五、六、七、八、九、几、数、多、半、多少、若干、很多、许多、好多、好几、好些、无数。

系数词前面不能再带一个数词,可自由修饰量词,大部分也可修饰一个位数词。

(二)位数词:十、百、千、万、亿、万万。

位数词可受一个系数词的修饰,除"十"外一般不能自由修饰量词,需在前面加上系数词形成系位词组后才能修饰量词,如"一百个"。"十"前的系数是"一"时,经常不说出来,如"十个、十六万、十二亿"。但若前面还有更大的位数词时,必须把"一"说出,如"一百一十个、三千零一十六、二百一十二亿"。

8.7.2.3　数词的功能如下:

1、数词都能修饰量词。

有些形容词也能修饰量词,如"一大张、两小杯"中的"大、小",但这些词还能受"不、很"修饰,我们可以用形容词的划分标准把这些词与数词区分开。

位数词除"十"外都不大能自由修饰量词,但位数词前面加上系数词形成系位词组后,可以修饰量词,如"一百个"、"三万名"。

"这、那、每、某、头"等限定词也可修饰量词,如"这个、每张、某个、头排",但中间都可以再插进一个数词,如"这一个、每两张、某一个、头两排";而数词修饰量词时,中间不能插进一个与量词构成直接成分的数词。

2、数词和系位词组表示数值时一般不直接修饰名词,但在个别情况中可以直接修饰名词(参看 8.6.3.2)。

"许多、很多、若干、无数、好些"可以直接修饰名词(许多食品、很多水、若干问题),不属于 8.6.3.2 中所说的数词直接修饰名词的几种情况,我们看作兼数量词。

3、大部分数词和数词词组可以做主宾语。但数词和数词词组做主宾语并不自由,只限于以下几种情况:

A.运算和换算表达中,如:

(1)一加一等于二。　　　　(2)十个十是一百。

B.意义上表示转指。如:

(3)油库爆炸,一死两伤。　　(4)买一送一。

C.用于某些固定表达中。如:

(5)一是一,二是二。　　　　(6)八九不离十。

因此,尽管数词可以做主宾语,但由于需特殊条件,并且也由于划分数词的标准中的正面功能(修饰量词)是一个修饰语,因此我们把数词归为饰词。

8.7.3　数量词

8.7.3.1　一般所说的数量词指"数词+量词"组成的词组,这里所说的数量词是指功能相当于数量词组的单词。数量词从构词上说,有以下几种类型:

A."数+量"凝固成的单词,如"一生、一小撮、一阵、一会儿"。

B."数+量"语音并合造成的合音词,如"俩、仨"。

C.上述两类外的其他具有数量意义、功能相当于数量词组的单词,这一类是多数,如"许多、很多、不少、大量、部分、全部、所有、一切、有的、片刻、许久"等。

数量词主要做定语或准宾语,有时也做状语。

数量词与"数词+量词"构成的数量结构在意义上和语法功能上都

相当。根据语义和语法功能的差异,可分为三类:

A.名数量词

　　许多、大量、少数、少许、绝大多数、一切、全部、所有、有的
　　一些、一点儿、一丁点儿、一带、俩、仨

语义和语法功能相当于"数词＋名量词",主要做定语,在转指条件下可以做主宾语,如"大量、多数、一切、全部、俩"。比较"数词＋名量词"和名数量词的用法:

（1）a. 买了三斤苹果——买了三斤
　　　b. 买了许多苹果——买了许多
（2）a. 三个苹果都烂了——三个都烂了
　　　b. 许多苹果都烂了——许多都烂了
（3）a. 在这一间屋——在这一间
　　　b. 在这一带地区——在这一带

"数词＋名量词"转指做主宾语时,与其转指的名词的功能大致一致。"三斤"转指"苹果"时,与"苹果"的语法功能相当,可做普通主宾语;"一间"转指"屋"时,可以做"在"的宾语,这是因为"屋"属于场所名词,可以表示位置(参看 8.6.3.5)。名数量词也有这个特点,如"许多"与其转指的"苹果"功能相当,做普通主宾语;"一带"与其转指的"屋"功能相当,可以表示位置,做"在"的宾语①。

B.动数量词

　　一番、一气、一通

语义和语法功能相当于"数词＋动量词",主要做准宾语或状语,如"一番、一气"。比较动数量词和"数词＋动量词"的用法:

　　打扮了一下——打扮了一番

C.时数量词

　　许久、片刻、一生、一会儿、一阵儿

---

① 单个的"屋"做"在"的宾语的限制较大,一般要加一些定语,如"在大屋"。

语义和语法功能相当于"数词＋时量词",主要做准宾语或状语,如"许久、片刻"。比较时数量词和"数词＋时量词"的用法:

等了三天——等了许久

数量词也是封闭类。划分数量词的标准是:

⟨准宾语⟩|((∼(⟨实词⟩＋的)＋⟨名⟩)∧*∼⟨数＋量＋名⟩)

这个标准的意思是,能做准宾语(片刻、许久、良久、半晌),或者能放在带"的"的定语前面做定语并且不能在"数＋量＋名"前面做定语(大量、所有、一切、许多、全部、部分)。"这、那、唯一、任何"等指示词也能放在带"的"的定语前面做定语,但还可以放在"数＋量＋名"前面做定语。

在 43330 词中,数量词有 72 个,占 0.17％。

8.7.3.2 数量词的功能如下:

1、名数量词可以做定语,并且可以放在一个带"的"的定语前面,这一点与数量词组相同。如:

(4) 许多教师 —— 许多在农村教书的教师
(5) 一切问题 —— 一切不能解决的问题
(6) 不少书 —— 不少刚出版的书
(7) 大量设备 —— 大量闲置的设备

根据做定语时可以放在一个带"的"的定语前面这一点,可以把大部分数量词同数词、区别词、形容词、状态词区分开。

状态词不带"的"直接做定语时也不能放在带"的"的定语前面,"众多"是状态词,但做定语时可放在带"的"的定语前面:

(8) 众多高水平的研究课题

实际上"众多"在这里是数量词,"众多"应看作状态词和数量词的兼类词。

"这、那、唯一、任何、其他"等指示词做定语时也可放在一个带"的"的定语前面,但这些指示词后面还可以出现一个数量词组,如:

(9) 这高高飘扬的旗帜——这一面高高飘扬的旗帜
(10) 那金黄的田野——那一片金黄的田野
(11) 唯一通过鉴定的项目——唯一一个通过鉴定的项目
(12) 任何违反规定的机关——任何一个违反规定的机关
(13) 其他与会的同志——其他一些与会的同志

因此,我们用"*(～数＋量＋名)"把数量词与这些指示词区分开。

2、动数量词、时数量词和部分名数量词可以做准宾语,如：

(14) 等了很久　(15) 坐了半晌　(16) 高许多　(17) 小一些

以上两点是数量词的特点,数量词至少具备其中一种功能,根据这两点可以很容易地把数量词与其他词类区分开。

3、数量词不能修饰量词。"许多、很多、若干、好些、好多"可以修饰量词,应看作数量词和数词的兼类词。

4、数量词一般情况下不做主宾语,但在意义上表示转指时也可做主宾语,如：

(18) 很多(苹果)都坏了　　(19) 没收一切(财产)

由于数量词做主宾语是一种特殊情况(转指),且对内没有普遍性,也由于我们划分数量词的标准中两条正面标准"〈准宾语〉"、"～(〈实词〉＋的＋〈名〉)"都是修饰成分,因此仍把数量词归为饰词。

5、部分数量词(大量、部分、全部、许久、片刻)可以做状语,词义无变化,既可以按同质策略处理为数量词兼副词,也可以按优先同型策略处理为数量词。考虑到"数词＋动量词"和"数词＋时量词"可以自由做状语(三次从门口经过、他的脸一下变得煞白、两天不吃饭),我们把做状语的动数量词和时数量词按优先同型策略不处理为数量词做状语。如：

(20) a. 片刻即到　　　　b. 大家一番议论

但对于"数词＋名量词"并不能自由地做状语,因此可做状语的"大量、部分、全部"应采取同质策略,处理为数量词兼副词。如：

(21) a. 大量人员(数量词)　b. 大量生产电视机(副词)

8.7.3.3　数量词和形容词区别词等其他词类的区分

有些形容词可以直接做定语,但只能放在带"的"的定语后面,不能放在前面,并能与一个数量结构共现,如:

(22) a. 刚买的漂亮衣服　b.*漂亮刚买的衣服　c. 一件刚买的漂亮衣服
(23) a. 木头的圆桌子　b.*圆木头的桌子　c. 一张木头的圆桌子

"许多、大量、少量、少许、所有、大批"等词过去一般看作形容词,但这些词不能受"很"修饰,做定语时可以放在带"的"的定语前面,不能与数量结构共现,如:

(24) a. 许多刚买的衣服　　　b.*几十件许多衣服/许多几十件衣服
(25) a. 大量新出土的文物　　b.*几百件大量文物/大量几百件文物
(26) a. 少数吃草的动物　　　b.*十种少数动物/少数十种动物

因此这些词不应看作形容词。

这些词也不能看作区别词,因为区别词做定语时也只能放在带"的"的定语后面,不能放在前面,如:

(27) a. 能治愈的慢性疾病　　b.*慢性能治愈的疾病
(28) a. 适应能力强的野生动物　b.*野生适应能力强的动物

这些词与一个数词加上一个量词形成的数量结构功能相当,比如例(24)—(26)中的"许多、大量、所有"都可以替换成一个数量结构。我们把这些词归为数量词。

"个别"可受"很"修饰,但还可以在一个带"的"的定语前面做定语,与数量词用法相同,如:

(29) 个别违反纪律的同学

这种用法应看作数量词。"个别"是形容词和数量词的兼类词。

"部分"可以受数量词组修饰(三个部分),也可以受数词直接修饰(一部分),是数量词兼名词和量词。

8.7.4 指示词

指示词起指示作用。指示词的基本功能是做定语。

8.7.4.1 指示词由于时代层次不同而分布有异，可分别用两个标准划分出：

（一）～〈数量名〉〚定中〛∧*（谓词｜体词）（现代白话层次：每、另、任何、唯一、这、上）

指示词常出现于"数量名"前，如"这一本书"、"任何一个人"、"上一场电影"，但一些谓词和体词也可以出现在这个位置，如"雪白一双鞋"（状态词＋数量名）、"他们两个人"（名词性代词＋数量名），因此标准的后面部分用"*（谓词｜体词）"排除。也可以直接把标准写为：

～〈数量名〉〚定中〛∧*（〈谓语〉｜〈补语〉｜〈主宾〉）

（二）～〈名〉〚定中〛∧*（〈数量〉～〈名〉｜〈主宾〉）（文言层次：本、该）

两种指示词也可以用一个统一的标准分出：

〈定〉∧*〈数量〉～［的］＋〈名〉〚定中〛

区别词能与数量词组或数量词共现，并且只能出现于数量词组或数量词后面，即出现于"〈数量〉～〈名〉"环境中，如"一台彩色电视机、不少彩色电视机"；而指示词或者不能与数量词共现（本、该），或者与数量词共现时只能出现于数量词前面（这、那、每、某、任何、另、其他、唯一），即出现于"～〈数量名〉"环境中，如"这一台电视机、每一台电视机、上一个礼拜、头两排松树"。

指示词过去归入代词，但与其他代词在语义上相差很大，而其分布特殊，应独立为一类。吕叔湘（1979）说"把代词分为代词和指别词两类（一部分兼属两类），也许更合理些"，我们同意吕先生的意见。

有些指示词可以做主宾语，如"这、那、此"，我们看作指示词和名词性代词的兼类。

在 43330 词中，指示词有 26 个，占 0.06%。

8.7.4.2　指示词按其指示意义可以分为以下小类：

A.定指。包括：近指（这，此）；远指（那）；已指（本）；确指（该）。

B.不定指（某）。

C.任指（每，任何）。

D.另指（另，另外，其他，又）。

E.唯指（唯一）。

F.序指（上、下、前、后、头）。

G.同指（同）。

8.7.5　拟声词

拟声词是专门模拟声响的词，又叫象声词。基本功能是做定语和状语。

常见拟声词如：

　　啪、咚、吱、唰
　　当当、哗哗、噗噗、呜呜
　　叮当、哗啦、噼啪、呲溜
　　哗啦啦、叮当当、轰隆隆

有些拟声词来自叹词，如"哎、唔、哎哟"，这些词在"'啊'的一声、'哎哟'一声"这类用法中实际是用作拟声词。

划分拟声词的标准是：

　　　　"~"［的 | 地］（声音 | 一声 | ［作］响）∧ *〈谓词〉

在 43330 词中，拟声词只收词 22 个，占 0.05%。本项研究所用词表中只收了常见的一些拟声词，实际的数量远远大于这个数字。

拟声词的功能如下：

1、拟声词大多可以带"的"做定语，不带"的"时也可做定语，但不如带"的"做定语自由。拟声词总是作为引用成分出现于话语中，无论带"的"做定语还是不带"的"做定语，都可以带上引号，表示是引用成分，这一点与其他饰词不同。做定语时主要是修饰"声音、声响、一声"或"……声"，如"'当'的一声、'丁当'一声、'哗哗'的声音、'轰隆轰隆'的声响、'嘭嘭'的敲门声、'呜呜'的哭声"。

2、拟声词大多可以做状语。做状语时带"地"的居多，不带"地"的少一些。也可带上引号，这与副词不同。例如：

(1) 他的心在"噗噗"直跳。　　(2) 小王"咯咯"地笑了。
(3) 拳头攥得"格崩"[作]响。　　(4) "唰"地一鞭子打过去。
(5) 突然门把手"咯哒"转动了一下。

3、拟声词可独立成句或做独立成分。如：

(6) "啪"，门外一声枪响。　　(7) 一只乌鸦从头上飞过，呱，呱，呱……

4、模拟人或动物嘴中发出的声音的拟声词大多可以临时用作动词，表示发出拟声词所代表的声音，如"'哈'了一声"表示"发出了一个'哈'的声音"，可看作拟声词并入隐性动词"发出"的结果。例如：

(8) 小坡喵了一声。（老舍《小坡的生日》）
(9) 牛牧师想了想，没法儿回答，只好咔咔了两声。（老舍《正红旗下》）
(10) 牛棚里，老母牛哞了一声。（石言《秋雪湖之恋》）
(11) 鹿用大犄角向山左边指了指，又咩了一声。（老舍《小坡的生日》）

那些与叹词同源的拟声词由于都是模拟人口中发出的声音，几乎都能临时用作动词，如：

(12) 于观看着他"哎"了一声。（王朔《顽主》）
(13) 金一趟"唔"了一声，说时候不早了，歇着去吧。（陈建功、赵大年《皇城根》）
(14) 柳娘悄悄溜到窗下，从窗纸破口处往里瞧，接着又哎呀了一声踢开门闯了进去。（邓友梅《烟壶》）

(15) 她"啧啧"了两声,也叹起气来。(张炜《你的树》)

拟声词不能做其他成分。下面三种情况都不是拟声词:

A."叽里咕噜、丁丁当当、扑通扑通"可以做谓语、补语,无论语法功能还是构词形式,都与状态词无异,应归为状态词。凡是四个音节的描摹声音的词都是状态词;拟声词限于单音节、双音节和三音节的。

B."滴答、巴嗒、咕嘟"可以做谓语中心或带宾语,但实际上此时与真正的拟声词在语音形式和意义上都不同:做谓语中心或带宾语时后一音节都是轻声,意义上也不再描摹声音,而是表示某个动作;而作为拟声词时却都是非轻声。比较:

(16) a. 屋檐上的水往下滴答(dīda)着——b. 滴答(dīdā)一声响
(17) a. 小狗巴嗒(bāda)着嘴——b. 巴嗒(bādā)一声把盖儿盖上
(18) a. 把海带咕嘟(gūdu)烂——b. 咕嘟(gūdū)一口把酒喝光了

因此,a 组中的"滴答、巴嗒、咕嘟"都应看作动词。

C."呼噜、嘟噜"可做宾语,但语音形式和意义也发生了变化,比较:

(19) a. 打了一夜呼噜(hūlu)——b. 喉咙里呼噜(hūlū)响
(20) a. 嘴里打了一个嘟噜(dūlu)——b. 嘟噜(dūlū)一声滑下去

a 组中的"呼噜、嘟噜"应归为名词。

8.7.6 副词

副词没有统一的语义类别,但语法功能很一致,基本功能是做状语,属于谓饰词。

8.7.6.1 划分副词的标准是:

〈状〉∧ *〈其他句法成分〉

可把标准具体化为:

〈状〉∧(*(不~｜很~｜~〈宾〉｜〈主宾〉｜〈准宾语〉｜〈拟声词〉))

标准中"*（不~｜很~｜~〈宾〉｜〈主宾〉）"是为了把副词与能做状语的体词、谓词区分开，"*（〈准宾语〉｜〈拟声词〉）"是为了与可做状语的数量词、拟声词区分开。

在43330词中，副词有999词，占2.3%。

副词的功能如下：

1、副词都能做状语。副词做状语时一般放在主语后面，部分副词可放在主语前面，如"幸亏、忽然"。

2、少数副词可以独立成句或带上语气词后成句，如"也许、不、没有、大概、赶紧、马上"（见陆俭明1982）。

3、"不、没有"可以做谓语或受其他副词修饰，但意思上不自足，应看作后面省略了中心语，因此不把"不、没有"归作核词。例如：

(1) 我不！　　(2) 他没有。　　(3) 我也不。

4、"很、极"可以做补语，如"好得很"、"大极了"，通常看作副词功能的例外。从历时的角度看，"极"和"很"做补语可以看作是历史上谓词用法的遗留。表示程度的副词"极"与表示"顶点"意义的名词"极"同源，后者发展出动词用法，表示达到极点，如：

(4) 水底有真金，我时投水，欲挠泥取，疲极不得。（《百喻经·见水底金影喻》）

(5) 所以一时见财起意，穷极生计，心中想到……。（《喻世明言》卷二十六）

现代汉语中"极"做补语似乎就是这种用法的遗留。做状语的"极"是书面语词，而做补语的"极"却非常口语化，因此可以把这两种用法的"极"看作两个概词，其中做补语的"极"是动词。

"很"来源于"狠毒、凶狠"义的形容词，早期也写作"狠"，如：

(6) 每日行走狠辛苦了。（《老乞大新释》）

(7) 究竟到了出榜，还是个依然故我，也无味的狠，所以我今年没存稿子。（《儿女英雄传》第一回）

"很(狠)"做补语的例子似乎都可以看作形容词补语用法的遗留,"很"做补语时应看作是形容词。如果是这样,那么所谓副词做补语的例外便不存在。

状语和补语的相容度极低,只有 0.03(参看第 6 章),不是等价功能。把补语位置上的"绝顶、死、远、坏、无比、透、透顶、慌、厉害"看作程度副词是不合适的(参看袁毓林 1995、1998;张谊生 2000)。我们认为这些词在补语位置上仍是动词或形容词,如果又可做状语,则兼有副词性。

5、"被迫、故意、互相"等少数几个词虽然能用于"是~的"结构中,由于"的"是体饰词标记,可以把体词、谓词转化为体饰词,也能把谓饰词转化为体饰词,所以我们把"被迫、故意、互相"仍看成副词。

6、副词不再有其他功能。"长期、临时、真正、自动"既可以做状语又可以做定语,不能做其他成分,这种词实际上兼有副词性和区别词性,由于数量不大,只占副词的 7%,所以我们按同质策略处理为副词和区别词的兼类词。"最"可以做状语,还能做定语修饰方位词和部分名词,"最上面"、"最左边"、"最底层"、"最高峰"、"最前线",我们也按同质策略处理为副词和区别词的兼类词。

朱德熙(1985a)说区别词"只能修饰名词或在'的'字前头出现","把副词定义为只能做状语的词",那么按照这种说法,似乎无法把"长期、临时"等可做定语、状语的词处理为区别词和副词的兼类:"长期、临时"这样的词不是只能做定语,因而不是区别词;不是只能做状语,因此不是副词。朱德熙(1985a)关于区别词和副词的定义的确不够周全,但我们不能"因言害义",要了解其背后没有说出的本意。当朱先生说"只能做定语/状语"时,目的是要把区别词、副词与体词和谓词区别开,对体词、谓词直接做定语、状语的功能,朱德熙(1982b、1985b)采取了优先同型策略归入了体词或谓词,而区别词和副词之间功能交叉时,则采取了同质策略处理为区别词和副词的兼类。明白了这个道理,那么我们可以对区别词和副词的定义稍加修改就可以消除问题:区别词是饰词中可出现在"数量～名词"位置做定语的词;副词是饰词中可以做状语、不能做准宾语的词。那么,既能做定语,又能做状语的饰词当然就可看作区别词和副词的兼类。

8.7.6.2 副词表示的意义多种多样,大致有以下 10 种:

1、表示语气,如"难道、究竟、简直"。

2、表示情态,如"也许、大概、必须、准"。

3、表示时间,如"已经、刚、曾经"。

4、表示处所,如"到处、就地、四处"。

5、表示重复,如"又、也、还"。

6、表示范围,如"都、只、光"。

7、表示程度,如"很、十分、最、更"。

8、表示否定,如"不、没、别"。

9、表示数量,如"总共、一共、足足"。

10、表示方式,如"亲自、悄悄、互相、赶忙"。

8.8 虚词

从语义上看,虚词不表示概念意义,即虚词的意义不反映外部世界,而是反映语言内部的各种关系、状态、功能,或者表达说话人的主观性含义。虚词缺乏语法上的独立性,不能单独充任句法成分,必须依附于另一个实词性成分。虚词都是封闭类。虚词包括介词、连词、语气词和助词。

8.8.1 介词

介词的语义作用主要是引出与行为动作有关的各种对象,有时也

可以引出与事物有关的对象。例如:
(1) a. 对这个问题进行研究(引出受事)
　　 b. 小刘被老师批评了一顿(引出被动施事)
　　 c. 用树枝把帐篷撑起来(用:引出工具,把:引出被致使者)
　　 d. 向前跑去(引出方向)
　　 e. 从学校去火车站(引出源点)
　　 f. 给弟弟买了一本书(引出接受者)
　　 g. 给小朋友讲故事(引出受益者)
(2) a. 关于宇宙起源的学术报告(引出关涉对象)
　　 b. 对这个问题的意见(引出目标对象)

8.8.1.1　划分介词的标准

(～〈实词〉＋〈谓词性成分〉)〖状中〗｜(〈谓词性成分〉～〈实词〉〖后状语〗)

介词的功能很简单,它只能放在一个实词性成分前面构成介词结构。介词后的成分不仅可以是体词性成分,也可以是谓词性成分,如"把研究搞好"、"对学习不感兴趣",在一定条件下还可以是饰词,如"从急性到慢性"。

介词结构是副词性结构,其功能如下:

1、直接做状语。

2、部分介词结构可以放在谓词性成分后面做后状语。如:

　　(3) 来自南方　　(4) 生于北京
　　(5) 运往上海　　(6) 高于一切　　(7) 给敌人以打击

过去一般把放在谓词性后面的介词结构看作时地补语,但严格说来时地补语与其他补语性质不同,其他补语是谓词性的,而时地补语是饰词性的,归为后状语更合适。

3、少数介词结构可以加"的"做定语,如:

　　(8) 对他的/意见　　(9) 关于环境保护的/报告

在 43330 词中,介词有 95 个,占 0.22%。

8.8.1.2 "连"也常用于实词性成分前,后面带上谓词性成分,如"连他也不知道",但其中的"连他"并不是做状语,而是做主语,所以不应把"连"归为介词,我们把"连"看作助词。

介词大部分来源于动词,有时两者很难区分。区分办法是:

A.能否单独使用。单独使用指后面不带实词性成分单独使用,包括单独做谓语、受状语修饰、做宾语和单说等。能单独使用的是动词,介词都不能单独使用。但某些动词也不能单独使用。

B.后面带上实词性成分后能受"不"或其他状语修饰而做谓语并且不能做状语、后状语的是动词;能做状语或后状语而不能做谓语,或虽能做谓语但在谓语位置上不能受"不"和其他状语修饰的是介词。比如对于"我给张三写了一封信"这个句子,在回答"你给谁写了一封信?"时,虽可以说"我给张三",但不能说成"我不给张三",这里的"给"是介词;"在、到、用、朝"等带上实词性成分后既能受"不"或其他状语修饰而做谓语,又能做状语或后状语,可看作动词和介词的兼类词。

"和、与、同、跟"是介词又是连词,在具体使用中这些词是介词还是连词有时不好判断。下面是我们的区分标准(为叙述方便,下面用"和"代表"和、与、同、跟"四个词;用"甲"、"乙"代表"和"前后的两个成分):

A."甲和乙"能省去"甲"变换为"和乙"。若是介词,满足此标准;若是连词,不满足此标准。如:

(10) 我和他开玩笑　　　　和他开玩笑
(11) 小王和小李一样高　　和小李一样高

以上是介词的例子。

(12) 我和他是北京人　　　*和他是北京人
(13) 小王和小李在看书　　*和小李在看书

以上是连词的例子。

B."甲和乙"中"和"前能加进状语或动词。介词满足这个标准,连词不满足。如:

(14) 我和他开玩笑　　　　我刚才/经常/想和他开玩笑
(15) 小王和小李一样高　　小王过去/会/也和小李一样高

以上是介词的例子。

(16) 我和他是北京人　　　*我也和他是北京人
(17) 小王和小李在看书　　*小王刚才和小李在看书

以上是连词的例子。

"因、因为、为了、由于"也是连词和介词的兼类,如果这些词后面的成分是名词性成分,则应看作介词,如果是谓词性的,就是连词。下面的例子都是介词用法:

(18) a. 他<u>因</u>事未能到会。
　　　b. 他这样做都是<u>为了</u>你。
　　　c. <u>由于</u>天气原因取消了这趟航班。

8.8.2　连词

连词的功能是连接词、词组或分句、句子,并表示被连接成分之间的并列、选择、递进、转折、因果、条件、目的等逻辑关系。

划分连词的标准是:

1、(〈实词〉~〈实词〉)〖联合结构〗∧ *〈句法成分〉
2、~([〈主〉]+〈谓词性成分〉)∧ *((〈主〉~〈谓〉)|〈结构单用〉)

满足以上标准中的任何一条都是连词。第一条标准指被考察的词置于两个实词之间,构成联合结构,如"我和他"。第二条标准指被考察的词用在主谓结构或谓词性成分前面,但不能用在主语和谓语之间或单用。"〈结构单用〉"指"~([〈主〉]+〈谓词性成分〉)"或"〈主〉~〈谓〉"单独使用,前面和后面不出现别的分句或句组。"而且、但是"只能放在主谓结构前面,不能放在主语和谓语之间,是连词。"虽然、不但"虽然可出现在主语和谓语之间,但在使用中前面或后面一定要出现别的分句或句组,也是连词。

连词的功能有分歧,所以我们用了两条析取性标准。根据这种功能分歧,可以把连词分为两个小类,一类连接词或词组,用第一条标准划出,如"和、与、同、跟、及、以及";另一类连接分句或句子、句群,用第二条标准划出,如"不但、虽然、尽管、何况、但是、因此"。

在 43330 词中,连词有 186 个,占 0.4%。

连词的功能如下:

1、连接词或词组,即用于"实词性成分～实词性成分"中。第一类连词具有此功能。

2、用于"～([〈主〉]+〈谓词性成分〉)"中。第二类连词具有此功能。

3、用于"〈主〉～〈谓〉"中。第二类连词具有此功能。

以上第 2、第 3 条功能,副词也具备,但能出现于主语前面的副词还能出现于主语后面,而且出现于主语后面时整个组合可以单独使用,可以据此把这些副词与连词区分开。

"仅、光、就"也常用于句首,但并非真正用于"～([〈主〉]+〈谓词性成分〉)"中,因为其层次不同,如"(仅苹果)(就买了十斤)"。"仅、光、就"都是副词。"连"也可用于句首,层次也不同,如"(连他)(都不知道)",我们把"连"归为助词。

4、用于语气词前。如:

(1) 所以呢,我们没有必要这么着急。
(2) 可是啊,他吃了一点,就不想吃了。

8.8.3 语气词

语气词是专门表示语气的后置性词。语气指反映说话人的主观性

或交互主观性的意义,包括情感、态度、评价、认识等。如:

(1) a. 多好的天儿啊!(感叹)

b. 你好好做啊。(提醒、敦促)

c. 你是谁啊?(追究)

d. 你干什么啊?(不满)

(2) 你什么时候来呢?(对句子表达的事件的疑惑态度及对听话人回答的期待)

(3) a. 明天的事你还记得吧?(对句子表达的事件的不确定、猜测态度)

b. 走吧!(对听话人的催促态度)

(4) 不是自己的孩子呗。(对句子表达事件的态度:显而易见)

划分语气词的标准是:

1、〈其他成分〉~〈停顿〉∧*〈其他成分〉~〈非停顿〉

2、((〈其他成分〉~〈语气词〉〖由标准1分出〗)|〈其他成分〉~〈停顿〉)∧*〈其他功能〉

在43330词中,语气词有35个,占0.08%。

语气词的功能如下:

1、置于句尾。这是语气词最常见的功能。如:

(5) 他来吗?　　(6) 现在走吧。

2、有些语气词可以置于句中停顿前[①]。如:

(7) 他呢,也是一个马大哈。　　(8) 可是啊,王大山没有来。

3、置于另一语气词前。如:

(9) 他来了吗?　　(10) 还躺着呢吧?

多数语气词只能置于句尾或句中停顿前,如"啊、吗、来着";个别语气词可以置于另一个语气词前,如"了、呢",但出现在"了、呢"后面的语气词只能置于句尾或句中停顿前,标准2就是针对"了、呢"一类语气词提出来的。

[①] 方梅(1994)认为句中语气词的功用是标示主位。

通常语气词后面不能再出现其他语气词,而"了、呢"后面还可以出现其他语气词,究其原因,与"了、呢"的性质有关:"了、呢"除了表示语气意义外,还表示时体意义,"了"表示出现新变化(实现),"呢"表示状态的持续,因此实际上是时体助词和语气词的混合体,并不是典型的语气词。

句尾"啦"的意义和用法与语气词"了"基本相同,是"了"的变体形式。用于句中表示列举的"啦"则可能是"啊"的音变形式。例如:

(11) 碗啦、盘啦、饭盒啦,工艺品似的在窗台上摆了一溜。

"我[是]昨天来的"中的"的"有人认为是语气词,但这个"的"可出现于无停顿的地方,因此我们不归为语气词,而仍归为助词。例如:

(12) 我[是]昨天来的北京。

8.8.4 助词

8.8.4.1 助词划分标准

助词是虚词中的剩余类,即把虚词中不能归入介词、连词、语气词的词聚在一起形成的类。剩余类是为了称说方便而设的类,并不是因为其成员有统一的性质。因此助词内部的成员个性较强,共性较少。总的来说,助词附加在实词性成分上起一定的语法作用,都可看作语法标记。

划分助词的标准是:

〈与别的成分组合〉∧ * (〈〈句法成分〉|〈介词〉|〈连词〉|〈语气词〉〉)

助词基本上都是汉语中特殊的功能词,数量不多,在 43330 词中,有 33 个,占0.08%。但使用频率一般都较高。

8.8.4.2 助词的小类

助词都是定位词。根据助词在组合中的位置可把助词分成三种:

1、后置助词。大多数助词都属此类,如"的、地、得、了、着、过、等、与否"。

2、前置助词。如"连、所"。

3、中置助词。只有一个"之",是文言词在现代汉语中的遗留。

助词在与别的成分组合时所起的作用也相差很大,有的起表述功能转化作用,如"的、者、所、之";有的表示体(aspect)意义,如"了、着、过";有的表示列举,如"等、等等";有的标示一个对比项,形成特殊句式,如"连";还有其他情况。但有一点是共同的,即与助词组合的成分都是实词性的成分,虚词不能跟助词组合。

根据助词所起的作用,可把助词分为以下5类:

1、结构助词,如"的、地、得、之、者"。

2、体助词,如"了、着、过、来着"。

3、比况助词,如"似的、一般"。

4、数助词,如"分之(三~一)、点(三~一四)、又(一~二分之一)、来(二十~个)、多(十~个)、余(二十~名)、第(~二)"。

5、特殊助词,如"连、等、等等、以来、来(两年~)、所"。

下面分类介绍。

一、结构助词

结构助词的作用是附加在某些语法结构中,成为某些句法成分的标记或词性的标记。助词"的"有两个不同的用法。

1、"的"附加在做定语的成分后面,是定语的标记(的$_3$)。

"实词性成分+的"构成的结构叫"的"字结构。"的"字结构除了主要做定语外,还可以做主语、宾语和谓语。当"的"字结构做主宾语时,是一种无核定中结构,即中心语不出现的定中结构,"的"字结构起到临时替代整个定中结构的作用,可看作修饰词语的转指用法。

(1) a. 买书的人(动词性成分"(某人)买书"加"的")

b. 送信的来了。(动词性成分"(某人)送信"加"的";无核定中结构)
　　c. 同学的书(名词性成分"同学"加"的")

从词性转化的角度说,这个"的"是体饰词的标记,一个体词性成分、谓词性成分一旦加上"的"就转化为一个体饰词性成分。

2、"的"是状态词标记(的₂),可加在状态词后面,使状态词的使用更自由;也可加在一些词组后面,使这些词组转化为状态词性的。例如:

(2) a. 衣服干干净净的。
　　b. 小孩的脸红红的。("红红"本来不能单用,加"的"后可以自由做谓语和补语)
　　c. 大家挺高兴的。(状中词组"挺高兴"加"的"转化为状态词)
　　d. 外面敲锣打鼓的,很热闹。(联合结构"敲锣打鼓"加"的"转化为状态词)

助词"地"附加在做状语的成分后面,是状语标记。

从词性转化角度看,"地"是一个副词标记,一个谓词性成分、体词性成分一旦加上"地",就转化为一个副词性成分。例如:

(3) a. 我荣幸地成为其中的一员。(形容词"荣幸"加"地"转化为副词成分)
　　b. 你要有计划地学习和复习。(动词性成分"有计划"加"地"转化为副词成分)
　　c. 应该历史地看待这个问题。(名词"历史"加"地"转化为副词成分)

助词"得"附加在述补结构的述语后面,标示后面成分是补语,可看作补语标记。例如:

(4) a. 洗得干干净净
　　b. 累得站不起来了

二、动态助词(时体助词)

动态助词的作用,是附加在动词或形容词后面,表示行为动作、性质状态的进展状况。又叫时体助词、体助词。

"了"表示动作行为的完成、状态的实现。"着"表示动作、状态的持续。"过"表示某个动作行为或状态是过去的经历。"来着"表示对过去发生的事件或状态的回顾。

三、比况助词加在表示喻体的词语后面,可看作比喻标记。如"般、似的"。

四、数助词是用在数词结构中,起辅助作用的标记性成分。"第"是序数标记,"点"是小数标记,"分之"是分数标记,"百分之"是百分数标记,"多、余"是余数标记。

五、特殊助词

除了上面明确归类的助词外,还有一些助词不好归类,算作特殊助词。

"连"是极端项标记,"等、等等"是列举未尽标记,"所"是文言文遗留下来的成分,是动词性成分做定语时的宾语提取标记,即表示定语所修饰的中心语是定语中的动词或介词的宾语。

8.9 叹词

叹词是独立使用、专门表示感叹、呼应的词。叹词的语义功能可分为情感和呼应两类:

1、情感叹词:表示说话人的情感、态度,包括赞叹、惊讶、恍然大悟、疑惑、痛苦、蔑视不满等情感或态度。如:

啊、哎、哎呀、哎哟、哟、咳、哦、咦、哼、哇、呸、啧

2.呼应叹词:表示对对方的呼唤、提醒、应答。如:

喂、嘿、嗯、喏、诶

8.9.1 划分叹词的标准

(〈独立成句〉|〈独立成分〉)∧ *〈其他用法〉

叹词的功能很简单,它不能与别的成分组合,总是独立使用,或独立成句,或做独立成分。

在 43330 词中,叹词有 25 个,占 0.06％。本项研究所用词表只收了常见的叹词,实际数量远大于这个数字。

叹词是语言中特殊的一类词。就功能而言,叹词总是独立使用,这与其他任何一类词都不同。就语义而言,叹词不表示概念义,只表示某种感情意义。就语音形式而言,叹词也有其独特之处:

A.叹词的声、韵可超出一般词的语音系统,如"啧(非肺部气流)"、"哼([hṅ])"、"噷([hm̩])"、"哟([io])"、"呣([m̩])"、"嗯([n̩])、[ŋ̍])"等。

B.叹词无声调[①]。除了非响音性的叹词(如"啧")外叹词一般有音高的变化,但是这种音高的变化不是声调,而是语调。我们把叹词的音高变化看作语调而不是看作声调的理由有以下三条:

a.有些叹词无音高变化。如"啧"。

b.叹词的音高变化与阴平、阳平、上声、去声四个声调不同。比如"唉"可以有 21 调,这与普通话的四个声调的调值都不同。有些叹词的调值与四个声调的调值类似,但实际上仍不相同,或者是长短不同,或者是起伏不同。如"唉"可以读 213(表示不满时),但跟"矮"的并不相同:"唉"的结尾有一个拖腔,而"矮"没有。又如"唉"可以读 51(表示应答),但与"爱"也不相同:"唉"拖得很长,因而较平缓。

c.声调与字的关系是固定的,声调作为词的语音形式的一部分,本身并无意义;而叹词的调值可以变化,并且调值的变化引起相应的意义上的变化:高升调总是表示疑问,如"啊(35)"、"唉(35)"、"嗯(35)",高

[①] 赵元任(1968b)在谈到汉语叹词的语音特征时说:"Interjections have no tone but have definite intonations(8.6.2)",丁邦新译为"感叹词没有声调,但有一定的语调"。有趣的是,同样一句话,吕叔湘却译为"叹词没有固定的字调,但是有一定的语调",意思是叹词有声调,但不固定。吕叔湘的翻译也许反映了其观点与赵元任的不同。

降调一般表示应诺、感叹等。这正是语调的特征。过去一般把不同调值的叹词看作不同叹词，或者认为叹词无固定声调，实际上都是把语调当作了声调。

由于叹词无声调，在词典中给叹词注音时不必标调，过去词典中由于"调"不同而分列词条的叹词应统一为一个词条。

8.9.2 叹词和拟声词的关系

叹词与拟声词有密切的联系（参看邢福义1997）。但这种联系并非两者的共性造成，而是因为叹词大多又同时兼有拟声词的功能。如：

(1) a. 啊，我明白了。（叹词） b. 他"啊啊"地叫了起来。（拟声词）
(2) a. 哎哟，疼死了！（叹词） b. 他哎哟哎哟直叫。（拟声词）

叹词和拟声词的这种关系正如人发出的自然声音同语言中的拟声词的关系一样。比如一个人打了一个喷嚏，发出"a qie"这样的声音，这个声音本身不是拟声词，但这个声音可以用拟声词来摹拟，于是形成"阿嚏"这样的拟声词。人们表示感叹、呼唤发出的声音是叹词，如(3)a，也可以用拟声词来摹拟这个声音，如(3)b。

(3) a. 喂，小王在吗？ b. 电话里传出喂喂的声音。

在8.7.5中我们说到摹拟人或动物发音器官发出的声音的拟声词大多可以临时用作动词，与叹词同源的这些拟声词都是人的发音器官发出的，也能临时用作动词（例见8.7.5）。

叹词和拟声词的这种关系相当于自然声音和拟声词的关系，作为叹词的"喂"相当于人打电话发出的声音。拟声词"喂"是对作为叹词的"喂"的声音所作的摹拟，并且两者通常用同一字形代表。因此，从表述功能和语法功能角度看，两者相差很大，叹词是非组合词，而拟声词是组合词中的饰词，两者在语法系统中的位置相差甚远。

8.10 代词

代词没有实在的概念意义,其基本功能是起专门的称代作用。所谓称代作用,指成为人、事物、处所、时间、数量、方式、行为动作、性质、状态等的替代形式。如:

(1) 小王看见张老师了——小王看见他了。
(2) 老王坐在门口?——老王坐在那里。
(3) 小刘买了三本书——小刘买了多少书?
(4) 老李喝醉了——老李怎么样了?
(5) 这本书很好看——这本书怎么样?

严格地说,代词并不是一个独立统一的词类,代词实际上是从实词各类中把一些具有专门称代功能的词抽出来形成的一个特殊类别,与名、动、形这样的词类不在一个平面上。因此代词没有统一的语法功能,分别属于体词、谓词和饰词。

在 43330 词中,代词有 105 个,占 0.24%。

代词包括以下几种:

(一)人称代词。人称代词指代具有一定话语活动参与者角色的人或物:发话人一方为第一人称代词,受话人一方为第二人称代词,除发话人和受话人以外的第三方为第三人称代词,某个会话角色自身为反身代词。现代汉语人称代词主要有:

我、我们、咱、咱们(第一人称)
你、你们、您(第二人称)
他(她、它)、他们(她们、它们)(第三人称)
自己、自个儿(反身)

(二)疑问代词。疑问代词是指以一个所指不确定的形式去替代人、事物、处所、时间、数量、行为动作、性质、状态、方式等,从而具有疑问的功能的代词。疑问代词主要有:

谁、什么、哪里、哪儿、几、多少、怎样、怎么样、怎么、多、何时、多会儿

（三）指示代词。指示代词是具有指示功能和专门称代功能的代词。指示功能主要有两种具体的用法，一是直示用法，即直接指向话语场景中的人、事物、行为动作、性质、数量等；二是回指用法，即指向上文提到的人、事物、行为动作、性质、数量等。

指示代词根据所指的相对距离分为两类：

1.近指代词：这、这里、这儿、这时、这会儿、这样、这么、这么样

2.远指代词：那、那里、那儿、那时、那会儿、那样、那么、那么样

"每、某、任何、另、各"等由于没有称代作用，是指示词而不是指示代词。"这、那"可看作指示词和代词的兼类，做主宾语时是指示代词，做定语时是指示词。

从语法功能看，代词实际属于不同词类。根据代词的语法功能，可把代词分为以下几类：

1、动词性代词。如"这样、那样、怎样、怎么样"。这类代词可受"不、没"的修饰，可做谓语、补语，受一般状语修饰，但不受"很"修饰。

2、名词性代词。包括"我、你、他"等所有人称代词和"谁、什么"等疑问代词以及指示代词"这、那"。这类代词不能受"不、没"修饰，可做主语、宾语。

3、处所词性或方位词性代词。如"这里、那里、这儿、哪里、哪儿"。

4、时间词性代词。如"这时、那时、这会儿、此时"。

5、数词性代词。如"几、多少"。

6、数量词性代词。如"多少"。

7、副词性代词。如"这么、那么、多、多么"。

有些代词从语法功能看是兼类的，如"多少"兼属数词性代词和数量词性代词[①]，"这、那"兼属名词性代词和指示词，"这样、那样"兼属动

---

① 在"多少个、多少斤"一类表达中是数词性的，在"多少苹果、多少油"一类表达中是数量词性的。

词性代词和副词性代词。

代词是专门起称代作用的词,所谓"专门"是说称代功能是基本功能,没有或少有其他功能。有些词可以临时起称代作用,如数量词(如"买了许多、没收一切")、数词(如"一死两伤")、区别词(如"生男生女都一样、急性好治,慢性不好治")。所谓"临时",是说这些词的基本功能不是称代,称代功能是在转指条件下实现的。有临时称代功能的词不是代词。

有一些词可以表示会话的参与者角色,如"本人、大家、人家、别人、前者"等,但这些属于名词,"本校、贵校、其他人",则可以归入名词性词组。因为这些词语实际上是通过概念意义来表示对象,而且本身就是名词或名词词组,因此不是名词性成分的替代形式。

第 9 章 汉语词类的统计研究

9.1 词频与词的功能的相关性

9.1.1 引言

汉语中,对于一些词类的某些功能的数量统计往往有很大分歧。比如一般认为形容词绝大多数都能做定语,而根据我们的统计,只有 29% 的形容词可以直接做定语;邵敬敏(1995)认为,双音动词中能直接做定语的有 90%,而根据我们的统计只有 35%;徐枢(1991)认为,能受名词直接修饰的双音动词约占三分之一,而根据我们的统计只有 7%。为什么会出现如此大的分歧?我们认为,造成这种分歧的根本原因是词频与词的语法功能的相关性。

词频与词的功能有一定的相关性,这种相关性对不同词类、不同功能而言,情况有所不同。一方面,同一功能在不同词类中与词频的相关性可能相差很大,比如做主语的能力在动词中随词频的下降而显著下降,但在名词中没有显著变化。另一方面,同一词类的不同功能与词频的相关性也可能相差很大,比如形容词做定语的能力随词频的下降而显著下降,但做组合式补语的能力却无显著变化,而做谓语的能力则随词频下降反而上升。

我们下面将统计计算形容词、名词、动词功能与词频的相关系数,并分析词频与功能的相关现象反映了什么实质。其他词类或由于数量较少,难以说明其功能与词频的关系;或由于功能单一(如区别词、副词),无需考虑其功能与词频的关系,因此不再计算这些词类的功能与词频的相关系数。

本书所依据的是北京大学中文系和计算语言所合著的《现代汉语语法信息词典》(电子版本)43330词的考察材料。统计中使用的词频表由北京语言文化大学宋柔教授提供,该词频表共收词247,487个,从2亿字语料中统计得出,语料包括《人民日报》1993(24,051,292字)、1994(22,318,899字)、1996(24,353,782字)、1997(25,098,645字);《经济日报》1992(17,337,643字)、1993(21,543,035字);《市场报》1994(8,086,394字);《新华社电讯稿》1994(6,928,847字)、1995(26,448,700)、1996(24,548,018)。一般词典中同形词分成不同词条,多义词有的也分成不同词条,但词频表中对同形词、多义词都未分条目,造成《现代汉语语法信息词典》的词类表中同形词和多义词的多个词条共享词频表中的同一词条的词频的情况,比如"婉转"在词频表中词频为111次,在《现代汉语语法信息词典》的形容词表中有两个"婉转"词条:婉转1——委婉义,婉转2——抑扬动听义,如果把两个"婉转"的词频都作111显然不合适,凡遇到这种情况,我们一律只取同形词和多义词的第一个词条,其他词条为无效词条,不进行统计。

9.1.2 词频与功能相关性统计

9.1.2.1 词频与形容词功能的相关性

形容词共2355条,去除同形词、多义词重复词条15条,有效词共2340条。把这2340个有效词条按词频排序,并按词频高低分为一至五级,每一级共468条。分级统计形容词功能见表9.1-1,图9.1-1是相应的折线图。

表 9.1-1　词频与形容词功能的相关性

频率级	1级		2级		3级		4级		5级		总计		r	显著水平
总计词数	2874		468		468		468		468		2340			
中间词频			406		125		37		4					
	词数	比例	词数	比例	词数	比例	词数	比例	词数	比例	词数	比例		
不~	417	89%	441	94%	444	95%	444	95%	442	94%	2188	94%	-0.994	++
很~	454	97%	464	99%	462	99%	466	100%	442	94%	2288	98%	-0.143	-
谓语	453	97%	466	100%	463	99%	465	99%	468	100%	2315	99%	-0.948	+
组合式补语	324	69%	327	70%	341	73%	306	65%	260	56%	1558	67%	0.292	-
黏合式补语	85	18%	52	11%	23	4.9%	18	3.8%	8	1.7%	186	7.9%	0.912	+
带补语	408	87%	433	93%	417	89%	369	79%	331	71%	1958	84%	0.325	-
~着了过	358	76%	366	78%	364	78%	316	68%	282	60%	1686	72%	0.405	-
~的	439	94%	446	95%	455	97%	462	99%	460	98%	2262	97%	-0.845	-
~地	210	45%	219	47%	219	47%	175	37%	111	24%	934	40%	0.366	-
很~地	205	44%	226	48%	223	48%	182	39%	118	25%	954	41%	0.268	-
~准宾	326	70%	334	71%	296	63%	223	48%	121	26%	1300	56%	0.506	-
~趋补	264	56%	285	61%	282	60%	215	46%	153	33%	1199	51%	0.333	-
重叠	101	22%	82	18%	70	15%	63	13%	37	7.9%	353	15%	0.785	-
定语	285	61%	160	34%	121	26%	81	17%	41	8.8%	688	29%	0.929	+
状语	172	37%	63	13%	21	4.5%	13	2.8%	8	1.7%	277	12%	0.981	++
准谓宾动~	40	8.5%	17	3.6%	18	3.8%	4	0.9%	2	0.4%	81	3.5%	0.916	+
有~	22	4.7%	3	0.6%	7	1.5%	0	0%	0	0%	32	1.4%	0.957	+
名(定)~	6	1.3%	1	0.2%	3	0.6%	0	0%	0	0%	10	0.4%	0.886	+
兼类	145	31%	56	12%	25	5%	14	3.0%	14	3%	254	11%	0.982	++
单音节	96	21%	60	13%	21	4%	10	2.1%	2	0.4%	189	8.1%	0.891	+

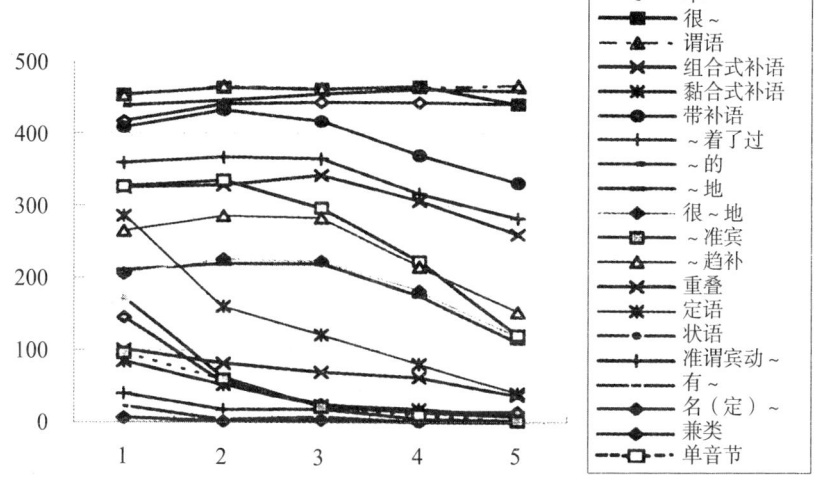

图 9.1－1　词频与形容词功能的相关性

表 9.1－1 中 r 表示词频与具有某项语法功能的词的数量的相关系数①。相关系数反映数组之间的线性相关性程度，用 r 代表，$-1 \leqslant r \leqslant 1$。r 的绝对值越接近 1 表明相关性程度越高：r＝1 时，两数组完全正相关；r＝－1 时，两数组完全负相关②；r＝0 时，两数组无相关性。但仅看 r 值的高低并不能断定两个数组之间的相关性有无显著性意义③，是否有显著性意义，还需根据自由度查表判断。自由度＝成对数据数目－2。此处成对数据数目为 5，自由度为 3。查表得知自由度为 3 时，5％显著水平临界值为 0.878，1％显著水平临界值为 0.959。即若|r|＞0.878，则两数组显著相关（用"＋"表示），说明两者有必然的关系，若|r|＞0.959，则两数组极显著相关（用"＋＋"表示）；若|r|≤0.878，则两数组

---

① 本书相关系数用 Microsoft Excel 软件计算。
② 正相关指两数组（即两列变量）间变动方向相同，如数组 A 的数据越大，数组 B 的数据也越大，则数组 A 和数组 B 有正相关关系；负相关指两数组间变动方向相反，如数组 A 的数据越大，而数组 B 的数据越小，则数组 A 和数组 B 有负相关关系。
③ 只有当 r 值达到显著水平临界值时，才表明两数组的相关性不是偶然的。

无显著相关(用"-"表示),无法断定两者有必然的关系。

表中相关系数指各级词频的形容词中具有某项功能的词数与中间词频的相关系数。中间词频指该频率级中处于排序中间的那个词的词频,比如1级词共468条,按词频排序,第234条的词频就是1级词的中间词频。

从上表可以看到,除具有"不~"、"〈谓语〉"、"很~"、"~的"这四项功能的词的数量随着词频下降反而略有上升(相关系数为负数)外,具有其他功能的词的数量都随词频下降而下降。其中做定语、做状语、做准谓宾动词宾语、做"有"的宾语、受名词直接修饰、做黏合式补语达到显著水平。为了清楚地显示这种现象,我们用相对数量关系来描写各级词频之间功能的数量变化,即把绝对词数转为相对词数。相对词数计算公式为:

相对词数=具有某功能的词数/具有某功能的最高词数

表9.1-2是词频与形容词相关性的相对数量,图9.1-2是相应的折线图。

表9.1-2 词频与形容词相关性的相对数量

	1级	2级	3级	4级	5级
不~	93.9%	99.3%	100.0%	100.0%	99.5%
很~	97.4%	99.6%	99.1%	100.0%	94.8%
谓语	96.8%	99.6%	98.9%	99.4%	100.0%
组合式补语	95.0%	95.9%	100.0%	89.7%	76.2%
黏合式补语	100.0%	61.2%	27.1%	21.2%	9.4%
带补语	94.2%	100.0%	96.3%	85.2%	76.4%
~着了过	97.8%	100.0%	99.5%	86.3%	77.0%
~的	95.0%	96.5%	98.5%	100.0%	99.6%
~地	95.9%	100.0%	100.0%	79.9%	50.7%
很~地	90.7%	100.0%	98.7%	80.5%	52.2%
~准宾	97.6%	100.0%	88.6%	66.8%	36.2%

续表

	1级	2级	3级	4级	5级
~趋补	92.6%	100.0%	98.9%	75.4%	53.7%
重叠	100.0%	81.2%	69.3%	62.4%	36.6%
定语	100.0%	56.1%	42.5%	28.4%	14.4%
状语	100.0%	36.6%	12.2%	7.6%	4.7%
准谓宾动~	100.0%	42.5%	45.0%	10.0%	5.0%
有~	100.0%	13.6%	31.8%	0.0%	0.0%
名(定)~	100.0%	16.7%	50.0%	0.0%	0.0%
兼类	100.0%	38.6%	17.2%	9.7%	9.7%
单音节	100.0%	62.5%	21.9%	10.4%	2.1%

图 9.1-2 词频与形容词相关性的相对数量图

9.1.2.2 词频与名词功能的相关性

名词总词数共 27408 条，去除同形词、多义词重复词条，有效词共 27232 条。按词频排序，分成五级，每一级平均 5446.4 条。下面是分级统计结果：

表 9.1-3 词频与名词功能的相关性

频率级	1级		2级		3级		4级		5级		总计		r	显著水平
总词数	5446		5446		5446		5447		5447		27232			
中间词频	1055		140		34		6		0					
	词数	比例	词数	比例	词数	比例	词数	比例	词数	比例	词数	比例		
主语	5208	95.6%	5268	96.7%	5291	97.2%	5303	97.4%	5336	98.0%	26406	97.0%	−0.905	+
宾语	5237	96.2%	5308	97.5%	5324	97.8%	5349	98.2%	5371	98.6%	26589	97.6%	−0.926	+
数量～	4290	78.8%	4196	77.0%	4179	76.7%	4214	77.4%	4279	78.6%	21158	77.7%	0.601	−
名（定）～	3897	71.6%	3298	60.6%	2532	46.5%	1918	35.2%	1949	35.8%	13594	49.9%	0.834	−
数～	139	2.6%	51	0.9%	30	0.6%	16	0.3%	9	0.2%	245	0.9%	0.982	++
处所	434	8.0%	155	2.8%	74	1.4%	28	0.5%	145	2.7%	836	3.1%	0.958	+
临时量词	48	0.9%	32	0.6%	21	0.4%	13	0.2%	5	0.1%	119	0.4%	0.866	−
定语	4115	75.6%	3827	70.3%	3560	65.4%	3335	61.2%	3598	66.1%	18435	67.7%	0.862	−
状语	23	0.4%	13	0.2%	6	0.1%	0	0.0%	2	0.0%	44	0.2%	0.904	+
～方位	4738	87.0%	4520	83.0%	4684	86.0%	4739	86.0%	4575	84.0%	23256	85.4%	0.415	−
重叠	24	0.4%	6	0.1%	1	0.0%	0	0.0%	0	0.0%	31	0.1%	0.993	++
兼类	397	7.3%	124	2.3%	56	1.0%	54	1.0%	12	0.2%	643	2.4%	0.989	++

表 9.1－4　词频与名词功能相关性的相对数量

频率级	1级	2级	3级	4级	5级	总下降率	平均下降率
主语	97.6%	98.7%	99.2%	99.4%	100.0%	－2.4%	－0.5%
宾语	97.5%	98.8%	99.1%	99.6%	100.0%	－2.5%	－0.5%
数量～	100.0%	97.8%	97.4%	98.2%	99.7%	0.3%	0.1%
名(定)～	100.0%	84.6%	65.0%	49.2%	50.0%	50.0%	10.0%
数～	100.0%	36.7%	21.6%	11.5%	6.5%	93.5%	18.7%
处所	100.0%	35.7%	17.1%	6.5%	33.4%	66.6%	13.3%
临时量词	100.0%	66.7%	43.8%	27.1%	10.4%	89.6%	17.9%
定语	100.0%	93.0%	86.5%	81.0%	87.4%	12.6%	2.5%
状语	100.0%	56.5%	26.1%	0.0%	8.7%	91.3%	18.3%
重叠	100.0%	25.0%	4.2%	0.0%	0.0%	100.0%	20.0%
兼类	100.0%	31.2%	14.1%	13.6%	3.0%	97.0%	19.4%

图 9.1－3　词频与名词功能相关性的相对数量图

9.1.2.3　词频与动词功能的相关性

动词总数共 10299 条,去除同形词、多义词重复词条,有效词共 9814 条。按词频排序,并分为五级,每级平均 1962.8 条。统计如下:

表 9.1-5 词频与动词功能的相关性

频率级	1级 1962	比例	2级 1963	比例	3级 1963	比例	4级 1963	比例	5级 1963	比例	总计	比例	r	显著水平
总词数	3458		615		218		76		15					
中间词频														
不~	1754	89.4%	1680	85.6%	1656	84.4%	1673	85.2%	1602	81.6%	8365	85.2%	0.875	-
没~	1771	90.3%	1759	89.6%	1713	87.3%	1742	88.7%	1713	87.3%	8698	88.6%	0.742	-
谓语	1957	99.7%	1961	99.9%	1963	100.0%	1963	100.0%	1962	99.9%	9806	99.9%	-0.969	++
~着/了/过	1688	86.0%	1673	85.2%	1689	86.0%	1692	86.2%	1612	82.1%	8354	85.1%	0.333	-
~真宾	1557	79.4%	1283	65.4%	1117	56.9%	982	50.0%	808	41.2%	5747	58.6%	0.874	-
~准宾	1291	65.8%	1160	59.1%	1074	54.7%	957	48.8%	779	39.7%	5261	53.6%	0.775	-
~黏补	1187	60.5%	1006	51.2%	929	47.3%	763	38.9%	644	32.8%	4529	46.1%	0.829	-
~介补	204	10.4%	196	10.0%	164	8.4%	117	6.0%	58	3.0%	739	7.5%	0.630	-
黏补	76	3.9%	68	3.5%	54	2.8%	51	2.6%	30	1.5%	279	2.8%	0.738	-
很~	64	3.3%	40	2.0%	49	2.5%	40	2.0%	26	1.3%	219	2.2%	0.833	-
重叠	483	24.6%	272	13.9%	207	10.5%	131	6.7%	80	4.1%	1173	12.0%	0.943	+
主语	624	31.8%	467	23.8%	396	20.2%	267	13.6%	195	9.9%	1949	19.9%	0.858	-?
宾语	865	44.1%	793	40.4%	766	39.0%	832	42.4%	804	41.0%	4060	41.4%	0.735	-?
定语	951	48.5%	743	37.9%	618	31.5%	507	25.8%	337	17.2%	3156	32.2%	0.850	-?
状语	51	2.6%	37	1.9%	24	1.2%	12	0.6%	6	0.3%	130	1.3%	0.852	-?
名(定)~	207	10.6%	148	7.5%	92	4.7%	59	3.0%	23	1.2%	529	5.4%	0.863	-?
进行~	593	30.2%	473	24.1%	386	19.7%	356	18.1%	279	14.2%	2087	21.3%	0.893	+
有~	160	8.2%	84	4.3%	42	2.1%	35	1.8%	13	0.7%	334	3.4%	0.954	+
兼类	314	16.0%	146	7.4%	104	5.3%	75	3.8%	55	2.8%	694	7.1%	0.983	++
单音词数	360	18.3%	223	11.4%	167	8.5%	103	5.2%	28	1.4%	881	9.0%	0.889	+

图 9.1－4　词频与动词功能相关性的相对数量

9.1.3　分析和讨论

9.1.3.1　词频与功能的相关性说明了什么

语法功能与词频的相关性有三种情况:1、词频与功能无显著相关;2、词频与功能显著正相关;3、词频与功能显著负相关。这三种状况分别反映了什么实质?

可以从两个方面的相关现象出发来分析:1、词频与兼类词的相关性;2、功能的相容性。

9.1.3.1.1　词频与兼类词的相关性

我们在前面的统计中对名动形三类词中兼类词数量与词频的相关系数作了计算,都显示兼类词数量与词频呈正相关。下表是所有兼类词与词频的相关性统计,可以看到,从整体上看词频与兼类词的数量也是呈正相关的。

表 9.1-6　兼类词数与词频的相关性①

频率级	1级		2级		3级		4级		5级		总计		相关系数	显著水平
词数	7622		7622		7622		7622		7622		38110			
中间词频	2901		401		114		33		6					
兼类词	词数	比例	词数	比例	词数	比例	词数	比例	词数	比例	词数	比例		
	1308	17%	417	5.5%	229	3.0%	136	1.8%	95	1.2%	2185	5.7%	0.996	++

很多学者已注意到语言形式和意义的变化与词频的正相关,这种现象可以这样解释:变化总是在使用中发生,使用越频繁的成分发生变化的可能性也就越大,越容易衍生出新的意义和用法;使用越少,出现变化的可能性越小。那些最不可能发生变化的成分是已经不用的成分。一个词兼有多种词性通常都是词在使用中发生变化,产生出新的意义或用法造成,我们可以说词所具有的词类性质的多少与词频正相关。

9.1.3.1.2　词频与功能相关性的实质

上面我们看到,词频与功能之间有三种关系:显著正相关、显著负相关、无显著相关。而显著正相关的那些功能正好与该词类最基本的功能间相容度很小,显著负相关及无显著相关的那些功能与该词类的最基本的功能间有较大相容度。前面我们说到,词频与一个词具有的词类性质呈显著正相关,相容度高的功能间反映了相同词类性质,相容度低的功能间反映了不同词类性质,因此我们可以说,那些与词频呈显著正相关的功能一般是这个词类的兼职功能,即实际上是兼词性,只是我们按同型策略不处理为兼类词;那些与词频无显著相关的功能以及与词频呈显著负相关的功能就是这个词类的本职功能,即区别性功能。比如形容词中,做谓语、"不~"、做组合式补语、带补语等功能及形容词的基本功能"很~"都与词频无显著相关或呈显著负相关,这些功能相

---

① 多义词、同形词的多个词条只作为一个词条统计,因此统计词数(38110)少于总词数(43330)。

容度很大,是等价功能;而做定语、状语、受名词修饰等功能与词频呈显著正相关,这些功能与形容词的基本功能"很~"相容度很小,是异价功能,具有这些功能的形容词实际上都兼有区别词性、副词性和名词性。

9.1.3.2 形容词功能与词频相关性分析和讨论

表 9.1-1 中从"~趋补"起向上的功能相互间有较大相容度,是形容词的区别性功能。从"定语"向下,不是形容词的区别性功能。从表 9.1-1 可以看到,这些区别性功能除做黏合式补语外,都与词频无显著相关性,甚至还呈显著负相关。而非区别性功能则全与词频显著正相关。

现在需要解释为什么做黏合式补语是例外。这是因为音节数会影响形容词做黏合式补语的能力,单音节形容词做黏合式补语的能力大大高于双音节形容词(见表 9.1-7),而单音节形容词恰恰大多词频较高,因此很有可能是由于音节数因素的干扰,使形容词做黏合式补语的能力随词频显著下降。为了排除音节数的干扰,我们下面只统计双音节形容词的功能变化,为了对比,其他功能也一并统计(见表 9.1-8)。

表 9.1-7 音节数对形容词做黏合式补语的影响[①]

频率级	1级		2级		3级		4级		5级		总计	
条件	单音	双音	单音	双音	单音	双音	单音	双音	单音	双音	单音	双音
可	77	8	44	8	12	11	8	10	1	7	142	44
比例	80.2%	2.2%	73.3%	2.0%	57.1%	2.5%	80.0%	2.2%	50.0%	1.5%	75.1%	2.1%
否	19	363	16	397	9	432	2	443	1	453	47	2088
比例	19.8%	97.8%	26.7%	98.0%	42.9%	97.5%	20.0%	97.8%	50.0%	98.5%	24.9%	97.9%
总计	96	371	60	405	21	443	10	453	2	460	189	2132
$\sigma p1-p2$	0.0414		0.0575		0.1082		0.1267		0.3536		0.0316	
Z/显著水平	18.872	++	12.409	++	5.050	++	6.141	++	1.371	-	23.129	++
平均 Z 值	10.618											
专业显著水平	++											

[①] 表中 σ 指标准差,Z 指标准分,其计算方法见 9.2.1。

表 9.1-8 词频与双音节形容词功能的相关性

频率级	1级		2级		3级		4级		5级		总计		r	显著水平	变化
词数	426		426		426		427		427		2132				
中间词频	2370		406		125		37		3						
	词数	比例	词数	比例	词数	比例	词数	比例	词数	比例	词数	比例			
不~	374	88%	383	90%	412	97%	409	96%	408	96%	1986	93%	-0.831	—	降
很~	418	98%	420	99%	425	100%	425	100%	421	99%	2109	99%	-0.734	—	
谓语	415	97%	425	100%	424	100%	425	100%	427	100%	2116	99%	-0.975	++	
组合式补语	298	70%	305	72%	319	75%	280	66%	237	56%	1439	67%	0.271	—	
黏合式补语	11	3%	6	1%	11	3%	11	3%	5	1%	44	2%	0.361	—	
带补语	368	86%	391	92%	378	89%	331	78%	300	70%	1768	83%	0.341	—	降
~着了过	316	74%	326	77%	329	77%	284	67%	254	59%	1509	71%	0.355	—	
~的	418	98%	422	99%	426	100%	423	99%	420	98%	2109	99%	-0.683	—	
~地	237	56%	221	52%	214	50%	156	37%	101	24%	929	44%	0.605	—	
很~地	224	53%	222	52%	214	50%	160	37%	107	25%	927	43%	0.528	—	
~准宾	284	67%	289	68%	257	60%	199	47%	107	25%	1136	53%	0.528	—	
~趋补	241	57%	259	61%	253	59%	193	45%	140	33%	1086	51%	0.378	—	
重叠	55	13%	59	14%	59	14%	57	13%	33	8%	263	12%	0.206	—	
定语	227	53%	130	31%	97	23%	66	15%	37	9%	557	26%	0.939	+	
状语	139	33%	39	9%	15	4%	11	3%	7	2%	211	10%	0.998	++	升
准谓宾动~	45	11%	17	4%	14	3%	3	1%	2	0%	81	4%	0.966	++	
有~	23	5%	7	2%	2	0%	0	0%	0	0%	32	2%	0.990	++	
名(定)~	6	1%	2	0%	1	0%	0	0%	0	0%	9	0%	0.982	++	升
兼类	97	23%	37	9%	14	3%	12	3%	14	3%	174	8%	0.990	++	

从表 9.1－8 可以看到,在排除了音节数的干扰后,形容词做黏合式补语与词频的相关系数降到 0.361,明显低于显著水平的临界值(0.878)。因此,我们可以说形容词做黏合式补语的能力仍服从区别性功能与词频无显著相关的规律。

9.1.3.3 动词功能与词频相关性分析和讨论

从表 9.1－5 可以看到,动词的功能与词频的关系比形容词和名词复杂,有不少例外(表中"显著水平"栏中标"?"的)。不过,其中有些例外是可以解释的。

我们下面讨论动词做定语、状语、主语、宾语、受名词直接修饰(名～)的例外。这是因为音节数与词的某些功能有显著相关性,比如音节数对动词做定语的影响(见表 9.1－9)、音节数对动词受名词直接修饰的影响(见表 9.1－10)。而单音节词大多为高频词,会对词频与功能的相关性产生干扰,为排除干扰,下面我们只统计计算双音节动词的功能与词频的相关性(见表 9.1－11)。

表 9.1－9　音节数对动词做定语的影响

频率级	1级		2级		3级		4级		5级		总计	
条件	单音	双音	单音	双音	单音	双音	单音	双音	单音	双音	单音	双音
可	1	950	3	740	2	616	3	504	0	337	9	3147
比例	0.3%	59.3%	1.3%	42.5%	1.2%	34.3%	2.9%	27.1%	0.0%	17.4%	1.0%	35.2%
否	359	651	220	1000	165	1180	100	1356	28	1598	872	5785
比例	99.7%	40.7%	98.7	57.5%	98.8%	65.7%	97.1%	72.9%	100.0%	82.6%	99.0%	64.8%
总计	360	1601	223	1740	167	1796	103	1860	28	1935	881	8932
σ_{p1-p2}	0.0126		0.0141		0.0140		0.0195		0.0086		0.0061	
Z/显著水平	－46.926	++	－29.122	++	－23.624	++	－12.394	++	－20.201	++	－56.224	++
平均 Z 值	－26.453											
专业显著水平	++											

第9章 汉语词类的统计研究

表 9.1－10 音节数对动词受名词直接修饰的影响

频率级	1级		2级		3级		4级		5级		总 计	
条件	单音	双音	单音	双音	单音	双音	单音	双音	单音	双音	单音	双音
可	0	307	0	148	2	90	1	58	0	23	3	626
比例	0.0%	19.2%	0.0%	8.5%	1.2%	5.0%	1.0%	3.1%	0.0%	1.2%	0.3%	7.0%
否	360	1294	223	1592	165	1706	102	1802	28	1912	878	8306
比例	100.0%	80.8%	100.0%	91.5%	98.8%	95.0%	99.0%	96.9%	100.0%	98.8%	99.7%	93.0%
总计	360	1601	223	1740	167	1796	103	1860	28	1935	881	8932
$\sigma p1-p2$	0.0098		0.0067		0.0099		0.0105		0.0025		0.0033	
Z/显著水平	-19.489	++	-12.718	++	-3.865	++	-2.051	++	-4.825	++	-19.970	++
平均 Z 值	-8.590											
专业显著水平	++											

表 9.1－11 词频与双音节动词功能的相关性

频率级	1级	2级	3级	4级	5级	总计	比例	r	显著水平	变化
词数	1786	1786	1786	1787	1787					
中间词频	2911	538	191	66	13					
不～	1579	1504	1495	1517	1451	7546	84.48%	0.869	-	
没～	1611	1595	1538	1593	1551	7888	88.31%	0.647	-	
谓语	1786	1785	1786	1787	1786	8930	99.98%	-0.136	-	降
～着/了/过	1540	1515	1519	1541	1455	7570	84.75%	0.454	-	
～真宾	1334	1077	931	846	715	4903	54.89%	0.908	+	升
～准宾	1154	999	901	835	691	4580	51.28%	0.850	+	
～黏补	993	813	744	641	569	3760	42.10%	0.897	+	升
～介补	103	101	76	79	45	404	4.52%	0.641	-	
黏补	31	39	40	46	26	182	2.04%	-0.339	-	
很～	68	42	47	40	22	219	2.45%	0.858	-	
重叠	338	147	107	72	57	721	8.07%	0.988	++	升
主语	605	384	322	217	168	1696	18.99%	0.932	+	升
宾语	914	785	761	792	740	3992	44.69%	0.963	++	升
定语	1046	735	590	471	305	3147	35.23%	0.902	+	升
状语	55	30	23	11	6	125	1.40%	0.934	+	升
名(定)～	332	144	75	56	19	626	7.01%	0.977	++	升
进行～	643	479	371	342	252	2087	23.37%	0.915	+	
有～	176	73	41	34	10	334	3.74%	0.980	++	
兼类	209	107	82	66	47	511	5.72%	0.980	++	升

9.1 词频与词的功能的相关性

从表 9.1－11 可以看到，排除音节数的干扰后，动词做定语、状语、主语、宾语、受名词直接修饰（名～）功能与词频的相关系数都上升，到达显著水平。

但是作为区别性功能的带真宾语和带黏合式补语功能与词频的相关性也上升，达到显著水平，又带来新的例外。带真宾语的例外是由构词因素引起的。表 9.1－12 显示，VO 格构词的动词带宾语的能力明显少于非 VO 格的动词，下面只统计非 VO 格动词带宾语的能力与词频的相关性（表 9.1－13）。

表 9.1－12　VO 格构词对动词带宾语的影响（限于双音节动词）

频率级 条件	1级		2级		3级		4级		5级		总　计	
	VO格	非VO格	VO格	非VO格	VO格	非VO格	VO格	非VO格	VO格	非VO格	VO格	非VO格
可带真宾	50	1164	53	1013	37	921	29	856	25	755	194	4709
比例	17.9%	88.0%	11.3%	79.7%	6.8%	73.5%	4.6%	69.8%	3.3%	64.5%	7.2%	75.4%
不可带真宾	229	158	416	258	506	332	604	371	740	415	2495	1534
比例	82.1%	12.0%	88.7%	20.3%	93.2%	26.5%	95.4%	30.2%	96.7%	35.5%	92.8%	24.6%
总计	279	1322	469	1271	543	1253	633	1227	765	1170	2689	6243
σ_{p1-p2}	0.0246		0.0185		0.0165		0.0155		0.0154		0.0074	
Z/显著水平	－28.468	++	－37.040	++	－40.472	++	－41.990	++	－39.798	++	－92.331	++
平均 Z 值	－37.541											
专业显著水平	++											

表 9.1－13　非 VO 格动词带真宾语与词频的相关性

频率级	1级	比例	2级	比例	3级	比例	4级	比例	5级	比例	总计	比例	r	显著 水平
词数	1425		1425		1425		1425		1425		7125			
中间词频	4616		816		271		96		12					
非 VO 格带真宾	1281	89.9%	1201	84.3%	1084	76.1%	1043	73.2%	944		5553	77.9%	0.815	—

排除 VO 格构词的干扰后可以看到，动词带宾语的能力与词频无显著相关性。

至于双音动词带黏合式补语的能力与词频的显著正相关，我们还无法解释。

此外，从表 9.1－3 可以看到，名词的做主语、做宾语、受数量词修饰、受名词定语修饰等区别性功能除"数～"外,都与词频呈显著负相关或无显著相关,而非区别性功能大都与词频呈显著正相关,但做定语和做临时量词是例外。目前还没有找到例外的原因。

9.1.4 小结

词频与功能之间有三种关系:正相关、负相关、无显著相关,那些与词频有显著正相关的功能一般是这个词类的兼职功能,那些与词频无显著相关的功能以及与词频负相关的功能就是这个词类的本职功能,即区别性功能。

这样我们可以回答引言中提出的问题,为什么对词类的功能统计会出现较大差异?邵敬敏(1995)是根据对《动词用法词典》的调查,认为双音节动词中,能直接做定语的有90%,但实际上《动词用法词典》所收的都是常用词,而恰恰动词直接做定语是动词的兼职功能,与词频呈正相关,在常用词中比例远高于非常用词。若把非常用词也算进去,双音节动词直接做定语只有35%,远远低于常用词的比例。徐枢(1991)认为,能受名词直接修饰的双音节动词约占三分之一,但其依据是陈爱文(1986)对《普通话3000常用词表》的调查,而直接受名词修饰是动词的兼职功能,与词频呈正相关。若把非常用词也算进来,能直接受名词修饰的双音节动词只占7%。

形容词的主要功能是做谓语还是做定语,历来有两种意见,根据本书的考察,能直接做谓语的形容词占99%,能直接做定语的形容词只有29%。过去认为形容词绝大多数能做定语是根据常用形容词得出的结论;而且形容词做谓语与词频呈负相关,而做定语与词频呈正相关,并且两项功能的相容度很小,可见应把做谓语视为形容词的主要功能,而做定语只是形容词的兼职功能。

9.2 影响分布的非语法因素

前面我们谈到一些非语法因素也会影响词的分布,包括强制性影响和倾向性影响。下面用统计方法具体说明非语法因素对词的分布的倾向性影响。由于词频与词的功能有相关性,为避免词频对功能的干扰,下面的统计也分级进行。

9.2.1 音节数对分布的影响

音节数对词的分布有广泛的影响。下面分别统计音节数对动词、形容词的分布的影响。由于音节数大于 2 的词数量极少,我们只统计单音节词和双音节词的情况。

下面先列表显示统计数据。

表 9.2-1 音节数对动词做定语的影响

频率级	1级		2级		3级		4级		5级		总 计	
条件	单音	双音	单音	双音	单音	双音	单音	双音	单音	双音	单音	双音
可	1	950	3	740	2	616	3	504	0	337	9	3147
比例	0.3%	59.3%	1.3%	42.5%	1.2%	34.3%	2.9%	27.1%	0.0%	17.4%	1.0%	35.2%
否	359	651	220	1000	165	1180	100	1356	28	1598	872	5785
比例	99.7%	40.7%	98.7%	57.5%	98.8%	65.7%	97.1%	72.9%	100.0%	82.6%	99.0%	64.8%
总计	360	1601	223	1740	167	1796	103	1860	28	1935	881	8932
σp_1-p_2	0.0126		0.0141		0.0140		0.0195		0.0086		0.0061	
Z/显著水平	−46.926	++	−29.122	++	−23.624	++	−12.394	++	−20.201	++	−56.224	++
平均 Z 值	−26.453											
专业显著水平	++											

表 9.2－2　音节数对动词受名词直接修饰的影响

频率级	1级		2级		3级		4级		5级		总计	
条件	单音	双音	单音	双音	单音	双音	单音	双音	单音	双音	单音	双音
可	0	307	0	148	2	90	1	58	0	23	3	626
比例	0.0%	19.2%	0.0%	8.5%	1.2%	5.0%	1.0%	3.1%	0.0%	1.2%	0.3%	7.0%
否	360	1294	223	1592	165	1706	102	1802	28	1912	878	8306
比例	100.0%	80.8%	100.0%	91.5%	98.8%	95.0%	99.0%	96.9%	100.0%	98.8%	99.7%	93.0%
总计	360	1601	223	1740	167	1796	103	1860	28	1935	881	8932
$\sigma p1-p2$	0.0098		0.0067		0.0099		0.0105		0.0025		0.0033	
Z/显著水平	−19.489	++	−12.718	++	−3.865	++	−2.051	++	−4.825	++	−19.970	++
平均Z值	−8.590											
专业显著水平	++											

表 9.2－3　音节数对动词做黏合式补语的影响

频率级	1级		2级		3级		4级		5级		总计	
条件	单音	双音	单音	双音	单音	双音	单音	双音	单音	双音	单音	双音
可	50	26	27	41	14	40	6	45	0	30	97	182
比例	13.9%	1.6%	12.1%	2.4%	8.4%	2.2%	5.8%	2.4%	0.0%	1.6%	11.0%	2.0%
否	310	1575	196	1699	153	1756	97	1815	28	1905	784	8750
比例	86.1%	98.4%	87.9%	97.6%	91.6%	97.8%	94.2%	97.6%	100.0%	98.4%	89.0%	98.0%
总计	360	1601	223	1740	167	1796	103	1860	28	1935	881	8932
$\sigma p1-p2$	0.0185		0.0221		0.0217		0.0234		0.0028		0.0107	
Z/显著水平	6.630	++	4.403	++	2.833	++	1.459	+	−5.520	++	8.424	++
平均Z值	1.961											
专业显著水平	+											

表 9.2－4　音节数对动词带黏合式补语的影响

频率级	1级		2级		3级		4级		5级		总计	
条件	单音	双音	单音	双音	单音	双音	单音	双音	单音	双音	单音	双音
可	283	904	208	798	157	772	94	669	27	617	769	3760
比例	78.6%	56.5%	93.3%	45.9%	94.0%	43.0%	91.3%	36.0%	96.4%	31.9%	87.3%	42.1%
否	77	697	15	942	10	1024	9	1191	1	1318	112	5172
比例	21.4%	43.5%	6.7%	54.1%	6.0%	57.0%	8.7%	64.0%	3.6%	68.1%	12.7%	57.9%
总计	360	1601	223	1740	167	1796	103	1860	28	1935	881	8932
$\sigma p1-p2$	0.0249		0.0206		0.0218		0.0300		0.0366		0.0124	
Z/显著水平	8.890	++	23.024	++	23.449	++	18.452	++	17.617	++	36.506	++
平均Z值	18.286											
专业显著水平	++											

9.2 影响分布的非语法因素

表 9.2-5 音节数对动词带真宾语的影响

频率级	1级		2级		3级		4级		5级		总计	
条件	单音	双音	单音	双音	单音	双音	单音	双音	单音	双音	单音	双音
可	342	1164	217	1013	159	921	97	856	28	755	843	4709
比例	95.0%	88.0%	97.3%	79.7%	95.2%	73.5%	94.2%	69.8%	100.0%	64.5%	95.7%	75.4%
否	18	158	6	258	8	332	6	371	0	415	38	1534
比例	5.0%	12.0%	2.7%	20.3%	4.8%	26.5%	5.8%	30.2%	0.0%	35.5%	4.3%	24.6%
总计	360	1322	223	1271	167	1253	103	1227	28	1170	881	6243
σp1−p2	0.0145		0.0156		0.0207		0.0265		0.0140		0.0087	
Z/显著水平	4.780	++	11.257	++	10.485	++	9.197	++	25.360	++	23.156	++
平均Z值	12.216											
专业显著水平	++											

由于 VO 格构词对动词带宾语有显著影响,上表只统计非 VO 格动词带宾语的情况。

表 9.2-6 音节数对动词带准宾语的影响

频率级	1级		2级		3级		4级		5级		总计	
条件	单音	双音	单音	双音	单音	双音	单音	双音	单音	双音	单音	双音
可	240	1050	184	976	145	929	84	873	27	752	680	4580
比例	61.2%	53.0%	76.0%	44.5%	75.9%	40.1%	73.7%	36.3%	90.0%	31.0%	70.2%	40.4%
否	152	932	58	1215	46	1390	30	1534	3	1675	289	6746
比例	38.8%	47.0%	24.0%	55.5%	24.1%	59.9%	26.3%	63.7%	10.0%	69.0%	29.8%	59.6%
总计	392	1982	242	2191	191	2319	114	2407	30	2427	969	11326
σp1−p2	0.0270		0.0294		0.0326		0.0424		0.0556		0.0154	
Z/显著水平	3.050	++	10.701	++	11.009	++	8.826	++	10.620	++	19.306	++
平均Z值	8.841											
专业显著水平	++											

表 9.2-7 音节数对形容词做黏合式补语的影响

频率级	1级		2级		3级		4级		5级		总计	
条件	单音	双音	单音	双音	单音	双音	单音	双音	单音	双音	单音	双音
可	77	8	44	8	12	11	8	10	1	7	142	44
比例	80.2%	2.2%	73.3%	2.0%	57.1%	2.5%	80.0%	2.2%	50.0%	1.5%	75.1%	2.1%
否	19	363	16	397	9	432	2	443	1	453	47	2088
比例	19.8%	97.8%	26.7%	98.0%	42.9%	97.5%	20.0%	97.8%	50.0%	98.5%	24.9%	97.9%
总计	96	371	60	405	21	443	10	453	2	460	189	2132
σp1−p2	0.0414		0.0575		0.1082		0.1267		0.3536		0.0316	
Z/显著水平	18.872	++	12.409	++	5.050	++	6.141	++	1.371	−	23.129	++
平均Z值	10.618											
专业显著水平	++											

表 9.2－8　音节数对形容词做定语的影响

频率级	1级		2级		3级		4级		5级		总　计	
条件	单音	双音	单音	双音	单音	双音	单音	双音	单音	双音	单音	双音
可	75	209	35	125	12	108	5	76	1	39	128	557
比例	78.1%	56.3%	58.3%	30.9%	57.1%	24.4%	50.0%	16.8%	50.0%	8.5%	67.7%	26.1%
否	21	162	25	280	9	335	5	377	1	421	61	1575
比例	21.9%	43.7%	41.7%	69.1%	42.9%	75.6%	50.0%	83.2%	50.0%	91.5%	32.3%	73.9%
总计	96	371	60	405	21	443	10	453	2	460	189	2132
σp1－p2	0.0494		0.0677		0.1099		0.1591		0.3538		0.0353	
Z/显著水平	4.408	++	4.060	++	2.981	++	2.088	+	1.174	－	11.780	++
平均Z值	3.385											
专业显著水平	++											

对照组：

表 9.2－9　音节数与动词受"不"修饰

频率级	1级		2级		3级		4级		5级		总　计	
条件	单音	双音	单音	双音	单音	双音	单音	双音	单音	双音	单音	双音
可	328	1425	212	1468	156	1500	96	1577	26	1576	818	7546
比例	91.1%	89.0%	95.1%	84.4%	93.4%	83.5%	93.2%	84.8%	92.9%	81.4%	92.8%	84.5%
否	32	176	11	272	11	296	7	283	2	359	63	1386
比例	8.9%	11.0%	4.9%	15.6%	6.6%	16.5%	6.8%	15.2%	7.1%	18.6%	7.2%	15.5%
总计	360	1601	223	1740	167	1796	103	1860	28	1935	881	8932
σp1－p2	0.0169		0.0169		0.0211		0.0262		0.0495		0.0095	
Z/显著水平	1.244	－	6.326	++	4.690	++	3.218	++	2.307	+	8.817	++
平均Z值	3.557											
专业显著水平	－											

表 9.2－10　音节数与动词受"没"修饰

频率级	1级		2级		3级		4级		5级		总　计	
条件	单音	双音	单音	双音	单音	双音	单音	双音	单音	双音	单音	双音
可	318	1452	207	1552	159	1554	98	1644	27	1686	809	7888
比例	88.3%	90.7%	92.8%	89.2%	95.2%	86.5%	95.1%	88.4%	96.4%	87.1%	91.8%	88.3%
否	42	149	16	188	8	242	5	216	1	249	72	1044
比例	11.7%	9.3%	7.2%	10.8%	4.8%	13.5%	4.9%	11.6%	3.6%	12.9%	8.2%	11.7%
总计	360	1601	223	1740	167	1796	103	1860	28	1935	881	8932
σp1－p2	0.0184		0.0188		0.0184		0.0224		0.0359		0.0098	
Z/显著水平	－1.282	－	1.929	+	4.723	++	3.012	++	2.591	++	3.575	++
平均Z值	2.195											
专业显著水平	－											

表 9.2－11　音节数与动词带"着/了/过"

频率级	1级		2级		3级		4级		5级		总　计	
条件	单音	双音	单音	双音	单音	双音	单音	双音	单音	双音	单音	双音
可	301	1387	200	1473	160	1529	96	1596	27	1585	784	7570
比例	83.6%	86.6%	89.7%	84.7%	95.8%	85.1%	93.2%	85.8%	96.4%	81.9%	89.0%	84.8%
否	59	214	23	267	7	267	7	264	1	350	97	1362
比例	16.4%	13.4%	10.3%	15.3%	4.2%	14.9%	6.8%	14.2%	3.6%	18.1%	11.0%	15.2%
总计	360	1601	223	1740	167	1796	103	1860	28	1935	881	8932
σp1－p2	0.0213		0.0221		0.0176		0.0261		0.0361		0.0112	
Z/显著水平	－1.420	－	2.274	＋	6.054	++	2.836	++	4.016	++	3.781	++
平均 Z 值	2.752											
专业显著水平												

表 9.2－12　音节数与形容词带补语

频率级	1级		2级		3级		4级		5级		总　计	
条件	单音	双音	单音	双音	单音	双音	单音	双音	单音	双音	单音	双音
可	89	318	56	374	19	396	10	356	1	324	175	1768
比例	92.7%	85.7%	93.3%	92.3%	90.5%	89.4%	100.0%	78.6%	50.0%	70.4%	92.6%	82.9%
否	7	53	4	31	2	47	0	97	1	136	14	364
比例	7.3%	14.3%	6.7%	7.7%	9.5%	10.6%	0.0%	21.4%	50.0%	29.6%	7.4%	17.1%
总计	96	371	60	405	21	443	10	453	2	460	189	2132
σp1－p2	0.0322		0.0348		0.0657		0.0193		0.3542		0.0207	
Z/显著水平	2.175	＋	0.284	－	0.165	－	11.110	++	－0.577	－	4.665	++
平均 Z 值	3.433											
专业显著水平	－											

表 9.2－13　音节数与形容词做组合式补语

频率级	1级		2级		3级		4级		5级		总　计	
条件	单音	双音	单音	双音	单音	双音	单音	双音	单音	双音	单音	双音
可	70	253	25	299	6	334	3	300	1	253	105	1439
比例	72.9%	68.2%	41.7%	73.8%	28.6%	75.4%	30.0%	66.2%	50.0%	55.0%	55.6%	67.5%
否	26	118	35	106	15	109	7	153	1	207	84	693
比例	27.1%	31.8%	58.3%	26.2%	71.4%	24.6%	70.0%	33.8%	50.0%	45.0%	44.4%	32.5%
总计	96	371	60	405	21	443	10	453	2	460	189	2132
σp1－p2	0.0514		0.0673		0.1007		0.1466		0.3543		0.0375	
Z/显著水平	0.919	－	－4.779	++	－4.651	++	－2.471	++	－0.141	－	－3.180	++
平均 Z 值	－2.746											
专业显著水平	－											

表9.2－14 音节数与名词做定语

频率级	1级		2级		3级		4级		5级		总 计	
条件	单音	双音	单音	双音	单音	双音	单音	双音	单音	双音	单音	双音
可	306	2895	59	2585	10	2034	14	1485	15	796	404	9795
比例	85.0%	70.0%	78.7%	59.3%	52.6%	47.6%	73.7%	36.6%	65.2%	31.1%	81.5%	50.5%
否	54	1238	16	1771	9	2237	5	2574	8	1765	92	9585
比例	15.0%	30.0%	21.3%	40.7%	47.4%	52.4%	26.3%	63.4%	34.8%	68.9%	18.5%	49.5%
总计	360	4133	75	4356	19	4271	19	4059	23	2561	496	19380
σp1－p2	0.0201		0.0479		0.1148		0.1013		0.0997		0.0178	
Z/显著水平	7.431	++	4.035	++	0.436	－	3.662	++	3.423	++	17.347	++
平均Z值	3.798											
专业显著水平	－											

表9.2－15 音节数与名词直接受另一名词修饰

频率级	1级		2级		3级		4级		5级		总 计	
条件	单音	双音	单音	双音	单音	双音	单音	双音	单音	双音	单音	双音
可	273	2996	61	2902	14	2634	7	2323	3	1401	358	12256
比例	75.8%	72.5%	81.3%	66.6%	73.7%	61.7%	36.8%	57.2%	13.0%	54.7%	72.2%	63.2%
否	87	1137	14	1454	5	1637	12	1736	20	1160	138	7124
比例	24.2%	27.5%	18.7%	33.4%	26.3%	38.3%	63.2%	42.8%	87.0%	45.3%	27.8%	36.8%
总计	360	4133	75	4356	19	4271	19	4059	23	2561	496	19380
σp1－p2	0.0236		0.0456		0.1013		0.1109		0.0709		0.0204	
Z/显著水平	1.416	－	3.230	++	1.186	－	−1.838	++	−5.875	++	4.377	++
平均Z值	−0.376											
专业显著水平	－											

表9.2－16 声母条件与动词受"不"修饰

组别	1组		2组		3组		4组		5组		总 计	
条件	c	g	j	x	q	b	s	t	y	z	前	后
可	710	384	752	464	358	458	701	549	403	923	2924	2778
比例	85.4%	88.3%	88.3%	85.0%	88.2%	82.2%	84.0%	91.2%	76.5%	85.5%	84.7%	86.3%
否	121	51	100	82	48	99	134	53	124	157	527	442
比例	14.6%	11.7%	11.7%	15.0%	11.8%	17.8%	16.0%	8.8%	23.5%	14.5%	15.3%	13.7%
总计	831	435	852	546	406	557	835	602	527	1080	3451	3220
σp1－p2	0.0197		0.0189		0.0228		0.0172		0.0214		0.0086	
Z/显著水平	−1.441	－	1.741	＋	2.612	++	−4.220	++	−4.209	++	−1.792	＋
平均Z值	−1.103											
专业显著水平	－											

9.2 影响分布的非语法因素

上述各表用正态分布计算两数据的标准分 Z 值。Z 值的计算公式为：

$$Z = p1 - p2 / \sigma_{p1-p2}$$

其中 p1 指数据 1 中"可"的概率，p2 指数据 2 中"可"的概率，σ_{p1-p2} 指两数据的标准差。σ_{p1-p2} 的计算公式为：

$$\sigma_{p1-p2} = \mathrm{SQRT}\,[(p1 \times q1 / n1) + (p2 \times q2 / n2)]$$

其中 q1 指数据 1 中"否"的概率，q2 指数据 2 中"否"的概率；n1 指数据 1 的总样本，n2 指数据 2 的总样本。

Z 值的正负表示两数据的相关方向是正相关还是负相关，Z 值的大小显示两对比数据的差异程度。当 $|Z|>1.64$ 时，偶然性概率在 5% 以下，表明两数据有显著差异；当 $|Z|>2.33$ 时，偶然性概率在 1% 以下，表明两数据有极显著差异；当 $|Z|\leqslant 1.64$ 时，偶然性概率在 5% 以上，无法断定两数据有显著差异。但上述标准只是统计学上的显著性临界值，在不同的专业领域是否有意义要视不同专业的具体情况而定。为了确定在非语法因素对词的分布的影响这个领域的显著性临界值，需对比各种情况，因此列出对比组的统计数据。

我们看到，不仅音节数与动词做定语、音节数与形容词做黏合式补语的 Z 值达到统计学上的显著水平临界值，音节数与动词受"不"修饰（表 9.2—9）、音节数与动词受"没"修饰（表 9.2—10）、音节数与动词带"着/了/过"（表 9.2—11）的 Z 值都达到统计学上的显著水平临界值，而且不同声母条件与动词受"不"修饰的 Z 值也有几组数据达到统计学显著水平临界值。因此，某种非语法因素对分布是否有影响，如果按照统计学的显著水平临界值来衡量，标准过宽。我们需要提高标准。

提高标准有两个办法，一是提高临界值，比如我们看到那些人们一般能察觉的音节数分布的影响，如对动词做定语的影响、音节数对形容词做黏合式补语的影响，其平均 $|Z|$ 值都高达 10 以上，而音节数对动

词受"不"修饰的影响、音节数对动词受"没"修饰的影响、音节数对动词带"着/了/过"的影响的平均|Z|值都小于4。我们可以把临界值定为4。但这种办法人为的痕迹太重,所以我们宁愿采取第二种办法。第二种办法是,仍维持统计学上的临界值标准,但加上其他条件。我们看到,在上面列举的数据组中有四种情况,第一种情况是,数据组每一频率级的Z值都达到显著水平临界值并且相关方向一致,如音节数对动词做定语的影响、音节数对动词带黏合式补语的影响;第二种是高频率级的Z值达到临界值,低频率级的Z值没有达到临界值或与高频率级的Z值相关方向不一致,如音节数对动词直接受名词修饰的影响、音节数对形容词做黏合式补语的影响;第三种情况是低频率级的Z值达到临界值,而高频率级的Z值反而低于临界值,如音节数对动词受"不"、"没"修饰的影响、音节数对动词带"着/了/过"的影响;第四种是Z值高高低低参差不齐,如音节数对形容词做组合式补语的影响、音节数对形容词带补语的影响等。第一种情况可以断定音节数对语法功能有显著影响。第二种情况可能主要与低频率级的词数较少有关:由于词数较少,偶然性增大,导致高频率级与低频率级的差异,如音节数对形容词做黏合式补语的影响数据组中,实际统计中五级单音词能做黏合式补语的占50%,但五级单音词总数只有2个,因此这个概率并不可靠。如果排除低频词数量少带来的干扰,只看前三级词,那么也可以说音节数对语法功能有显著影响。第三、第四种情况我们还找不到其他原因来解释,因此无法断定音节数对这些语法功能有影响。因此,我们加上这样的条件来确定非语法因素对语法功能是否有显著影响:前三个频率级数据的Z值都达到临界值。

这样,我们把非语法因素对语法功能有显著影响的专业标准定为:五个频率级平均Z值达到统计学上显著水平临界值($Z>1.64, p<0.05; Z>2.33, p<0.01$),并且前三个频率级的Z值都达到统计学上的

显著水平临界值。

为排除词数较少带来的偶然性的干扰,上面的统计表中的平均 Z 值排除了词数少于 10 的数据组 Z 值。表中的"专业显著水平"标"一"指前三个频率级中至少有一个频率级的 Z 值未达到临界值或平均 Z 值未达到临界值;标"＋"指前三个频率级的 Z 值都达到临界值并且平均 Z 值大于 1.64;标"＋＋"指前三个频率级的 Z 值都达到临界值并且平均 Z 值大于 2.33。

总结前面的分析,音节数对语法功能有显著影响的情况列举如下:

1、单双音节对动词做定语有影响:双音节动词更易于做定语。

2、单双音节对动词直接受名词修饰有影响:双音节动词易于受名词直接修饰。

3、单双音节对动词做黏合式补语有影响:单音节动词易于做黏合式补语。

4、单双音节对动词带黏合式补语有影响:单音节动词易于带黏合式补语。

5、单双音节对动词带真宾语有影响:单音节动词易于带真宾语。

6、单双音节对动词带准宾语有影响:单音节动词易于带准宾语。

7、单双音节对形容词做黏合式补语有影响:单音节形容词易于做黏合式补语。

8、单双音节对形容词直接做定语有影响:单音节易于直接做定语。

9.2.2　VO 格构词对动词功能的影响

先看统计数据。

表 9.2-17　VO 格构词对动词带宾语的影响(限于双音节动词)

频率级	1级		2级		3级		4级		5级		总　计	
条件	VO格	非VO格	VO格	非VO格	VO格	非VO格	VO格	非VO格	VO格	非VO格	VO格	非VO格
可带真宾	50	1164	53	1013	37	921	29	856	25	755	194	4709
比例	17.9%	88.0%	11.3%	79.7%	6.8%	73.5%	4.6%	69.8%	3.3%	64.5%	7.2%	75.4%
不可带真宾	229	158	416	258	506	332	604	371	740	415	2495	1534
比例	82.1%	12.0%	88.7%	20.3%	93.2%	26.5%	95.4%	30.2%	96.7%	35.5%	92.8%	24.6%
总计	279	1322	469	1271	543	1253	633	1227	765	1170	2689	6243
σp1-p2	0.0246		0.0185		0.0165		0.0155		0.0154		0.0074	
Z/显著水平	-28.468	++	-37.040	++	-40.409	++	-41.990	++	-39.798	++	-92.331	++
平均Z值	-37.541											
专业显著水平	++											

对照组：

表 9.2-18　VO 格构词对动词受"不"修饰的影响(限于双音节动词)

频率级	1级		2级		3级		4级		5级		总　计	
条件	VO格	非VO格	VO格	非VO格	VO格	非VO格	VO格	非VO格	VO格	非VO格	VO格	非VO格
可	252	1173	420	1048	479	1021	575	1002	689	887	2415	5131
比例	90.3%	88.7%	89.6%	82.5%	88.2%	81.5%	90.8%	81.7%	90.1%	75.8%	89.8%	82.2%
否	27	149	49	223	64	232	58	225	76	283	274	1112
比例	9.7%	11.3%	10.4%	17.5%	11.8%	18.5%	9.2%	18.3%	9.9%	24.2%	10.2%	17.8%
总计	279	1322	469	1271	543	1253	633	1227	765	1170	2689	6243
σp1-p2	0.0197		0.0177		0.0177		0.0159		0.0165		0.0076	
Z/显著水平	0.808	-	4.010	++	3.810	++	5.762	++	8.616	++	10.054	++
平均Z值	4.601											
专业显著水平	-											

可以看到 VO 格构词对动词带宾语的能力有显著影响。

9.2.3　相关性和因果关系

上面我们对非语法因素对词的语法功能的影响作了分析,严格地说只能说这些非语法因素与词的功能有相关性,而不能断定两者有因果关系。这些非语法因素与词的功能也许有因果关系,也许只是表面的影响,是别的因素在起作用。总之,相关性不等于因果关系,上述分析并不等于确定这些非语法因素是功能差异的原因。不过,有一点可以肯定,那就是词的分布并不完全由词的语法性质决定。

9.3 词频与各类词数量的相关性

各类词总数及百分比统计(总词数为 43330)如下:

表 9.3-1 各类词数量

词类	名词	动词	形容词	副词	区别词	状态词	时间词	量词	连词	方位词
词数	27408	10300	2355	999	459	395	301	259	186	123
比例	63%	24%	5.4%	2.3%	1.1%	0.9%	0.7%	0.6%	0.4%	0.28%

续表

词类	代词	介词	处所词	数量词	数词	语气词	助词	指示词	叹词	拟声词
词数	105	95	90	72	42	35	33	26	25	22
比例	0.24%	0.22%	0.21%	0.17%	0.10%	0.08%	0.08%	0.06%	0.06%	0.05%

本页的统计结果与尹斌庸(1986)基本相同。但词频与各类词的数量也有普遍的相关性。下面列表(见 312 页)统计。

从表 9.3-2 中可以看到,除名词、状态词外,其他各类词数量都与词频正相关(拟声词、叹词由于词数太少,不予考虑),其中除动词、形容词、区别词、处所词外,都达到显著水平临界值。名词和状态词与词频负相关,虽然没有达到显著水平,但其变化趋势仍较明显。这表明,除名词、状态词外,动词、形容词、区别词、副词、数词、数量词、时间词、处所词、方位词、虚词等基本集中于常用词中,而非常用词中,主要是名词。

因此,如果按词频分级统计各类词数量,其比例会发生变化。

9.4 词类实际分布的统计研究

9.4.1 引言

9.4.1.1 我们前面的统计,主要是从能力角度考察各词类的功能,

表 9.3-2 词频与各类词数量的相关性

频率级 词数 中间词频	1级 8666 2392		2级 8666 304		3级 8666 77		4级 8666 16		5级 8666 0		总计 43330		r	显著水平
	词数	比例	词数	比例	词数	比例	词数	比例	词数	比例	词数	占总词数比例		
名词	3526	12.9%	4456	16.3%	5354	19.5%	6551	23.9%	7521	27.4%	27408	63.3%	−0.756	−
动词	3074	29.8%	2983	29.3%	2337	22.7%	1370	13.3%	536	5.2%	10300	23.8%	0.603	−
形容词	591	25.1%	601	25.5%	510	21.7%	381	16.2%	272	11.5%	2355	5.4%	0.560	−
副词	446	44.6%	233	23.3%	147	14.7%	96	9.6%	77	7.7%	999	2.3%	0.956	+
区别词	160	34.9%	112	24.4%	92	20.0%	62	13.5%	33	7.2%	459	1.1%	0.843	−
状态词	8	2.0%	35	8.9%	87	22.0%	129	32.7%	136	34.4%	395	0.91%	−0.787	−
时间词	126	41.9%	69	22.9%	48	15.9%	31	10.3%	27	9.0%	301	0.69%	0.952	+
量词	188	72.6%	40	15.4%	11	4.2%	11	4.2%	9	3.5%	259	0.60%	0.998	++
连词	115	61.8%	28	15.1%	13	7.0%	10	5.4%	20	10.8%	186	0.43%	0.995	++
方位词	69	56.1%	33	26.8%	14	11.4%	6	4.9%	1	0.8%	123	0.28%	0.943	+
代词	78	74.3%	8	7.6%	10	9.5%	4	3.8%	5	4.8%	105	0.24%	0.995	++
介词	83	87.4%	10	10.5%	2	2.1%	0	0.0%	0	0.0%	95	0.22%	1.000	++
处所词	46	51.1%	31	34.4%	8	8.9%	1	1.1%	4	4.4%	90	0.21%	0.863	−
数量词	45	62.5%	10	13.9%	11	15.3%	3	4.2%	3	4.2%	72	0.17%	0.987	++
数词	34	81.0%	3	7.1%	3	7.1%	1	2.4%	1	2.4%	42	0.10%	0.997	++
语气词	25	71.4%	6	17.1%	0	0.0%	2	5.7%	2	5.7%	35	0.08%	0.991	++
助词	26	78.8%	1	3.0%	4	12.1%	0	0.0%	2	6.1%	33	0.08%	0.982	++
指示词	23	88.5%	1	3.8%	0	0.0%	1	3.8%	1	3.8%	26	0.06%	0.993	++
叹词	2	8.0%	3	12.0%	7	28.0%	3	12.0%	10	40.0%	25	0.06%	−0.547	−
拟声词	1	4.5%	3	13.6%	8	36.4%	4	18.2%	6	27.3%	22	0.05%	−0.743	−

下面我们考察各词类在语料中的实际分布,这样就能更全面地说明各词类的功能。朱德熙(1985a)认为汉语的特点之一是词类与句法成分之间不存在一一对应的关系,即词类具有多功能。我们希望通过统计,考察实际语料中各句法成分与词类的对应关系,即统计各词类做句法成分的频率和各句法成分的词类构成,看看汉语中词类与句法成分的对应关系的复杂性到底是怎样。这方面的工作过去已有人做过(莫彭龄、单青 1985;贺阳 1996),之所以重复这个工作,主要是以下几个原因:

1、词类体系不同。比如我们把形容词、区别词、状态词分成不同词类,而在其他人的统计中都作为形容词来统计;我们把方位词、处所词、时间词与名词分开,而其他统计都作为名词统计;我们有指示词、数量词,而其他统计把这两个词类放在代词、形容词中。我们统计的目的之一是作为本书词类体系的补充和检验,当然不宜借用其他体系的统计。

2、过去只统计了名词、动词、形容词三个词类,分类较粗,虽然涵盖了大部分其他实词,但副词、数词、量词、代词、介词结构未涉及。我们则希望作全面的统计。

3、过去的统计中,有些处理不太合适,影响了数据的准确性。如把"X 的"做定语的功能算作"X"的功能,甚至把"X 的"做主宾语的功能,也算作"X"做定语的功能;把助动词后面带谓词性成分处理成助动词做状语。

4、莫彭龄、单青的统计未把口语和书面语分开统计,贺阳虽分开统计,但只统计了形容词的功能。过去的研究已注意到口语和书面语的较大差异,我们希望把两种语体分开来作全面的统计。

9.4.1.2　本书共进行了 2 万字语料的统计分析,其中口语和书面语各 1 万字。后面将提到的统计数据是从这 2 万字语料中得出的。这 2 万字语料是:

口　语：电视剧《编辑部的故事·飞来的星星》录像对话记录　1.1万字，6672词

书面语：《人民日报》1995年12月16日一版全部及二版部分　1.1万字，5635词

《儿童的心理世界》第四章第一节部分　0.2万字，1042词

书面语总计　1.3万字，6677词

9.4.2　分析方法

9.4.2.1　词的切分

词的切分主要是考虑功能分析的准确性和统计数据的代表性，并不完全考虑是否是一个词，比如"人民日报"若切分成"人民/日报"就不得不把"人民"分析为定语，使名词做定语的数量大量增加，但"人民日报"是报刊名称，在与其他成分组合中是作为一个整体，从功能统计角度着眼，我们处理为一个切分单位。

下面是一些特殊情况的处理办法：

1、人名作为一个切分单位，但在姓和名之间以及有些民族姓名中多个名之间加"·"。如"邓·小平/"、"中山·太郎/"、"赫伯特·乔治·威尔士/"。

2、"专名＋通名"形成的专有名称一律作为一个切分单位。如"北京市/"、"日本国/"、"京九铁路/"。

3、其他专名一般作为一个切分单位，如"人民日报/"、"新闻出版总署/"、"北京大学/"、"商务印书馆/"；但有领属关系的名称相连时，需切分开，如"北京市/税务局/"、"山东省/人民代表大会/"、"外交部/亚洲司/"。

4、数词和数词词组作为一个切分单位，如"一百二十三/个/"、"120/个/"、"三分之一/"。

5、简称一般作为一个切分单位，如"各/部委/"、"中小学生/"、"女

单(女子单打)/"、"名、特、优/食品/";但名词性联合关系的简称切分开,如"中/美/两/国/"、"京/沪/开展/……"、"军/地/两用/人才/"。

6、"X者"若为凝固的成分,作为一个切分单位,如"作者/、记者/、患者/、读者/、独裁者/、小生产者/";临时的组合则切分开,如"迟到/者/"、"领/养老金/者/"、"来访/者/"、"外国/直接/投资/接受/者/"。

7、重叠形式一律作为一个切分单位,如"看看/书/"、"商量商量/"、"干干净净/"、"天天/下雨/"。重复形式切分开,如"对/对/对/"、"非常/非常/好/"。

8、"量"、"案"一般不单用,不切分,如"流量/"、"含沙量/"、"命案/"、"血案/";但有时前面的成分可扩展,若扩展的成分较长时,则切分开,如"吸引/外资/量/"、"盗窃/军用/物资/案/"、"违法/走私/汽车/偷税/逃税/案/"。

9、"全省"等"全＋名词性成分"、"各省"等"各＋名、量词性成分"一律切分开,如"全/班/"、"全/世界/"、"全/连/"、"全/国/"、"各/国/"、"各/种/"、"各/校/"、"各/地/"。

10、离合词无论是合是离,一律作为一个切分单位,中间隔有其他成分时,看作不连续词,与词类标注结合作切分分析,如:"洗/v— 了/u —/m 个/l 澡/—v"、"离/v— 不/d 开/—v",其中"v—"和"—v"分别表示一个不连续动词的前后部分,两部分合成一个"v"。

9.4.2.2 词类及附加特征标注

1、按本书的系统标注词类。

2、代词除标注代词标记外,再加注语法性质标记,如"我 r/n"表示名词性代词,"这样 r/v"表示谓词性代词,"这么 r/d"表示副词性代词,"几 r/m"表示数词性代词,"这里 r/s"表示处所词性代词。

3、文言成分加注"♯",如"儿童/n 降生/v 于♯/p 世♯/n"。

4、简称一律标出所属词类和简称标记,如"北大 j/n"、"中 j/n 美 j/n 两/m 国♯/n"。

5、成语标注成语标记及语法性质标记,如"中流砥柱 i/n"、"实事求是 i/v"、"快人快语 i/v"、"全心全意 i/d"。

9.4.2.3 功能标注

1、只统计句法成分功能,分为:主语(S)、宾语(O)、谓语(P)、定语(A)、状语(D)、补语(C)、环境语(H)、独立成分(I)、连谓结构非核心成分(W)、递系结构非核心成分(X)十种,此外,方位结构中的定语(F)单独统计。

环境语指放在动词前的不作为动词论元的时间、处所成分,如("|"前为词类标记,后为功能标记):

(1)昨天/t|H 他 r/n|S 没/d|D 来/v|P。

独立成分指独立语和非主语句的核心成分,包括呼唤、应答语成分,对话中单独成句的体词性成分,单独成句的无主语的谓词性成分(不区分是否为省略)。

连谓结构的前项一般作为非核心成分,后项一般是核心成分(参看郭锐 1997b),但"来、去"为后项时,作为非核心成分,如:

(2)我们 r/n|S 吃/v|W 了/u 饭/n 看/v|P 电影/n|O。
(3)我们 r/n|S 看/v|P 电影/n|O 去/v|W。

递系结构的后项处理为非核心成分,如:

(4)小王/n|S 要求/v|P 你 r/n|O 离开/v|X。

2、短语的整体功能算作该短语核心成分(head)的功能。核心成分包括:偏正结构的中心语、述补结构的述语、述宾结构的述语、主谓结构的谓语、连谓结构的后项("来、去"做后项除外)、递系结构的前项、介词结构的介词、"的/地"字结构的"的/地"。核心成分与其直接成分之间产生的语法关系所规定的句法成分不再计入核心成分的功能,如"红苹果"做主语时只计"苹果"做主语,做中心语不再计入"苹果"的功能,但主谓结构的谓语部分仍算作做谓语。如：

(5)中文系/n|d₃ 的/u|A 同学/n|S 也/d|D 知道/v|P 他/r|n|S 来/v|P|O 自/p|C 我们/r|n|A 学校/n|O。("d₃"表示与"的₃"构成直接成分)

3、联合结构、同位结构的整体功能计入其中的各项成分，如：

(6)我 r/n|S 和/c 他 r/n|S 去/v|P。

(7)北大 j/n|A 校长/n|S 陈·佳洱/n|S 出席/v|P 会议/n|O。

9.4.3 实词及虚词结构的句法成分功能统计

9.4.3.1 先看各类词在语料中的出现频率。

表 9.4-1 各类词出现频率

	名词		动词		形容词		状态词		时间词		处所词		方位词	
	次数	比例	次数	比例	次数	比例	次数	比例	次数	比例	次数	比例	次数	比例
口语	845	13%	1728	26%	302	4.5%	5	0.1%	44	0.7%	20	0.3%	48	0.7%
书面	2254	34%	1676	25%	371	5.6%	5	0.1%	90	1.3%	13	0.2%	93	1.4%
总计	3099	23%	3404	26%	673	5.0%	10	0.1%	134	1.0%	33	0.2%	141	1.1%

续表

	量词		数词		数量词		指示词		区别词		副词		拟声词	
	次数	比例	次数	比例	次数	比例	次数	比例	次数	比例	次数	比例	次数	比例
口语	165	2.5%	139	2.1%	80	1.2%	154	2.3%	27	0.4%	837	13%	13	0.2%
书面	201	3.0%	286	4.3%	38	0.6%	153	2.3%	129	1.9%	290	4.3%	0	0.0%
总计	366	2.7%	425	3.2%	118	0.9%	307	2.3%	156	1.2%	1127	8.4%	13	0.1%

续表

	代词		介词		连词		语气词		助词		叹词		总计
	次数	比例	次数	比例	次数	比例	次数	比例	次数	比例	次数	比例	
口语	944	14%	178	2.7%	115	1.7%	413	6.2%	355	5.3%	260	3.9%	6672
书面	100	1.5%	264	4.0%	168	2.5%	7	0.1%	539	8.1%	0	0.0%	6677
总计	1044	7.8%	442	3.3%	283	2.1%	420	3.1%	894	6.7%	260	1.9%	13349

从表 9.4-1 可以看到，动词和名词出现次数最多，大约各占四分之一，两者相加共占近一半。动词的总数（10283）虽然少于名词（27400），但出现次数却略比名词多。其次是副词、代词、助词和形容词，副词总数（999）比形容词（2355）少一半多，但出现次数却比形容词多，代词总数（139）更少，但出现次数与副词相当，多于形容词出现次

数,助词总数在这四类中最少,但出现次数却比形容词还多。这六类词共占所有词出现次数的77%(约3/4)。

有些词类在口语和书面语中的出现次数表现出较大差异。可以明显看出差异的是语气词、代词、副词、名词、叹词。语气词在口语中的出现次数是书面语的59倍,代词在口语中的出现次数是书面语的9.4倍,副词在口语中的出现次数是书面语的2.9倍,名词在书面语中的出现次数是口语的2.7倍,叹词在口语中出现260次,而书面语中未出现。

而指示词、动词、形容词、量词、连词看不出明显差异,其他词类的差异处于中间状态。

上面的统计结果与尹斌庸(1986)的统计相似。

下面看各类词在语料中的功能频率。表9.4-2是实词句法功能频率的统计。

为了直观显示实词的功能,我们把名词、动词、形容词的功能频率作成柱图[①]:

图9.4-1 名词句法功能的频率

---

① 柱图中的数据一律四舍五入,准确数据见表9.4-2。

表 9.4-2 实词句法功能的频率

		主语		宾语		谓语		补语		定语		～方位		状语		环境语		独立成分		其他		总计
		次数	比例	次数	比例	次数	比例	次数	比例	次数	比例	次数	比例	次数	比例	次数	比例	次数	比例	次数	比例	词次
名词	口语	184	22%	428	51%	10	1.2%	0	0%	63	7%	34	4%	6	0.7%	7	1%	13	1.5%	100	12%	845
	书面	450	20%	746	33%	0	0%	0	0%	801	36%	58	3%	1	0.0%	11	0%	21	0.9%	166	7%	2254
	总计	634	20%	1174	38%	10	0.3%	0	0%	864	28%	92	3%	7	0.2%	18	1%	34	1.1%	266	9%	3099
动词	口语	36	2%	88	5%	811	47%	97	6%	11	0.6%	1	0%	0	0%	0	0%	501	29%	183	11%	1728
	书面	52	3%	221	13%	525	31%	66	4%	246	15%	13	0.8%	0	0%	1	0%	316	19%	236	14%	1676
	总计	88	3%	309	9%	1336	39%	163	5%	257	8%	14	0.4%	0	0%	1	0%	817	24%	419	12%	3404
形容词	口语	2	0.7%	23	7.6%	83	27%	37	12%	31	10%	6	2%	23	8%	0	0%	71	24%	26	9%	302
	书面	1	0.3%	23	6.2%	60	16%	32	9%	106	29%	2	1%	86	23%	0	0%	7	1.9%	54	15%	371
	总计	3	0.4%	46	6.8%	143	21%	69	10%	137	20%	8	1%	109	16%	0	0%	78	12%	80	12%	673
状态词	口语	0	0%	0	0%	0	0%	0	0%	0	0%	0	0%	0	0%	0	0%	1	20%	4	80%	5
	书面	0	0%	1	20%	1	20%	0	0%	2	40%	0	0%	0	0%	0	0%	0	0%	1	20%	5
	总计	0	0%	1	10%	1	10%	0	0%	2	20%	0	0%	0	0%	0	0%	1	10%	5	50%	10
区别词	口语	1	4%	5	19%	0	0%	0	0%	12	44%	0	0%	0	0%	0	0%	0	0%	9	33%	27
	书面	1	1%	5	4%	0	0%	0	0%	115	89%	0	0%	0	0%	0	0%	0	0%	8	6%	129
	总计	2	1%	10	6%	0	0%	0	0%	127	81%	0	0%	0	0%	0	0%	0	0%	17	11%	156
副词	口语	0	0%	0	0%	0	0%	0	0%	0	0%	0	0%	837	100%	0	0%	0	0%	0	0%	837
	书面	0	0%	0	0%	0	0%	0	0%	0	0%	0	0%	290	100%	0	0%	0	0%	0	0%	290
	总计	0	0%	0	0%	0	0%	0	0%	0	0%	0	0%	1127	100%	0	0%	0	0%	0	0%	1127
时间词	口语	0	0%	1	2%	0	0%	0	0%	3	7%	0	0%	0	0%	37	84%	2	5%	1	2%	44
	书面	0	0%	13	14%	0	0%	0	0%	22	24%	1	1%	0	0%	46	51%	0	0%	8	9%	90
	总计	0	0%	14	10%	0	0%	0	0%	25	19%	1	1%	0	0%	83	62%	2	1%	9	7%	134
处所词	口语	0	0%	5	25%	0	0%	0	0%	5	25%	0	0%	0	0%	6	30%	1	5%	3	15%	20
	书面	1	8%	5	38%	0	0%	0	0%	6	46%	0	0%	0	0%	0	0%	0	0%	1	8%	13
	总计	1	3%	10	30%	0	0%	0	0%	11	33%	0	0%	0	0%	6	18%	1	3%	4	12%	33
方位词	口语	0	0%	22	46%	0	0%	0	0%	1	2%	0	0%	0	0%	19	40%	0	0%	6	13%	48
	书面	3	3%	55	59%	0	0%	0	0%	13	14%	0	0%	1	1%	10	11%	0	0%	11	12%	93
	总计	3	2%	77	55%	0	0%	0	0%	14	10%	0	0%	1	1%	29	21%	0	0%	17	12%	141
数词	口语	0	0%	2	1%	1	1%	0	0%	111	80%	0	0%	8	6%	0	0%	0	0%	17	12%	139
	书面	0	0%	19	7%	2	1%	0	0%	235	82%	1	0%	1	0%	14	5%	0	0%	14	5%	286
	总计	0	0%	21	5%	3	1%	0	0%	346	81%	1	0%	9	2%	14	3%	0	0%	31	7%	425
数量词	口语	14	18%	22	28%	1	1%	0	0%	35	44%	0	0%	6	8%	0	0%	1	1%	1	1%	80
	书面	0	0%	2	5%	0	0%	0	0%	36	95%	0	0%	0	0%	0	0%	0	0%	0	0%	38
	总计	14	12%	24	20%	1	1%	0	0%	71	60%	0	0%	6	5%	0	0%	1	1%	1	1%	118
量词	口语	8	5%	34	21%	1	1%	0	0%	104	63%	0	0%	4	2%	7	4%	5	3%	2	1%	165
	书面	7	3%	33	16%	6	3%	0	0%	139	69%	1	0%	0	0%	6	3%	2	1%	7	3%	201
	总计	15	4%	67	18%	7	2%	0	0%	243	66%	1	0%	4	1%	13	4%	7	2%	9	2%	366
指示词	口语	0	0%	0	0%	0	0%	0	0%	154	100%	0	0%	0	0%	0	0%	0	0%	0	0%	154
	书面	0	0%	0	0%	0	0%	0	0%	153	100%	0	0%	0	0%	0	0%	0	0%	0	0%	153
	总计	0	0%	0	0%	0	0%	0	0%	307	100%	0	0%	0	0%	0	0%	0	0%	0	0%	307
拟声词	口语	0	0%	0	0%	0	0%	0	0%	1	8%	0	0%	0	0%	12	92%	0	0%	0	0%	13
	书面	0		0		0		0		0		0		0		0		0		0		0
	总计	0	0%	0	0%	0	0%	0	0%	1	8%	0	0%	0	0%	12	92%	0	0%	0	0%	13
代词	口语	511	54%	188	20%	5	1%	0	0%	98	10%	0	0%	67	7%	14	1%	38	4%	23	2%	944
	书面	43	43%	15	15%	0	0%	0	0%	21	21%	1	1%	2	2%	5	5%	0	0%	13	13%	100
	总计	554	53%	203	19%	5	0%	0	0%	119	11%	1	0%	69	7%	19	2%	38	4%	36	3%	1044

图 9.4-2 动词句法功能的频率

图 9.4-3 形容词句法功能的频率

代词从语法性质上说,属于不同词类,表 9.4－3 是不同词性的代词的功能频率。

表 9.4-3 不同词性的代词的功能频率

		主语		宾语		谓语		补语		定语		方位~		状语		环境语		独立成分		其他		总计
		次数	比例	次数	比例	次数	比例	次数	比例	次数	比例	次数	比例	次数	比例	次数	比例	次数	比例	次数	比例	词次
代词 n	口语	509	62%	164	20%	0	0%	0	0%	96	12%	0	0%	0	0%	0	0%	26	3%	22	3%	817
	书面	43	47%	14	15%	0	0%	0	0%	21	23%	1	1%	0	0%	0	0%	0	0%	13	14%	92
	总计	552	61%	178	20%	0	0%	0	0%	117	13%	1	0%	0	0%	0	0%	26	3%	35	4%	909
代词 v	口语	0	0%	2	10%	5	25%	0	0%	0	0%	0	0%	0	0%	0	0%	12	60%	1	5%	20
	书面																					0
	总计	0	0%	2	10%	5	25%	0	0%	0	0%	0	0%	0	0%	0	0%	12	60%	1	5%	20
代词 d	口语	0	0%	0	0%	0	0%	0	0%	0	0%	0	0%	65	100%	0	0%	0	0%	0	0%	65
	书面	0	0%	0	0%	0	0%	0	0%	0	0%	0	0%	2	100%	0	0%	0	0%	0	0%	2
	总计	0	0%	0	0%	0	0%	0	0%	0	0%	0	0%	67	100%	0	0%	0	0%	0	0%	67
代词 s	口语	2	6%	18	50%	0	0%	0	0%	0	0%	0	0%	2	6%	14	39%	0	0%	0	0%	36
	书面	0	0%	1	17%	0	0%	0	0%	0	0%	0	0%	0	0%	5	83%	0	0%	0	0%	6
	总计	2	5%	19	45%	0	0%	0	0%	0	0%	0	0%	2	5%	19	45%	0	0%	0	0%	42
代词 m	口语	0	0%	0	0%	0	0%	0	0%	1	100%	0	0%	0	0%	0	0%	0	0%	0	0%	1
	书面																					0
	总计	0	0%	0	0%	0	0%	0	0%	1	100%	0	0%	0	0%	0	0%	0	0%	0	0%	1
代词 q	口语	0	0%	4	80%	0	0%	0	0%	1	20%	0	0%	0	0%	0	0%	0	0%	0	0%	5
	书面																					0
	总计	0	0%	4	80%	0	0%	0	0%	1	20%	0	0%	0	0%	0	0%	0	0%	0	0%	5

表中"其他"项包括做连谓结构前项和递系结构后项的数据,其中动词做连谓结构前项在口语和书面语中分别为 64 次、34 次,做递系结构后项分别为 47 次、56 次;形容词做连谓结构前项在口语和书面语中分别为 1 次、0 次,做递系结构后项分别为 3 次、3 次。

下面是虚词短语句法功能的频率。

表 9.4－4　虚词短语句法功能的频率

		主语		宾语		谓语		补语		定语		～方位		状语		环境语		独立成分		其他		总计
		次	比	次	比	次	比	次	比	次	比	次	比	次	比	次	比	次	比	次	比	词次
X地	口语	0	0%	0	0%	0	0%	0	0%	0	0%	0	0%	10	100%	0	0%	0	0%	0	0%	10
	书面	0	0%	0	0%	0	0%	0	0%	0	0%	0	0%	9	100%	0	0%	0	0%	0	0%	9
	总计	0	0%	0	0%	0	0%	0	0%	0	0%	0	0%	19	100%	0	0%	0	0%	0	0%	19
X的2	口语	0	0%	1	11%	0	0%	3	33%	0	0%	0	0%	0	0%	0	0%	5	56%	0	0%	9
	书面	0	0%	0	0%	0	0%	0	0%	0	0%	0	0%	0	0%	0	0%	1	100%	0	0%	1
	总计	0	0%	1	10%	0	0%	3	30%	0	0%	0	0%	0	0%	0	0%	6	60%	0	0%	10
X的3	口语	13	7%	41	23%	2	1%	0	0%	111	63%	0	0%	0	0%	0	0%	7	4%	1	1%	175
	书面	9	2%	14	4%	0	0%	0	0%	371	94%	1	0%	0	0%	0	0%	0	0%	0	0%	395
	总计	22	4%	55	10%	2	0%	0	0%	482	85%	1	0%	0	0%	0	0%	7	1%	1	0%	570
介词组	口语	0	0%	0	0%	0	0%	5	3%	0	0%	0	0%	171	96%	0	0%	0	0%	2	1%	178
	书面	0	0%	0	0%	0	0%	18	6%	1	0%	0	0%	245	87%	0	0%	0	0%	17	6%	281
	总计	0	0%	0	0%	0	0%	23	5%	1	0%	0	0%	416	91%	0	0%	0	0%	19	4%	459

这个统计证实了我们在 4.8.1 中提出的词类和表述功能、句法成分的原型关联。下图显示了体词、谓词和饰词中的主要词类与句法成分的对应(黑体数据表示主要对应):

图 9.4－4　主要词类与句法成分的对应频率

动词、形容词与谓语的对应频率只有 36%,原因是动词、形容词有很多做独立成分(22%),还有一部分做补语,如果把这一部分也算作述谓成分,那么动词、形容词做述谓成分占 64%。

9.4.3.2 从上面的数据中,可以看到以下特点:

(一)名词、动词和形容词功能较分散,其中形容词的功能最分散,没有一项功能超过 30%。而其他词类功能较集中。

(二)有些词类的功能口语和书面语的差异较大。差异较大的有:

1、名词做主语:口语 51%,书面语 33%。

2、名词做定语:口语 7%,书面语 36%。

3、动词做宾语:口语 5%,书面语 13%。

4、动词做定语:口语 0.6%,书面语 15%。

5、动词做独立成分:口语 29%,书面语 19%。

6、形容词做谓语:口语 27%,书面语 16%。

7、形容词做定语:口语 10%,书面语 29%。

8、形容词做状语:口语 8%,书面语 23%。

9、形容词做独立成分:口语 24%,书面语 2%。

10、"X 的$_3$"做主宾语:口语 31%,书面语 8%。

11、"X 的$_3$"做定语:口语 63%,书面语 94%。

(三)名词和名词性代词做主宾语的频率差异较大。名词做主语 634 次,占 20%,做宾语 1174 次,占 38%;名词性代词与名词正好相反,做主语 509 次,占 62%,做宾语 164,占 20%。这与莫彭龄、单青(1985)的统计结果相同。

莫彭龄、单青认为,名词做主宾语频率差异的原因主要是代词的主语频率高、宾语频率低和主语常省略。此次统计证实莫彭龄、单青的结论。根据我们的统计,在 2 万字语料中,主语总数 1136,占 11%,宾语总数 2012,占 17%。由于主语常省略,宾语数比主语数高出近一倍。

9.4.4 词类功能频率在不同语体中出现差异的原因

词类功能频率出现差异的原因有的我们还不清楚,如动词做宾语在口语和书面语中的差异,但有的情况可以解释。下面尝试作简单说明。

9.4.4.1 名、动、形定语频率差异和形容词状语频率差异的原因

名、动、形做定语的频率在书面语中比口语中分别高 29 个百分点、14 个百分点、19 个百分点。原因也许很简单,就是书面语句子较长,表达较严密,定语丰富。书面语中定语总数为 2265,占句法成分的 35%,而口语中定语总数只有 740,占句法成分的 13%。书面语中有更高的定语需求,这样名、动、形做定语的频率都比口语高。

但同样的理由似乎不适用于形容词做状语频率的差异,书面语中状语的总数只有 635,占句法成分的 10%,而口语中状语总数 1133,占句法成分的 20%。原因尚不清楚,可能与副词状语和形容词状语的语义作用不同有关,即副词状语主要是表示时间、范围、情态、语气等与交际功能密切相关的状语,在口语中出现频率高(837,占 74%),在书面语中出现频率低(290,占 46%),这样使得口语中状语的总数高于书面语;而形容词状语主要是方式状语,与交际功能关系不大。如果真是这样,那么定语频率差异的原因同样适用于形容词状语频率差异。

9.4.4.2 名词做宾语定语频率差异的原因

名词做宾语,口语比书面语高 18 个百分点,名词做定语口语比书面语低 29 个百分点。这两点是相关的,名词做宾语和定语在口语和书面语中,一高一低,一低一高,正好形成互补倾向。口语中名词做定语能力很差,而书面语中名词做定语能力强,这是口语中名词宾语功能比

书面语比例高的原因。但为什么名词做主语频率在口语和书面语中间形成明显差异呢?这与口语中主语常由代词充任有关。下表比较了名词性代词和名词的功能频率:

表9.4-5 名词、名词性代词做主语、宾语、定语的能力

	主语		宾语		定语	
	名词	代词n	名词	代词n	名词	代词n
口语	22%	62%	51%	20%	7%	12%
书面语	20%	47%	31%	15%	36%	23%
总计	20%	61%	38%	20%	28%	13%

代词有61%做主语,而名词只有20%做主语;名词有38%做宾语,而代词只有20%做宾语。从代词本身的功能看,代词做主语的能力强于做宾语;从代词与名词的比较看,代词做主语的频率高于名词做主语。这样使得名词做主语的次数减少。

随之而来的问题是,书面语中由于名词做定语的频率很高,使得做宾语频率减低,这个机制同样会影响名词做主语的频率,加上代词对名词做主语频率的影响,按理说书面语中名词做主语的频率应明显低于口语,但为什么实际上口语和书面语中名词做主语的频率相当呢?这是由书面语中代词出现频率较低造成的。代词在口语中出现的频率(944次,14%)远远高于书面语(100次,1.5%),因此,代词对名词做主语频率的影响在口语中充分实现,但在书面语中由于代词很少,对名词做主语频率的影响极小。下面看主语、宾语和定语的词类构成(参看图9.4-5、图9.4-6、图9.4-9)。

从表9.4-6中可以看到,口语中66%的主语都是由代词充任,只有24%的主语由名词充任;而书面语中恰恰相反,79%的主语由名词充任,8%的主语由代词充任。但宾语的情况与此不同,无论口语还是书面语,宾语由名词充任的频率都远远高于代词,口语中50%的宾语、书面语中65%的宾语由名词充任,分别只有19%和1%的宾语由代词

充任。

表 9.4－6　主语、宾语、定语的词类构成

		主语		宾语		定语	
		次数	比例	次数	比例	次数	比例
名词	口语	184	24%	428	50%	63	9%
	书面语	450	79%	746	65%	801	35%
	小计	634	47%	1174	58%	864	29%
代词n	口语	509	66%	164	19%	96	13%
	书面语	43	8%	14	1%	21	1%
	小计	552	41%	178	9%	117	4%
其他	口语	76	10%	268	31%	581	79%
	书面语	74	13%	492	39%	1443	64%
	小计	150	11%	760	38%	2024	67%
总计	口语	769		860		740	
	书面语	567		1252		2265	
	总计	1336		2012		3005	

这样,口语中由于代词的高主语能力和高出现率使名词做主语的频率降低;而书面语中名词的高定语能力使名词的主语频率降低,但代词由于出现频率低而对名词的主语频率影响不大。这两方面原因使名词做主语的频率在口语和书面语中差异不大。

9.4.5　各句法成分的词类构成统计

下面我们换一个角度,看看句法成分的词类构成(见表 9.4－7)。图 9.4－5 至图 9.4－10 是相应柱图。

表 9.4－7　句法成分的词类构成

		名词		动词		形容词		状态词		区别词		副词		时间词		处所词		方位词		数词	
		次数	比例	次数	比例	次数	比例	次数	比例	次数	比例	次数	比例	次数	比例	次数	比例	次数	比例	次数	比例
主语	口语	184	24%	36	4.7%	2	0.3%	0	0.0%	1	0.1%	0	0%	0	0%	0	0%	0	0%	0	0%
	书面	450	79%	52	9.2%	1	0.2%	0	0.0%	1	0.2%	0	0%	0	0%	1	0.2%	3	0.5%	0	0%
	总计	634	47%	88	6.6%	3	0.2%	0	0%	2	0.1%	0	0%	0	0%	1	0.1%	3	0.2%	0	0%
宾语	口语	428	50%	88	10%	23	2.7%	0	0%	5	1%	0	0%	1	0%	5	1%	22	3%	2	0%
	书面	746	65%	221	19%	23	2.0%	1	0.1%	5	0.4%	0	0%	13	1.1%	10	0.4%	55	4.8%	19	1.6%
	总计	1174	58%	309	15%	46	2.3%	1	0.0%	10	0.5%	0	0%	14	0.7%	10	0.5%	77	3.8%	21	1.0%
谓语	口语	10	1.1%	811	89%	83	9.1%	0	0%	0	0%	0	0%	0	0%	0	0%	0	0%	1	0.1%
	书面	0	0%	525	88%	60	10%	1	0.2%	0	0%	0	0%	0	0%	0	0%	0	0%	2	0.3%
	总计	10	0.7%	1336	89%	143	9.5%	1	0.1%	0	0%	0	0%	0	0%	0	0%	0	0%	3	0.2%
补语	口语	0	0%	97	68%	37	26%	0	0%	0	0%	0	0%	0	0%	0	0%	0	0%	0	0%
	书面	0	0%	66	57%	32	28%	0	0%	0	0%	0	0%	0	0%	0	0%	0	0%	0	0%
	总计	0	0%	163	63%	69	27%	0	0%	0	0%	0	0%	0	0%	0	0%	0	0%	0	0%
定语	口语	63	8.5%	11	1.5%	31	4.2%	0	0%	12	1.6%	0	0%	3	0.4%	5	0.7%	1	0.1%	111	15%
	书面	801	35%	246	11%	106	4.7%	0	0%	115	5.1%	0	0%	22	1.0%	6	0.3%	13	0.6%	235	10%
	总计	864	29%	257	8.6%	137	4.6%	0	0%	127	4.2%	0	0%	25	0.8%	11	0.4%	14	0.5%	346	12%
～方位	口语	34	83%	1	2.4%	6	15%	0	0.1%	0	0%	0	0%	0	0%	0	0%	0	0%	0	0%
	书面	58	74%	13	17%	2	2.6%	0	0%	0	0%	0	0%	1	1.3%	0	0%	0	0%	1	1.3%
	总计	92	77%	14	12%	8	6.7%	1	0.1%	0	0%	0	0%	1	0.8%	0	0%	0	0%	1	0.8%
状语	口语	1	0.5%	0	0%	23	2.0%	0	0%	0	0%	837	74%	0	0%	0	0%	0	0%	8	0.7%
	书面	0	0%	0	0%	86	14%	0	0%	0	0%	290	46%	0	0%	6	6.7%	1	0.2%	0	0%
	总计	7	0.4%	0	0%	109	6.2%	1	0.1%	0	0%	1127	64%	0	0%	6	0%	1	0.1%	9	0.5%
环境语	口语	7	7.8%	0	0%	0	0%	0	0%	0	0%	0	0%	37	41%	6	6.7%	19	21%	0	0%
	书面	11	14%	1	1.3%	0	0%	0	0%	0	0%	0	0%	46	58%	0	0%	10	13%	0	0%
	总计	18	11%	1	0.3%	0	0%	0	0%	0	0%	0	0%	83	49%	6	3.6%	29	17%	0	0%
独立成分	口语	13	2.0%	501	75%	71	11%	0	0%	0	0%	0	0%	2	0.6%	1	0.2%	2	0.3%	0	0%
	书面	21	5.8%	316	87%	7	1.9%	0	0%	0	0%	0	0%	2	0.6%	0	0%	2	0.2%	14	3.9%
	总计	34	3.3%	817	80%	78	8%	0	0%	0	0%	0	0%	2	0.3%	1	0.1%	2	0.2%	14	1.4%
其他	口语	100	26%	183	48%	26	7%	4	1.1%	9	2.4%	0	0%	2	0.3%	3	0.8%	6	1.6%	17	4.5%
	书面	166	31%	236	≈4%	54	10%	1	0.2%	8	1.5%	0	0%	8	1.5%	1	0.2%	11	2.1%	14	2.6%
	总计	266	29%	419	≈6%	80	9%	5	0.5%	17	1.9%	0	0%	9	1.0%	4	0.4%	17	1.9%	31	3.4%

续表

成分	语体	数量词 次数	数量词 比例	量词 次数	量词 比例	指示词 次数	指示词 比例	拟声词 次数	拟声词 比例	代词 次数	代词 比例	X地 次数	X地 比例	X的2 次数	X的2 比例	X的3 次数	X的3 比例	介词组 次数	介词组 比例	总计 次数	总计 比例
主语	口语	14	1.8%	8	1.0%	0	0%	0	0%	511	66%	0	0%	0	0%	13	1.7%	0	0%	769	13%
	书面	0	0%	7	1.2%	0	0%	0	0%	43	7.6%	0	0%	0	0%	9	1.6%	0	0%	567	9%
	总计	14	1.0%	15	1.1%	0	0%	0	0%	554	41%	0	0%	0	0%	22	1.6%	0	0%	1336	11%
宾语	口语	22	2.6%	34	4.0%	0	0%	0	0%	188	22%	0	0%	1	0.1%	41	4.8%	0	0%	860	18%
	书面	2	0.2%	33	2.9%	0	0%	0	0%	15	1.3%	0	0%	0	0%	14	1.2%	0	0%	1152	17%
	总计	24	1.2%	67	3.3%	0	0%	0	0%	203	10%	0	0%	1	0.0%	55	2.7%	0	0%	2012	16%
谓语	口语	1	0.1%	1	0.1%	0	0%	0	0%	5	0.5%	0	0%	0	0%	2	0.2%	0	0%	914	9%
	书面	0	0%	6	1.0%	0	0%	0	0%	0	0%	0	0%	0	0%	0	0%	0	0%	594	12%
	总计	1	0.1%	7	0.5%	0	0%	0	0%	5	0.3%	0	0%	0	0%	2	0.1%	0	0%	1508	2%
补语	口语	0	0%	0	0%	0	0%	0	0%	0	0%	0	0%	3	2.1%	0	0%	5	3.5%	142	2%
	书面	0	0%	0	0%	0	0%	0	0%	0	0%	0	0%	0	0%	0	0%	18	16%	116	2%
	总计	0	0%	0	0%	0	0%	0	0%	0	0%	0	0%	3	1.2%	0	0%	23	8.9%	258	13%
定语	口语	35	4.7%	104	14%	154	21%	1	0.1%	98	13%	0	0%	0	0%	111	15%	0	0%	740	35%
	书面	36	1.6%	139	6.1%	153	6.8%	0	0%	21	0.9%	0	0%	0	0%	371	16%	1	0.0%	2265	25%
	总计	71	2.4%	243	8.1%	307	10%	1	0.0%	119	4.0%	0	0%	0	0%	482	16%	1	0.0%	3005	1%
~方位	口语	0	0%	0	0%	0	0%	0	0%	0	0%	0	0%	0	0%	0	0%	0	0%	41	1%
	书面	0	0%	1	1.3%	0	0%	0	0%	1	1.3%	0	0%	0	0%	1	1.3%	0	0%	78	1%
	总计	0	0%	1	0.8%	0	0%	0	0%	1	0.8%	0	0%	0	0%	1	0.8%	0	0%	119	20%
状语	口语	6	0.5%	4	0.4%	0	0%	0	0%	67	5.9%	10	0.9%	0	0%	0	0%	171	15%	1133	10%
	书面	0	0%	4	0.2%	0	0%	0	0%	2	0.3%	9	1.4%	0	0%	0	0%	245	39%	635	15%
	总计	6	0.3%	7	7.8%	0	0%	0	0%	69	3.9%	19	1.1%	0	0%	0	0%	416	24%	1768	2%
环境语	口语	0	0%	6	7.6%	0	0%	0	0%	14	16%	0	0%	0	0%	0	0%	0	0%	90	1%
	书面	0	0%	13	7.7%	0	0%	0	0%	5	6.3%	0	0%	0	0%	0	0%	0	0%	79	1%
	总计	0	0%	13	7.7%	0	0%	0	0%	5	5.8%	0	0%	0	0%	0	0%	0	0%	169	11%
独立成分	口语	1	0.2%	5	0.8%	0	0%	12	1.8%	38	5.8%	0	0%	5	0.8%	7	1.1%	0	0%	656	11%
	书面	0	0%	0	0%	0	0%	0	0%	0	0%	0	0%	1	0.3%	0	0%	0	0%	363	6%
	总计	1	0.1%	7	0.7%	0	0%	12	1.2%	38	3.7%	0	0%	6	0.6%	7	0.7%	0	0%	1019	8%
其他	口语	1	0.3%	2	0.5%	0	0%	0	0%	23	6.1%	0	0%	0	0%	1	0.3%	2	0.5%	378	7%
	书面	0	0%	7	1.3%	0	0%	0	0%	13	2.4%	0	0%	0	0%	0	0%	17	3.2%	536	8%
	总计	1	0.1%	9	1.0%	0	0%	0	0%	36	3.9%	0	0%	0	0%	1	0.1%	19	2.1%	914	8%

图 9.4-5 主语的词类构成

图 9.4-6 宾语的词类构成

图 9.4-7 谓语的词类构成

图 9.4-8 补词的词类构成

图 9.4-9 定语的词类构成

图 9.4-10 状语的词类构成

统计显示，口语中主语的总数（769／13％）比书面语（567／9％）还多，这表明主语省略在书面语中比口语中还多，这与一般认为口语中主语更易省略的说法不同。

可以看到，谓语、补语和状语与词类的对应比较严格，而主语、宾语、定语与词类的对应较分散，特别是定语，比重最高的只有 29％（名词）。不过，尽管汉语词类与句法成分不一一对应，但优势对应关系仍然明显：谓语 99％由谓词（动词、形容词）构成，补语的 90％由谓词构成，状语 93％由副词性成分（副词、介词结构、副词性代词、X 地结构）构成，主语 88％由体词性成分（名词、体词性代词）构成，宾语 68％由体词性成分构成。只有定语的构成无明显优势对应：42％由饰词性成分（区别词、数词、数量词、数量结构、指示词、"的"字结构）构成，33％由体词性成分（名词、体词性代词），14％由谓词（动词、形容词）构成。

另外，有些句法成分的词类构成在口语和书面语中存在较大差异，最突出的是主语的名词和代词构成，口语中名词构成的主语只占 24％，但在书面语中占 79％；与此形成对照的是口语中代词构成的主语占 66％，而书面语中只有 8％。此外，状语的副词构成在口语和书面语中也有较大差异。

9.4.6 "X 的"的构成、功能和名、动、形、区做定语是否加"的"

从表 9.4－8 中可以看到，"X"是名词、动词、形容词性成分时，"X 的"都主要做定语，但"X"是区别词时，做主宾语的比例高于做定语。大概是因为区别词是饰词，做定语是本职功能，无需加标记（除从动词变来，动词性还未完全消失的"亲爱、心爱"等外），加标记"的"主要是为了表转指，在主宾语位置上出现。

表 9.4－8 "X 的"的构成和功能

		主语		宾语		谓语		定语		独立成分		是X的		总计
		词次	比例	词次	比例	词次	比例	词次	比例	词次	比例	词次	比例	词次
形"的$_3$"	口语	1	5%	5	23%	0	0%	15	68%	1	5%	3	14%	22
	书面	1	2%	3	6%	0	0%	45	92%	0	0%	3	6%	49
	总计	2	3%	8	11%	0	0%	60	85%	1	1%	6	8%	71
动"的$_3$"	口语	9	12%	17	23%	2	3%	44	59%	2	3%	9	12%	74
	书面	7	6%	6	5%	0	0%	114	90%	0	0%	4	3%	127
	总计	16	8%	23	11%	2	1%	158	79%	2	1%	13	6%	201
名"的$_3$"	口语	1	2%	8	15%	0	0%	39	75%	3	6%	2	4%	52
	书面	0	0%	1	1%	0	0%	157	99%	0	0%	1	1%	159
	总计	1	0%	9	4%	0	0%	196	93%	3	1%	3	1%	211
区"的$_3$"	口语	2	22%	6	67%	0	0%	0	0%	1	11%	0	0%	9
	书面	1	14%	0	0%	0	0%	6	86%	0	0%	0	0%	7
	总计	3	19%	6	38%	0	0%	6	38%	1	6%	0	0%	16

表 9.4－9 名、动、形、区做定语是否加"的"

定语形式	形		形"的"		总计	动		动"的"		总计	名		名"的"		总计	区		区"的"		总计
	词次	比例	词次	比例	词次	词次	比例	词次	比例	词次	词次	比例	词次	比例	词次	词次	比例	词次	比例	词次
口语	31	67%	15	33%	46	11	20%	44	80%	55	63	62%	39	38%	102	12	100%	0	0%	12
书面	106	70%	46	30%	152	246	68%	114	32%	360	801	84%	157	16%	958	115	95%	6	5%	121
总计	137	69%	61	31%	198	257	62%	158	38%	415	864	82%	196	18%	1060	127	95%	6	5%	133

可以看到,除了口语中的动词外,其他词做定语不加"的"的比例高于加"的"的。书面语和总数中动词和形容词加不加"的"做定语的比例相差不大,比名词加"的"做定语的比例高。而区别词直接做定语的比例高达 95% 以上,证明做修饰语是区别词的本职功能。

9.4.7 能否以主要功能为划类标准

张拱贵(1983)、莫彭龄、单青(1985)提出要根据主要功能划分词类,袁毓林(1995)也提出可以根据词的优势分布和劣势分布之别给词分类。那么是否真能做到呢?我们认为不能。主要有两方面原因:

(一)一个词类的总体功能频率与其中部分词的功能频率可以相差很大,也就是说,存在功能的不平衡现象。主要体现在两个方面,一是同一大类的小类之间功能频率差异很大,这一点莫彭龄、单青(1985)已提到,比如趋向动词做谓语只有 25%,而做补语有 75%,与一般动词相差很大。如果按主要功能,无法划进动词中去。二是一类词的各个成员间功能频率也可能差异很大,下面是一些词的功能频率(A 组为 2 万字语料范围的统计,B 组为 8 万字语料范围的统计):

		谓语	补语	定语	状语
A 组	大	11	0	18	1
	小	0	0	6	0
	新	0	0	21	3
	优秀	0	0	13	0
	重要	0	0	8	0
	好	9	31	3	0
	坏	0	0	2	0
B 组	高	14	2	5	0
	低	4	0	1	0
	快	6	3	0	8
	慢	2	1	0	4
	远	5	2	1	3
	近	2	1	1	0
	老	0	0	7	0
	重大	0	0	3	0
	伟大	0	0	3	0

上面是通常被归为形容词的一些词,而它们之间的功能频率相差很大,如果真要按这些词的主要功能或优势分布来归类,应该归为不同类。

下面再看一些词(1 万字书面语语料范围内的统计):

		谓语	定语	主语	宾语
A 组	强调	6	0	0	0
	建设	1	9	1	15
	管理	5	3	10	12
	改革	1	2	3	2

第9章　汉语词类的统计研究

有关	0	5	0	0
开展	2	0	1	2
组织	2	4	2	1
发展	5	3	10	12

这些词一般归为动词,它们之间的功能频率同样相差很大,如果按主要功能归类,也会被划入不同的类去。

由于功能不平衡现象的存在,根据主要功能划分词类必然会导致划类的混乱。

(二)莫彭龄、单青提出以主要功能划分词类,主要是依据"功能的稳定性"和"功能的区别性"的观念,即名、动、形的功能是稳定的,三类之间的主要功能是相互区别的。这种说法实际是不能成立的。因为,即使把名词和动词合并起来统计,也可以发现,在不同语料范围中其功能仍然是稳定的。以做主语和谓语的频率为例:

语料范围		A	A+B	A+B+C	A+B+C+D	A+B+C+D+E
名　词:	主语	193(20.0%)	402(21.0%)	690(21.3%)	1004(21.6%)	1213(22.1%)
	谓语	0(0.0%)	2(0.1%)	10(0.31%)	12(0.26%)	12(0.22%)
动　词:	主语	8(0.92%)	14(0.77%)	31(0.99%)	47(0.95%)	52(0.91%)
	谓语	665(76.7%)	1406(77.2%)	2374(76.5%)	3785(76.3%)	4405(76.8%)
形容词:	主语	8(3.35%)	10(1.96%)	11(1.28%)	13(1.04%)	14(0.97%)
	谓语	52(21.8%)	141(27.7%)	228(26.6%)	340(27.3%)	400(27.6%)

上面是莫彭龄、单青的统计,下面我们把名词的数据和动词的数据合并起来:

名和动:	主语	201(11.0%)	416(11.1%)	721(11.4%)	1051(10.6%)	1265(11.3%)
	谓语	665(36.3%)	1408(37.7%)	2384(37.6%)	3797(38.2%)	4417(39.3%)

可以看到,尽管把名词和动词的数据合起来,仍表现出功能的稳定性。可见,所谓"功能的稳定性"并不能证明:放在一起统计语法功能的一批词其内部各成员间的词类性质是相同的。

前面我们提到的功能的不平衡性也表明,所谓"功能的区别性"仅仅说明被划开来的这些类之间有主要功能上的"区别性",而这些类内部可能还有主要功能上的区别。比如我们从莫彭龄、单青的形容词中把区别词划出,结果区别词81%做定语,0%做谓语,而形容词20%做定语,21%做谓语,功能差异很大。

(三)最根本的问题是,用主要功能划分词类的提法有逻辑上的毛病,即循环论证。一方面,要确定一个词类的主要功能,必须先划出了类才能进行,另一方面划类又要根据主要功能,这样就导致了循环论证。

此外,根据主要功能或优势分布划分词类在操作上也不大可行。一是要在实际语料中统计词的功能频率,是一件十分繁重的工作,首先需要切分词,然后需要进行功能分析,这样的工作靠人工进行非常耗费时间和精力,即使可以利用计算机自动分析,也需要人工校对,在目前的情况下,机器自动分析的正确率并不很高,人工校对工作依然繁重。而且,机器自动分析句法通常建立在词类已经确定的基础上,这又成了循环论证。二是不同语料中同一个词以及同一类词的功能频率可能相差很大,根据不同语料可能得出不同结论。三是到底一个词或一个词类的主要功能是什么并不是一个简单的问题,比如上面所举"组织"的主要功能是什么,就很难回答。总之,如果只考察一个词的句法能力就能确定其词类的话,何必还要去统计句法功能的频率?

第 10 章　从词类类型学看汉语词类系统

10.1　从阿姆斯特丹模型看汉语词类系统

10.1.1　引言

汉语词类问题一直争论不断,主要与汉语实词多功能性特点有关。汉语实词无词类、汉语名动包含模式等观点与这个特点有关,"研究、调查、管理"一类词处理为动名兼类还是处理为名动词等争论也与此有关。跨语言的研究表明,实词的多功能性并非汉语独有,从类型学视角来观察汉语词类的特点,可以使我们对汉语的词类问题有一个更清楚的认识。下面将从词类类型的阿姆斯特丹模型视角来观察汉语词类系统,并对阿姆斯特丹模型的问题做出分析。

10.1.2　词类类型的阿姆斯特丹模型

10.1.2.1　句法位置与词类的对应

阿姆斯特丹模型指以阿姆斯特丹大学语言学教授 Kees Hengeveld 为代表的功能学派关于词类类型的理论,这一理论以陈述、指称、修饰这样的命题功能为基础,区分出动词、名词、形容词和副词四个主要词类,并根据不同语言中词项在命题功能上是否分化而区分出不同的词类类型。

Hengeveld (1992)为了跨语言地考察词类类型,利用陈述短语和

指称短语两种成分的四个句法位置,把词类性质与句法功能做了如下关联:

表 10.1－1　词项和句法槽(syntactic slot)(Hengeveld 1992)

	核心	修饰语
陈述短语	动词 V	方式副词 MAdv
指称短语	名词 N	形容词 A

为什么以这四个位置对应出四个主要词类?陈述、指称这样的表述功能的对立是语言中的基本对立(朱德熙 1982b:102,陆俭明 1993:95,郭锐 1997)。指称(R):指出一个对象,通常可以用"什么、谁"提问。陈述(P):表示一个断言,通常可以用"怎么样"提问。修饰(M):指称性或陈述性成分中的修饰语。

(1) 新　同学　悄悄　去　图书馆了。
　　 M　 R　　 M　 P　 R

郭锐(1997)认为,从语言表达模式看,指称和陈述构成了语言表达的基本构件;修饰不能独立使用,而是依附于指称或陈述成分上对指称或陈述成分加以修饰和限制,由此形成两个层级的对立:指称和陈述的对立是第一层级的基本对立,体饰和谓饰的对立是第二层级的对立(参看 4.3.3)。对应于表述功能,实词词类也分为三个大类:体词、谓词和饰词(郭锐 1997)。这一观念与 Hengeveld 根据四个位置分出四个基本词类的做法是相通的。

关于四个句法功能与词类的对应,Hengeveld(1992)规定只有无标记地充任某项功能,才能断定属于相应的词类。Hengeveld(1992)根据词项是否"专门化(specialization)"来处理某种语言的相应词类是否存在:如果一种语言的一些词项专门与某个句法槽无标记地对应,那么表明这些词项专门化了,可以看作一个独立的词类。而如果词项与某个句法槽没有形成无标记的单一对应关系,表明这些词项没有专门化,这种语言也就没有相应的词类。

以此为标准,Hengeveld 认为英语的四个句法槽都有一批专门化的词项来填充:

(2) The little$_A$ girl$_N$ danced$_V$ beautifully$_{MAdv}$

Hengeveld 把英语这样的词类系统叫"分化的(differentiated)"系统。

10.1.2.2 柔性词类系统和刚性词类系统

但是其他很多语言,没有像英语一样区分出四个基本词类,又有两种类型:

1、柔性的(flexible)系统

柔性系统的语言,词项的句法功能比较灵活,是多功能的,词项没有专门化。比如萨摩亚语(Samoan)

(3) (a) 'Ua mālosi le **lā.** (lā 做指称短语核心)
　　　 PERF strong ART sun
　　　 'The sun is strong.' ('The sun strongs.')
　　(b) 'Ua **lā** le aso. (lā 做陈述短语核心)
　　　 PERF sun ART day 'The day is sunny.' ('The day suns.')

(4) (a) E **alu** le pasi i Apia (alu 做陈述短语核心)
　　　 GENR go ART bus DIR Apia 'The bus goes to Apia.'
　　(b) le **alu** o le pasi i Apia (alu 做指称短语核心)
　　　 ART go POSS ART bus DIR Apia 'the going of the bus to Apia'
　　　　　　　　　　　　　　(Mosel & Hovdhaugen 1992:80,73)

(5) le fale **ta'avale** (ta'avale 做指称短语修饰语)
　　ART house car 'the garage' ('the car house')

(6) 'Ua ma'i **misela** le tama. (misela 做陈述短语修饰语)
　　PERF sick measles ART boy
　　'The boy has got the measles.' ('The boy sicks measlewise.')
　　　　　　　　　　　　　　(Mosel & Hovdhaugen 1992:305,394)

2、刚性的(rigid)系统

刚性系统的语言词项已专门化,句法功能固定,但某些句法位置没有专门的词项充任。比如加罗语(Garo)(Burling 1961:27, 33):

(7) (a) **Da'r**-an-gen.　　　　　陈述短语核心(无标记)
　　　 big-IT-FUT　　　　'It will get big.'
　　 (b) **da'r**-gipa mande　　　指称短语修饰语(带标记 gipa)
　　　 big-REL man　　　'the big man'
(8) (a) **Ca'**-gen-ma.　　　　　陈述短语核心(无标记)
　　　 eat-FUT-INT　　　'Will you eat?'
　　 (b) **ca'**-gipa mande　　　指称短语修饰语(带标记 gipa)
　　　 eat-REL man　　　'the man who eats'

加罗语有动词和名词,没有形容词和方式副词。指称短语的修饰语则用动词为基础的关系小句。

加罗语的陈述短语修饰语也用动词加标记的办法:

(9) (a) **Rak**-e　　　 dok-aha.　　　　　陈述短语修饰语(带标记 **e**)
　　　 strong-SUB hit-PAST　　　'He hit hard.'
　　 (b) Bia　　 **gar**-e　　 kat-an-aha.　　陈述短语修饰语(带标记 **e**)
　　　 3.SG throw-SUB run-IT-PAST　'Throwing, he ran away.'

如果我们把"柔性"理解为词项在四个句法位置上的多功能性(一个词项兼做多个成分),"刚性"理解为词项的功能单一,那么英语四分格局实质上也是刚性的。所以可以把世界语言的词类系统只分为柔性和刚性两类。

10.1.2.3　词类系统的类型

Hengeveld(1992)根据刚性和柔性程度的不同,把语言的词类系统分为 7 种类型:

表 10.1－2　词类系统（Hengeveld 1992）

词类系统(PoS)		陈述短语核心(P)	指称短语核心(R)	指称短语修饰语(Mr)	陈述短语修饰语(Mp)	语种
柔性的 flexible	1	实词				萨摩亚
	2	动词	非动词			瓦劳
	3	动词	名词	修饰词		苗
刚性的 rigid	4	动词	名词	形容词	方式副词	英
	5	动词	名词	形容词	—	荷兰
	6	动词	名词	—	—	科荣哥
	7	动词	—	—	—	图斯卡罗拉

Hengeveld et al. (2004)根据新的材料,进一步区分出中间类型。

表 10.1－3　词类类型的过渡系统
（Intermediate systems）（Hengeveld et al. 2004）

词类系统		陈述短语核心	指称短语核心	指称短语修饰语	陈述短语修饰语	代表语言
柔性	1	实词				Samoan
	1/2	实词				Mundari
		[非动词]				
	2	动词	非动词			Warao
	2/3	动词	名词			Turkish
			[修饰词]			
	3	动词	名词	修饰词		Miao
	3/4	动词	名词	形容词		Lango
				[方式副词]		
刚性	4	动词	名词	形容词	方式副词	English
	4/5	动词	名词	形容词	(方式副词)	Koasati
	5	动词	名词	形容词	—	Dutch
	5/6	动词	名词	(形容词)	—	Garo
	6	动词	名词	—	—	Krongo
	6/7	动词	(名词)	—	—	Tuscarora
	7	动词	—	—	—	

（"[　]"表示派生词项的功能,"(　)"表示封闭类词项的功能）

在柔性系统中，有的语言的基本词项是通用的，而由基本词项派生出的词项功能较窄，是专门化的词项。刚性系统中，有的语言虽有某个句法位置的专门词类，但数量少，是封闭类。如图斯卡罗拉语的名词①。

Hengeveld（1992）认为，汉语属于第 6 类型的语言，即刚性词类系统中，严格区分动词和名词，没有修饰词（形容词和副词），定语和状语靠动词和名词加标记来充任。在 Hengeveld et al.（2004）的考察中，汉语（普通话）属刚性系统的 5/6 型语言，即有专门化的动词和名词，但缺乏形容词，没有方式副词。说缺乏形容词而不说没有形容词，是因为根据新的材料，汉语还是有专门做指称短语修饰语的非谓形容词（区别词），但数量有限。而说汉语没有方式副词则可能是误解：由于汉语大量的谓词性属性词（认真、荣幸）和部分动词（有条件、讽刺）、部分名词（历史）可以加标记"地"做陈述短语修饰语，所以被误解为汉语的状语没有专门化的词项充任。汉语中方式副词虽然不多，但仍然存在，如：亲自、悄悄、大力、全力、高速、单独、独自。

Hengeveld 的这个判断与高名凯先生的汉语实词无词类分别、沈家煊先生的汉语动词包含于名词的说法距离很远。那么，到底汉语的词类系统是刚性的还是柔性的呢？我们认为，汉语词类系统既有刚性的特征，又有柔性的特征。

10.1.3 汉语词类系统考察

10.1.3.1 汉语词项的功能考察

Hengeveld（1992）的词类划分框架与郭锐（1997，2002）关于陈述、指称、修饰（体饰、谓饰）及相应的谓词、体词、饰词（体饰词、谓饰词）的分类框架是相通的。由于形容词在汉语中基本是谓词性的，与动词一样主

---

① 关于词类系统的阿姆斯特丹模型，可参考完权、沈家煊（2010）的详细介绍。

要充任陈述短语的核心,而体饰词主要是区别词,谓饰词就是副词,为避免名称引起的误解,本文把词类性质与句法位置的关联调整为:

表 10.1－4　汉语词类与句法位置的对应

	核心	修饰语
陈述短语	谓词	副词
指称短语	体词	区别词

在此基础上,我们对现代汉语的 41204 个实词(不包括功能性词类,如数词、量词、方位词、虚义副词等)进行了功能考察。

判断一个动词是否有名词性,我们的标准是:

1、能做体宾动词(包括准谓宾动词)宾语(进行研究,加以研究)。
2、能受另一名词的修饰(历史研究)。

这就是朱德熙(1984b,1985a,1985b)所说的名动词、名形词的标准。这个标准也是陆丙甫(1981)判断动名兼类的标准。

主宾语位置、受定语修饰的动词、形容词实际上有两种情况,一是的确是体词性的,二是仍是谓词性的(参看 4.3、7.4、7.5)。

下面是考察结果:

表 10.1－5　现代汉语词类功能格局

	类别	功能	数量	比例	例词
1	谓词	P	9717	19.21%	有、知道、喜欢、认为,痛,通红
2	谓-体	P,R	981	2.38%	回顾、抹煞、谴责、束缚,安静
3	谓-体-区	P,R,Mr	1447	3.51%	研究、管理、检查、学习,温暖
4	谓-区	P,Mr	2236	5.43%	成立、发生、并列、播出,豪爽
5	谓-体-区-副	P,R,Mr,Mp	44	0.11%	区别、补充、重复、循环,平衡
6	谓-区-副	P,Mr,Mp	168	0.41%	附加、附带、滚动、领先,认真
7	谓-副	P,Mp	239	0.58%	交错、反复、继续、延期,沉着
8	谓-体-副	P,R,Mp	18	0.04%	对等、讽刺、歪曲、追踪,冷静
9	区-副	Mr,Mp	45	0.11%	共同、长期、自动、临时
10	区别词	Mr	417	1.01%	彩色、野生、大型、急性

续表

	类别	功能	数量	比例	例词
11	副词	Mp	284	0.69%	亲自、大力、悄悄、独自
12	体词	R	8801	21.36%	岁数、关头、情形、诺言
13	体-区	R,Mr	18563	45.05%	木头、团体、桌子、英语
14	体-区-副	R,Mr,Mp	27	0.07%	系统、礼貌、现场、正面
15	体-副	R,Mp	17	0.04%	原样、原地、专人、严刑
	总计		41204	100.00%	

(符号:P:陈述短语核心,R:指称短语核心,Mr:指称短语修饰语,Mp:陈述短语修饰语)

现代汉语的词在谓词性、体词性、区别词性和副词性四个基本词性上的表现如图2所示。

图 10.1－2　现代汉语词类格局①

可以看到,汉语词类既有刚性的一面,又有柔性的一面。汉语词类柔性的一面表现在:

---

① 个别数据由于图形限制未放入图中,包括"谓-体-副"(18)、"体-副"(17)。

1、兼有两种及以上词性的词项的数量较大。如下表所示：

表 10.1－6　主要词性间的重合

兼功能词	数量	占总词数比例	占两词性比例	占前词性比例	占后词性比例
谓-体	2490	6.04%	6.15%	19.08%	8.33%
谓-区	3895	9.45%	12.13%	29.85%	16.97%
谓-副	469	1.14%	3.49%	3.59%	55.70%
体-区	20081	48.74%	63.18%	67.17%	87.51%
体-副	106	0.26%	0.88%	0.35%	12.59%
区-副	284	0.69%	1.21%	1.24%	33.73%

2、换个角度看，指称短语修饰语主要由具有体词性的词兼任（木头、历史、质量）；陈述短语的修饰语主要由具有谓词性的词兼任（区别、认真、迅速）。

表 10.1－7　汉语区别词和副词的专门化程度

有区别词性的词数 22947	谓词兼任	体词兼任	副词兼任	专任
	3895	18590	45	417
	16.97%	**81.01%**	0.20%	1.82%
有副词性的词数 842	谓词兼任	体词兼任	区别词兼任	专任
	469	44	45	284
	55.70%	5.23%	5.34%	33.73%

汉语词类刚性的一面表现在：

1、有专门化的谓词、体词、区别词和副词。

表 10.1－8　汉语专门化词项的数量

	功能	词数	比例
谓词	P	7917	19.21%
体词	R	8801	21.36%
区别词	Mr	417	1.01%
副词	Mp	284	0.69%
总计		17419	42.27%

2、汉语常用功能转化标记"的/地"。汉语虽然有专任的区别词(大型、野生、袖珍、公、母)和方式副词(亲自、独自、悄悄、大力),但都是封闭类,数量上远远低于兼任的区别词和副词(见表10.1-7)。"的"可以把谓词性成分和体词性成分转化为区别词性成分去做定语,"地"可以把谓词性成分和体词性成分转化为副词性成分去做状语(郭锐 1997,2000,2002)。而柔性语言是不必加标记去做别的成分的。

Hengeveld(1992)把汉语刚性的一面夸大了,而汉语无词类论和名动包含模式论又把汉语柔性的一面夸大了,这两种偏差都应避免。

10.1.3.2 词类类型划分标准的调整和汉语词类的刚柔性

从汉语的事实看,实际上无法把汉语放入 Hengeveld 的分类体系。问题的根本原因是 Hengeveld 分类体系本身造成的。这个分类体系过于理想化:一种语言是柔性的,就没有刚性的特征。因此,在对待加标记转化功能问题上,Hengeveld 实际采取了双重标准:加罗语动词、名词可以加标记做定语和状语,归入了刚性系统,土耳其语也可以在动词、名词上加标记 çe 和 ce 做定语、状语,这其实是刚性语言的特征,但由于已经认定土耳其语是柔性语言(名词可以做修饰语),放入5-7类不合适,于是就把加标记转化功能看成专门化的派生词,而没有把土耳其语的 çe 和 ce 看作功能转化标记。

即使是英语,也并非是完全的刚性语言(或分化的语言)。根据我们对《柯林斯英汉双解学习词典》(外语教学与研究出版社,2007)的考察,在首字母为 A 的词中,共出现动词 114 个,其中 21 个是动名兼类词,占 18.42%,如:advance、answer、approach、arrest、attack、attempt、auction。英语的动名兼类实际上就是有一批词兼有陈述和指称的功能。可见,英语其实仍有柔性的特征。

Hengeveld 之所以这样处理,与他提出的词类等级以及蕴涵关系

有关(Hengeveld et al. 2004):

陈述短语核心＞指称短语核心＞指称短语修饰语＞陈述短语修饰语

在早期研究中,陈述、指称这样的功能被叫作语用功能(pragmatic function)。Hengeveld & Van Lier(2008,2010)把对词类进行界定的句法槽重新解释为命题功能(propositional function),并将这些功能分为两个层面的参项。第一个层面是陈述和指称功能。这两个功能被视为基本交际功能,与指称功能相比,陈述功能被看作优先功能(privileged function)。其蕴含层级为陈述⊂指称;第二个层面的参项为核心和修饰功能。核心是必须的功能,因而优先于修饰功能。其蕴含层级为:核心⊂修饰。另外,基于一些语言不使用词汇形式表示修饰功能,而没有语言不具有"陈述-指称"的区分,因此"陈述-指称"参项优于"核心-修饰"参项。那么这两个参项的蕴含层级为:(陈述/指称)⊂(核心/修饰)。基于以上4种命题功能的3个蕴含层级可以得到以下3个蕴含限制(implicational constrains):

1、陈述⊂指称

a.如果一种语言有专门化的词项用作指称短语的核心,那么这种语言一定有专门化的词项用作陈述短语的核心,也就是说有名词必有动词。

b.如果一种语言有柔性的词项用作指称短语的核心,那么这种语言一定有柔性的或专门化的词项用作陈述短语的核心。也就是说,有名物词或非动词(nominals or non-verbs)则必有动词或谓词(verbs or predicatives)。

2、核心⊂修饰语

a.如果一种语言有专门化的词项用于某种短语的修饰语,那么这种语言一定有专门化的词项用于该短语的核心。即有方式副词则必有动词,有形容词则必有名词。

b. 如果一种语言有柔性的词项用于某种短语的修饰语,那么一定有柔性的或专门化的词项用于该短语的核心。即有修饰词或非动词,则必有动词或名词。

3、(陈述/指称)⊂(核心/修饰语)

如果一种语言在核心成分和修饰成分上区分出不同词项类别,那么这种语言一定在陈述短语核心和指称短语核心上也区分出不同的词项类别。

Hengeveld & Van Lier (2008,2010)认为,根据以上蕴涵关系,世界语言逻辑上只有 17 种类型是可能存在的词类类型。

但这个等级序列是否有普遍性值得怀疑,至少从英语和土耳其语的情况看,这个等级序列并不严格:英语中有分化的形容词和副词,按照这个分类系统的蕴涵关系,动词与名词应该都专门化了。但实际上,动词中有大约 18% 的词在陈述和指称功能上没有专门化。土耳其语名词具有多功能性,兼有指称、修饰的功能,按照这个系统,不应再有在名词上加标记做修饰语的情况,但土耳其语实际上有这种情况。

汉语的情况也如此,由于有"的/地"等转化标记,被归入刚性的词类系统,因为柔性系统是不需要加转化标记的。但 Hengeveld 没有注意到,汉语除了有标记的转化,还有不加标记直接充任其他功能的柔性现象,比如名词、动词、形容词直接做定语,形容词直接做状语。区别词与副词兼类也是柔性的表现,比如"共同、自动、真正、临时"这类词,既可做定语,又可做状语,实际上是区别词功能与副词功能没有分化,相当于类型 3 的词类系统:修饰词不分形容词(区别词)和副词。

阿姆斯特丹词类模型只是一种理想化的模型,这套模式对于语言事实的处理过于简单,把柔性和刚性看作截然的两类,某种语言的词类系统或某一词类,要么是柔性的,要么是刚性的。Hengeveld et al. (2004)说,"要确定一种语言为柔性,就必须是系统性的柔性,包括整个词位类别的句法和语义。因此,尽管英语有很多名词和动词可以同形转换,也不能划为柔性语言。"事实上,系统性的柔性和非系统性的柔性的区分并没有明确的标准,英语大量动词和名词可以同形转换,仍认定为刚性词类系统,这是让事实服从理论的做法。世界语言的普遍现象是有的词功能单一,有的词是多功能的。完全单一功能或完全多功能的情况几乎不存在。词项之间在四个位置上的分布能力并不像阿姆斯特丹模型规定的那样具有严格的蕴涵关系,不同词类之间都有交叉现象,语言的词类系统很难严格地归入这 7 个或 17 个类型。

因此,可以考虑修改他的分类标准,纯粹以功能间词项的重合数量比例作为柔性和刚性的指标。而缺乏某类词本身并不是刚性程度高的表现,只是表明专门化的集中度,即专门化的范围大小:是四个位置都专门化,还是一两个位置专门化。加标记转化功能也不表明刚性程度高,只是刚性语言的附带特征。这两项特征都不作为计算刚性/柔性的参数。

可以有不同计算方法来得到词类系统的刚柔程度。第一种算法是计算总体的刚柔性:

根据表 10.1-5,可以得到:

表 10.1-9 现代汉语词类的总体刚柔性

刚性词项	17419	42.27%
柔性词项	23785	57.73%
总计	41204	100.00%

虽然柔性词性比重大,但其中 45%(18563 词)其实是体词和区别词之间的重合词项贡献的,考虑到体词性成分做定语的普遍性,若把这部分排除,其他词项的柔性程度就会大大降低。

表 10.1-10 现代汉语词类的总体刚柔性(排除体词-区别词兼类)

刚性词项	17419	76.94%
柔性词项	5222	23.06%
总计	22641	100.00%

10.1 从阿姆斯特丹模型看汉语词类系统

第二种算法是分别考虑词性的两两重合的比例。词性重合的词就是柔性词,词性单一的就是刚性词。两个词性间刚性词(单一功能词)的百分比实际就是两个词性的分化度。词性 a 和词性 b 之间的分化度(D)的计算公式为:

$$D_{ab} = R_{ab} / W_{ab}$$

公式中,D_{ab} 指词性 a 和词性 b 的总分化度;R_{ab} 指具有单一词性 a 或单一词性 b 的词数;W_{ab} 指 a、b 两词性的总词数。

汉语虽然有柔性的特征,但总体上刚性程度更高,只有体词性和区别词性分化度较低。从这个角度说,Hengeveld 把汉语看作刚性语言有一定合理性。

表 10.1－11　两两比较的汉语词性总分化度

	功能	未专门化	柔性	专门化	刚性(总分化度)	词数	
1	谓-体	2490	6.15%	37968	93.85%	谓词＋体词	40458
2	谓-区	3895	12.13%	28207	87.87%	谓词＋区别	32102
3	谓-副	469	3.49%	12954	96.51%	谓词＋副词	13423
4	体-区	20081	63.18%	11702	36.82%	体词＋区别	31783
5	体-副	106	0.88%	11965	99.12%	体词＋副词	12071
6	区-副	284	1.21%	23221	98.79%	体饰＋副词	23505
	平均值		14.51%		85.49%		

换一个角度,看某种词性与其他所有词性之间的单向分化度,则情况有不同。单向分化度(D_a)的计算公式为:

$$D_a = R_a / W_a$$

R_a 指具有单一词性 a 的词数;W_a 指具有词性 a 的词数。

表 10.1－12　主要词性间的单向分化度

功能	R_a	W_a	D_a
谓-体、饰	7917	13050	60.67%
体-谓、饰	8801	29898	29.44%
区-谓、体、副	417	22947	1.82%
副-谓、体、区	284	842	33.73%
区-谓、体	462	22947	2.01%
副-谓、体	329	842	39.07%

上表中,谓词性相对于其他词性(体词、饰词)的单向分化度是这样得来的:具有单一谓词性的词数为 7917,具有谓词性的词的总数是 13050(单一谓词性词数 7917＋兼有谓词性和体词或饰词性的词数 5133),谓词性相对于其他词性的分化度 $D_a＝7917/13050＝60.67\%$。

可以看到,谓词相对于其他词性的分化度较高,体词、副词相对于其他词性的分化度偏低,而区别词相对于其他词性的分化度则非常低。这表明,汉语缺乏独立的区别词性的饰词。从这一点看,汉语似乎是 Hengeveld(1992)所归的 5/6 类型的刚性系统语言。但汉语缺乏"形容词"并非由于缺乏充任指称短语修饰语的词,汉语中充任指称短语修饰语的词很多,只是这些词大多数与体词和谓词没有分化开。从"形容词"的情况看,汉语更应归入 Hengeveld 词类类型分类系统的柔性词类系统中。

总体来看,汉语谓词与体词、饰词分化度较高,而区别词与体词、谓词的分化度很低。

10.1.4　从汉语词项的功能分化看汉语名词、动词问题

汉语中,名词与动词的关系是引起最大争议的问题。争议的原因,是动词是否具有名词性的问题,这是汉语词类的多功能性引起的。

高名凯注意到了汉语词类的多功能性。"问题在于汉语的实词无

10.1 从阿姆斯特丹模型看汉语词类系统

论从哪一方面来看,都表现其具有多种词类意义,没有固定的词类特点"(高名凯 1960:38),"绝大多数的汉语的词都不只有一种结合性,汉语绝大多数的词都可以跟许多种类的词结合"(高名凯 1957:75),"如果根据词与词的结合性来规定词类的理论是正确的话,我们也就非被迫承认汉语的实词没有固定的词类分别不可"。(高名凯 1957:76)

我们认为,就高名凯先生对汉语实词功能多样性的事实的观察而言,他看到了汉语的特点。高名凯先生指出的汉语实词功能的多样性,就是后来人们说的汉语词类的多功能性。朱德熙(1984b:13)说"汉语词类与句法成分之间的关系是错综复杂的,远不是一一对应的"。到朱德熙(1985a:4)《语法答问》中则发展为汉语语法的两个重要特点之一:汉语的词类跟句法成分之间不存在简单的一一对应关系。我们认为,词的多功能的实质有两种,一是词的功能分化程度不高,比如汉语名词多数可以直接做定语,实际上是说这些名词在指称功能和修饰(体饰)两种功能上分化程度很低;汉语形容词有 29% 可以直接做定语,实质是形容词的陈述功能和修饰(体饰)功能分化程度不高。二是某些语法位置对词语的选择限制较松,比如主语、宾语位置既可允许名词进入,也可以允许动词、形容词进入,如"<u>学习</u>很重要"、"同意<u>去</u>"。

高名凯认为,汉语的词都是万能的,"汉语的实词是多类的,没有一个实词是只属于一类的"(高名凯 1960:40),"一个词可以同时用作名词、形容词、动词"(指一个实词可以在主语、谓语、定语位置上出现),因此每个实词都是多类的,这就意味着实词没有词类分别(高名凯 1960:39)。

高名凯先生关于词的句法功能与词类的对应理论,与语言类型学的词类思想是相通的。

高名凯先生说汉语实词都是多功能的,因而不能分类,相当于 Hengeveld 所说的类型 1 的词类系统:实词既可以做谓语(陈述短语核心),又可以做主宾语(指称短语核心)、定语(指称短语修饰语)、状语(陈述短语修饰语),就意味着这种语言只有一个没有分工的实词类,无法区分出动词、名词、形容词和副词。

在句法功能与词类的对应问题上,高名凯先生在理论上是完全正确的。高名凯先生的失误是在对汉语事实的观察上。虽然汉语的实词有多功能性,但并不是所有的实词都是多功能的。高名凯先生说汉语所有实词都是多类的,限于当时的条件,并不是经过大规模的具体考察得出的结论,而仅仅是一种估计。事实上,汉语词的多功能现象,主要体现在体饰功能(区别词性)与指称功能(体词性)、陈述功能(谓词性)之间的分化程度不高,考虑到定语功能在别的语言中(如英语)与名词的分化程度普遍不高,如果把名词的定语功能排除,那么汉语的单功能词占76.9%,多功能词只占23.1%。而真正的万能词(陈述、指称、体饰、谓饰四种功能都具备)只有44个,只占0.11%,因此认为汉语实词由于多功能性而不能分类的观点是不能成立的。

由于汉语动词除了可做谓语,还可以做主宾语,沈家煊(2007,2009a,2009b,2015)提出词类的名动包含模式:名词包含动词,动词都是名词。沈家煊认为,用名动包含模式可以更好地分析"这本书的出版"的核心扩展规约问题。根据语言学的基本假设,一个短语整体的性质与其核心成分的性质相同,或者说,短语整体的性质是从其核心渗透而来。比如"干净衣服"的名词性是由其核心"衣服"的名词性渗透而来;"洗衣服"的动词性是由其核心"洗"渗透而来。但是"这本书的出版"在这个问题上遇到麻烦:"这本书的出版"整体是名词性的,而其核心"出版"是动词性的。过去为了解决这个难题,提出了不同的办法,如认为"出版"名物化了,是临时变成了名词性的;认为"出版"不是核心,"的"才是核心。这些解决方案说服力都不强。沈家煊提出,由于汉语的动词就是名词,因此,这里根本不存在核心与整体的性质不一致:"出版"是一个动词,但动词就是名词,与短语整体的性质是一致的。

"这本书的出版"一类结构中的"出版"算是指称短语核心还是陈述短语核心? 由于"出版"仍能受状语修饰(这本书的不出版),因此应看作陈述短语的核心。这里核心的性质(陈述)与结构整体的性质(指称)的不一致,原因是词项的表述功能和词性可分为两层,上例中"出版"的外层是指称性/体词性的,内层是陈述性/谓词性的(郭锐 1997,2000,2002):

(10) [R[P出版]]

加定语"这本书的"是加在外层的指称性/体词性 R 上:

(11) [R这本书的[R[P出版]]]

加状语"及时"是加在内层的陈述性/谓词性成分 P 上:

(12) [R这本书的[R[P及时[P出版]]]]

分层的实质,是一个词项用在某些语法位置时,其固有的词性与临时表现的词性出现差异,即内外层的词性转化。这种内外层的词性转化,可分析为这个词项上有一个隐性的词性转化标记,这个标记没有语音形式(参看 4.3.5)。具体到上面的例子,这个隐性的词性转化标记是一个名词化标记 G,其功能类似于英语动名词(gerund)标记-ing 的功能,也就是说这里的"出版"相当于英语"V+ing",整体是名词性的,而内部的 V 是动词性的。这样,"出版"上加定语是加在名词化标记的前面,也就是定语修饰的是名词化后的"出版";"出版"上加状语是加在名词化标记后面,也就是状语修饰的是还没有名词化的"出版"。分析如下:

(13) a.[R这本书的[R G-[P出版]]]
    b.[R这本书的[R G-[P及时[P出版]]]]

用树形图的方式表述如下:

(14) a. 这本书的出版①   b. 这本书的及时出版

因此,核心"出版"的外层性质(名词性)与结构整体"这本书的出版"的名词性是一致的,并不违反核心扩展规约。

同样,主宾语位置上的词项也不一定是名词性的,如"走是不应该的"中的"走"还可以受状语修饰"不走是不应该的"、带主语"你走是不应该的",因此还得承认"走"的内层性质仍是陈述性的。

我们判断一个动词是否有名词性的标准是上文提到的两条:A.能做体宾动词宾语(进行研究,加以研究)。B.能受另一名词的修饰(语言研究)。

真正具有名词性的动词是"研究、调查、学习、管理"这样的名动词,而名动词在汉语动词中只是少数(占动词的23%),相较于英语大约18%的动词具有名词性,这个比例并不算特别高。对于"研究"这类兼有动词性和名词性的词,既可以采取朱德熙(1985b)提出的办法,归为动词,是动词的一个特殊类,叫名动词;也可以采取同质策略,看作动词和名词的兼类。

即使采取沈家煊(2009b)的标准,把主宾语位置上、受定语修饰的

---

① AP 指定语短语,AMk 指定语短语的核心,即定语标记"的"。GP 是动名词短语,由于功能与名词短语相当,可看作 NP 的一种。

位置上的动词都看作体现名词性,那么,根据郭锐(2002)的考察,能自由地单独做主宾语的占动词的46%,能受定语修饰的占动词的51%。去除这两部分词,仍有接近一半的动词不具有宽泛意义上的名词性。所谓"自由地单独做主宾语"指动词做主宾语时不带宾语、状语、时体助词等其他成分,且受到的限制较少,可做普通的主宾语。"等于、认为"不能单独做主宾语,需添加宾语、状语后才能做主宾语,不能看作能单独做主宾语。"有"做主语的例子大概可以想到"有是有,就是……"这样的让步句,但除此之外,其他例子很难找到,也就是"有"不能自由地做主宾语。朱德熙(1982b)指出,汉语主语和宾语有指称性主语、宾语和陈述性主语、宾语之分,陈述性的主语、宾语不体现名词性,当然也应排除。

因此,汉语的事实并不支持高名凯先生的名动不分的观点,也不支持沈家煊先生的名动包含模式①。

那么,为何多数人认为汉语是柔性语言呢?这是因为刚性柔性实际上有两个方面,一是词类的刚柔,二是句法位置的刚柔。词类的柔性是说词项是多功能的,兼有多种词性;句法位置的柔性是说句法位置对进入的词的词性要求不严格。根据我们的考察,汉语的词类是刚性大于柔性,而汉语的句法位置却有很大的柔性,主要是汉语的主宾语位置、受定语修饰位置具有较大的柔性,既允许体词性成分进入,又允许谓词性成分进入,甚至允许饰词性成分进入。朱德熙(1984b:13)说,"汉语的名词跟谓词的对立不表现在主宾语这个位置上,而表现在谓语位置上",就是说汉语主宾语位置的限制较为宽松,允许多种词类进入,因而无法反映出名词和谓词的对立。其实谓语也有较大的柔性,既允

---

① "名动包含模式"之不能成立,还可以从另一个角度来看:汉语中名词有不少可以做谓语,那么按照动词可以做主宾语则具有名词性的相同逻辑,也可以推出汉语名词都具有动词性这个论断,而这两个论断是相互矛盾的。

许谓词进入,也允许体词进入。

10.1.5 小结

阿姆斯特丹词类模型用陈述短语的核心/修饰语、指称短语的核心/修饰语这四个语法位置,对应于动词/副词、名词/形容词,并通过这四个位置的词项是否分化,把词类分为刚性和柔性的不同类型。汉语中,词项在这四个句法位置的对应要比阿姆斯特丹模型复杂,阿姆斯特丹词类模型并不完全适用于汉语。即汉语的词类既有刚性的特征,又有柔性的特征。汉语的柔性主要体现在区别词性与体词性、谓词性的分化度非常低,只有2.01%,汉语缺乏独立的区别词性的饰词。而汉语谓词和体词的分化度非常高,达到93.85%。我们通过考察词项的多功能性来计算汉语词项的刚柔。总的来说,汉语的刚性词(单功能词)和柔性词(多功能词)大致相当,这些柔性词的处理是汉语词类划分的难点。其中,最具争议的是名词和动词的界限和关系。根据我们的考察,汉语动词中,采用严格标准(受名词做定语直接修饰和做"进行、加以"等形式动词的宾语)鉴别出的兼有名词性的动词是少数(23%)。而做一般主宾语时,由于还具有动词的基本特征(受"不"修饰、带宾语、带主语、受状语修饰等),因此不能认为具有名词性。无论是高名凯先生的汉语实词无词类区分说,还是沈家煊先生的名动包含模型,都与汉语的事实不符。

为什么根据陈述短语和指称短语的四个位置划分出来的四个词类大类在世界语言中具有普遍性,根本的原因是人类语言的基本运作机制,就是通过陈述和指称两种基本功能组合来表达意义、传递信息。也就是说,人类语言是通过表达对象的成分和表达断言的成分的相互组合来表达意义。除了极端柔性的语言外,人类语言在表达对象的成分和表达断言的成分上出现了分工,一批词专门用来表达对象(指称),一批词专门用来表达断言(陈述),于是出现了名词和动词的分别。进一步,做修饰语的成分与表达对象、断言的成分也出现分工,那么饰词作为一个词类也就产生了。如果修饰对象的成分和修饰断言的成分也出现分工,于是就产生体饰词(区别词或饰词性形容词)和谓饰词(副词)的分别。

　　汉语词类系统与阿姆斯特丹模型的动词、名词、形容词、副词对应的其实是谓词、体词、饰词(体饰词和谓饰词)这样的大类。为什么汉语词类系统在谓词下面还要细分出动词、形容词、状态词,体词下面还要细分出名词、量词、时间词、处所词、方位词,体饰词下面还要细分出区别词、数词、数量词、指示词?这是因为,在汉语中词的语义类别也与词的分布存在密切联系,语义类别不同,分布往往也不同。词的某些语义类别与词的分布之间建立起固定的关联,由此形成词的语义类别-句法功能结合体,大类下面的基本类正是根据词的语义类别-句法功能结合体划分出来的。而汉语中词的语义类别-句法功能结合体随着时代发展而发生变化。如上古汉语中,"计量单位-受数词修饰"尚未建立固定的关联,因而"量词"作为一个词类还未产生。随着时代发展,"计量单位-受数词修饰"的语义类别-句法功能结合体逐渐形成,在现代汉语中"量词"可以作为一个词类。方位词、时间词、处所词作为词类,同样是随着相应的语义类别-句法功能结合体逐步建立而形成的。

10.2　形容词的类型学和汉语形容词的语法地位

10.2.1　问题的提出

　　汉语有无形容词?如果有,范围有多大,主要功能是做谓语还是做定语？其语法性质是饰词性的还是谓词性的？是否归入动词？对这些问题的认识有不少分歧。

黎锦熙(1924)把形容词归入词类的区别词。区别词是黎氏语法体系的五个大类之一，与实体词（相当于我们所说的体词）、述说词（相当于我们所说的谓词）、关系词、情态词相对，包括形容词和副词，相当于我们所说的饰词，即认为做定语是形容词的主要功能，而把做谓语的形容词看作转成了动词。

赵元任(1948)把形容词看作谓词，龙果夫(1958)把形容词与动词归入谓词，赵元任(1968)则干脆把形容词归入动词，看作动词的一个次类。朱德熙(1982b)也把形容词归为谓词，但把"大型、野生"等不能做谓语、只能做定语的词划为区别词。

McCawley(1992)认为，从普遍特征看，形容词可以直接修饰名词、做谓语要靠系词连接，而汉语中所谓的形容词可以不需系词直接做谓语，那些看似直接做定语的"形＋名"组合（如"好人、好杯子"）不大能扩展(*很好人、? 好玻璃杯子)，实际上都是复合词。因此，他认为汉语中没有形容词。

张伯江(1996)则认为，若以自由做定语来界定形容词，那么"初级、微型"一类非谓形容词以及"大、红.好"一类属性义的词可以看作汉语的形容词，而"纯洁、和气"一类不能自由地做定语的词应划归不及物动词。

沈家煊(1997)认为汉语形容词的主要功能是做定语，按照这个结论，汉语形容词应是饰词性的。但沈家煊(2007,2009a,2009b)却又提出名词、动词、形容词的包含模式，即把形容词看作动词的次类，那么似乎又承认汉语形容词是谓词性的了。

表 10.2-1　汉语形容词词类性质的认识分歧

	性质认定	主要功能
黎锦熙(1924)	饰词(区别词)	定语
赵元任(1948)	谓词	谓语
龙果夫(1958)	谓词	谓语
赵元任(1968)	动词	谓语
朱德熙(1982b)	谓词	谓语
McCawley(1992)	动词	谓语
张伯江(1996)	1.饰词(微型、好)	定语
	2.动词(纯洁、和气)	谓语
沈家煊(1997)	饰词	定语
沈家煊(2009a)	谓词	谓语

争论的焦点是形容词的语法性质问题,即形容词是饰词性的还是谓词性的。把这个问题弄清楚,形容词的划界问题也就容易解决。考察汉语形容词的语法性质,可以从形容词共时平面的语法功能和在语言类型中的位置两个角度来进行。

10.2.2　形容词的类型考察

10.2.2.1　过去的研究

Dixon(1977)认为,一种语言的词项可以分成不同的语义类型(semantic types),每一种类型有一定的常规的句法、形态特征,一些扩展的特征仅仅适用于这个类型的个别成员。他发现,"运动、作用、给予、身体动作……"这样一些语义类型在不同语言中总是编码为动词,而"事物、亲属称谓……"这样一些语义类型总是编码为名词,他因此提出,每一个语义类型都与一个特定词类有一个基本的或常规的对应。动作义和事物义与词类的对应比较一致,每一种语言都有开放的动词和名词,但属性义的对应在不同语言中有不同的表现。他发现,下面的这些语义类型在不同语言中的对应有不同情况：

维度(dimension)：大、小、长、宽……

年纪(age)：新、老(旧)、小(年轻)……

颜色(color)：红、白、黑……

价值(value)：好、坏、纯洁(pure)、好吃(delicious)……

物理属性(physical)：硬、重、光滑……

速度(speed)：快、慢、迅速

人的脾性(human propensity)：幸福、机灵、大方、骄傲……

这些语义类型可以统称为"属性"。Dixon(1977)和 Schachter(1985)指出，一些语言把属性义对应于开放的形容词类(如英语)，而一些语言没有开放的形容词类，后者有两种情况：只有封闭的形容词类和根本没有独立的形容词类。

只有封闭的形容词类的情况有两种：

1、经常用名词表达大多数属性义，如豪萨语(Hausa)，比较：

(1) a. mutum mai alheri   b. mutum mai doki (Schachter, 1985)
    人　with 仁慈   人　with 马
   "仁慈的人"   "有马的人"

(2) a. Yana da alheri   b. Yana da doki (Schachter, 1985)
    他　有 仁慈   他　有 马
   "他仁慈"   "他有马"

2、经常用动词表达大多数属性义，如贝姆巴语(Bemba)，比较：

(3) a. umuuntu ùashipa   b. umuuntu ùalemba
    人　　的勇敢   人　　　的 写
   "勇敢的人"   "写字的人"

(4) a. umuuntu áashipa   b. umuuntu áalemba
    人　　勇敢   人　　　书写
   "某人勇敢"   "某人在写字"

与上述两种情况相应，没有独立的形容词类也有两种情况：

3、用名词表达属性义,叫形-名语言(adjectival-noun languages),如凯楚亚语(Quechua):

(5) a. chay　hatun　runa　　　b. Chay　runa　hatun
　　　这　　大　　人　　　　　　这　　人　　大
　　　"这个大人"　　　　　　　　"这个人大"
　　c. Rikaška：hatun-(kuna)-ta
　　　我看见　　大　(复数)宾格
　　　"我看见大东西"

(6) a. chay　alkalde　runa　　　b. Chay　runa　alkalde
　　　这　　市长　　人　　　　　这　　人　　市长
　　　"这个当市长的人"　　　　　"这个人是市长"
　　c. Rikaška：alkalde-(kuna)-ta
　　　我看见　　市长　(复数)宾格
　　　"我看见市长"

凯楚亚语中,表达属性义的词跟名词有句法上的平行性,特别是可以直接做宾语,可见与名词不能从语法上区分开。

4、用动词表达属性义,叫形-动语言(adjectival-verb languages),如汉语：

(7) a. 那个女孩子漂亮　　　b. 漂亮的女孩子
(8) a. 那个女孩子了解　　　b. 了解的女孩子

上面两例中,表达属性义的词"漂亮"和动词"了解"的活动方式相同。

Givón(1984)从认知角度,用时间稳定性(time stability)来解释Dixon提出的语义类型和词类的对应现象：语言中倾向于把时间上相对稳定的东西编码为名词,而把迅速变化的东西编码为动词。形容词在时间稳定性上居中,因此有的语言把属性义编码为名词,有的语言编码为动词。

有人指出,时间稳定性很难控制,比如"fire(火)、flicker(闪光)"时间稳定性很弱,却是名词,"to tower(高出)"时间稳定性高,却是动词(见 Whaley 1996)。

Thompson(1988)也不满意 Givón 的解释,她指出:Dixon 的 7 类属性义除"速度"外,都是相当稳定的,因此不大能认为属性的时间稳定性处在中间。Thompson 从话语功能角度来解释语义类型和词类的对应。她发现形容词在语言中有两种话语功能:对旧话题的属性进行说明和引出一个新的话题。对英语和汉语口语材料的统计数字如下:

1、对旧话语中的对象的属性进行说明(英:79%,汉:71%)。汉语例子如:

(9)(谈论中国孩子在学校中学英语)在**很愉快的的气氛**中学,那是最好。

2、引出话语中的一个新对象(英:21%,汉:29%)。汉语例子如:

(10)(谈论入学考试)所以我们真的希望能够有一个很更理想的考试。

(11)更重要的是要提高学生的学习能力。

Hopper & Thompson(1984)曾指出,可以从话语功能角度界定名词和动词:名词是引入话语的参与者的词,动词是报道事件的词。而形容词的功能正好兼有名词和动词的话语功能:对旧话语中的对象的属性进行说明相当于动词的功能,引出话语中的一个新对象相当于名词。因此,属性义在有的语言中编码为动词,有的语言中编码为名词。

Harrie Wetzer(1996)指出形容词的语法类型与时态表达手段相关:

1、如果一种语言有一个开放型的名词性形容词类,它一定有屈折形态表达的时态;如果一个语言有屈折形态表达的时态,它一定有一个开放类的名词性形容词类。如英语。

2、如果一种语言有一个开放型的动词性形容词类,它一定没有屈折形态表达的时态;如果一个语言没有屈折形态表达的时态,它一定有一个开放类的动词性形容词类。如汉语。

10.2.2.2 过去研究存在的问题

实际上所谓用名词表达属性的语言并非真正用名词表达,只是有转指现象。凯楚亚语(Quechua)被认为是典型的名词表达属性义的语言,例(5)a、b可以看作形容词做定语和谓语,即使名词有这样的功能,也不足以证明"hatun(大)"是名词性的,关键要看能否自由做主宾语。(5)c似乎是"hatun"做宾语的例子,但这实际上是形容词的句法转指,类似于古汉语的"见<u>贤</u>思齐,见<u>不贤</u>而内自省焉"中的"贤"和"不贤",与英语的"The <u>old</u> need attention",是同一种句法现象,不能认为在词汇层面上是名词性的(参看郭锐 2000)。

认为一些语言用名词表达属性义的另一个标准是形态标准:属性义词项在屈折变化上与名词相同。德语、拉丁语中由于形容词有与名词相同的性、数、格的屈折变化,也被认为属于类名词(noun-like)的属性词语言。实际上,这些语言中形容词有与名词相区别的显著特征,诸如不能自由做主宾语、有级的范畴、有程度区别,等等。形态上相近只表明形容词与名词有较密切的联系(即形容词对名词进行修饰,附属于名词短语),而不能说明在语法性质上相近。

而豪萨语中只是非核心属性词用名词表达,最核心的属性义仍用形容词表达。如:

(12) a. riga ja   b. Tutar kasa ja ce   (程汝祥 1997)
     衣服 红   旗   国   红 是
     "红衣服"   "国旗是红的"

根据 Dixon (1977),豪萨语共有 12 个形容词,都是核心属性词:babba(大)、qanqane(小)、sabo(新)、tsofo(老)、fari(白)、baqi(黑)、ja(红)、dogo(长,高)、gajere(短)、danye(新鲜,生)、mugu(坏)、qrami(小)。而用名词表达的除 nagari(好)外,大多是非核心或次核心属性词,如:sauki(容易)、sauri(快)、shiru(安静)、kwari(强)、matsyaci

（难）、motsattse（疯）。所以，纯粹的用名词表达属性义的语言目前还未见到。

所谓动词表达属性义也并非真正的动词，仍与动词有差异，如有程度、级的不同，可用于比较结构，常有特殊重叠形式，而且就汉语而言，属性词做定语经常不带"的"，如"漂亮姑娘"、"干净衣服"、"大苹果"、"红桌子"等，断定汉语用动词表达属性义缺乏证据。

过去的研究把属性词是名词性的还是动词性的对立起来，但实际上更多的情况是属性词既能无标记做定语，又能无标记做谓语。如越南语：

(13) a. trời　　tốt　　　（定语）
　　　天气　　好　　　"好天气"
　　b. Hôm nay thời tiết　rất　tốt　（谓语）
　　　今天　　天气　　很　好　"今天天气很好。"

用过去的分类系统，不知道越南语应算有开放的名词性形容词还是算有开放的动词性形容词。

10.2.2.3 属性词的类型考察

因此，我们应换一个方式考察属性词的语法性质。可以借用 Croft 的关联理论，考察属性词在定语位置（修饰功能）和谓语位置（陈述功能）上是用无标记（unmarked）形式表达还是用有标记（marked）形式表达。如果用无标记形式做定语，那么可以推断属性词是饰词性的；如果用无标记形式做谓语，可以推断属性词是谓词性的；如果定语和谓语都是无标记形式，那么可以推断属性词既有饰词性又有谓词性；如果定语和谓语都是有标记的，那么可以推断属性词不是饰词性或谓词性的，而是体词性的。

我们以上述标准对 72 种语言的核心属性词做了跨语言的考察。

这些语言的属性词呈现出 5 种类型（见表 10.2-2）：

10.2 形容词的类型学和汉语形容词的语法地位

表 10.2－2　属性词类型

语法性质	类型	做定语带标记	做谓语带标记	语言样例
饰词	I	－	＋	英,意大利
饰词,谓词	II	－	＋/－	维吾尔,俄
饰词/谓词	III	－	－	日,独龙
谓词,饰词	IV	＋/－	－	白,印尼
谓词	V	＋	－	阿美,韩

属性词类型 I(饰词性类型)是纯粹饰词性的,做定语无标记,做谓语有标记[①],如英语、德语、斯瓦西里语。

英语例子：

(14) a. red paper　（做定语无标记）
　　 b. The paper **is** red.　（做谓语有标记）

斯瓦西里语例子(章培智 1990)：

(15) a. njia　fupi　（做定语无标记）
　　　 路　　短　　"捷径"
　　 b. Njia　ya　　mwongo **ni** fupi.　（做谓语有标记）
　　　 路（所有格）说谎者　是　短　"说谎者的路长不了。"

类型 II 做定语无标记,做谓语可以是有标记的,但也可以是无标记的,因此属性词兼有饰词性和谓词性,但饰词性强于谓词性。如维吾尔语、俄语、匈牙利语。

匈牙利语例子(顾宗英、龚坤余 1989)：

(16) a. szép　　ház　　　　（做定语无标记）
　　　 漂亮　 房子　　　　"漂亮房子"
　　 b. Én szép **vagyok**.　（做谓语有标记）
　　　 我 漂亮 是　　　　"我漂亮。"

---

① 胡亚语(Hua)形容词只在定语位置出现,要说明陈述一个主体的属性时,仍带出中心语,如"Bura fu nupa fu baie(那猪│黑猪是)",但谓语部分的"fu(猪)"实际是一个冗余成分,并不负载新信息,从意义上说可以删除掉,所以我们仍看作是属性词有标记表陈述。而且,这种陈述方式很可能就是类型 I 语言属性词陈述方式的来源。

c. A ház szép　　　（做谓语无标记）
　　那 房子 漂亮　　"那座房子漂亮。"

维吾尔语例子（赵相如、朱志宁 1985）：

(17) a. tʻirajliq qiztʻaq　　　　　（做定语无标记）
　　　　漂亮　　姑娘　　　　　"漂亮姑娘"
　　b. bu qiztʻaq tʻirajliq ikɛn （做谓语有标记）
　　　　这　姑娘　漂亮　是　　"这个姑娘漂亮。"
　　c. bu qiztʻaq tʻirajliq　　　（做谓语无标记）
　　　　这　姑娘　漂亮　　　　"这个姑娘漂亮。"

类型 I、II 语言中动词做定语时，通常用有标记形式，如英语动词做定语一般用分词形式（V+ed，V+ing）、不定式形式（to+V），匈牙利语动词做定语一般用形动词形式（V+o/t/ando 等）。从这一点可以清楚地看到动词和形容词的区别。

类型 III 做定语和谓语都不带标记，属性词兼有饰词性和谓词性，饰词性和谓词性强弱程度相等。该类型的语言中的动词做定语时通常带标记，与形容词做定语不带标记形成对比，如独龙语。

独龙语例子（孙宏开 1982）：

(18) a. atsaŋ ɡam　（做定语无标记）　b. senxʻ ɡam（做定语无标记）
　　　　人　好　　　　　　　　　　　生活　好
　　　　"好人"　　　　　　　　　　　"生活好"
(19) a. kaɪ-sa aŋdza　（动词做定语有标记）
　　　　吃 的 饭
　　　　"吃的饭"
　　b. aŋ aŋdza kaɪ-luŋ.　（动词做谓语无标记）
　　　　他 饭 吃-了
　　　　"他吃饭了。"

有的是动词或动词短语直接做定语，如日语。

(20) a. akai hana　（做定语无标记）　b. Hana ga akai（做谓语无标记）
　　　　红　花　　　　　　　　　　　花（主）红
　　　　"红花"　　　　　　　　　　　"花是红色的。"

(21) a. watashi-ga sunde-iru ie （动词做定语无标记）
　　　我-主格　　住-进行　房子
　　　"我住的房子"
　　b. Watashi-wa sono ie ni sunde-iru （动词做谓语无标记）
　　　我-话题　那　房子　在　住-进行
　　　"我在那个房子里住。"

类型IV做谓语无标记，做定语可以无标记，也可以有标记，属性词的谓词性强于饰词性。如白语、印尼语、佤语。

白语的例子（徐琳、赵衍荪1984）：

(22) a. phɛ niuɛ （无标记做定语）
　　　 软　 泥
　　b. phɛ no niuɛ （有标记做定语）
　　　 软　的　泥
　　c. l' kho phɛ （无标记做谓语）
　　　这 个　软

该类型的语言中动词做定语往往与属性词采用相同标记形式，如印尼语（黄琛芳1990）：

(23) a. meja **yang** besar （有标记做定语）
　　　桌子　的　大
　　　"大桌子"
　　b. meja itu besar （无标记做谓语）
　　　桌子 那　大
　　　"那桌子大"
(24) a. orang **yang** membeli sepatu （动词做定语无标记）
　　　　人　 的　　买　　鞋　　"买鞋的人"
　　b. Orang itu membeli sepatu （动词做谓语无标记）
　　　　人　那　 买　　鞋　　"那个人买鞋"

类型V（谓词性类型）做谓语无标记，做定语有标记，属性词是纯粹谓词性的。该类型语言中的动词做定语时也往往与属性词采取相同的标记形式，如阿美语（何汝芬等1986）：

(25) a. makapahaj　**a**　wawa　　　　b. makapahaj kuni a wawa
　　　　漂亮　　的　孩子　　　　　　　漂亮　这　的 孩子
　　　"漂亮的孩子"　　　　　　　　　"这孩子漂亮"

(26) a. maumahaj　**a**　kapah　　　　b. maumahaj tʻiwama
　　　　劳动　　的　青年　　　　　　　劳动　　父亲
　　　"劳动的青年"　　　　　　　　　"父亲劳动"

朝鲜语例子(宣德五等1985)：

(27) a. pʻurʻ-**n** namuwu　（有标记做定语）
　　　　绿　的　树
　　　"绿色的树"
　　 b. namujipʻ-i　pʻurʻ-ni?　（无标记做谓语）
　　　　树叶（主）　绿　（疑）
　　　"树叶是绿的吗？"

朝鲜语形容词做定语的标记与动词做定语的标记用于现在式时虽然不同,形容词用-n/-'n,动词用-nʻn,但动词做定语用于过去式时标记为-n/-'n,与形容词做定语用于现在式的标记相同;用于过去持续式时,形容词和动词的标记都是-tən;用于将来式时形容词和动词的标记都是-r/ʻr。可见形容词做定语的标记与动词做定语的标记是同源的。

但也有动词做定语反而不加标记的语言,如嘉戎语（林向荣1993）：

(28) a. ta-wət　**kə**-mbro　（有标记做定语）
　　　　山　的　高　"高山"
　　 b. **kə**-mbro　wa-wat　（有标记做定语）
　　　　的　高（被饰）山　"高的山"
　　 c. ta-wat　mbro　（无标记做谓语）
　　　　山　高　"山高。"

(29) a. ʻtə　ka-za　wə-zʻ　ŋos　（动词无标记做定语）
　　　　这　吃（被饰）食物　是
　　　"这是吃的食物。"

这5种类型中,类型Ⅰ和类型Ⅴ是两种典型类型,而其他三种兼有两种典型类型的性质,是两个典型类型的过渡。因此,可以说属性词的功能主要在修饰(饰词)和陈述(谓词)之间竞争。在所考察的 72 种语言中,类型 I 语言共 12 种,类型 II 语言共 7 种,类型 III 语言共 29 种,类型 IV 语言共 16 种(包括汉语),类型 V 语言共 8 种,未发现属性词为体词的语言。

表 10.2-3 属性词类型统计

语法性质	类型	语种数
饰词	I	12
饰词,谓词	II	7
饰词/谓词	III	30
谓词,饰词	IV	15
谓词	V	8

表 10.2-4 72 种语言的属性词类型

类型	语种数	语言
I	12	英语、德语、瑞典、意大利、西班牙、拉丁、罗马尼亚、波兰、阿尔巴尼亚、豪萨、斯瓦希里、胡亚
II	7	藏语、门巴、白马、维吾尔、撒拉、俄语、匈牙利
III	29	羌语、独龙、毕苏、拉坞戎、布努、炯奈、畲语、壮语、侗语、泰语、仡佬、佯僙、拉基、布朗、越南、泰耶尔、赛德克、回辉、蒙古、康家、图瓦、满语、赫哲、希腊、希伯来、凯楚亚、瓦特加利、瓦加美、日语
IV	16	汉语、彝语、纳西、拉祜、景颇、白语、载瓦、哈尼、苗语、勉语、波拉、黎语、德昂、佤语、印尼、莫加维
V	8	嘉戎、阿美、布农、排湾、巴则海、贝姆巴、俄吉布瓦、朝鲜语

10.2.3 语义类与词类的对应

10.2.3.1 实体、属性与词类的对应

关于语义类型与词类的对应,Givón(1984)和 Thompson(1988)

的解释都是建立在属性词编码为名词或动词的观点基础上,但正如上文所述,事实是属性词主要编码为饰词或谓词,因此用时间稳定性和话语功能来解释也就不能成立。我们需要重新解释。

我们也许可以借用亚里士多德(Aristotle)的范畴理论来解释语义类型与词类的对应。

亚里士多德把单个的词语区分出 10 个范畴:实体(人或马)、数量(三尺长)、性质(白的,懂语法的)、关系(一倍,大于)、地点(市场上)、时间(昨天,去年)、姿势(躺着,坐着)、状态(穿鞋的,武装的)、活动(切割,烧灼)、遭受(被刺,被烧灼)(亚里士多德《范畴论》)。亚里士多德主要从两个角度讨论范畴。其一是存在论角度,即把范畴看作存在的类,实体可以独立存在,是自存的,其他范畴统称属性(亚里士多德《后分析篇》),属性是不能自存的,而是存在于实体之中,都是实体的伴随物(亚里士多德《形而上学》),由此形成实体(substance)和属性(property)的对立。另一个角度是逻辑学角度,即把范畴看作命题中宾词的类,第一实体(指特定的个体,如"苏格拉底")不能用来述说主体而只能被其他范畴所述说,第二实体(指比特定个体抽象的类属,如"人、动物")及其他范畴可以用来述说主体。单个词语组合就形成命题,如"人跑"、"人得胜",第一实体总是主词(subject),其他范畴就是宾词(predicate)(亚里士多德《范畴论》)。在主词位置上出现的就是实体词,在宾词位置上出现的就是动词[①]。

我们对这套模式稍加改造就可以较好地解释语义类型与词类的对应。我们仍按照亚里士多德的定义把实体看作自存的范畴,即指独立存在的东西;把属性定义为非自存的范畴,即指不独立存在,而是依附于实体的东西。属性包括临时的属性(动作、姿势等)和恒常的属性(性

---

① 古希腊语中形容词可以直接做谓语,归入动词一类。

质)。在人的语言表达模式中,语义类与词类形成了常规的对应:实体倾向于编码为指称(体词),这大概是由实体的自存性导致的,即自存的东西倾向于表示为对象;而临时属性倾向于编码为陈述(谓词,如:跑、说、下雨、病),恒常属性则倾向于编码为陈述(谓词,如:痛、饿、对、滑)或修饰(饰词,如:公(雄性)、灰、野、大型)。

图 10.2-1　语义类与词类的常规对应

把恒常属性编码为修饰,与语言表达中对实体进行分类的需求是相关的,显然,分类更适于用较为固定的特征,而临时特征更适于用来陈述[1]。状态词的语义由于具有临时的特点,更常用作谓语(参看沈家煊 1997)。而表示心理、生理状态的属性词由于处在恒常和临时之间,在语言中编码为形容词和动词的情况都存在,如汉语表生理状态的"病"是动词,而英语 sick、ill 是形容词;汉语中表示心理状态的"害怕"是动词,而英语的 afraid 是形容词。

10.2.3.2　属性词对应于谓词和饰词的条件

另一方面,属性词对应于谓词还是饰词还有其他语义条件。

属性根据程度性的有无可以分为两类:1. 程度性的属性,2. 非程度性的属性。

---

[1]　实体和属性与语言表达模式中的指称、陈述和修饰的这种对应关系显然与人的认知有关,不过这问题不是本文讨论的范围。

英语把这两类语义都编码为形容词(饰词)。

图 10.2－2　英语属性词的词类性质

日语则把所有属性词都编码为谓词和饰词。

图 10.2－3　日语属性词的词类性质

越南语属性词则根据是否有程度性而出现分化,程度性属性词是谓词性兼饰词性的,如:lớn（大）、mới（新）、đỏ（红）、no（饱）、đau（痛）;非程度性属性词是饰词性的,如:công（公）、tư（私）、dực（雄）、chính（主要）。

图 10.2－4　越南语属性词的词类性质

而汉语把多数(70%)程度性的属性词编码为谓词(a类),如:"痛、饿、对、滑、结实、和气、荣幸",把非程度性的属性词编码为饰词(b类),

如:"公、灰、野、大型、野生、自动"。有30%的程度性属性词同时编码为谓词和饰词(c类)(大、新、好、白、红、优秀、干净)。a类和c类的差别主要体现在两点上:1.恒常性,2.常用性,c类基本上是常用的恒常性有程度属性词,a类基本上是非恒常性的有程度属性词(如"痛、高兴、饿、困")或非常用有程度属性词(如"稳、粗疏、骄横、荣幸、渺小")。

图 10.2-5 汉语属性词的词类性质

加上分化条件的汉语属性词的语法格局:

图 10.2-6 现代汉语属性词语法性质分化条件

词的语义与词的句法行为有密切联系(参看陆丙甫 2010)。汉语中恒常性弱的属性词(如"高兴、痛、饿"等)一般不能直接做定语(a类属性词),而恒常性强的属性词(干净、大、伟大)做定语的能力很强(c类词)。即使在英语中,虽然恒常属性词都是饰词性的形容词,但其中非程度性的属性词加系词做谓语的能力很差,如"chief、main、sole、 sheer、utter"不能加 be 做谓语;恒常性弱的形容词做定语的能力也很弱,如"afraid、sure、alive、ill、faint"是非定形容词。这表明,尽管英语和汉语的属性词在词类性质上不同,但由词义引起的语法功能上的差异是平行的。

恒常属性(狭义属性)在语言表达模式中处于陈述和修饰的竞争中,在不同语言中的差异主要是把陈述编码为无标记形式还是把修饰编码为无标记形式。因此,句法范畴的原型关联应修改如下:

表 10.2－5　句法范畴的原型关联

句法范畴	名词	形容词	动词
语义类	事物	属性	动作
表述功能	指称	陈述/修饰	陈述

10.2.4　现代汉语属性词的语法性质是什么

10.2.4.1　汉语形容词的主要功能和语法性质

沈家煊(1997)根据标记理论认为,汉语性质形容词做定语是无标记的关联,而做谓语是有标记的关联,因而性质形容词的主要功能是做定语。其主要根据是 Croft(1991)的标记理论和以下两组统计数据:

表 10.2－6　沈家煊:形容词的使用频率[①]

	性质形容词			状态形容词		
	口语	书面语	小计	口语	书面语	小计
做定语	88　74%	112　55%	200　62%	89　45%	88　50%	177　48%
做谓语	31　26%	92　45%	123　38%	108　55%	87　50%	195　52%
总计	119	204	323	197	175	372

---

① 口语和书面语的百分比是本书加上的。

10.2 形容词的类型学和汉语形容词的语法地位

表 10.2－7　沈家煊:形容词做定语和谓语的标记模式

	做定语				做谓语			
	性质形容词		状态形容词		性质形容词		状态形容词	
	加标记	不加标记	加标记	不加标记	加标记	不加标记	加标记	不加标记
次数	79	121	138	39	87	36	44	151
比例	40%	60%	78%	22%	71%	29%	23%	77%

沈家煊的统计有两个主要问题。第一个问题是把"很＋形"算作状态词,第二个问题是没有区分标记的领域。下面分别说明。

先看第一个问题。

表 10.2－6 的数据与莫彭龄、单青(1985)、贺阳(1996)以及本文的统计差别较大。比较:

表 10.2－8　形容词定语、谓语功能统计[①]

		定语		谓语	
		次数	比例	次数	比例
莫、单		577	59%	400	41%
贺阳	口语	108	27%	298	73%
	书面语	385	78%	107	22%
	小计	493	55%	405	45%
本文	口语	46	36%	83	64%
	书面语	151	72%	60	28%
	小计	197	58%	143	42%

可以看到,莫、单和贺阳、本文的统计相当接近,而与沈的统计差别较大,即:形容词做定语和谓语的频率基本持平,做定语次数略多于做

---

① 本文抽样统计了 2 万字语料(口语和书面语各 1 万字),包括:1、口语:电视剧《编辑部的故事·飞来的星星》对话记录 1.1 万字,6672 词;2、书面语:《人民日报》1995 年 12 月 16 日一版全部及二版部分 1.1 万字,5635 词,《儿童的心理世界》第四章第一节部分 0.2 万字,1042 词,总计 1.3 万字,6677 词。此表中做定语的数据包括带"的"做定语的情况。莫、单统计和贺阳统计包括状态形容词,本表列出的只是性质形容词的用法。表中"比例"以性质形容词做定语和谓语的次数之和为总数除以做定语次数或做谓语次数得出。

谓语;若区分不同语体,那么,书面语中做定语次数大大高于做谓语次数,口语中做谓语次数大大高于做定语次数。而沈的统计中口语材料中性质形容词做定语的次数大大高于做谓语的次数,与其他统计正好相反。这里面也许有语料差异的原因,但更主要的原因是沈家煊把"程度副词+性质形"归入了状态形容词,而现代汉语性质形容词做谓语恰恰经常需要带程度副词,这样性质形容词做谓语的次数大大降低。

那么,"程度副词+性质形容词"是否是状态词性的呢?沈家煊把"程度副词+性质形容词"归入状态形容词的主要依据是朱德熙(1956)。然而朱文只是说明甲类形容词(形容词的简单形式)和乙类形容词(形容词的复杂形式)在定语、状语、谓语、补语位置上的差异,并未以此把形容词分成两类,朱德熙(1982b)对性质形容词和状态形容词做了区分,其中的状态形容词有五种情况:1、单音节形容词重叠式(小小的);2、双音节形容词重叠式(干干净净);3、"冰凉、通红、稀烂"等;4、带后缀的形容词(黑乎乎、灰不溜秋);5、"f+形容词+的"(挺好的、怪可怜的、很小的)。其中第5类中"f"指"很、挺"一类程度副词,范围远小于沈家煊(1997)的"程度副词+形容词",不包括"最、更、非常、十分、稍、格外、特别、比较"等,而且后面一定要带"的"。之所以把"f+形+的"看作状态词,是因为这里的"的"是"的$_2$",整体可以做谓语、补语,相当于一个状态词,而"的$_2$"在朱先生的语法体系中是一个后缀,于是"f+形+的$_2$"被看作一个状态词。实际上,按照陆俭明(1980)的观点,由于"很+形+的"不能自由做谓语,不能做补语,因此其中的"的"不是"的$_2$"。这样"f"只有"挺、怪、顶、满、蛮"少数几个。

不把多数"程度副词+形"看作状态词还有一个理由,相当一部分"程度副词+形"可以受"不"的修饰,如"不很好、不十分好、不特别好"等等,而状态词是不能受"不"修饰的,如"*不干干净净、*不冰凉、*不通红"。

因此,把多数"程度副词+形"看作状态词是不合适的。如果把这一部分形容词做谓语的数据补上,那么形容词做谓语的频率会大大增加。

那么如何解释形容词做谓语常带"很"一类程度副词呢?这涉及汉语谓词的完句限制。根据郭锐(2015),所谓"完句",实质是满足现实句的现实性在谓词的时间性、名词的指称性和形容词的程度性的"实现"(grounding)①要求,即现实句要求谓词表达的事件在时间上是实际发生的、体词论元成分所表达的事物实现其指称性(定指、不定指、类指等)并满足句法位置的要求、形容词所表达的属性的程度性是指明的(程度高、程度低、比较性程度)。上文我们说到,汉语中程度性的属性词编码为谓词,由于形容词带有程度性,其程度性需要在现实句中实现,否则不成句。具体来说,形容词句实现其程度性有以下表现方式:

1、带有表示程度的成分,如程度副词、程度补语、"比"字结构。

2、否定句中,形容词的程度为0,此时也可以不带表示程度的成分,如"苹果不红。"

3、疑问句中,形容词的程度不确定,可以不带表示程度的成分,因为疑问句正是要对其程度性提问,如"苹果红吗?"

4、如果不带表示程度的成分,又不属于上面三种情况,程度性表现为对比义,如"苹果甜,橘子酸。"

此外,还有一种与动词谓语相同的完句形式:

5、带有表示体的成分,表示某种状态的实现、持续、经历等体意义,如"苹果红了""我饿着呢""这里没干净过"。实际上,这些体成分都是过程标记。郭锐(1997b)认为,现实句中的动词通常要带有过程标记,以在时间性上实现。因此可以说,形容词作为谓语,还可以与动词一样通过带过程标记来完句。

---

① 也有叫作"接地"、"入场"的。

也就是说,由于谓词性属性词的强烈程度性,表达比较义成了谓语形式的无标记用法,要消除比较义则需带标记。加"很"是为了直接实现程度性,从而消除这种比较义,这种用法被称为"很"的弱化用法。这种现象是强谓词性属性词语言的普遍倾向,不光在汉语中有,在其他强谓词性属性词语言中也有,如羌语、阿美语等。

再看第二个问题。

沈家煊(1997)根据表 10.2－7 的数据认为,由于性质形容词做定语多为无标记的,做谓语多为有标记的,因而形容词做定语是无标记关联,做谓语是有标记关联。然而这个统计本身不可靠。

在考察形容词做定语、谓语是否带标记时,沈家煊(1997)对不同领域的标记未加区分,比如"是、的、不"都看作做谓语的标记,而"的"同时又是做定语的标记①。然而,标记都有特定的领域,一个成分在某个领域是标记,在另一个领域可能不是标记。比如,英语中"-s"是复数标记,但不是定指或不定指标记;"the"是定指标记,但不是复数标记,也不是单数标记;"not"是否定标记,但不是时态标记。在例(1)中,"the"是定指标记,而不是单数标记或复数标记;"not"是否定标记,而不是动词的第三人称单数现在时标记。

(1) The man's cat does not catch more powerful birds of the man.
(2) The man is powerful.

在确定句法范畴的关联标记时,也应遵守领域原则。在例(1)中,"more"是最高级标记,而不是修饰化标记,"-ful"才是修饰化标记;"the"是定指标记,而不是修饰化标记,"'s"和"of"才是修饰化标记;"the"也不是指称化标记,此例中没有指称化标记;"not"是否定标记,不是陈述化标记,此例中没有陈述化标记。在例(2)中,"-ful"是修饰化标记,而不是陈述化标记。Croft(1991)也是按上述原则确定关联标记,没有把"not"算作

---

① 沈文对"的₂"和"的₃"不作区分,认为是同一的。

陈述化标记,也没有把"-ful"看作陈述化标记。按照上述原则,那么可以确定"不"并非陈述化标记,而只是否定标记。在"球是圆的"中,"是"是陈述化标记,而"的"是修饰化标记,而不是陈述化标记,其作用类似于例(2)中英语的"-ful"。即"的"的作用是先把陈述性成分"圆"转化为修饰性成分"圆的","是"再把修饰性成分"圆的"转化为陈述性成分"是圆的",因此,"是"也并非把形容词转化为陈述性成分。

如果用上述标准衡量,性质形容词做谓语没有真正的关联标记,倒是形容词做定语有关联标记"的"。按这样的办法重新统计,那么可以得到如下数据:

表 10.2－9　性质形容词做定语、谓语的标记模式

		定语		谓语	
		加标记	不加标记	加标记	不加标记
口语	次数	15	31	0	83
	比例	33%	67%	0%	100%
书面语	次数	45	106	0	60
	比例	30%	70%	0%	100%

值得注意的是,不加标记直接做定语的形容词主要集中于少数几个核心词。根据我们的统计,在 2 万字语料中,"大"做定语 18 次,"小"做定语 6 次,"新"做定语 21 次,"老"做定语 3 次,这两对核心词直接做定语的次数占全部形容词做定语次数的 35%。如果加上书面语中出现的"优秀"(13 次)、"重要"(8 次),那么这 6 个形容词直接做定语的次数,占形容词做定语总次数的 50%。可见,形容词直接做定语并不是形容词的普遍功能。

性质形容词做谓语都是无标记关联,而做定语既有无标记关联,也有有标记关联。换句话说,性质形容词都有谓词性,有的还兼有饰词性。

10.2.4.2　如何解释书面语中形容词做定语次数高于做谓语次数

那么如何解释书面语中性质形容词做定语次数远高于做谓语次数

这一现象呢？实际上这一现象主要是由书面语中定语的总数远远高于谓语总数造成的，在本文统计的1.3万字书面语语料中，书面语的定语总数为2265个，谓语总数为594个。性质形容词做定语只占定语总数的6.7%，做谓语占谓语总数的10.1%。若以定语的数据为参照，那么书面语中性质形容词做谓语的预期值[①]应为229次，远高于实际次数（60次），也高于做定语次数（151次）。书面语中性质形容词主要做定语实际上是假象。如果用这种办法考察口语和书面语相加的总体情况，那么定语总数为3005个，谓语总数为1508个，性质形容词做定语197次，做谓语143次，以定语的数据为参照，做谓语的预期值为285次，远高于实际次数（143次），也远高于定语次数（197次）。也就是说，排除了口语和书面语的差异干扰后可以发现，性质形容词做谓语的能力大大高于做定语的能力。下面根据性质形容词做谓语的预期值重新列表比较性质形容词做定语和谓语的能力：

表10.2-10　性质形容词定语、谓语功能（预期值）比较

	总数	定语		谓语		定语 总数	谓语 总数	谓语 次数	预期值 比例
		次数	比例	次数	比例				
现汉口语	129	46	36%	83	64%	740	914	67	59%
现汉书面	211	151	72%	60	28%	2265	594	229	60%
现代汉语	340	197	58%	143	42%	3005	1508	285	59%

10.2.5　现代汉语形容词的划界

10.2.5.1　汉语属性词的划类策略

现在我们看看应如何划界形容词。

---

① 预期值计算公式为：预期值＝参照数据总数×（实际次数/实际总数）。比如书面语中以定语数据为参照的性质形容词做谓语次数预期值计算公式为：预期值＝定语总数（2265）×（谓语实际次数（60）/谓语总数（594））。其直观含义是，若形容词做谓语的总数与做定语总数相同，那么按照形容词做谓语的概率推算，性质形容词做谓语的次数应为"预期值"。

对于图 10.2－6 显示的汉语属性词的语法性质格局,有以下几种可能的划类方案:

A.采取同质策略划类,即把语法性质与词类完全对应起来,分成两类:具有谓词性的是甲类,包括 a 和 c;具有饰词性的是乙类,包括 b 和 c。其中 c 是兼类。

B.采取同型策略划类,即只要一个词所具有的语法性质不同,就属于不同词类,分成三类:只具有谓词性的是甲类(a),只具有饰词性的是乙类(b),既有谓词性又有饰词性的是丙类(c)。

C.采取优先同型策略划类,优先考虑某些语法性质,使词类与优先考虑的语法性质对应。由于优先考虑的语法性质不同,又有两种情况:

1、优先考虑谓词性:凡具有谓词性的划为甲类(a、c),只具有饰词性的归为乙类(b)。

2、优先考虑饰词性:只具有谓词性的归为甲类(a),凡具有饰词性的归为乙类(b、c)。

D. 采取合并策略,把 a、b 和 c 归为一类。

到底采取哪一种方案,应通盘考虑汉语的实际情况,权衡其优劣,选择最好的方案。下面我们来评价以上划分方案。

方案 A 的优点是词类与语法性质完全对应,使类有定职,但由于把具有两种语法性质的词处理为兼类,因此不宜在兼有两种语法性质的词数量较大时采用这种方案。而汉语属性词中有 25% 兼有谓词性和饰词性,数量相当大,因此不宜采取方案 A。

方案 B 的优点是没有兼类词,但缺点也极大,其一是增加一个词类,其二是使词类与语法性质不一一对应,丙类既有甲类的性质,又有乙类的性质。因此在任何情况下都不宜采用这种方案。

方案 C 的优点是没有兼类,在兼有两种语法性质的词数量较大时宜于采用这种策略,缺点是词类与语法性质不一一对应。以哪一种语法性质为优先,要考虑语法性质之间的地位关系。语法性质的地位关系为:谓词性＞体词性＞饰词性①,也应按这个顺序优先考虑语法性质。方案 C1 符合这个顺序,因而是可取的;方案 C2 不符合这个顺序,是不可取的。之所以提出这一限制,是因为汉语的谓词和体词有不少兼有饰词性,若违反上述顺序,就有可能把兼有饰词性的谓词和体词划到饰词中去,比如可能把"死、炒、成立、生产"等的动词划到饰词(区别词)中去,也可能把"木头、电视、社会、煤气"等兼有饰词性的名词划到饰词(区别词)中去,这样就会使得具有较多共性的词划归不同词类(如"死"和"吃"),而把共性较少的词划归同一词类(如"死"和"大型")。

方案 D 忽略了谓词性和饰词性这样的大类差异,把语法性质不同的词划为同一词类,显然也不是最好的划类方案。

方案 B、C2 和 D 由于本身的缺陷,可以先排除,可以选择的是方案 A 和 C1。就汉语的实际情况看,由于兼有谓词性和饰词性的属性词数量相当大,选择方案 C1 更好。

10.2.5.2 谓词性属性词与动词的差异

无论方案 A 还是方案 C1,都是把谓词性和饰词性的属性词分别归为不同词类。那么,谓词性的属性词是否应归入动词中去呢?

McCawley(1992)认为,有三个理由把汉语中的所谓形容词归入动词中去:1、形容词可以直接修饰名词,而动词不能。2、程度成分和比较成分跟形容词结合比跟动词结合更直接。3、形容词做谓语需要系词连接而动词不必。

---

① 地位高低主要由相互组合后结构整体的语法性质与哪一个词相同决定。如谓词性成分与体词性成分组合形成的词组仍是谓词性的,则谓词性比体词性地位高;体词性成分与饰词性成分组合形成的词组仍是体词性的,则体词性比饰词性地位高;谓词性成分与饰词性成分组合形成的词组仍是谓词性的,则谓词性比饰词性地位高。

先看第 1 条。"痛、饿、高兴、和气、稳当、久"等只有谓词性的 a 类词的确与动词有共同点。但是，我们知道，词类之间有相互区别的个性，也有共同具有的一些共性特征，上述三点只表明"结实、和气、稳当、久、稳"一类属性词与动词有很强的共性，即都属于谓词，而并不意味着两者没有区分开的差异。a 类词虽然在陈述功能这一点上与动词相同，但在其他很多方面并不相同：(1) a 类词有程度性，可以受程度副词修饰，可用于比较结构，而动词一般没有程度性 a 类词。(2) 谓词性属性词可以进入"绝对程度副词～"位置(很结实)而不能进入"程度副词～宾语"位置(*很+结实+宾语)；动词或者不能进入"绝对程度副词～"位置(*很来)，或者还可以进入"程度副词～宾语"位置(很喜欢猫)。(3) a 类词的重叠形式一般是 AA(不轻读)、AABB，动词的重叠形式一般是 AA(轻读)、ABAB。因此把 a 类词归入动词不合适。(4) 由于 a 类词具有程度性，因此，一般情况下需添加表现程度性的成分才能完句，如"很"、"比"字结构、否定词等，而动词没有这个限制。

谓词性属性词和动词的上述 4 方面差异，可归结为两条特征的不同：一是重叠形式的不同，二是与程度副词的搭配限制不同。重叠形式的不同反映了动词与谓词性属性词的内在差异，是两者分别归入不同词类的重要证据，但这一条特征无论在动词中还是在谓词性属性词中都不具有普遍性，不少动词和谓词性属性词不能重叠。谓词性属性词和动词在与程度副词的搭配上的不同看起来不大能反映两者的内在差异，但它具有很强的普遍性，而且以此分开的两类词正好在重叠形式上整齐地表现出相异的特征，这说明这条特征实际上反映动词和谓词性属性词的内在差异。根据这两条特征，也可以把"大、红、干净、普通"等兼有谓词性和饰词性的 c 类词与"痛、饿、高兴、和气、稳当、久"等谓词性的 a 类词归为一类，而与动词相区别。

第 2 条，程度成分和比较成分跟形容词结合比跟动词结合更直接。

事实是汉语中程度成分和比较成分更容易与具有谓词性的 a、b 两类词的结合比动词更容易,正说明形容词与动词应区分开。

第 3 条,形容词做谓语需要系词连接而动词不必。这只能说明汉语中 a、b 两类属性词具有谓词性,因此不必通过系词使饰词用于陈述,也不足以证明汉语形容词要归入动词。

10.2.5.3 汉语有无形容词

要回答汉语有无形容词问题首先应弄清三点,一是汉语有无足以同动词区分开的属性词,二是汉语有无与英语 adjective 语法性质相同的词,三是什么性质的词可以叫形容词。

我们在上文中已经谈到,汉语有与动词区分开来的谓词性属性词。而且,"彩色、大型、公共"等饰词性属性词也能与动词区分开。下面看第二点。

我们承认汉语的谓词性属性词的确与英语的 adjective 性质不同,英语的 adjective 是饰词性的。那么,汉语是否有与英语 adjective 性质大致相同的属性词,"彩色、大型、公共"等饰词性属性词和"大、红、干净、普通"等兼有饰词性的属性词是否与 adjective 性质相当呢?认为汉语没有形容词的学者提出的理由以上面提到的 McCawley(1992)提出的三条最有代表性[①],McCawley 之所以不承认这些"词"的性质相当于 adjective,是认为它们修饰名词时(AN)都构成一个复合词,理由是不可扩展,如下面的说法都不成立:

---

① McCawley(1992)另外还提出两条理由:1、动词可以直接跟宾语组合;而形容词通常不能,只能靠介词引出宾语。2、动词可以接受三个论元成分;形容词最多只能有两个论元成分,且通常只带一个。这两条特征显然不足以把动词和形容词区分开,因为动词也有不能跟宾语组合的(不及物动词),能带三个论元成分的动词是极少数,多数动词也只能带一个或两个论元成分。因此,这两条特征只是已经确立动词和形容词类后所做的总结,而不能作为区分动词和形容词的标准。

(1) a.* 他是一个很好人。　　b.* 他是一个不好人。
　　c.* 他是一个比你好人。

我们认为,不带"的"的 AN 组合全看作复合词是说不通的,理由如下:

一、不可扩展并不能证明汉语的偏正格成分是复合词,汉语黏合式修饰语不能扩展是一个普遍现象,不仅属性词做定语如此,名词做定语也如此,属性词做状语也如此,我们不能据此认为"仔细看书"是一个复合词,如:

(2) a.* 十根木头桌子　　　　b.* 粗的木头/桌子
(3) a.* 很仔细看书　　　　　b.* 比我仔细看书
　　c.* 不仔细/看书

上文中说到,当名词、动词、形容词直接做定语时是饰词性的,只是我们按优先同型策略处理为体词或谓词。正如典型的饰词区别词不具备受数量成分修饰、受"不"修饰、受程度副词修饰等体词或谓词的功能,直接做定语的名词、动词、形容词是饰词性的,也不具备这些功能。

二、AN 组合有两种,甲. 语义不透明的,非能产的,如"大衣、大象、大腿、黄花、绿地、白菜";乙. 语义透明的,能产的,如"黄狗、大狗、黄衣服、大船、新书"。传统上,认为第一种是复合词,第二种是短语。若认为两种 AN 组合都是复合词,就无法解释下面两组格式的差异:

(4) a. 大黄狗　　　　　　　b. 黄大衣
(5) a. 大鸡腿　　　　　　　b. 鸡大腿

甲类 AN 是复合词,不可扩展,"大衣"不可扩展为"大黄衣";乙类 AN 是短语,虽然不能通过添加状语来对 A 扩展,但可把 A 和 N 扩展开,"大狗"可扩展为"大黄狗"。"大鸡腿"中"大"与"鸡腿"的组合是短语,"大"可以出现在表示整体的"鸡"前面,"鸡大腿"中,"大"是一个构词成分,不能出现在表示整体的"鸡"前面。只有承认 AN 组合有复合词和短语两种情况,才能解释这些差异。

三、如果认为所有 AN 都是复合词,那么不光"白菜、大衣"是复合词,"大狗、新书"也是复合词,而且"大黄狗、红方桌子、优秀老职工、干净长白衬衣"等 AAN、AAAN 组合也都要看作复合词,而这样的组合是能产的,理论上数量无限,不满足复合词的有限性的条件。

因此,我们认为语义透明、能产性的 AN 是短语而不是复合词,其中的 A 是做定语。

认为是复合词的另一个理由是能产性很差,比如随着中心语长度增加,下列例子可接受性也降低:

(6) 一杯好酒　　　　　　一杯好啤酒
　? 一杯好葡萄酒　　　?? 一杯好绍兴黄酒

McCawley 认为,如果语音形式决定了一个成分的接受性的话,那么表明制约这种组合方式的是构词规则而不是句法规则。张伯江(1996)对此做了很好的评论,他认为汉语句法结构中也存在语音制约,随着长度的增加,一些结构的接受度也降低,但不能认为这些结构是复合词。我们同意张伯江的看法,下面我们再举几例:

(7) 洗完衣服　　　　　　? 洗完这堆衣服
　? 洗干净/衣服　　　?? 洗干净这堆衣服
(8) 百般辱骂　　　　　　* 百般骂
(9)* 重学习一遍　　　　重学一遍

汉语中语音因素影响句法结构的合格性是一种普遍现象,不能据此认为受语音因素影响的组合都是复合词。

因此,"彩色、大型、公共"等饰词性属性词和"大、红、干净、普通"等兼有饰词性的属性词修饰名词构成的成分不是复合词,汉语中存在语法性质相当于英语 adjective 的属性词。

那么,什么性质的词可以叫形容词呢?这是词类名称问题。为了与阿姆斯特丹模型的形容词对应,把 b 类归为形容词也是可行的,但谓词性的 a、c 类仍需与饰词性的 b 类分开处理:把 a 类词(只具有谓词性的属性词)叫静词(正如《马氏文通》所用的名称)或其他名称,c 类词则可看作形容词和静词的兼类或归为描写词。另一种办法是用相同名称称呼词汇上大致对应的词类,那么可以把 a 类词叫形容词,b 类词叫区别词,c 类词看作形容词和区别词的兼类或归为形容词。第一种办法照顾了 b 类词在饰词性上与 adjective 的一致性,但与上文提出的把 a、c 归为形容词,b 归为区别词的处理方案并没有实质不同,只是词类名称不同而已。而且没有照顾到 b 类词与 adjective 在其他方面的差异:

1、只能做定语的这些词(b 类词)实际上都是属性词的非核心成员,属性词的核心成员都在 c 类中,如"大、小、红、白、黑、好、坏、新、旧、老"等,这样,我们发现我们叫作"形容词"的那些词,在其他语言中都不是形容词的核心成员,换句话说,这样处理的结果,是不同语言的形容词在词汇上没有对应关系。

2、b 类与英语等印欧语言的形容词相比,在形态及其他句法表现上都不同。英语或德语、意大利语等语言的形容词有程度区别,因而有比较级、最高级,可以自由受程度副词修饰;还可以加系词做表语。但 b 类词没有程度区别,不能自由地受程度副词修饰;也不能带系词做表语。因此,虽然都叫"形容词",但句法、形态特征仍有较大差异。

从类型学角度看,尽管不同语言的核心属性词在语法性质上分歧较大,但在形态、语义特征方面表现出相当的共性,如有程度区别,不少语言有级的屈折形式或句法形式,我们不如采取第二种办法,仍把 a、c 叫形容词,把 b 类叫区别词。实际上,把核心属性词编码为饰词的只是部分语言,而且主要集中于印欧系语言,其他语言更多的是编码为谓词或谓词兼饰词。最好把核心属性词用统一的词类名称命名。即使是名词、动词这样的词类,在不同的语言中句法特征和形态特征也有差异,不同语言中叫作"形容词"的词在句法、形态上有差异也应是允许的。我们这里的意思是说,不必把"形容词"认定为英语等印欧语言的形容词,即不必认定形容词一定是饰词性的。

Dixon（2004:44）提出形容词的三条标准：

1、与动词与名词有语法上的区别；

2、语义上包括部分或全部典型的形容词的语义类型，如维度、年龄、价值、颜色等；

3、具有做不及物谓语和/或充任系词补语、名词短语的修饰语的功能。

按照 Dixon（2004）的标准，也是把 a 类词和 c 类词归入形容词为好：一方面 a 类词和 c 类词有与名词、动词相区别的语法功能；另一方面语义上表示属性义，而且是形容词的典型语义类，语法功能上做谓语、定语。而 b 类词虽然满足第 1、3 条标准，但不满足第 2 条标准，即 b 类词都不是典型的形容词的语义类型，基本上是属性义中的非核心成员。因此，不把 b 类词归入形容词为好。

c 类词的归类根据不同的划类策略，可以有不同的方案，比如可以采取同质策略，看作形容词和区别词的兼类，也可以采取优先同型策略只归入形容词。目前一般人通常采取第二种方案。

10.2.6　小结

从类型学角度看，相对于动词和名词，形容词是一个分歧较大而语法功能不太稳定的词类，因而对形容词的性质的认识和分类也就容易产生分歧。属性词的语法性质主要在饰词性和谓词性两种典型类型之间竞争，而汉语属性词的语法性质处在两种典型类型之间。这一点是我们划分汉语属性词的基础。我们认为汉语中谓词性属性词与动词有足以区分开来的句法形态特征，因此不宜把谓词性属性词归入动词，也不必把形容词定义为饰词性的属性词，可以把谓词性属性词叫作形容词，而饰词性属性词由于与形容词在句法形态特征上差异很大，应独立为另一类词——区别词。

上文没有讨论"雪白、干干净净、糊里糊涂"等状态词与形容词的纠葛,实际上状态词大多是形容词的量化形式,是归为形容词还是独立为一类词也值得讨论。限于篇幅,这里不能详细讨论,只说一点:虽然状态词大多是形容词的量化形式,但它是一种构词形式而不是构形形式,也不是句法现象,而且与形容词在句法特征上差别显著,因此应单独划为一类词。

词类一方面与分布有密切的关系,另一方面与语义类又有较为整齐的对应。这种对应反映了人类对不同语义类的语法编码的共性,有认知基础。

第 11 章 结语

11.1 由于语法位置对词语有选择限制,因而汉语中可以划分词类,也有划分词类的必要。

词类与词的分布的对应是错综复杂的,我们找不到一个词类中对内有普遍性、对外有排他性的分布,词类从本质上说不是分布类,词类的内在基础是表述功能和语义类别。从本质上说,词类大类(体词、谓词、饰词)是词根据内在表述功能分出的类,词类的基本类(名词、动词、形容词等)是词的语义类别-句法功能的结合体的类。语义类别反映了语言的范畴化,因而是词类划分中必须考虑的方面。这样我们才能对语法位置对词语选择限制的依据作出比过去更合理的解释。作为词类本质的表述功能指词语的表义模式,包括陈述、指称、体饰、谓饰四种基本类型;语义类别指范畴化的语义,如实体、位置、计量单位、指示、行为动作、属性、状态等。词语的表述功能和语义类别都是词语的语法意义。我们把实词分出 13 个类,这 13 个类都有自己的语法意义:名词表示实体指称,位置词表示位置指称(处所词表示绝对空间位置指称,时间词表示绝对时间位置指称,方位词表示相对位置指称),量词表示计量单位或等级单位指称,形容词表示性质陈述,状态词表示状态陈述,动词表示行为动作的陈述,数词表示数值修饰,数量词表示数量修饰,指示词表示指示修饰,区别词表示属性修饰,副词表示情状修饰。词的语法意义是制约词的分布的根本因素,这是我们可以根据分布划分词类的原因。

附录一 附表和附图

表 4.1-1 现代汉语 60 词分布表

序号	功能词条	1 主	2 真宾	3 准宾	4 谓	5 ~实指宾	6 ~准宾	7 ~黏补	8 ~组补	9 黏补	10 组补	11 定	12 状	13 定~	14 状~	15 数~	16 ~量	17 数量~	18 数量~名	19 ~数量名	20 (数)~量	21 数(~量)	22 不/没~	23 所~	24 很~	25 很不~	26 很~宾	27 ~了	28 ~着	29 ~过	30 等到~	31 ~X的名	32 在~	33 ~方位词	34 在实词~	35 ~的	36 ~的名
1	操场	+	+	−	−	−	−	−	−	−	−	+	−	+	−	−	−	+	−	−	−	−	−	−	−	−	−	−	−	−	−	−	+	+	−	+	+
2	常务	−	−	−	−	−	−	−	−	−	−	+	−	−	−	−	−	+	−	−	−	−	−	−	−	−	−	−	−	−	−	−	−	−	−	+	−
3	大量	−	−	−	−	−	−	−	−	−	−	+	+	−	−	−	−	−	−	−	−	−	−	−	−	−	−	−	−	−	−	+	−	−	−	+	+
4	地步	−	+	−	−	−	−	−	−	−	−	−	−	+	−	−	−	−	−	−	−	−	−	−	−	−	−	−	−	−	−	−	−	−	−	−	−
5	电话	+	+	−	−	−	−	−	−	−	−	+	−	+	−	−	−	+	−	−	−	−	−	−	−	−	−	−	−	−	−	−	−	+	−	+	+
6	二	+	+	−	−	−	−	−	−	−	−	+	−	−	−	+	+	−	−	−	+	−	−	−	−	−	−	−	−	−	−	−	−	+	−	+	+
7	附近	+	+	−	−	−	−	−	−	−	−	+	−	+	−	−	−	−	−	−	−	−	−	−	−	−	−	−	−	−	−	−	+	+	−	+	+
8	干净	+	+	−	+	−	−	+	+	+	+	+	+	−	−	−	−	+	−	−	−	−	+	−	+	+	−	+	−	+	−	−	−	−	−	+	+
9	钢笔	+	+	−	−	−	−	−	−	−	−	+	−	+	−	−	−	−	−	−	−	−	−	−	−	−	−	−	−	−	−	−	−	−	−	+	+
10	个	−	−	−	−	−	−	−	−	−	−	−	−	−	−	−	+	−	−	−	−	−	−	−	−	−	−	−	−	−	−	−	−	−	−	−	−
11	个别	−	−	−	−	−	−	−	−	−	−	+	−	−	−	−	−	−	−	−	−	−	−	−	−	−	−	−	−	−	−	−	−	+	−	+	+
12	花白	−	−	−	+	−	−	−	−	−	−	−	−	−	−	−	−	+	−	−	−	−	−	−	+	−	−	−	−	−	−	−	−	−	−	+	+
13	建设	+	+	−	−	+	+	+	+	−	−	+	−	+	−	−	−	+	−	−	−	−	+	+	−	−	−	+	+	+	−	−	−	−	−	+	+
14	姐妹	+	+	−	−	−	−	−	−	−	−	+	−	+	−	−	−	+	−	−	−	−	−	−	−	−	−	−	−	−	−	−	−	−	−	+	+
15	今天	+	+	−	−	−	−	−	−	−	−	+	+	−	−	−	−	−	−	−	−	−	−	−	−	−	−	−	−	−	+	−	+	+	+	+	+
16	究竟	−	−	−	−	−	−	−	−	−	−	−	−	−	−	−	−	−	−	−	−	−	−	−	−	−	−	−	−	−	−	−	−	−	−	−	−
17	举动	+	+	−	−	−	−	−	−	−	−	+	−	−	−	−	−	+	−	−	−	−	−	−	−	−	−	−	−	−	−	−	−	−	−	+	+
18	酷热	+	+	−	+	−	−	−	−	−	−	+	−	−	−	−	−	+	−	−	−	−	−	−	+	−	−	−	−	−	−	−	−	−	−	+	+
19	历时	−	−	−	+	+	−	−	−	−	−	−	−	−	−	−	−	−	−	−	−	−	−	−	−	−	−	−	−	−	−	−	−	−	−	−	−
20	临时	−	−	−	−	−	−	−	−	−	−	+	+	−	−	−	−	−	+	−	−	−	−	−	−	−	−	−	−	−	−	−	−	−	−	−	+
21	慢性	+	+	−	−	−	−	−	−	−	−	+	−	−	−	−	−	−	−	−	−	−	−	−	−	−	−	−	−	−	−	−	−	−	−	+	+
22	每	−	−	−	−	−	−	−	−	−	−	+	−	−	−	+	−	+	−	−	−	−	−	−	−	−	−	−	−	−	−	−	−	−	−	−	−
23	年事	+	−	−	−	−	−	−	−	−	−	−	−	−	−	−	−	−	−	−	−	−	−	−	−	−	−	−	−	−	−	−	−	−	−	−	−
24	滂沱	−	−	−	+	−	−	−	−	−	−	+	−	−	−	−	−	−	−	−	−	−	−	−	−	−	−	−	−	−	−	−	−	−	−	−	−
25	片刻	−	+	−	−	−	−	−	−	−	−	+	−	−	−	−	−	−	−	−	−	−	−	−	−	−	−	−	−	−	−	−	−	−	−	+	+
26	千	−	−	−	−	−	−	−	−	−	−	+	−	+	−	+	−	−	−	−	−	+	−	−	−	−	−	−	−	−	−	−	−	−	−	−	−
27	亲爱	−	−	−	−	−	−	−	−	−	−	+	−	−	−	−	−	−	−	−	−	−	−	−	−	−	−	−	−	−	−	−	−	−	−	−	+
28	亲自	−	−	−	−	−	−	−	−	−	−	−	+	−	−	−	−	−	−	−	−	−	−	−	−	−	−	−	−	−	−	−	−	−	−	−	−
29	晴天	+	+	−	+	−	−	−	−	−	−	+	−	+	−	−	−	−	−	−	−	−	−	−	−	−	−	−	−	−	−	−	+	+	−	+	+

续表

序号	词条	1 主	2 真宾	3 准宾	4 谓	5 ~实指宾	6 ~准宾	7 ~黏补	8 ~组补	9 黏补	10 组补	11 定	12 状	13 定~	14 状~	15 数~	16 ~量	17 数量~	18 数量~名	19 ~数量名	20 (数~)量	21 数(~量)	22 不/没~	23 所~	24 很~	25 很不~	26 很~宾	27 ~了	28 ~着	29 ~过	30 等到~	31 ~X的名	32 在~	33 ~方位词	34 在实词~	35 ~的	36 ~的名
30	人	+	+	−	−	−	−	−	−	−	−	+	−	+	−	+	−	+	−	−	−	−	−	−	−	−	−	−	−	−	−	−	−	+	−	+	+
31	人民	+	+	−	−	−	−	−	−	−	−	+	−	+	−	+	−	+	−	−	−	−	−	−	−	−	−	−	−	−	−	−	−	+	−	+	+
32	认真	+	+	−	−	+	−	+	−	+	−	+	+	+	+	−	−	−	−	+	−	−	−	−	+	−	−	+	−	+	−	−	−	−	+	+	+
33	任何	−	−	−	−	−	−	−	−	−	−	+	−	−	−	−	−	−	−	+	−	−	−	−	−	−	−	−	−	−	−	+	−	−	−	−	+
34	日常	−	−	−	−	−	−	−	−	−	−	+	−	−	−	−	−	−	−	−	−	−	−	−	−	−	−	−	−	−	−	−	−	−	−	−	+
35	荣幸	−	+	−	−	+	−	+	−	−	−	−	+	−	+	−	−	−	−	−	−	−	−	−	−	−	−	−	−	−	−	−	−	−	−	+	+
36	十	+	+	−	−	−	−	−	−	−	+	−	−	−	+	−	−	+	−	−	+	−	−	−	−	−	−	−	−	−	−	−	−	−	−	+	+
37	私人	+	+	−	−	−	−	−	−	−	−	+	−	−	−	−	−	−	+	−	−	−	−	−	−	−	−	−	−	−	−	−	−	−	−	+	+
38	岁数	+	+	−	−	−	−	−	−	−	−	−	−	−	−	−	−	+	−	−	−	−	−	−	−	−	−	−	−	−	−	−	−	+	−	+	+
39	所有	−	−	−	−	−	−	−	−	−	−	+	−	−	−	−	−	−	−	−	−	−	−	−	−	−	−	−	−	−	−	−	−	−	−	−	−
40	停当	−	−	−	−	−	−	−	−	+	−	−	−	−	−	−	−	−	−	+	−	−	−	−	+	−	−	−	−	−	−	−	−	−	−	−	−
41	桶	+	+	−	−	−	−	−	−	−	−	−	−	−	−	+	−	+	−	+	−	−	−	−	−	−	−	−	−	−	−	−	−	−	−	+	+
42	洗	+	+	−	+	+	+	+	+	−	−	−	−	−	−	−	−	−	−	−	−	−	−	−	+	+	−	+	−	+	+	−	−	−	+	+	+
43	喜欢	+	+	+	+	+	+	+	+	−	−	−	−	−	−	−	−	−	−	−	−	−	−	−	+	+	+	+	+	+	−	−	−	−	−	+	+
44	下午	+	+	−	−	−	−	−	−	−	−	+	−	+	−	−	−	+	−	−	−	−	−	−	−	−	−	−	−	−	+	−	−	−	+	+	+
45	相同	+	+	−	+	−	−	−	−	−	−	+	−	+	−	−	−	−	−	+	−	−	−	−	−	−	−	−	−	−	−	−	−	−	−	+	+
46	小	+	+	−	+	+	+	+	+	+	−	−	+	−	+	−	−	+	−	+	−	−	+	−	+	−	−	+	−	+	−	−	−	−	−	+	+
47	小时	−	−	−	−	−	−	−	−	−	−	−	−	−	−	−	+	−	+	−	−	−	−	−	−	−	−	−	−	−	−	−	−	−	−	−	−
48	休息	+	−	−	−	−	+	−	−	−	−	−	−	−	−	−	−	−	−	−	−	−	−	−	+	−	−	+	+	+	−	−	−	−	+	+	+
49	许多	+	+	+	−	−	−	−	−	−	−	+	−	−	−	−	−	−	+	−	−	−	−	−	−	−	−	−	−	−	−	−	−	−	−	+	+
50	雪白	−	+	−	−	−	−	−	−	−	−	−	−	+	−	−	−	−	−	+	−	−	−	−	−	−	−	−	−	−	−	−	−	−	−	+	+
51	野生	−	+	−	−	−	−	−	−	−	−	+	−	−	−	−	−	−	−	+	−	−	−	−	−	−	−	−	−	−	−	−	−	−	−	+	+
52	野外	+	+	−	−	−	−	−	−	−	−	+	−	−	−	−	−	−	−	−	−	−	−	−	−	−	−	−	−	−	−	−	+	−	+	+	+
53	以前	+	+	−	−	−	−	−	−	−	−	−	−	−	−	−	−	−	−	−	−	−	−	−	−	−	−	−	−	−	−	+	−	+	+	+	+
54	这	+	+	−	−	−	−	−	−	−	−	−	−	−	−	−	−	+	−	−	−	−	−	−	−	−	−	−	−	−	−	−	+	−	+	−	−
55	中国	+	+	−	−	−	−	−	−	−	−	+	−	−	−	−	−	+	−	−	−	−	−	−	−	−	−	−	−	−	−	−	−	+	−	+	+
56	众多	−	+	−	+	−	−	−	−	−	−	−	−	+	−	−	−	−	−	+	−	−	−	−	−	−	−	−	−	−	−	−	−	−	−	+	+
57	注定	−	−	−	+	+	−	−	−	−	−	−	−	+	−	−	−	−	−	−	−	+	−	−	−	−	+	−	−	−	−	−	−	−	−	+	+
58	着想	−	+	−	+	+	−	−	−	−	−	−	−	−	−	−	−	−	−	−	−	−	−	−	−	−	−	−	−	−	+	−	−	−	−	+	+
59	最近	+	+	−	−	−	−	−	−	−	−	−	+	−	−	−	−	−	−	−	−	−	−	−	−	−	−	−	−	−	+	−	+	−	+	+	+
60	醉	+	+	−	+	+	+	+	+	+	−	−	+	−	+	−	+	−	+	−	+	−	−	+	+	+	+	−	−	+	−	−	+	−	+	+	+

表 4.1－2 60 词分布相似度

序号		1	2	3	4	5	6	7	8	9	10	11	12	13	14	15	16	17	18	19	20	21	22	23	24	25	26	27	28	29	30
	词条	操场	常务	大量	地步	电话	二	附近	干净	钢笔	个	个别	花白	建设	姐妹	今天	究竟	举动	酷热	历时	临时	慢性	每	年事	滂沱	片刻	千	亲爱	亲自	晴天	人
1	操场																														
2	常务	10																													
3	大量	27	17																												
4	地步	22	0	0																											
5	电话	73	20	36	20																										
6	二	50	10	27	10	46																									
7	附近	64	10	40	22	46	38																								
8	干净	27	11	14	5	32	27	22																							
9	钢笔	70	25	30	25	80	42	55	29																						
10	个	10	0	0	33	9	10	10	0	11																					
11	个别	30	20	80	0	27	30	44	15	33	0																				
12	花白	25	33	38	0	33	25	25	32	40	0	43																			
13	建设	40	11	14	11	45	27	27	58	42	5	15	25																		
14	姐妹	80	10	27	22	73	64	50	27	70	22	30	25	40																	
15	今天	82	8	33	18	75	43	54	25	58	8	25	21	36	67																
16	究竟	0	0	20	0	10	0	0	0	0	0	0	0	0	0	9															
17	举动	78	0	20	29	70	45	45	24	67	13	22	18	37	78	64	0														
18	酷热	60	0	20	29	55	45	45	30	50	13	22	30	30	60	50	0	75													
19	历时	0	0	0	0	0	0	0	0	5	0	0	14	5	0	0	0	0	13												
20	临时	27	40	67	0	50	27	27	20	44	0	50	57	20	27	33	20	20	20	0											
21	慢性	50	33	38	14	60	50	50	32	75	0	43	50	32	50	42	0	44	44	0	57										
22	每	9	25	14	0	8	20	9	5	10	0	17	13	5	9	8	0	0	0	0	14	13									
23	年事	11	0	0	0	10	11	11	5	13	0	0	0	5	11	9	0	14	14	0	17	0									
24	滂沱	10	33	17	0	9	10	10	11	11	0	20	33	5	10	0	0	13	33	17	14	25	0								
25	片刻	27	17	67	0	36	27	27	14	30	0	50	38	14	27	33	20	20	20	0	67	38	14	0	17						
26	千	17	17	11	17	15	40	17	4	18	40	13	10	9	27	14	0	9	9	0	11	10	33	0	17	11					
27	亲爱	22	0	40	0	20	22	22	11	25	0	50	33	11	22	18	0	29	29	0	40	33	0	0	0	40	0				
28	亲自	0	0	20	0	10	0	0	0	0	0	0	0	0	0	0	100	0	0	0	20	0	0	0	0	20	0	0			
29	晴天	90	9	25	20	67	46	58	32	64	9	27	33	38	73	75	0	70	70	9	25	45	8	10	20	25	15	20	0		
30	人	70	0	18	25	64	55	42	23	60	25	20	17	35	89	58	0	88	67	0	18	40	0	13	0	18	18	25	0	64	

续 表

序号	词条	1 操场	2 常务	3 大量	4 地步	5 电话	6 二	7 附近	8 干净	9 钢笔	10 个	11 个别	12 花白	13 建设	14 姐妹	15 今天	16 究竟	17 举动	18 酷热	19 历时	20 临时	21 慢性	22 每	23 年事	24 滂沱	25 片刻	26 千	27 亲爱	28 亲自	29 晴天	30 人
31	人民	64	22	27	22	73	64	50	33	70	22	30	36	40	80	54	0	60	60	0	40	67	9	11	10	27	27	22	0	58	70
32	认真	26	10	19	10	36	21	26	86	33	5	14	30	56	26	29	5	23	29	5	25	30	5	5	10	19	9	10	5	30	22
33	任何	27	17	67	0	25	27	40	14	30	0	80	38	14	27	23	0	20	0	43	38	33	0	17	43	11	40	0	25	18
34	日常	30	50	50	0	40	30	30	21	50	0	60	67	21	30	25	0	22	22	0	80	67	17	0	20	50	13	50	0	27	20
35	荣幸	27	0	15	20	25	19	27	45	29	9	17	23	32	27	24	9	31	42	9	15	23	0	0	9	15	7	20	0	33	29
36	十	50	10	27	22	46	80	50	22	55	22	30	25	27	64	43	0	45	45	0	27	50	20	11	10	27	56	22	0	46	55
37	私人	50	33	38	14	60	50	50	32	75	0	43	50	32	50	42	0	44	44	0	57	100	13	17	14	38	10	33	0	45	40
38	岁数	78	0	20	29	70	45	45	24	67	13	22	18	37	78	64	0	100	75	0	20	44	0	14	0	20	9	29	0	70	88
39	所有	10	33	40	0	9	10	22	5	11	0	50	14	5	10	8	0	0	0	0	17	14	25	0	33	17	17	0	0	9	0
40	停当	0	0	0	0	0	0	0	26	0	0	0	0	9	0	0	0	0	0	0	0	0	0	0	0	0	0	0	0	0	0
41	桶	70	0	18	25	64	55	42	23	60	25	20	17	35	89	58	0	88	67	0	18	40	0	13	0	18	18	25	0	64	100
42	洗	30	0	10	12	29	24	24	57	25	6	11	21	80	30	27	0	33	41	12	10	21	0	6	0	10	5	12	0	35	32
43	喜欢	25	0	8	10	24	20	20	67	21	5	9	17	67	25	23	0	27	33	10	8	17	0	5	5	8	4	10	0	29	26
44	下午	75	8	31	17	69	50	50	24	54	17	23	20	35	75	92	8	58	46	0	31	38	7	8	8	31	21	17	8	69	67
45	相同	38	15	20	15	44	29	38	60	50	7	21	46	45	38	33	7	33	43	7	29	46	7	8	15	20	13	15	0	44	31
46	小	20	10	13	5	24	25	20	82	26	0	14	29	54	20	19	0	17	22	10	18	29	9	5	10	13	8	10	0	24	16
47	小时	20	0	0	25	18	9	9	0	22	67	0	0	10	33	17	0	25	11	0	0	0	0	0	0	0	33	0	0	18	38
48	休息	39	13	17	13	44	32	32	59	41	6	18	38	67	39	42	0	35	44	6	24	38	6	6	13	17	11	13	0	44	33
49	许多	42	11	44	11	38	55	55	23	45	0	50	27	23	42	36	0	36	36	0	30	56	22	13	11	44	18	25	0	38	33
50	雪白	31	11	18	11	38	13	21	23	45	11	20	40	23	31	27	11	36	36	11	30	27	10	0	11	18	8	25	0	38	33
51	野生	40	40	43	17	50	40	40	26	63	0	50	57	26	40	33	0	33	33	0	67	83	14	0	17	43	11	40	0	36	30
52	野外	70	25	30	25	64	42	70	29	78	11	33	40	35	55	58	0	50	50	0	44	75	10	13	11	30	18	25	0	64	45
53	以前	60	0	20	29	42	33	78	18	50	13	22	18	24	45	50	0	56	56	0	20	44	0	14	0	20	9	29	0	55	50
54	这	33	13	20	13	31	45	33	18	25	0	22	8	18	33	29	0	27	27	0	9	30	43	14	13	9	20	0	0	31	25
55	中国	90	20	25	20	82	46	58	32	80	9	27	33	45	73	75	0	70	55	0	36	60	8	10	9	25	15	20	0	82	64
56	众多	36	14	57	14	33	25	50	19	40	14	67	50	19	36	31	0	30	44	14	38	33	13	0	33	38	22	33	0	45	27
57	注定	14	0	20	0	13	14	14	24	15	0	22	44	30	14	13	0	17	27	29	20	18	0	0	13	20	7	29	0	21	15
58	着想	25	0	22	14	23	25	25	32	27	0	25	33	25	25	21	0	30	44	14	22	33	0	0	14	22	0	33	0	33	27
59	最近	50	10	40	10	46	38	50	22	42	0	30	25	22	38	67	11	33	33	0	40	50	20	11	10	40	8	22	11	46	31
60	醉	32	0	9	10	30	21	21	63	27	5	9	18	70	32	29	0	35	35	10	20	18	0	5	5	9	4	10	0	36	33

续表

序号		31	32	33	34	35	36	37	38	39	40	41	42	43	44	45	46	47	48	49	50	51	52	53	54	55	56	57	58	59	60
	词条	人民	认真	任何	日常	荣幸	十	私人	岁数	所有	停当	桶	洗	喜欢	下午	相同	小	小时	休息	许多	雪白	野生	野外	以前	这	中国	众多	注定	着想	最近	醉
31	人民																														
32	认真	32																													
33	任何	27	14																												
34	日常	44	20	50																											
35	荣幸	27	50	15	17																										
36	十	64	26	27	30	27																									
37	私人	67	30	38	67	23	50																								
38	岁数	60	23	20	22	31	45	44																							
39	所有	10	5	40	20	0	10	14	0																						
40	停当	0	25	0	0	25	0	0	0	0																					
41	桶	70	22	18	20	29	55	40	88	0	0																				
42	洗	30	54	10	11	42	24	21	33	0	10	32																			
43	喜欢	25	64	8	9	48	20	17	27	0	18	26	81																		
44	下午	62	28	21	23	22	50	38	58	8	0	67	26	22																	
45	相同	47	65	20	31	44	38	46	33	7	20	31	43	48	32																
46	小	25	78	13	19	41	25	29	17	5	24	16	52	62	18	55															
47	小时	20	5	0	0	8	20	0	25	0	0	38	5	4	25	7	0														
48	休息	47	57	17	25	37	32	38	35	6	11	33	65	54	40	61	48	6													
49	许多	42	22	44	33	20	55	56	36	25	0	33	19	16	33	31	26	0	26												
50	雪白	31	27	30	33	38	21	27	36	0	8	33	19	21	25	40	21	22	26	14											
51	野生	56	25	43	80	25	40	83	33	17	0	30	16	13	31	38	24	0	31	44	30										
52	野外	70	33	30	50	29	55	75	50	11	0	45	25	21	54	50	26	10	41	45	33	63									
53	以前	45	23	20	22	31	45	44	56	0	0	50	26	22	46	33	17	11	28	36	25	33	67								
54	这	33	13	33	10	6	33	30	27	29	0	25	14	12	27	18	17	0	21	50	7	20	25	17							
55	中国	73	30	25	40	25	46	60	70	9	0	64	29	24	69	44	24	18	44	38	38	50	80	55	31						
56	众多	36	24	57	43	33	36	33	30	33	0	27	21	17	29	36	17	13	29	40	40	38	40	30	18	33					
57	注定	14	23	20	22	31	14	18	17	0	9	15	41	33	12	33	27	0	28	15	25	20	15	17	0	13	30				
58	着想	25	30	22	25	45	25	33	30	0	10	27	35	29	20	36	29	0	38	27	27	38	27	30	8	23	33	44			
59	最近	38	26	40	30	19	38	50	33	10	0	31	18	15	62	29	20	0	32	42	21	40	55	45	33	46	25	14	25		
60	醉	26	60	9	9	43	21	18	35	0	19	33	76	78	28	43	58	10	57	17	27	14	22	23	13	30	18	29	30	16	

表 4.1－3　60 词分布相似度排序

排序	1 操场		2 常务		3 大量		4 地步		5 电话		6 二		7 附近		8 干净		9 钢笔		10 个		11 个别		12 花白		13 建设		14 姐妹		15 今天	
1	晴天	90	日常	50	个别	80	个	33	中国	82	十	80	以前	78	认真	86	电话	80	小时	67	大量	80	日常	67	洗	80	人	89	下午	92
2	中国	90	临时	40	临时	67	举动	29	钢笔	80	姐妹	64	野外	70	小	82	中国	80	千	40	任何	80	临时	57	醉	70	桶	89	操场	82
3	今天	82	野生	40	片刻	67	酷热	29	今天	75	人民	64	操场	64	喜欢	67	野外	78	地步	33	众多	67	野外	57	喜欢	67	操场	80	电话	75
4	姐妹	80	花白	33	任何	67	岁数	29	操场	73	人	55	晴天	58	醉	63	慢性	75	人	25	日常	60	慢性	50	休息	67	人民	80	晴天	75
5	举动	78	慢性	33	众多	57	以前	29	姐妹	73	桶	55	中国	58	相同	60	私人	75	桶	25	临时	50	私人	50	干净	58	举动	78	中国	75
6	岁数	78	滂沱	33	日常	50	钢笔	25	人民	73	许多	55	钢笔	55	休息	59	操场	70	姐妹	22	片刻	50	众多	50	认真	56	岁数	78	姐妹	67
7	下午	75	私人	33	许多	44	人	25	举动	70	操场	50	许多	55	建设	58	姐妹	70	人民	22	亲爱	50	相同	46	小	54	下午	75	最近	67
8	电话	73	所有	33	野生	43	桶	25	岁数	70	慢性	50	今天	54	洗	57	人民	70	十	22	所有	50	注定	44	电话	45	电话	73	举动	64
9	钢笔	70	钢笔	25	附近	40	小时	25	下午	69	私人	50	姐妹	50	荣幸	45	举动	67	下午	17	许多	50	个别	43	相同	45	晴天	73	岁数	64
10	人	70	每	25	亲爱	40	野外	25	晴天	67	下午	50	慢性	50	人民	33	岁数	67	众多	14	野外	50	钢笔	40	中国	45	中国	73	钢笔	58
11	桶	70	野外	25	所有	40	操场	22	人	64	电话	46	人民	50	晴天	32	晴天	64	举动	13	附近	44	雪白	40	钢笔	42	晴天	73	人	58
12	野外	70	人民	22	最近	40	附近	22	桶	64	晴天	46	十	50	花白	32	野生	63	酷热	13	花白	43	野外	40	操场	40	今天	67	桶	58
13	附近	64	电话	20	花白	38	姐妹	22	野外	64	中国	46	私人	50	慢性	32	人	60	岁数	13	慢性	43	大量	38	姐妹	40	二	64	野外	58
14	人民	64	个别	20	慢性	38	人民	22	慢性	60	举动	45	下午	50	晴天	32	桶	60	以前	13	私人	43	片刻	38	人民	40	十	64	附近	54
15	酷热	60	中国	20	私人	38	十	22	私人	60	酷热	45	众多	50	私人	32	今天	58	钢笔	11	钢笔	33	任何	38	晴天	38	酷热	60	人民	54
16	以前	60	大量	17	电话	36	电话	20	酷热	55	岁数	45	最近	50	中国	32	附近	55	雪白	11	野外	33	休息	38	举动	37	野外	55	酷热	50
17	二	50	片刻	17	今天	33	晴天	20	临时	50	这	45	电话	46	着想	—	十	—	野外	11	操场	30	人民	36	岁数	37	姐妹	50	以前	50
18	慢性	50	千	17	下午	31	荣幸	20	野生	50	今天	43	举动	45	酷热	30	下午	54	操场	10	二	30	常务	33	今天	36	慢性	50	二	43
19	十	50	任何	17	钢笔	30	中国	20	二	46	钢笔	42	酷热	45	钢笔	29	酷热	50	二	10	姐妹	30	电话	33	人	35	私人	50	十	43
20	私人	50	相同	15	野外	30	今天	18	附近	46	野外	42	岁数	45	野外	29	日常	50	附近	10	人民	30	滂沱	33	桶	35	以前	45	慢性	42
21	最近	50	众多	14	操场	27	千	17	十	46	千	40	个别	44	操场	27	相同	50	电话	9	十	30	亲爱	33	下午	35	许多	42	私人	42
22	许多	42	休息	13	二	27	下午	17	最近	46	野生	40	人	42	二	27	以前	45	晴天	9	最近	30	晴天	33	野外	35	建设	40	休息	42
23	建设	40	这	13	姐妹	27	野生	17	建设	45	附近	38	桶	42	姐妹	27	许多	45	荣幸	9	电话	27	中国	33	慢性	32	野外	40	建设	36
24	野生	40	干净	11	人民	27	相同	15	相同	44	最近	38	大量	40	停当	26	雪白	45	中国	9	晴天	27	着想	33	荣幸	32	休息	39	许多	36
25	休息	39	建设	11	十	27	慢性	14	休息	44	以前	33	任何	40	野生	26	临时	44	今天	8	中国	27	干净	32	私人	32	相同	38	大量	33
26	相同	38	许多	11	晴天	25	私人	14	众多	42	休息	32	以前	33	野生	26	今天	42	相同	7	今天	25	酷热	30	酷热	30	最近	38	临时	33
27	众多	36	雪白	11	中国	25	众多	14	日常	40	个别	30	二	38	举动	24	建设	42	洗	6	着想	25	认真	30	注定	30	众多	36	片刻	33
28	这	33	操场	10	着想	22	着想	14	许多	38	日常	30	相同	38	岁数	24	最近	42	休息	6	下午	23	小	29	二	27	小时	33	相同	33
29	醉	32	二	10	究竟	20	休息	13	雪白	38	相同	29	这	33	下午	—	岁数	41	建设	5	举动	22	许多	27	附近	27	这	33	野生	33
30	雪白	31	附近	10	举动	20	这	13	大量	36	大量	27	休息	32	注定	24	花白	40	认真	5	酷热	22	操场	25	十	27	醉	32	众多	31

续表

排序	1		2		3		4		5		6		7		8		9		10		11		12		13		14		15	
	操场		常务		大量		地步		电话		二		附近		干净		钢笔		个		个别		花白		建设		姐妹		今天	
31	个别	30	姐妹	10	酷热	20	洗	12	片刻	36	干净	27	日常	30	人	23	众多	40	喜欢	5	岁数	22	二	25	野生	26	雪白	31	认真	29
32	日常	30	认真	10	亲自	20	建设	11	认真	36	建设	27	建设	27	桶	23	个别	33	醉	5	以前	22	附近	25	花白	25	个别	30	这	29
33	洗	30	十	10	岁数	20	许多	11	花白	33	临时	27	临时	27	许多	23	认真	33	常务	0	这	22	建设	25	着想	25	日常	30	醉	29
34	大量	27	小	10	相同	20	雪白	11	众多	33	片刻	27	片刻	27	雪白	23	大量	30	大量	0	注定	22	姐妹	25	以前	24	洗	30	洗	27
35	干净	27	最近	10	以前	20	二	10	干净	32	任何	27	荣幸	27	附近	22	片刻	30	干净	0	相同	21	十	25	许多	23	大量	27	雪白	27
36	临时	27	晴天	9	这	20	认真	10	这	31	花白	25	认真	26	十	22	任何	30	个别	0	常务	20	最近	25	雪白	23	干净	27	干净	25
37	片刻	27	今天	8	注定	20	喜欢	10	醉	30	小	25	花白	25	最近	22	干净	29	花白	0	滂沱	20	荣幸	23	最近	22	临时	27	个别	25
38	任何	27	下午	8	认真	19	最近	10	洗	29	众多	25	着想	25	日常	21	荣幸	29	究竟	0	人	20	今天	21	日常	21	片刻	27	日常	25
39	荣幸	27	地步	0	人	18	醉	10	个别	27	着想	25	洗	24	临时	20	着想	27	历时	0	桶	20	洗	21	临时	20	千	27	荣幸	24
40	认真	26	个	0	桶	18	干净	5	任何	25	洗	24	地步	22	众多	19	醉	27	临时	0	雪白	20	下午	20	众多	19	任何	27	任何	23
41	花白	25	究竟	0	雪白	18	小	5	荣幸	25	亲爱	22	干净	22	以前	18	小	26	慢性	0	休息	18	举动	18	这	18	荣幸	27	喜欢	23
42	喜欢	25	举动	0	常务	17	常务	0	喜欢	24	认真	21	亲爱	22	这	18	常务	25	每	0	每	17	岁数	18	个别	15	认真	26	花白	21
43	着想	25	酷热	0	滂沱	17	大量	0	小	24	醉	21	所有	22	个别	15	地步	25	年事	0	荣幸	17	以前	18	大量	14	花白	25	着想	21
44	地步	22	历时	0	休息	17	个别	0	着想	23	每	20	雪白	21	大量	14	亲爱	25	滂沱	0	干净	15	醉	18	片刻	14	喜欢	25	小	19
45	亲爱	22	年事	0	荣幸	15	花白	0	常务	20	喜欢	20	醉	21	片刻	14	洗	25	片刻	0	建设	15	人	17	任何	14	着想	25	地步	18
46	小	20	亲爱	0	干净	14	究竟	0	地步	20	荣幸	19	喜欢	20	任何	14	这	25	亲爱	0	认真	14	桶	17	常务	11	地步	22	亲爱	18
47	小时	20	亲自	0	建设	14	历时	0	亲爱	20	注定	14	小	20	常务	11	小时	22	亲自	0	小	14	喜欢	17	地步	11	个	22	小时	17
48	千	17	人	0	每	14	临时	0	小时	18	雪白	13	千	17	滂沱	11	喜欢	21	任何	0	历时	13	历时	14	亲爱	11	亲爱	22	千	14
49	注定	14	荣幸	0	小	13	每	0	千	15	年事	11	注定	14	亲爱	11	日常	18	洗	0	所有	11	小时	10	小	20	注定	13
50	年事	11	岁数	0	千	11	年事	0	注定	13	常务	10	年事	11	地步	5	注定	15	私人	0	喜欢	9	每	13	千	9	注定	14	究竟	13
51	常务	10	停当	0	洗	10	滂沱	0	究竟	10	地步	10	常务	10	历时	5	年事	13	所有	0	醉	9	千	10	停当	9	年事	11	年事	9
52	个	10	桶	0	醉	9	片刻	0	年事	10	个	10	个	10	每	5	每	11	停当	0	地步	0	这	8	个	5	常务	10	亲自	9
53	滂沱	10	洗	0	喜欢	8	亲爱	0	亲自	10	滂沱	10	滂沱	10	年事	5	滂沱	11	小	0	个	0	地步	0	历时	5	滂沱	10	常务	9
54	所有	10	喜欢	0	地步	0	亲自	0	个	9	所有	10	每	9	所有	5	所有	11	许多	0	究竟	0	个	0	每	5	所有	10	个	9
55	每	9	小时	0	个	0	任何	0	滂沱	9	小时	9	小时	9	千	4	每	10	野生	0	历时	0	究竟	0	年事	5	每	9	每	8
56	究竟	0	以前	0	历时	0	日常	0	所有	9	究竟	0	究竟	0	个	0	究竟	0	这	0	年事	0	年事	0	滂沱	5	究竟	0	滂沱	8
57	历时	0	注定	0	年事	0	所有	0	每	8	历时	0	历时	0	历时	0	历时	0	注定	0	亲自	0	亲自	0	历时	5	历时	0	所有	8
58	亲自	0	着想	0	停当	0	停当	0	历时	0	亲自	0	亲自	0	亲自	0	着想	0	停当	0	停当	0	究竟	0	亲自	0	历时	0	历时	0
59	停当	0	醉	0	小时	0	注定	0	停当	0	停当	0	停当	0	小时	0	停当	0	最近	0	小时	0	小时	0	停当	0	亲自	0	停当	0

续表

排序	16		17		18		19		20		21		22		23		24		25		26		27		28		29		30	
	究竟		举动		酷热		历时		临时		慢性		每		年事		滂沱		片刻		千		亲爱		亲自		晴天		人	
1	亲自	100	岁数	100	举动	75	滂沱	33	日常	80	私人	100	这	43	慢性	17	常务	33	大量	67	十	56	个别	50	究竟	100	操场	90	桶	100
2	大量	20	人	88	岁数	75	注定	29	大量	67	野生	83	千	33	私人	17	花白	33	临时	67	二	40	日常	50	大量	20	中国	82	姐妹	89
3	临时	20	桶	88	晴天	70	花白	14	片刻	67	钢笔	75	任何	33	举动	14	历时	33	个别	50	个	40	大量	40	临时	20	今天	75	举动	88
4	片刻	20	操场	78	人	67	众多	14	野生	67	野外	75	常务	25	酷热	14	所有	33	日常	50	每	33	临时	40	片刻	20	姐妹	73	岁数	88
5	最近	11	姐妹	78	桶	67	着想	14	花白	57	人民	67	滂沱	25	岁数	14	众多	33	许多	44	小时	33	片刻	40	最近	11	举动	70	操场	70
6	电话	10	酷热	75	操场	60	酷热	13	慢性	57	日常	67	所有	25	以前	14	每	25	任何	43	姐妹	27	任何	40	电话	10	酷热	70	人民	70
7	今天	9	电话	70	姐妹	60	洗	12	私人	57	电话	60	许多	22	这	14	个别	20	野生	43	人民	27	野生	40	今天	9	岁数	70	酷热	67
8	下午	8	晴天	70	人民	60	雪白	11	电话	50	中国	60	二	20	钢笔	13	晴天	20	亲爱	40	众多	22	花白	33	下午	8	下午	69	下午	67
9	认真	5	中国	70	以前	56	喜欢	10	个别	50	临时	57	十	20	人	13	日常	20	最近	40	下午	21	慢性	33	认真	5	电话	67	电话	64
10	操场	0	钢笔	67	电话	55	小	10	钢笔	44	许多	56	最近	20	桶	13	大量	17	花白	38	这	20	私人	33	操场	0	钢笔	64	晴天	64
11	常务	0	今天	64	中国	55	醉	10	野外	44	操场	50	个别	17	许多	13	临时	17	慢性	38	钢笔	18	众多	33	常务	0	人	64	中国	64
12	地步	0	人民	60	钢笔	50	晴天	9	任何	43	二	50	日常	17	野外	13	片刻	17	私人	38	人	18	着想	33	地步	0	桶	64	钢笔	60
13	二	0	下午	58	今天	50	荣幸	9	常务	40	附近	50	大量	14	操场	11	千	17	众多	38	桶	18	举动	29	二	0	野外	64	今天	58
14	附近	0	以前	56	野外	50	相同	7	亲爱	40	花白	50	临时	14	二	11	任何	17	电话	36	许多	18	酷热	29	附近	0	附近	58	二	55
15	干净	0	野外	50	下午	46	休息	6	人民	40	姐妹	50	片刻	14	附近	11	野生	17	今天	33	野外	18	岁数	29	干净	0	人民	58	十	55
16	钢笔	0	二	45	二	45	干净	5	最近	40	十	50	野生	14	姐妹	11	相同	15	下午	31	操场	17	以前	29	钢笔	0	以前	55	以前	50
17	个	0	附近	45	附近	45	建设	5	众多	38	最近	50	花白	13	人民	11	慢性	14	钢笔	30	常务	17	注定	29	个	0	二	46	野外	45
18	个别	0	十	45	十	45	认真	5	中国	36	相同	46	慢性	13	十	11	私人	14	野外	30	地步	17	钢笔	25	个别	0	十	46	附近	42
19	花白	0	慢性	44	慢性	44	操场	0	今天	33	晴天	45	私人	13	最近	11	着想	14	操场	27	附近	17	人	25	花白	0	最近	46	慢性	40
20	建设	0	私人	44	私人	44	常务	0	下午	31	举动	44	众多	13	电话	10	酷热	13	二	27	滂沱	17	桶	25	建设	0	慢性	45	私人	40
21	姐妹	0	建设	37	休息	44	大量	0	许多	30	酷热	44	钢笔	10	晴天	10	休息	13	附近	27	所有	17	许多	25	姐妹	0	私人	45	小时	38
22	举动	0	许多	36	众多	44	地步	0	雪白	30	岁数	44	雪白	10	中国	10	这	13	姐妹	27	电话	15	雪白	25	举动	0	众多	45	建设	35
23	酷热	0	雪白	36	着想	44	电话	0	相同	29	以前	44	野外	10	今天	9	注定	13	人民	27	晴天	15	野外	25	酷热	0	相同	44	休息	33
24	历时	0	休息	35	相同	43	二	0	操场	27	个别	43	操场	9	下午	8	干净	11	十	27	中国	15	操场	22	历时	0	休息	44	许多	33
25	慢性	0	醉	35	荣幸	42	附近	0	二	27	今天	42	附近	9	相同	8	钢笔	11	晴天	25	今天	14	二	22	慢性	0	建设	38	雪白	33
26	每	0	洗	33	洗	41	钢笔	0	附近	27	人	40	姐妹	9	洗	6	许多	11	中国	25	个别	13	附近	22	每	0	许多	38	醉	33
27	年事	0	相同	33	许多	36	个	0	姐妹	27	桶	40	人民	9	休息	6	雪白	11	着想	22	日常	13	姐妹	22	年事	0	雪白	38	洗	32
28	滂沱	0	野生	33	雪白	36	个别	0	十	27	大量	38	小	9	干净	5	野外	11	究竟	20	相同	13	人民	22	滂沱	0	野生	36	相同	31
29	千	0	最近	33	醉	35	姐妹	0	晴天	25	片刻	38	电话	8	建设	5	操场	10	举动	20	大量	11	十	22	千	0	醉	36	最近	31
30	亲爱	0	荣幸	31	喜欢	33	今天	0	认真	25	任何	38	今天	8	认真	5	二	10	酷热	20	临时	11	最近	22	亲爱	0	洗	35	野生	30

续表

排序	16		17		18		19		20		21		22		23		24		25		26		27		28		29		30	
	究竟		举动		酷热		历时		临时		慢性		每		年事		滂沱		片刻		千		亲爱		亲自		晴天		人	
31	晴天	0	众多	30	野生	33	究竟	0	休息	24	下午	38	晴天	8	喜欢	5	附近	10	亲自	20	片刻	11	电话	20	晴天	0	花白	33	荣幸	29
32	人	0	着想	30	最近	33	举动	0	着想	22	休息	38	中国	8	小	5	姐妹	10	岁数	20	任何	11	晴天	20	人	0	荣幸	33	众多	27
33	人民	0	地步	29	干净	30	临时	0	干净	20	常务	33	下午	7	醉	5	人民	10	相同	20	休息	11	荣幸	20	人民	0	着想	33	着想	27
34	任何	0	亲爱	29	花白	30	慢性	0	建设	20	亲爱	33	相同	7	常务	0	认真	10	以前	20	野生	11	中国	20	任何	0	干净	32	喜欢	26
35	日常	0	喜欢	27	建设	30	每	0	究竟	20	众多	33	休息	6	大量	0	十	10	注定	20	花白	10	今天	18	日常	0	这	31	地步	25
36	荣幸	0	这	27	地步	29	年事	0	举动	20	着想	33	干净	5	地步	0	小	10	认真	19	慢性	10	下午	17	荣幸	0	认真	30	个	25
37	十	0	小时	25	亲爱	29	片刻	0	酷热	20	干净	32	建设	5	个	0	最近	10	人	18	私人	10	相同	15	十	0	喜欢	29	亲爱	25
38	私人	0	干净	24	认真	29	千	0	亲自	20	建设	32	认真	5	个别	0	电话	9	桶	18	建设	9	休息	13	私人	0	个别	27	这	25
39	岁数	0	认真	23	这	27	亲爱	0	岁数	20	认真	30	地步	0	花白	0	荣幸	9	雪白	18	举动	9	洗	12	岁数	0	日常	27	干净	23
40	所有	0	个别	22	注定	27	亲自	0	以前	20	这	30	个	0	究竟	0	中国	9	常务	17	酷热	9	干净	11	所有	0	大量	25	认真	22
41	停当	0	日常	22	个别	22	人	0	注定	20	小	29	究竟	0	历时	0	今天	8	滂沱	17	认真	9	建设	11	停当	0	临时	25	个别	20
42	桶	0	大量	20	日常	22	人民	0	人	18	雪白	27	举动	0	临时	0	下午	8	所有	17	岁数	9	认真	10	桶	0	片刻	25	日常	20
43	洗	0	临时	20	小	22	任何	0	桶	18	荣幸	23	酷热	0	每	0	洗	6	休息	17	以前	9	喜欢	10	洗	0	任何	25	大量	18
44	喜欢	0	片刻	20	大量	20	日常	0	小	18	洗	21	历时	0	滂沱	0	建设	5	荣幸	15	小	8	小	10	喜欢	0	小	24	临时	18
45	相同	0	任何	20	临时	20	十	0	滂沱	17	注定	18	年事	0	片刻	0	喜欢	5	干净	14	雪白	8	醉	10	相同	0	注定	21	片刻	18
46	小	0	花白	18	片刻	20	私人	0	所有	17	醉	18	亲爱	0	千	0	醉	5	建设	14	最近	8	常务	0	小	0	地步	20	千	18
47	小时	0	小	17	任何	20	岁数	0	荣幸	15	年事	17	亲自	0	亲爱	0	地步	0	每	14	荣幸	7	地步	0	小时	0	滂沱	20	任何	18
48	休息	0	注定	17	年事	14	所有	0	每	14	喜欢	17	人	0	亲自	0	个	0	小	13	洗	5	个	0	休息	0	亲爱	20	花白	17
49	许多	0	年事	14	个	13	停当	0	千	11	地步	14	荣幸	0	任何	0	究竟	0	千	11	干净	4	究竟	0	许多	0	小时	18	小	16
50	雪白	0	个	13	历时	13	桶	0	洗	10	滂沱	14	岁数	0	日常	0	举动	0	洗	10	喜欢	4	历时	0	雪白	0	千	15	注定	15
51	野生	0	千	9	滂沱	13	下午	0	这	9	所有	14	停当	0	荣幸	0	年事	0	这	9	醉	4	每	0	野生	0	年事	10	年事	13
52	野外	0	常务	0	小时	11	小时	0	醉	9	每	13	桶	0	所有	0	亲爱	0	醉	9	究竟	0	年事	0	野外	0	常务	9	常务	0
53	以前	0	究竟	0	千	9	许多	0	喜欢	8	千	10	洗	0	停当	0	亲自	0	喜欢	8	历时	0	滂沱	0	以前	0	个	9	究竟	0
54	这	0	历时	0	常务	0	野生	0	地步	0	个	0	喜欢	0	小时	0	人	0	地步	0	年事	0	千	0	这	0	历时	9	历时	0
55	中国	0	每	0	究竟	0	野外	0	个	0	究竟	0	小时	0	雪白	0	岁数	0	个	0	亲爱	0	亲自	0	中国	0	所有	9	每	0
56	众多	0	滂沱	0	每	0	以前	0	历时	0	历时	0	以前	0	野生	0	停当	0	历时	0	亲自	0	所有	0	众多	0	每	8	滂沱	0
57	注定	0	亲自	0	亲自	0	这	0	年事	0	亲自	0	注定	0	众多	0	桶	0	年事	0	停当	0	停当	0	注定	0	究竟	0	亲自	0
58	着想	0	所有	0	所有	0	中国	0	停当	0	停当	0	着想	0	注定	0	小时	0	停当	0	注定	0	小时	0	着想	0	亲自	0	所有	0
59	醉	0	停当	0	停当	0	最近	0	小时	0	小时	0	醉	0	着想	0	以前	0	小时	0	着想	0	这	0	醉	0	停当	0	停当	0

续 表

排序	31 人民		32 认真		33 任何		34 日常		35 荣幸		36 十		37 私人		38 岁数		39 所有		40 停当		41 桶		42 洗		43 喜欢		44 下午		45 相同	
1	姐妹	80	干净	86	个别	80	临时	80	认真	50	二	80	慢性	100	举动	100	个别	50	干净	26	人	100	喜欢	81	洗	81	今天	92	认真	65
2	电话	73	小	78	大量	67	野生	80	喜欢	48	姐妹	64	野生	83	人	88	大量	40	认真	25	姐妹	89	建设	80	醉	78	操场	75	休息	61
3	中国	73	相同	65	众多	57	花白	67	干净	45	人民	64	钢笔	75	桶	88	任何	40	荣幸	25	举动	88	醉	76	干净	67	姐妹	75	干净	60
4	钢笔	70	喜欢	64	日常	50	慢性	67	着想	45	千	56	野外	75	操场	78	常务	33	小	24	岁数	88	休息	65	建设	67	电话	69	小	55
5	人	70	醉	60	许多	44	私人	67	相同	44	钢笔	55	人民	67	姐妹	78	滂沱	33	相同	20	操场	70	干净	57	认真	64	晴天	69	钢笔	50
6	桶	70	休息	57	临时	43	个别	60	醉	43	人	55	日常	67	酷热	75	众多	33	醉	19	人民	70	认真	54	小	62	中国	69	野外	50
7	野外	70	建设	56	片刻	43	常务	50	酷热	42	桶	55	电话	60	电话	70	这	29	喜欢	18	酷热	67	小	52	休息	54	人	67	喜欢	48
8	慢性	67	洗	54	野生	43	大量	50	洗	42	许多	55	中国	60	晴天	70	每	25	休息	11	下午	67	相同	43	荣幸	48	桶	67	人民	47
9	私人	67	荣幸	50	附近	40	钢笔	50	小	41	野外	55	临时	57	中国	70	许多	25	洗	10	电话	64	荣幸	42	相同	48	人民	62	花白	46
10	操场	64	电话	36	亲爱	40	片刻	50	雪白	38	操场	50	许多	56	钢笔	67	附近	22	着想	10	晴天	64	酷热	41	酷热	33	最近	62	慢性	46
11	二	64	钢笔	33	所有	40	亲爱	50	休息	37	附近	50	操场	50	今天	64	日常	20	建设	9	中国	64	注定	41	注定	33	举动	58	私人	46
12	十	64	野外	33	最近	40	任何	50	晴天	33	慢性	50	二	50	人民	60	临时	17	注定	9	钢笔	60	晴天	35	晴天	29	岁数	58	建设	45
13	下午	62	人民	32	花白	38	野外	50	众多	33	私人	50	附近	50	下午	58	片刻	17	雪白	8	今天	58	着想	35	着想	29	钢笔	54	电话	44
14	举动	60	花白	30	慢性	38	人民	44	建设	32	下午	50	花白	50	以前	56	千	17	操场	0	二	55	举动	33	举动	27	野外	54	晴天	44
15	酷热	60	慢性	30	私人	38	众多	43	举动	31	电话	46	姐妹	50	野外	50	野生	17	常务	0	十	55	岁数	33	岁数	27	二	50	荣幸	44
16	岁数	60	晴天	30	每	33	电话	40	岁数	31	晴天	46	十	50	二	45	花白	14	大量	0	以前	50	人	32	人	26	附近	50	中国	44
17	晴天	58	私人	30	这	33	中国	40	以前	31	中国	46	最近	50	附近	45	慢性	14	地步	0	野外	45	桶	32	桶	26	十	50	酷热	43
18	野生	56	中国	30	钢笔	30	许多	33	注定	31	举动	45	相同	46	十	45	私人	14	电话	0	附近	42	操场	30	操场	25	酷热	46	洗	43
19	今天	54	着想	30	雪白	30	雪白	33	钢笔	29	酷热	45	晴天	45	慢性	44	钢笔	11	二	0	慢性	40	姐妹	30	姐妹	25	以前	46	醉	43
20	附近	50	今天	29	野外	30	相同	31	人	29	岁数	45	举动	44	私人	44	野外	11	附近	0	私人	40	人民	30	人民	25	休息	40	雪白	40
21	相同	47	酷热	29	操场	27	操场	30	桶	29	以前	45	酷热	44	建设	37	操场	10	钢笔	0	小时	38	电话	29	电话	24	慢性	38	操场	38
22	休息	47	下午	28	二	27	二	30	野外	29	今天	43	岁数	44	许多	36	二	10	个	0	建设	35	中国	29	中国	24	私人	38	附近	38
23	以前	45	雪白	27	姐妹	27	附近	30	操场	27	野生	40	以前	44	雪白	36	姐妹	10	个别	0	休息	33	今天	27	今天	23	建设	35	姐妹	38
24	日常	44	操场	26	人民	27	姐妹	30	附近	27	相同	38	个别	43	休息	35	人民	10	花白	0	许多	33	下午	26	下午	22	许多	33	十	38
25	许多	42	附近	26	十	27	十	30	姐妹	27	最近	38	今天	42	醉	35	十	10	姐妹	0	雪白	33	以前	26	以前	22	相同	32	野生	38
26	建设	40	姐妹	26	电话	25	最近	30	人民	27	众多	36	人	40	洗	33	最近	10	今天	0	醉	33	钢笔	25	钢笔	21	大量	31	众多	36
27	临时	40	十	26	晴天	25	晴天	27	十	27	这	33	桶	40	相同	33	电话	9	究竟	0	洗	32	野外	25	雪白	21	临时	31	着想	36
28	最近	38	最近	26	中国	25	今天	25	电话	25	休息	32	大量	38	野生	33	晴天	9	举动	0	相同	31	二	24	野外	21	片刻	31	今天	33
29	花白	36	临时	25	今天	23	休息	25	停当	25	个别	30	片刻	38	最近	33	中国	9	酷热	0	最近	31	附近	24	二	20	野生	31	举动	33
30	众多	36	停当	25	着想	22	着想	25	野生	25	日常	30	任何	38	荣幸	31	今天	8	历时	0	野生	30	十	24	附近	20	众多	29	岁数	33

续 表

排序	31		32		33		34		35		36		37		38		39		40		41		42		43		44		45	
	人民		认真		任何		日常		荣幸		十		私人		岁数		所有		停当		桶		洗		喜欢		下午		相同	
31	干净	33	野生	25	下午	21	下午	23	中国	25	大量	27	下午	38	众多	30	下午	8	临时	0	荣幸	29	花白	21	十	20	认真	28	以前	33
32	这	33	众多	24	举动	20	举动	22	今天	24	建设	27	休息	38	着想	30	相同	7	慢性	0	众多	27	慢性	21	停当	18	醉	28	注定	33
33	认真	32	举动	23	酷热	20	酷热	22	花白	23	临时	27	常务	33	地步	29	休息	6	每	0	着想	27	私人	21	花白	17	这	27	下午	32
34	雪白	31	岁数	23	岁数	20	岁数	22	慢性	23	片刻	27	亲爱	33	亲爱	29	干净	5	年事	0	喜欢	26	众多	21	慢性	17	洗	26	人	31
35	个别	30	以前	23	相同	20	以前	22	私人	23	任何	27	众多	33	喜欢	27	建设	5	滂沱	0	地步	25	许多	19	私人	17	小时	25	日常	31
36	洗	30	注定	23	以前	20	注定	22	下午	22	荣幸	27	着想	33	这	27	认真	5	片刻	0	个	25	雪白	19	众多	17	雪白	25	桶	31
37	大量	27	人	22	注定	20	干净	21	地步	20	认真	26	干净	32	小时	25	小	5	千	0	亲爱	25	最近	18	许多	16	干净	24	许多	31
38	片刻	27	桶	22	人	18	建设	21	亲爱	20	花白	25	建设	32	干净	24	地步	0	亲爱	0	这	25	野生	16	最近	15	个别	23	二	29
39	千	27	许多	22	桶	18	滂沱	20	许多	20	小	25	认真	30	认真	23	个	0	亲自	0	干净	23	这	14	野生	13	日常	23	临时	29
40	任何	27	二	21	常务	17	人	20	二	19	着想	25	这	30	个别	22	究竟	0	晴天	0	认真	22	地步	12	这	12	荣幸	22	最近	29
41	荣幸	27	日常	20	滂沱	17	认真	20	最近	19	洗	24	小	29	日常	22	举动	0	人	0	历时	20	地步	10	喜欢	12	个别	21
42	醉	26	大量	19	休息	17	所有	20	个别	17	地步	22	雪白	27	大量	20	酷热	0	人民	0	日常	20	亲爱	12	历时	10	千	21	大量	20
43	喜欢	25	片刻	19	荣幸	15	桶	20	日常	17	干净	22	荣幸	23	临时	20	历时	0	任何	0	大量	18	个别	11	亲爱	10	任何	21	片刻	20
44	小	25	个别	14	干净	14	个	22	洗	21	片刻	20	年事	0	日常	0	临时	18	日常	11	个别	9	花白	20	任何	20
45	着想	25	任何	14	建设	14	每	17	临时	15	亲爱	22	注定	18	任何	20	亲爱	0	十	0	片刻	18	大量	10	日常	9	着想	20	停当	20
46	常务	22	这	13	认真	14	荣幸	17	片刻	15	雪白	21	醉	18	花白	18	亲自	0	私人	0	千	18	临时	10	大量	8	小	18	这	18
47	地步	22	常务	10	小	13	千	13	任何	15	醉	21	年事	17	小	17	人	0	岁数	0	任何	18	片刻	10	临时	8	地步	17	常务	15
48	个	22	地步	10	千	11	洗	11	个	9	每	20	喜欢	17	注定	17	荣幸	0	所有	0	花白	17	任何	10	片刻	8	个	17	地步	15
49	亲爱	22	滂沱	10	洗	10	这	10	历时	9	喜欢	20	地步	14	年事	14	岁数	0	桶	0	小	16	停当	10	任何	8	亲爱	17	滂沱	15
50	小时	20	亲爱	10	醉	9	喜欢	9	滂沱	9	小时	20	滂沱	14	个	13	停当	0	下午	0	注定	15	个	6	个	5	注定	12	亲爱	15
51	注定	14	千	9	喜欢	8	醉	9	小时	8	注定	14	所有	14	千	9	桶	0	小时	0	年事	13	年事	6	年事	5	常务	8	千	13
52	年事	11	个	5	地步	0	地步	0	千	7	年事	11	每	13	常务	0	洗	0	许多	0	常务	0	滂沱	6	滂沱	5	究竟	8	年事	8
53	滂沱	10	究竟	5	个	0	这	6	常务	10	千	10	究竟	0	喜欢	0	野生	0	究竟	0	千	5	千	4	年事	8	个	7
54	所有	10	历时	5	究竟	0	究竟	0	常务	0	滂沱	10	个	0	历时	0	小时	0	野外	0	历时	0	小时	5	小时	4	滂沱	8	历时	7
55	每	9	每	5	历时	0	历时	0	究竟	0	所有	10	究竟	0	每	0	雪白	0	以前	0	每	0	常务	0	常务	0	亲自	8	每	7
56	究竟	0	年事	5	年事	0	年事	0	每	0	究竟	0	历时	0	滂沱	0	以前	0	这	0	滂沱	0	究竟	0	究竟	0	所有	8	所有	7
57	历时	0	亲自	5	亲自	0	亲自	0	年事	0	历时	0	亲自	0	亲自	0	注定	0	中国	0	亲自	0	每	0	每	0	每	7	小时	7
58	亲自	0	所有	5	停当	0	停当	0	亲自	0	亲自	0	亲自	0	着想	0	众多	0	所有	0	亲自	0	历时	0	历时	0	究竟	0
59	停当	0	小时	5	小时	0	小时	0	所有	0	停当	0	小时	0	醉	0	最近	0	停当	0	停当	0	所有	0	亲自	0

续表

排序	46		47		48		49		50		51		52		53		54		55		56		57		58		59		60	
	小		小时		休息		许多		雪白		野生		野外		以前		这		中国		众多		注定		着想		最近		醉	
1	干净	82	个	67	建设	67	慢性	56	钢笔	45	慢性	83	中国	80	附近	78	许多	50	操场	90	个别	67	花白	44	荣幸	45	今天	67	喜欢	78
2	认真	78	人	38	洗	65	私人	56	花白	40	私人	83	钢笔	78	野外	67	二	45	电话	82	大量	57	着想	44	酷热	44	下午	62	洗	76
3	喜欢	62	桶	38	相同	61	二	55	相同	40	日常	80	慢性	75	操场	60	每	43	晴天	82	任何	57	洗	41	注定	44	野外	55	建设	70
4	醉	58	姐妹	33	干净	59	附近	55	众多	40	临时	67	私人	75	举动	56	操场	33	钢笔	80	附近	50	喜欢	33	休息	38	操场	50	干净	63
5	相同	55	千	33	认真	57	十	55	电话	38	钢笔	63	操场	70	酷热	56	附近	33	野外	80	花白	50	相同	33	野生	38	附近	50	认真	60
6	建设	54	地步	25	醉	57	个别	50	晴天	38	野外	63	附近	70	岁数	56	姐妹	33	今天	75	晴天	45	荣幸	31	相同	36	慢性	50	小	58
7	洗	52	举动	25	喜欢	54	这	50	荣幸	38	花白	57	人民	70	晴天	55	人民	33	姐妹	73	酷热	44	建设	30	洗	35	私人	50	休息	57
8	休息	48	岁数	25	小	48	钢笔	45	中国	38	人民	56	以前	67	中国	55	任何	33	人民	73	日常	43	众多	30	花白	33	电话	46	荣幸	43
9	荣幸	41	下午	25	人民	47	野外	45	举动	36	电话	50	电话	64	钢笔	50	十	33	举动	70	钢笔	40	历时	29	亲爱	33	荣幸	43		
10	花白	29	钢笔	22	电话	44	大量	44	酷热	36	个别	50	晴天	64	今天	50	最近	33	岁数	70	许多	40	亲爱	29	亲爱	33	中国	46	相同	43
11	慢性	29	雪白	22	酷热	44	片刻	44	岁数	36	中国	50	野生	63	人	50	电话	31	下午	69	雪白	40	醉	29	晴天	33	以前	45	晴天	36
12	私人	29	操场	20	晴天	44	任何	44	人	33	许多	44	今天	58	桶	50	晴天	31	人	64	野外	40	休息	28	私人	33	钢笔	42	举动	35
13	着想	29	人民	20	中国	44	野生	44	日常	33	大量	43	姐妹	55	下午	46	中国	31	桶	64	临时	38	酷热	27	众多	33	许多	42	岁数	35
14	注定	27	十	20	今天	42	操场	42	桶	33	片刻	43	十	55	姐妹	45	慢性	30	慢性	60	片刻	38	小	27	干净	32	大量	40	人	33
15	钢笔	26	电话	18	钢笔	41	姐妹	42	野外	33	任何	43	最近	55	人民	45	私人	30	私人	60	野生	38	雪白	25	举动	30	临时	40	桶	33
16	许多	26	晴天	18	野外	41	人民	42	操场	31	操场	40	下午	54	十	45	今天	29	附近	58	操场	36	干净	24	认真	30	片刻	40	操场	32
17	野外	26	中国	18	下午	40	最近	42	姐妹	31	常务	40	举动	50	最近	45	所有	29	酷热	55	姐妹	36	认真	23	岁数	30	任何	40	姐妹	32
18	二	25	今天	17	操场	39	众多	40	人民	31	二	40	酷热	50	慢性	44	举动	27	以前	55	人民	36	个别	22	以前	30	野生	40	电话	30
19	人民	25	众多	13	姐妹	39	电话	38	临时	30	附近	40	日常	50	私人	44	酷热	27	野生	50	十	36	日常	22	醉	30	二	38	中国	30
20	十	25	酷热	11	花白	38	晴天	38	任何	30	姐妹	40	岁数	50	电话	42	岁数	27	二	46	相同	36	晴天	21	喜欢	29	姐妹	38	着想	30
21	电话	24	以前	11	慢性	38	中国	38	野生	30	亲爱	40	相同	50	许多	36	下午	27	十	46	电话	33	大量	20	小	29	人民	38	今天	29
22	晴天	24	建设	10	私人	38	今天	36	今天	27	十	40	人	45	二	33	钢笔	25	最近	46	慢性	33	临时	20	钢笔	27	十	38	注定	29
23	停当	24	野外	10	着想	38	举动	36	慢性	27	最近	40	桶	45	相同	33	人	25	建设	45	滂沱	33	片刻	20	人	27	举动	33	下午	28
24	野生	24	醉	10	荣幸	37	酷热	36	认真	27	相同	38	许多	45	野生	33	桶	25	相同	44	亲爱	33	任何	20	桶	27	酷热	33	钢笔	27
25	中国	24	二	9	举动	35	岁数	36	私人	27	众多	38	临时	44	荣幸	31	野外	25	休息	44	荣幸	33	野生	20	许多	27	岁数	33	雪白	27
26	酷热	22	附近	9	岁数	35	以前	36	着想	27	着想	38	二	42	众多	30	个别	22	日常	40	私人	33	慢性	18	雪白	27	这	33	人民	26
27	雪白	21	荣幸	8	人	33	人	33	醉	27	晴天	36	休息	41	着想	30	休息	21	许多	38	所有	33	私人	18	野外	27	休息	32	以前	23
28	操场	20	相同	7	桶	33	日常	33	休息	26	今天	33	花白	40	地步	29	大量	20	雪白	38	中国	33	举动	17	操场	25	人	31	野外	22
29	附近	20	休息	6	二	32	桶	33	亲爱	25	举动	33	众多	40	亲爱	29	千	20	临时	36	着想	33	岁数	17	二	25	桶	31	二	21
30	姐妹	20	认真	5	附近	32	下午	33	下午	25	酷热	33	建设	35	休息	28	野生	20	花白	33	今天	31	以前	17	附近	25	个别	30	附近	21

续表

排序	46 小		47 小时		48 休息		49 许多		50 雪白		51 野生		52 野外		53 以前		54 这		55 中国		56 众多		57 注定		58 着想		59 最近		60 醉	
31	最近	20	洗	5	十	32	相同	31	以前	25	岁数	33	个别	33	洗	26	干净	18	众多	33	举动	30	钢笔	15	个别	25	日常	30	十	21
32	今天	19	喜欢	4	最近	32	临时	30	注定	25	以前	33	认真	33	雪白	25	建设	18	干净	32	岁数	30	人	15	建设	25	相同	29	停当	19
33	日常	19	常务	0	野生	31	花白	27	干净	23	下午	31	雪白	33	建设	24	相同	18	这	31	以前	30	桶	15	姐妹	25	认真	26	花白	18
34	临时	18	大量	0	众多	29	着想	27	建设	23	休息	31	大量	30	认真	23	众多	18	认真	30	注定	30	许多	15	人民	25	花白	25	慢性	18
35	下午	18	干净	0	以前	28	小	26	小时	22	人	30	片刻	30	醉	23	小	17	醉	30	下午	29	野外	15	日常	25	众多	25	私人	18
36	举动	17	个别	0	注定	28	休息	26	附近	21	桶	30	任何	30	个别	22	以前	17	洗	29	休息	29	操场	14	十	25	着想	25	众多	18
37	岁数	17	花白	0	许多	26	亲爱	25	十	21	雪白	30	干净	29	日常	22	年事	14	个别	27	人	27	二	14	最近	25	干净	22	许多	17
38	以前	17	究竟	0	雪白	26	所有	25	喜欢	21	干净	26	荣幸	29	喜欢	22	洗	14	大量	25	桶	27	附近	14	电话	23	建设	22	最近	16
39	这	17	历时	0	日常	25	干净	23	小	21	建设	26	着想	27	大量	20	常务	13	片刻	25	二	25	姐妹	14	中国	23	亲爱	22	野生	14
40	众多	17	临时	0	临时	24	建设	23	最近	21	认真	25	小	26	临时	20	地步	13	任何	25	最近	25	人民	14	大量	22	雪白	21	这	13
41	人	16	慢性	0	这	21	每	22	个别	20	荣幸	25	常务	25	片刻	20	滂沱	13	荣幸	25	认真	24	十	14	临时	22	每	20	地步	10
42	桶	16	每	0	个别	18	认真	22	洗	19	小	24	地步	25	任何	20	认真	13	喜欢	24	千	22	最近	14	片刻	22	小	20	历时	10
43	个别	14	年事	0	大量	17	荣幸	20	大量	18	这	20	亲爱	25	干净	18	醉	13	小	24	洗	21	电话	13	任何	22	荣幸	19	亲爱	10
44	大量	13	滂沱	0	片刻	17	洗	19	片刻	18	注定	20	洗	25	花白	18	喜欢	12	着想	23	干净	19	今天	13	今天	21	洗	18	小时	10
45	片刻	13	片刻	0	任何	17	千	18	许多	14	地步	17	这	25	小	17	日常	10	常务	20	建设	19	滂沱	13	下午	20	醉	16	大量	9
46	任何	13	亲爱	0	常务	13	醉	17	二	13	滂沱	17	醉	22	这	17	临时	9	地步	20	这	18	中国	13	地步	14	喜欢	15	个别	9
47	常务	10	亲自	0	地步	13	喜欢	16	常务	11	所有	17	喜欢	21	注定	17	片刻	9	亲爱	20	醉	18	下午	12	历时	14	注定	14	临时	9
48	历时	10	任何	0	滂沱	13	注定	15	地步	11	洗	16	千	18	年事	14	花白	8	小时	18	喜欢	17	停当	9	滂沱	14	究竟	11	片刻	9
49	滂沱	10	日常	0	亲爱	13	雪白	14	个	11	每	14	注定	15	个	13	着想	8	千	15	小	17	常务	9	停当	10	年事	11	任何	9
50	亲爱	10	私人	0	千	11	年事	13	历时	11	醉	14	年事	13	小时	11	雪白	7	注定	13	众多	14	地步	0	这	8	亲自	11	日常	9
51	每	9	所有	0	停当	11	常务	11	滂沱	11	喜欢	13	个	11	千	9	荣幸	6	个	10	地步	14	个	0	常务	0	常务	10	个	5
52	千	8	停当	0	个	6	地步	11	每	10	个	11	滂沱	11	常务	0	个	5	个	9	个	14	究竟	0	个	0	地步	10	年事	5
53	地步	5	小	0	历时	6	滂沱	11	千	8	个	0	所有	11	究竟	0	究竟	5	滂沱	9	历时	14	每	0	究竟	0	滂沱	10	滂沱	5
54	年事	5	许多	0	每	6	个	0	停当	8	究竟	0	每	10	历时	0	历时	0	所有	9	每	13	年事	0	每	0	所有	10	千	4
55	所有	5	野生	0	年事	6	究竟	0	这	7	历时	0	小时	10	每	0	亲爱	0	每	8	小时	13	年事	0	千	8	常务	0
56	个	0	这	0	所有	6	历时	0	究竟	0	年事	0	究竟	0	滂沱	0	亲自	0	究竟	0	究竟	0	亲自	0	千	0	个	0	究竟	0
57	究竟	0	注定	0	小时	6	亲自	0	年事	0	亲自	0	历时	0	亲爱	0	停当	0	历时	0	年事	0	所有	0	历时	0	每	0
58	亲自	0	着想	0	究竟	0	停当	0	亲自	0	停当	0	亲自	0	亲自	0	所有	0	亲自	0	亲自	0	亲自	0	亲自	0	停当	0	亲自	0
59	小时	0	最近	0	亲自	0	小时	0	所有	0	小时	0	停当	0	停当	0	注定	0	停当	0	停当	0	这	0	小时	0	小时	0	所有	0

注：两个词的分布相似度(S)计算公式：$S=I/(P-I)$。其中，I为两词出现位置相同数，P为两词出现位置数之和。

图 4.1-4 60词分布相似度聚类分析（近邻连接法）

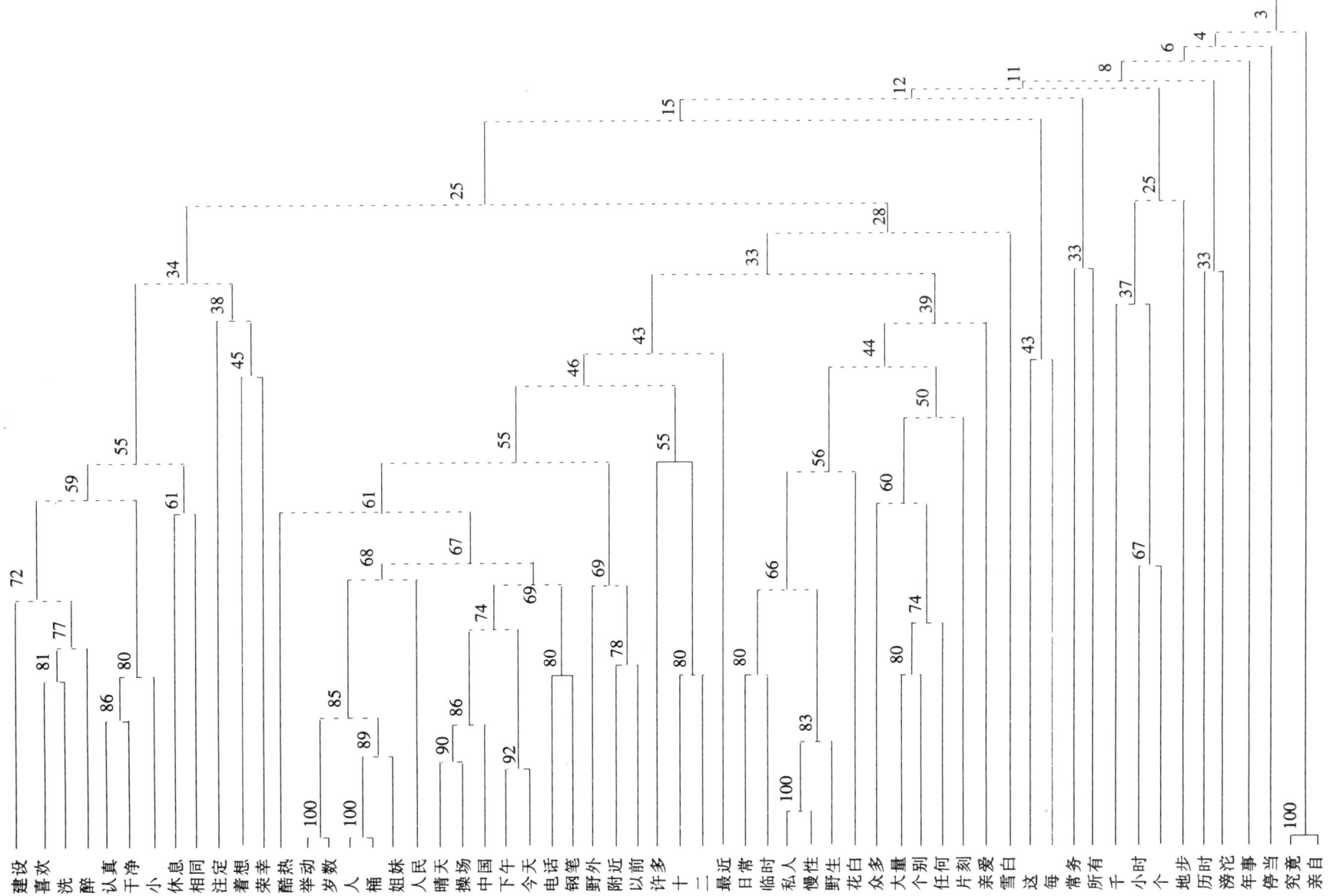

图 4.1-5 60 词分布相似度聚类分析(平均连接法)

表述功能可区分为内在和外在两个层面,相应地,词性也分为词汇层面的词性和句法层面的词性。从词汇层面到句法层面,词性常发生变化,这可以看作语法的动态性的表现。汉语词类划分之所以困难,原因之一就是语法的动态性在汉语中较为突出。

根据词的分布划分词类,只是一种方便的说法。严格地说,实际上是根据词的分布特征来推断词的词类性质,词性在"划类"前已存在。

虽然表述功能是词类划分的内在依据,但由于不可直接观察,不能用来作为划分词类的标准。我们仍是以词的分布为划类标准,但并不是纯粹根据分布的异同分类,而是通过分布和表述功能、语义类别之间的"反映-表现"关系(分布反映了表述功能和语义类别,表述功能和语义类别表现为分布),根据分布的相容度及相关原则分析哪些分布差异反映了词性的差异,哪些分布差异不反映词性的差异。由此把具有同等划类价值的语法功能聚集成束,每一束等价功能都代表了一个词类。划类的标准就从一个词类的等价功能束中选择。

语法功能与词类的关系错综复杂,但有一个原型的关联:体词做主宾语,谓词做谓语、补语,饰词做修饰语。其他关联则是有标记的。

兼类词主要与词的同一性、词类的多功能现象和划类策略三方面问题有关。不同概括词具有不同的词性当然应处理为兼类词(或异类同形词),是否是词类的多功能现象主要通过分布的相容度及相关原则来鉴别。如果一个概括词具有不同词类性质,是否处理为兼类,与我们采取的划类策略有关。划类策略大致有同质策略、同型策略、优先同型策略和合并策略四种,选择哪一种策略要通盘考虑,原则是使词类的简单性和句法的简单性两方面的总代价最小化。

词类的统计研究进一步证明,分布与词类的关系是错综复杂的。不仅词的表述功能影响分布,而且音节数、构词方式、词义、语用因素也影响词的分布。词频与词类的某些语法功能有很显著的相关性,具有非本职功能（非原型的关联）的词数普遍与词频正相关。实际语料中词类的分布分析也同样证明分布与词类的关系是错综复杂的。但词类的功能统计和实际语料中词类的分布统计也显示，词类的优势功能还是相当明显的，证明我们关于词类与句法成分有一个原型关联的说法是成立的。

从词类类型学的阿姆斯特丹模型看汉语的词类系统，汉语的词类既有刚性的特征，又有柔性的特征。汉语的柔性主要体现在区别词性与体词性、谓词性的分化度非常低，汉语缺乏独立的区别词性的饰词。而汉语谓词和体词的分化度非常高。这些柔性词的处理是汉语词类划分的难点。其中，最具争议的是名词和动词的界限和关系。兼有名词性的动词是少数（23%）。而动词做一般主宾语时，由于还具有动词的基本特征（受"不"修饰、带宾语、带主语、受状语修饰等），因此不能认为具有名词性。无论是高名凯先生的汉语实词无词类区分说，还是沈家煊先生的名动包含模式，都与汉语的事实不符。

词类一方面与分布有密切的关系，另一方面与语义类又有较为整齐的对应。这种对应反映了人类对不同语义类的语法编码的共性，有认知基础。实体倾向于编码为指称（体词），而临时属性倾向于编码为陈述（动词），恒常属性则倾向于编码为陈述（形容词）或修饰（区别词）。汉语中，程度性的恒常属性编码为谓词（形容词），非程度性的属性则编码为饰词（区别词）。而在英语等语言中，恒常属性词无论是否是程度性的，都编码为饰词。这是汉语形容词与英语形容词的不同。

11.2 本项研究把现代汉语的词类分成了 20 个基本类，这样的分类比较细，与一般的分成 11 类、13 类不大相同。之所以分得这样细，是因为本项研究把词类看作一个通用参照体系（general reference system）。

通用参照体系有两个特点,一是以简驭繁,即它全面反映了对象间的关系,因而虽然是基于少数特征建立起来的,但却可以说明其他许多特征或关系;二是通用性①,即不是为特定目的服务。词类的以简驭繁的特点是显而易见的,词类是根据少数语法功能划分出来的,但却可以说明很多其他特征,比如形容词是根据"很[不]~"和"*很[不]~宾"两个功能划出的,但只要我们根据这两个特征确定了一个词是形容词,那么我们还知道一般情况下,这个词还能受"不"修饰,能做谓语,能带补语,有可能还能做定语、补语、状语。过去对于词类体系的通用性注意不够,因而分类较粗。

由于这两个特点,特别是通用性的特点,要求分类较细,这样才能适应不同的领域、不同的需要。如果分类较粗,很多细微的差别不能在类上得到反映,不但不具有通用性,以简驭繁的能力也会降低。分得较细有时可能会太繁复,但可以根据需要作适当的合并;如果分得太粗要再分开却比较困难。

通用体系不为特定目的服务,但也可用于特定目的,并为适应特定目的作出变通处理。比如在中小学语法教学体系中可以忽略一些次要词类(如把位置词并入名词),在信息处理用的语法体系中,可以采取同质策略处理兼类词,把名动词处理为动词和名词的兼类,等等。

分类较细有时不便记忆和控制。但我们对现代汉语的词类作了分层划分,这种分层是根据词类本身的相似度大小进行的。有了这种分层,就可以用不同概括水平的类去满足不同的需要,便于记忆和控制。实际上,也只有作了分层划分,才能真正使词类具有全面反映词和词之间关系的特点,因为分层实际上就说明了词类与词类的语法性质的相似程度,也就说明了整个词类的格局。要正确分层,就有一个标准的选

---

① 在自然科学中,元素周期分类和生物谱系分类就是通用参照体系。

择问题,即选择什么语法功能作为不同层次的划分标准,这需要遵循一定的原则。

11.3 语法位置对词语有选择限制,而我们实际上就是根据语法位置对词语的这种选择限制来划分词类。词类可以说是句法分析的基础。但由于汉语中词类和句法成分不一一对应,词类在句法分析中的作用也许不像在英语等西方语言中那样大,我们还不能像英语那样用词类范畴写出较完整的、基本无歧解的短语结构规则。对于这种现象,应如何看?下面是我们的看法:

(一)汉语词类与句法成分不一一对应的现象是由两方面原因造成的,一是汉语主宾语、谓语等句法位置对词语词性的选择限制比较宽松,主宾语位置也允许谓词性词语进入,谓语位置也允许体词性词语进入;二是现代汉语语法体系多采用优先同型策略划分词类,把兼有多种词性的词划入优势词性类。这两种情况都会使用词类标记描写句法规则出现困难。

(二)不能因为词类与句法成分不一一对应而认为汉语中的词没有词类分别。说一种语言没有词类,实际上就是说这种语言中语法位置对词语没有选择限制,某个位置上任何词语都能进入。句法成分只是概括水平较高的语法位置,虽然汉语中词类与句法成分没有一一对应的关系,但概括水平较低的语法位置对词语的选择限制相当严格,我们还得承认语法位置对词语有选择限制。只要有这种选择限制,就得承认汉语的词有词类分别。换句话说,词类分别并不一定完全体现在句法成分上,有可能主要体现在较具体的语法位置上。况且,句法成分并非完全不能反映词类分别,比如区别词不能做补语、谓语,不能带宾语、带补语或状语,以此跟动词、形容词区分开。

(三)汉语中词类与句法成分不一一对应是事实,不能为迁就句法分析而歪曲事实。有人认为动词、形容词一旦做了主语、宾语就成了名词,这样处理就与事实不符。

(四)不能指望词类与句法成分有完全严整的对应关系,即使在英语中也有不完全对应的地方,如 the＋Adj.可以在主语位置上出现,而其中的 Adj.仍然是形容词,因为它具有形容词的一般特征,如可受状语修饰、可有比较级和最高级。

(五)可以通过附加条件、细分句法成分来弥补词类在句法分析上的不足。汉语中,虽然有时不同词类可占据同一语法位置,但若细分,两者的结构并不完全相同,比如动词、部分名词都可以做谓语,但名词做谓语时通常总是表示判断,语感上很容易与动词做谓语区分开,我们完全可以把名词做的谓语叫作准谓语,与动词做的谓语分开。

(六)可以把词类划分和词的语法特征描述结合起来。虽然词类在句法分析中有局限,但我们可以在词库中除了标注词类外,再填上词的语法特征,如能否做主语、能否受"不"修饰等,这样可弥补词类在句法分析中的局限。

11.4　可以把汉语词类的特点大致总结如下:

1、同一概括词具有多种词性的情况较普遍。

2、句法层面的零标记词性转化比较普遍,因而以句法成分(较抽象的语法功能)为划类标准常不具有排他性。

这两点是造成汉语词类多功能现象的主要原因。

3、形容词是谓词。

4、类别区分细,类别数目多。表明汉语句子结构的语法位置分工较细。如量词、方位词、处所词、数量词、语气词之所以分别划为一个词类,是因为它们各自有相应的专用的语法位置。

11.5 本书的词类体系共 20 个基本类,其中 19 个常规类,一个特殊类。特殊类指代词,实际上与常规类不在一个平面上。常规类中独用词 1 类(叹词)、虚词 4 类、实词 14 类。14 类实词中除拟声词由于我们缺乏对它的认识而不予考虑外,其余 13 类形成一个简单的关系格局:

这个格局一方面显示了词类之间的联系,即体词(名词、时间词、处所词、方位词、量词)和谓词(动词、形容词、状态词)组合可以构成基本的表达,体饰词(区别词、数词、数量词、指示词)是对体词加以限制、修饰,谓饰词(副词)是对谓词加以限制、修饰;另一方面,也显示了词类间相似性的大小。我们没有像不少学者那样把体词和谓词放在两个极端,中间是区别词等饰词。我们认为,在这四个大类中,体词和谓词相似性最大,它们的共同特征多于与体饰词或谓饰词共同的特征,比如体词和谓词都可以做主宾语(非转指情况下),一些名词也能像谓词一样做谓语,一些谓词也能像体词一样受定语修饰("春天的到来"),一些体词也能像谓词一样受状语修饰,这些特征体饰词和谓饰词都不具备。在我们的层级体系中,体词和谓词被划为更大的类——核词,而与饰词形成对立。区别词和形容词处在名词和动词之间的说法是不妥当的。

为什么根据表述功能的四个位置划分出来的四个词类大类在世界语言中具有普遍性,根本的原因是人类语言的基本运作机制,就是通过陈述和指称两种基本功能组合来表达意义、传递信息,也就是说,人类语言是通过表达对象的成分和表达断言的成分的相互组合来表达意义。人类语言在表达对象的成分和表达断言的成分上出现了分工,于是出现了名词和动词的分别。进一步,做修饰语的成分与表达对象、断言的成分也出现分工,那么饰词作为一个词类也就产生了。如果修饰对象的成分和修饰断言的成分也出现分工,于是就产生体饰词(区别词或饰词性形容词)和谓饰词(副词)的分别。

11.6 笔者放弃曾坚信多年的分布本质的词类观,转而提出表述功能-语义类别本质的词类观,这是因为在长期的词类研究工作中,发现分布本质的词类观难以自圆其说,内部有难以解决的矛盾。而表述功能-语义类别本质的词类观可以自圆其说,又能以此为出发点根据分布同词性的对应关系来确定划类系统、选择划类标准,使词类划分具有可论证性,而不再是凭感觉行事。这样,我们的注意力不是放在寻找对内有普遍性、对外有排他性的单项分布特征上,而是通过分布和表述功能-语义类别之间的"反映-表现"关系,把具有相同划类价值的语法功能聚集成束,从而找到划类标准。这种方法与朱德熙先生一贯倡导的形式和意义相互验证的方法是一致的,即我们主张最大限度地寻求形式和意义的相互契合,认为只有形式和意义相互契合的东西才是语言中真实存在的东西,才是有价值的东西。从这个角度看,把分布看作词类的本质,实际是认为词类只有形式这一头,而只有形式的东西应该是无价值的,但词类是有价值的,这意味着我们可以转换观念,把表述功能-语义类别看作词类本质,那么表述功能-语义类别是意义这一头,分布是形式这一头,两者契合,这就是词类。正是本着这种方法论观念,本书严格地以分布标准划分词类。因此,虽然本书认为词类从本质上说不是分布类,但在划类中可能比坚持分布本质词类观的学者更倚重分布。

附录二

《现代汉语词典》第 6 版对词类标注的修改

郭　锐

（北京大学中文系　100871）

提要　《现代汉语词典》第 6 版对第 5 版的词类标注做了一些修改，本文就这些修改作出评价，认为多数修改是正确的，但也有一些修改还需斟酌。此外，第 5 版存在的一些问题仍保留在第 6 版中，值得进一步修改。本文就其中有较大普遍性的五类问题做了分析，并提出修改建议。

关键词　词类标注　词典　成词性　兼类词

《现代汉语词典》（以下简称《现汉》）第 6 版在很多方面都做了调整和修改，本文谈谈词类标注修改的得失。

一　《现汉》第 6 版在词类修订方面的改进

《现汉》第 6 版在词类标注上所做修改有以下几种类型：

（一）更改词类标记

比如"廉价"，《现汉》第 5 版标注为名词，但"廉价"的功能主要是做谓语和定语，可以受程度副词修饰，因此《现汉》第 6 版改为形容词。"悍然"在第 5 版中标为形容词，但其语法功能是做状语，不能做谓语，也不能受程度副词修饰,第6版改标为副词。

(二) 增加词类标记

《现汉》第6版根据实际用法补充了新的义项,相应地增加了词类标记。如"平衡"第5版只标了形容词,第6版新增一个义项"使平衡:平衡各方利益",标为动词。"失败"第5版只标了动词,第6版新增义项"事情的结果令人不满意:这次活动组织得太失败了",标为形容词。"标记"第5版标为名词,第6版新增义项"标注上记号;做出标志:在地图上标记旅游线路",标为动词。

(三) 减少词类标记

《现汉》第5版有些词的词类标注,没有考虑到同一性原则,把相同意义的不同功能分为不同词类,第6版改了过来。如"胡说"第5版标为:"❶动 瞎说:信口胡说。❷名 没有根据的或没有道理的话:这纯属胡说,不必理会"。实际上,很多动词都可以在保持意义不变的情况下做"纯属、是、属于、等于"等的宾语,如"这是诈骗""这样做等于辞职""这纯属造谣",因此,义项②实际上不存在,名词标记也可以取消。

"赤忱"在第5版中有两个义项:"❶形 赤诚:赤忱相见。❷名 极真诚的心意:一片赤忱"。我们知道,"一片~"位置上,可以出现状态词、形容词,如"一片焦黄、一片雪白""一片荒凉、一片寂静",作为形容词的"赤忱"放在"一片~"位置上也是允许的,并不是变成了名词。第6版把名词义项删除是合理的。

此类修改中,有一些是系统的改动。与体育运动项目名称有关的动词,如"滑冰、滑雪、游泳",第5版除了标注动词外,还标注了名词,第6版则删除了名词标记。这是合理的,因为汉语的双音节动词有一部分具有名词性,可以做主宾语、受定语修饰,如"研究、学习、检查、管理"

等,朱德熙(1985)把这些词叫名动词。如果把这些词处理为动词和名词的兼类,势必导致兼类词过多,在语文性词典中,不处理为兼类为好。

(四) 原无词类标注添加词类标注

《现汉》有三种情况不标注词类标记,一是不成词成分,二是词组,三是不清楚词类属性。如"雏儿"第 5 版未标注词类,可能考虑其不成词,不过"雏儿"在"幼小的鸟"意义上,还是可以作为一个词来用的,故第 6 版标为名词。"不过意"在第 5 版中也未标,可能是认为是一个词组,但"过意"不单用,应把"不过意"整体看作一个词,第 6 版标为动词。"阿门"第 5 版未标注词类,可能是觉得词类属性不明,而第 6 版标为叹词,从其总是单独成句的用法来看,这是合适的。

(五) 删掉原有词类标注

如:"霸❸指霸权主义:反帝反~。"第 5 版标为名词,但这个义项是不成词的,第 6 版删掉了词类标记。

又如:"嫂 名 ❶ 哥哥的妻子:兄~|表~。❷ 称呼年纪不大的已婚妇女:王~|大~。"把两个义项都标为名词,第 6 版改为:"嫂 ❶ 名 哥哥的妻子:兄~|表~。❷ 称呼年纪跟自己差不多的已婚妇女:王~|大~。❸ 尊称军人、警察等的妻子:军~|警~。"可以看到,第 6 版增加了一个义项,但第二、第三义项都没有标注词类,表明其不成词。

以上修改都是正确的。但《现汉》第 6 版的词类标注也还有进一步改进的空间,主要有三方面的问题:1)第 6 版的词类标注修改有的不尽合理;2)第 6 版的词类标注修改还存在前后不一致;3)第 5 版存在的问题仍保留在第 6 版中。下面分别讨论。

二 词类标注方面存在不足

(一) 增加词类标记失当

《现汉》第5版中"不像话、不要脸、不要紧"未标注词类,而第6版标为形容词。但其实"像话""要脸""要紧"都可以单独成词,只是由于这些形容词语义上表示低程度的属性,通常只用于否定式或疑问句,如"这还像话吗?""你还要脸不要脸?""要紧吗?",因此"不像话""不要脸""不要紧"应看作词组,无须标注词类。

(二) 动词和名词的兼类处理不一致

第5版"变化"标为动词,第6版标为动词和名词。动词是否兼名词,要看两方面情况,一是这个动词是否有名词性,二是这个动词的名词性用法在语义上是否是转指。看是否有名词性主要依据两个标准(郭锐 2002:38—39):

1. 能否做准谓宾动词的宾语。准谓宾动词包括"进行、加以、予以、发生、产生、做、有"等,其宾语具有名词性,如"进行研究"中的"研究",不能再带宾语、状语等,无动词的基本语法功能。"去""哭""喜欢"虽然也可以做主语或宾语,但在主语或宾语位置上仍可带宾语(去学校是应该的)、带状语(马上去是应该的)、带主语(你去最合适)等,仍具有动词的基本语法功能,不能认为具有名词性。

2. 能否被不带"的"的定语修饰。如"历史研究""加固处理""日常管理""伟大胜利"中的"研究、处理、管理、胜利"都有名词性。

有名词性不一定要处理为兼名词,因为兼有名词性的动词太多。应只把名词义为转指义的处理为兼名词,自指义的不处理为兼名词。

比如"研究、处理、胜利"虽有名词性,但名词性用法的词义是动词的自指义,即动作本身,则不处理为动词兼名词。而"领导、编辑、导演"等明显的转指义用法,要处理为兼名词。但"通知、要求、收获、补贴、建议、练习"等具有动作和内容关系的以及"区别、趋向、仇恨、依据、病、梦"等具有行为动作和来源、结果、凭据关系的,不容易判断是自指还是转指,根据郭锐(2002:38—39),这两类也应看作转指。事实上,《现汉》第5、6版也是把这些词标注为动词和名词的兼类的。

"变化"可以做准谓宾动词的宾语(有变化、发生变化),可以受不带"的"的定语的修饰(生理变化、巨大变化),因此具有名词性。但"变化"的名词性用法是自指义还是转指义难以判断,不过归为具有来源、结果、凭据关系的转指义还是可以接受的。因此把"变化"标注为动词和名词的兼类应该没有问题。

但《现汉》在这个问题上的处理有不一致的地方,与"变化"情况类似的"发现、联系"只标为动词,"表现、表示"在第5版中标为动词兼名词,第6版却把名词标记删除了。为整体的一致性,建议把"发现、联系、表示、表现"等也处理为动词兼名词。

(三) 第6版仍存在的问题

1. 成词性问题

一个成分是否成词,与其历史层次有关。现代汉语实际上并不是同质的系统,而是不同历史层次的混合体(郭锐1999)。比如"国家"是现代白话层次的一个名词,"国"则是文言层次的一个名词,这两个层次的成分都可以在现代汉语,尤其是书面语中出现,如可以说"本着和平共处五项原则处理好国与国之间的关系"中的"国"就是一个文言层次的名词。《现汉》在历史层次问题上处理不统一,以名词为例,有的成分文言层次上是名词,而在现代白话层次上不成词,但《现汉》第6版标为名词，如："❶图 拳头：双手握～｜～打脚踢。"但实际上，作为名词的"拳"在现代白话层次上是不成词的，比如我们不说"一个拳""放下拳"，而要说成"一个拳头""放下拳头"。至于说"双手握拳"一类用法其实是文言层次的用法。同类的有"国、校、杯、儿、爷、耳、鼻、唇、眼、竹、雁、燕、雀"。有的则不标注词类，如"箱、父、母、孙、足、肛、兽"。

当然，"拳"这类文言层次为名词，现代白话层次不成词的情况，无论标不标词类，都有问题。比如"国""校"标注了名词，无法与在现代白话中成词的"省""屋"的自由运用区分开；不标词类，又无法显示其在书面语中作为词来使用的能力，如"国与国之间的关系""全校"。最好的解决办法，就是把文言词和现代白话词用不同标记标注，比如文言层次的名词标为"国图"，以与现代白话词的"图"区分开。

"诸¹❶众；许多"没有标注词类，可能是觉得不成词，但在文言层次上有"诸位、诸人、诸神、诸事"等数词用法，因此可以标为"诸¹❶数"。

有一些双字组其实是不成词的，不宜标注词类，如"**进行**动❷前进：～曲。"但这个义项的"前进"是不成词的，"进行曲"作为一个词条已经收入《现汉》，"进行"❷可删。又如"**津津**形❶形容有滋味；有趣味：～有味｜～乐道。"但"津津有味、津津乐道"是成语，因此这个义项的"津津"不成词，应删除。又如："**后来**❷形属性词：后到的；后成长起来的：～人。"这个义项的"后来"也是不成词的，应删除，把"后来人"作为一个名词收入词典。

2. 短语和词的区分

短语不标注词类，但有些短语当作词标注了词类，如"**不人道 bùréndào**形"。其实"人道"是一个形容词，《现汉》收了"人道"一词，标注为形容词，"不人道"应看作其否定形式，不必标注词类。又如："**不在乎 bùzài·hu**动不放在心上"，但"在乎"是成词的，《现汉》标为动词，"不在乎"应看作"在乎"的否定式。

3. 动词和名词关系问题

上文我们已经谈到了动词和名词的兼类问题,之所以不把动词的自指用法标为名词,是因为数量太多,标为动词使兼类词过多。但一刀切的处理也会带来另外的问题。比如"安检",虽然有动词用法,如:

(1) 由于活动人数多,人流量大,不会对每个进出场地的人依次<u>安检</u>。(网络)

(2) 农村食品"<u>安检</u>"吗(网络,标题)

但这样的用法极少,更多的用法是自指的名词用法,如"进行安检、机场安检、免安检"等。这样就带来一个怪论:一个词标为动词,但其实际用法绝大多数是名词性用法。

避免这个怪论的一个可能的办法是根据频率统计标注词类(马彪 1994;马彪、邹韶华 2002),如"安检"动词用法极少见,可标为名词。《现汉》中"睡眠"其实就是采取了这种办法,标为名词。但其实"睡眠"是有动词用法的,如:

(3) 我困乏了,在闲榻上<u>睡眠</u>,想象一切工作都已停歇。(《冰心文集》第四卷)

(4) 你不能不佩服他们的本事,他们完全可以做到一面<u>睡眠</u>,一面走路。(魏巍)

(5) 她当时 16 岁,却无法离开姐姐单独<u>睡眠</u>。(苏童)

因此,把"睡眠"标为名词无法概括这些动词用例。

对于这些动词用法少、自指的名词用法多且数量悬殊的词,在《现汉》中大多标为动词,这样的词还有"进展、歌舞、冲突、大选、大扫除"。对于这些词,更好的处理也许是标为动词和名词的兼类。实际上,《现汉》中有这样的处理,如"生活、教育、手术"标为名词和动词的兼类。

4. 方位词问题

《现汉》把方位词作为名词的附类做了标注,但《现汉》方位词的标准还不够严格。《现汉》对方位词的定义是:"名词的附类,是表示方向或位置的词,分单纯的和合成的两类。单纯的方位词是'上、下、前、后、左、右、东、西、南、北、里、外、中、内、间、旁'。合成的方位词由单纯的方位词用下面的方式构成:a)前边加'以'或'之',如'以上、之下'。b)后面加'边、面、头',如'前边、左面、里头'。c)对举,如'上下、前后、里外'。d)其他,如'底下、头里、当中'"。这个定义一方面过窄,没有把"附近、周围、四周、对面、以远"等方位词概括进来,另一方面由于只说到"表示方向或位置",而没有对其语法功能加以限制,使一些处所词也包括了进来,如"一旁、其中、其间"。其实,方位词最重要的特点有二:一是语义上表示方向或相对位置,二是可用于"名词~"形成表示相对位置的"参照物+相对位置"的方位结构。"附近"等满足这两条标准,如"我家附近""学校周围""大楼对面""郑州以远",应归为方位词。而"一旁、其中"等不能用于"名词~"形成方位结构,即使包含"旁、中"等方位语素,也不能归为方位词。

5. 数量词问题

数量词不是《现汉》词类系统中的成员,但《现汉》还是对典型的、常用的数量词做了文字说明。不过有些数量词的处理不够准确,如:"**一会儿**❶数量词。指很短的时间:~的工夫|咱们歇~。❷数量词。指在很短的时间之内:~工厂还要开会|你妈妈~就回来了|~地上就积起了三四寸厚的雪。❸副 分别用在两个词或短语的前面,表示两种情况交替:天气~晴~阴|~刮风,~下雨|他~出,~进,忙个不停。"暂且不说前两个义项是否需要合并,只说第三个义项标为副词就不合适。因为表示时量和动量的数量词也可以放在谓词性成分前面做状语,如"一天晴,一天阴""三天没吃饭"。而所谓"两种情况交替"的意思,并不是"一会儿"带来的,而是对举构式带来的意义。

《现汉》中"一下""一口"除标了数量词或名词[2]外,还标了副词,其中的副词义项应该删除。

"**诸位**㊋人称代词。对所指的若干人的尊称：～同志｜～有何意见,请尽快发表。""诸位同志"中的"诸位"是做定语,其实就是一般数量词的用法,而单独做主宾语则是数量词的转指用法,相当于"三位都走了""来了三位"中的"三位"。因此,"诸位"应标为数量词。

6. 属性词和副词问题

《现汉》对"属性词"的定义是"形容词的附类,只表示人、事物的属性或特征,具有区别或分类的作用。属性词一般只能做定语,如'男学生、大型歌剧、野生动物、首要的任务'中的'男、大型、野生、首要',少数还能够做状语,如'自动控制、定期检查'中的'自动、定期'"。《现汉》对"长期、必然、随身、同等、一贯、主要、快速、非法、定期、初步"等既能做定语又能做状语的词的标注是符合这个定义的,但语法功能相同的"共同、真正、自动、相互"却标注为属性词和副词的兼类,显然不统一。

除了上面所讨论的问题外,还有一些词类标注问题,也需要修改,如："**猫**²㊕调制解调器的俗称"应标为"㊎"；"**暂时**㊎"应标为"㊏属性词"；"**好**❿㊏容易"应标为"㊕"。限于篇幅,不一一讨论。

综上,《现汉》第6版对词类标注的修改有得有失,期盼在以后的修订中做进一步的修改,把更准确、严谨的词类标注呈现给使用者。

附　注

[1] 上面这些单字作为名词在现代白话中不成词,但其中一些单字其实也是可以成词的,只是其词类是量词。如"拳、眼"是动量词(打一拳、看一眼),"杯、箱"是容器量词(一杯水、两箱书)。

[2]《现汉》中不少数量词标为名词,如"一生、一世、一口、一带、一代、片刻"。

参考文献

1. 曹宏、袁毓林　2013　关于辞书中词性标注的几个问题,《对外汉语研究》第9期,北京：商务印书馆。

2. 郭　锐　1999　语文词典的词性标注问题,《中国语文》第 2 期。
3. 郭　锐　2002　《现代汉语词类研究》,北京:商务印书馆。
4. 马　彪　1994　运用统计法进行词类划界的一个尝试,《中国语文》第 5 期。
5. 马彪、邹韶华　2002　如何解决辞书中词性标注的分歧,《语言文字运用》第 3 期。
6. 徐枢、谭景春　2006　关于《现代汉语词典(第 5 版)》词类标注的说明,《中国语文》第 1 期。
7. 朱德熙　1985　现代书面汉语里的虚化动词和名动词,《北京大学学报(哲社版)》第 5 期。

(原文刊载于《中国辞书学报》第一辑,商务印书馆,2015 年 11 月)

参考文献

艾文、蒋文钦 1980 现代汉语实词分类的尝试,《温州师专学报》第1—2期。

安托尼·阿尔诺、克洛德·朗斯诺 1660《普遍唯理语法》(张学斌、柳利译,姚小平校注),长沙:湖南教育出版社,2001。

白　硕 1995《语言学知识的计算机辅助发现》,北京:科学出版社。

曹伯韩 1955　关于词的形态和词类的意见,《汉语的词类问题》,北京:中华书局。

陈爱文 1986《汉语词类研究和分类实验》,北京:北京大学出版社。

陈保亚 1985　论句法结构,《西南师范学院学报》第2期。

陈保亚 1999《二十世纪中国语言学方法论:1898—1998》,济南:山东教育出版社。

陈承泽 1922/1982《国文法草创》,北京:商务印书馆。

陈恩泉 1987　论普通话词类的划分,《兰州大学学报(社科版)》第3期。

陈光磊 1994《汉语词法论》,上海:学林出版社。

陈光磊 1996　汉语功能词类说,《上海大学学报》第1期。

陈克炯 1994《左传》形容词的考察和非定形容词的建立,《第一届国际先秦汉语语法研讨会论文集》(高思曼等主编),长沙:岳麓书社。

陈宁萍 1987　现代汉语名词类的扩大——现代汉语动词和名词分界线的考察,《中国语文》第5期。

陈望道 1939/1984　从分歧到统一,《语文周刊》第33期;又《中国文法革新论丛》,北京:商务印书馆。

陈望道 1941 答复对于中国文法革新讨论的批评,《陈望道文集》第三卷,上海:上海人民出版社,1981。

陈望道 1943 文法的研究,《陈望道文集》第三卷,上海:上海人民出版社,1981。

陈望道 1978 《文法简论》,上海:上海教育出版社。

陈小荷 1999 从自动句法分析角度看汉语词类问题,《语言教学与研究》第 3 期。

陈 一 1989 试论专职的动词前加词,《中国语文》第 1 期。

程 工 1998 从跨语言的角度看汉语中的形容词,《现代外语》第 2 期。

程 工 1999 《语言共性论》,上海:上海外语教育出版社。

程 工 2002 《语言共性论》,上海:上海外语教育出版社。

程曾厚 1988 《普通语言学教程》评介,《西方语言学名著选读》(胡明扬主编),北京:中国人民大学出版社。

程汝祥 1997 《简明豪萨语语法》,北京:外语教学与研究出版社。

崔永华 1990 汉语形容词分类的现状和问题,《语言教学与研究》第 3 期。

范 晓 1990 词的功能分类,《烟台大学学报》第 2 期。

方光焘 1939 体系与方法,《语文周刊》第 28 期。

方光焘 1956 汉语词类研究中的几个根本性问题(提纲),《方光焘语言学论文集》,北京:商务印书馆。

方 梅 1994 北京话句中语气词的功能研究,《中国语文》第 2 期。

Forey, P. L. 1983 分支系统学评介,《分支系统学译文集》(周明镇、张弥曼、于小波译编),北京:科学出版社。

傅东华 1938 一个国文法新体系的提议,《语文周刊》第 16 期;又《中国文法革新论丛》,北京:商务印书馆,1984。

傅子东 1956 词类的区分和辨认,《中国语文》第 3 期。

高更生 1995 汉语词分类的设想,《中国语言学报》第六期,北京:商务印书馆。

高名凯 1953 关于汉语的词类分别,《中国语文》第 10 期。

高名凯 1954 再论汉语的词类分别,《中国语文》第 8 期。

高名凯 1955 三论汉语的词类分别,《中国语文》第 1 期。

高名凯 1957/1986《汉语语法论》,商务印书馆,北京。

高名凯 1960 在北京大学 1959 年五四科学讨论会上的发言,《语言学论丛》第四辑,上海:上海教育出版社。

高名凯 1963a 汉语语法研究中的词类问题,《安徽大学学报》第 1 期,35—52 页。

高名凯、林永佑 1963b 从"动词形容词的名物化"问题说到汉语的词类问题,《北京大学学报》(人文科学)第 2 期,49—66 页。

高桥弥守彦 1997 关于名词和方位词的关系,《世界汉语教学》第 1 期。

龚千炎 1997《中国语法学史》,北京:语文出版社。

顾宗英、龚坤余 1989《匈牙利语语法》,北京:外语教学与研究出版社。

管燮初 1953《殷墟甲骨刻辞的语法研究》,北京:中国科学出版社。

管燮初 1981《西周金文语法研究》,北京:商务印书馆。

管燮初 1994《左传句法研究》,合肥:安徽教育出版社。

郭 锐 1990 论语性范畴系统,第二届现代汉语语法研讨会论文,上海华东师范大学。

郭 锐 1993 汉语动词的过程结构,《中国语文》第 6 期。

郭 锐 1997a 论表述功能的类型及相关问题,《语言学论丛》第十九辑。

郭 锐 1997b 过程和非过程——汉语谓词性成分的两种外在时间类型,《中国语文》第 3 期。

郭　锐 1999　语文词典的词性标注问题,《中国语文》第 2 期。

郭　锐 2000　表述功能的转化和"的"字的作用,《当代语言学》第 1 期。

郭　锐 2001　汉语形容词的划界,《中国语言学报》第十期,北京:商务印书馆。

郭　锐 2005　兼类问题再思考,"纪念词类问题大讨论 50 周年专家座谈会"论文,芜湖:安徽师范大学。

郭　锐 2010　词类类型学和汉语词类系统,第 16 次现代汉语语法讨论会论文,香港城市大学。

郭　锐 2011　朱德熙先生的汉语词类研究,《汉语学习》第 5 期。

郭　锐 2012　高名凯先生的汉语词类研究,《语言学论丛》第 46 辑。

郭　锐 2012　形容词的类型学和汉语形容词的语法地位,《汉语学习》第 5 期。

郭　锐 2013　汉语趋向动词用作方向词现象初探(与王琦合著),《语言学论丛》第 47 辑。

郭　锐 2015　《现代汉语词典》第六版对词类标注的修改,《中国辞书学报》第一辑,商务印书馆。(另见本书附录)

郭　锐 2015　汉语谓词性成分的时间参照及其句法后果,《世界汉语教学》第 3 期。

郭　锐 2017　从阿姆斯特丹模型看汉语词类系统,《中日语言研究论丛——杨凯荣教授六十寿辰纪念》,东京:朝日出版社。

郭绍虞 1979　《汉语语法修辞新探》,北京:商务印书馆。

郭锡良 1984　从单位名词到量词,《文科园地》第 7 期。

郭锡良 1996　远古汉语的词类系统,《薪火集》(谢纪锋、刘广和编),太原:山西高校联合出版社。

何乐士 1989　《左传》的数量词,《语言文字学术论文集——庆祝王力先生学术活动五十周年》,上海:知识出版社。

何汝芬、曾思奇、田中山、林登仙 1986 《高山族语言简志》,北京:民族出版社。

贺 阳 1996 性质形容词句法成分功能统计分析,见"胡明扬主编 1996"。

胡,J.P. 1979 如何处理形容词,《语言研究译丛》第二辑(宋玉柱译,南开大学中文系编),天津:天津人民出版社,1988。

胡明扬 1992 史有为《呼唤柔性》序,见史有为《呼唤柔性》,海口:海南出版社;又《语文建设》1993 年第 2 期。

胡明扬 1995 现代汉语词类问题考察,《中国语文》第 5 期。

胡明扬 1996a 现代汉语词类研究综述,见"胡明扬主编 1996"。

胡明扬 1996b 兼类问题,见"胡明扬主编 1996"。

胡明扬 1996c 动名兼类的计量考察,见"胡明扬主编 1996"。

胡明扬主编 1996 《词类问题考察》,北京:北京语言学院出版社。

胡裕树、范晓 1994 动词形容词的"名物化"和"名词化",《中国语文》第 2 期。

黄琛芳 1990 《印度尼西亚语基础教程》,北京:北京大学出版社。

黄成龙 1994 羌语形容词研究,《语言研究》第 2 期。

霍凯特 1958 《现代语言学教程》(索振羽、叶蜚声译),北京:北京大学出版社,1986。

科托夫,А.М.1986 汉语句法现象的功能分层,《复旦大学学报》第 6 期。

金兆梓 1922/1983 《国文法之研究》北京:商务印书馆。

康拉德,Конрад,Н.И. 1952 论汉语,《中国语文》第 9、10、11 期(彭楚南译,原载苏联《语言学问题》1952 年第 3 期)。

拉日杰斯特文斯基,Ю.В. 1958 马伯乐的汉语语法观,《语言研究译丛》第一辑(曹静译,南开大学中文系编),天津:南开大学出版社,

1984。

黎锦熙 1924/1992 《新著国语文法》,北京:商务印书馆。

李晓琪 1997 《HSK 词汇等级大纲》中形容词和副词的词类标注问题,《汉语学习》第 4 期。

李宇明 1986 所谓"名物化"现象新解,《华中师范大学学报》第 3 期。

李宇明 1996 非谓形容词的词类地位,《中国语文》第 1 期。

李佐丰 1984 《左传》的量词分类,《内蒙古大学学报》第 3 期。

李佐丰 1995 《文言实词》,北京:语文出版社。

梁银峰 1998 甲骨文形容词研究,《重庆师专学报》第 1 期。

廖秋忠 1991 《语言的范畴化:语言学理论中的典型》评介,《国外语言学》第 4 期。

林向荣 1993 《嘉戎语研究》,成都:四川民族出版社。

刘丹青 1987 当代汉语词典的词与非词问题,《辞书研究》第 5 期。

刘丹青 1991 从汉语特有词类问题看语法的宏观研究,《江苏社会科学》第 2 期。

刘丹青 1994 "唯补词"初探,《汉语学习》第 3 期。

刘丹青 1996 词类与词长的相关性——汉语语法的"语音平面"丛论之二,《南京师范大学学报》第 2 期。

刘丹青 2005 形容词和形容词短语的研究框架,《民族语文》第 5 期。

刘宁生 1987 叹词研究,《南京师范大学学报(社科版)》第 3 期。

龙果夫 1958 《现代汉语语法研究·I 词类》(郑庆祖译),北京:科学出版社。

卢甲文 1982 现代汉语词类划分的标准和层次,《中州学刊》第 6 期。

卢英顺 1998 词类划分——广义形态与原型理论的嫁接,《语言研究的新思路》,上海:上海教育出版社。

鲁　川 1991 现代汉语信息语法的词类问题,《语法研究和探索》第五辑,北京:语文出版社。

陆丙甫 1981　动词名词兼类问题,《辞书研究》第 1 期。

陆丙甫 1983　词性标注问题两则,《辞书研究》第 5 期。

陆丙甫 1992　从"跳舞、必然"的词性到"忽然、突然"的区别,《语言研究》第 1 期。

陆丙甫 1993　《核心推导语法》,上海:上海教育出版社。

陆丙甫 2010　对词类和名物化的思考,第十六次现代汉语语法讨论会论文,香港城市大学。

陆俭明 1980　"程度副词+形容词+的"一类结构的语法性质,《语言教学与研究》第 2 期。

陆俭明 1982　现代汉语副词独用刍议,《语言教学与研究》第 2 期。

陆俭明 1983　关于定语和状语的区分,《汉语学习》第 2 期。

陆俭明 1985　"多"和"少"做定语,《中国语文》第 1 期。

陆俭明 1986　现代汉语里动词做谓语问题浅议,《语文论集》第 2 辑,北京:外语教学与研究出版社。

陆俭明 1987　数量词中间插入形容词情况考察,《语言教学与研究》第 4 期。

陆俭明 1991a　现代汉语里的事物化指代现象,《语言研究》第 1 期。

陆俭明 1991b　现代汉语时间词说略,《语言教学与研究》第 1 期。

陆俭明 1991c　现代汉语不及物动词之管见,《语法研究和探索》第五辑,北京:语文出版社。

陆俭明 1993a　《八十年代中国语法研究》,北京:商务印书馆。

陆俭明 1993b　关于汉语词类的划分,《人文科学》第 69、70 合辑,延世大学校人文科学研究所,汉城:延世大学校出版部。

陆俭明 1994　关于词的兼类问题,《中国语文》第 1 期。

陆俭明 2003　对"NP+的+VP"结构的重新认识,《中国语文》第 5 期。

陆志韦 1938 《国语单音词词汇》,燕京大学油印本,1951 年改名为《北京话单音词词汇》,北京:人民出版社。

陆志韦 1957 《汉语的构词法》,北京:科学出版社,1964 年修订版。

陆宗达 1955 汉语的词的分类,《汉语的词类问题》,北京:中华书局。

吕叔湘 1955 关于汉语词类的一些原则性问题,《汉语的词类问题》,北京:中华书局。

吕叔湘 1962 关于"语言单位的同一性"等等,《中国语文》第 11 期。

吕叔湘 1979 《汉语语法分析问题》,北京:商务印书馆。

吕叔湘、饶长溶 1981 试论非谓形容词,《中国语文》第 2 期。

吕叔湘、朱德熙 1951 《语法修辞讲话》,《人民日报》6 月 6 日—12 月 15 日。

马 彪 1994 运用统计法进行词类划界的一个尝试,《中国语文》第 5 期。

马建忠 1898/1983 《马氏文通》,北京:商务印书馆。

马庆株 1987 拟声词研究,《语言研究论丛》第四辑,天津:南开大学出版社。

马庆株 1991 影响词类划分的因素和汉语词类定义的原则,《语法研究和探索》第五辑,北京:语文出版社。

马庆株 1995 指称义动词和陈述义名词,《语法研究和探索》第七辑,北京:商务印书馆。

穆德洛夫 1954 汉语是有词类分别的,《中国语文》第 6 期。

莫彭龄 1990 关于词类问题的几点再认识,《南京师范大学学报》第 1 期。

莫彭龄、单青 1985 三大类实词句法功能的统计分析,《南京师范大学学报》第 2 期。

莫彭龄、王志东 1988 词的模糊聚类分析初探,《常州工业技术学院学报》第 3 期。

齐沪扬 1990 谈区别词的归类问题,《南京师范大学学报》第 2 期。

齐沪扬 1998 论区别词,《现代汉语空间问题研究》,上海:学林出版社。

任　鹰 2010 词类划分:意义与功能的同一性的探索——关于词类本质的再思考,第十六次现代汉语语法讨论会论文,香港城市大学。

邵敬敏 1995 双音节 V+N 结构的配价分析,《现代汉语配价语法研究》(沈阳、郑定欧主编),北京:北京大学出版社。

沈家煊 1997 形容词句法功能的标记模式,《中国语文》第 4 期。

沈家煊 2007 汉语里的名词动词,《汉藏语学报》第 1 期。

沈家煊 2009a 我看汉语的词类,《语言科学》第 1 期。

沈家煊 2009b 我只是接着向前跨了半步——再谈汉语的名词和动词,《语言学论丛》第 40 辑,北京:商务印书馆。

沈家煊 2015 词类类型学和汉语的词类,《当代语言学》第 2 期。

沈家煊 2016《名词和动词》,北京:商务印书馆。

沈　阳 1996 现代汉语合成词的动态类型,《计算机时代的语言文字研究》(罗振声主编),北京:清华大学出版社。

施关淦 1981 "这本书的出版"中"出版"的词性——从"向心结构"理论说起,香港:《中国语文通讯》第 4 期。

施关淦 1988 现代汉语的向心结构和离心结构,《中国语文》第 4 期。

石安石 1980 汉语词类划分问题再探讨,《语言研究论丛》(南开大学中文系语言学教研室编),天津:天津人民出版社。

石安石、詹人凤 1988《语言学概论》,北京:高等教育出版社。

石定栩 2003 动词的名词化和名物化,《语法研究和探索》(十二辑),中国语文杂志社编,北京:商务印书馆。

石定栩 2005a 动词的"指称"功能和"陈述"功能,《汉语学习》第 4 期。

石定栩 2005b 动-名结构歧义的产生与消除,《语言教学与研究》第 3

期。

石定栩 2007 区分名词与动词的标准、方法及后果,《汉语学习》第四期。

石定栩 2009 汉语词类划分的若干问题,《语言学论丛》第 40 辑,北京:商务印书馆。

石毓智 1992 《肯定和否定的对称与不对称》,台北:台湾学生书局。

史有为 1991 词类:语言学的困惑——相对性词类模式初探,《语法研究和探索》第五辑,北京:语文出版社。

史有为 1994 词类问题的症结及其对策——汉语词类柔性处理试探,见"胡明扬主编 1996"。

史有为 1997 "出品"的词性及其他——兼议汉语词类问题,《世界汉语教学》第 3 期。

司富珍 2006 中心语理论和"布龙菲尔德难题",《当代语言学》第 1 期。

宋绍年 1998 古代汉语谓词性成分的指称化和名词化,《古汉语语法论集》(郭锡良主编),北京:语文出版社。

孙宏开 1982 《独龙语简志》,北京:民族出版社。

泰　勒 1991 语言的范畴理论,《外语与外语教学》(榕培译,大连外国语学院学报编辑部编)第 6 期。

汤廷池 1992 汉语的词类:划分的依据与功用,《汉语词法句法三集》,台北:台湾学生书局。

完权、沈家煊 2010 跨语言词类比较的"阿姆斯特丹模型",《民族语文》第 3 期。

王洪君 1994 从字和字组看词和短语——也谈汉语中词的划分标准,《中国语文》第 2 期。

王红旗 1991 汉语词类研究述评,《逻辑语言写作论丛》四,北京:北京大学出版社。

王　力 1943 《中国现代语法》,北京:商务印书馆,1985。

王　力 1944 《中国语法理论》,《王力文集》第1卷,济南:山东教育出版社,1984。

王　力 1955 关于汉语有无词类问题,《北京大学学报》第2期。

王　力 1960 汉语实词的分类,《语言学论丛》第四辑,上海:上海教育出版社。

王　力 1989 《汉语语法史》,北京:商务印书馆。

文　炼 1995 关于分类的依据和标准,《中国语文》第4期。

文炼、胡附 1954 谈词的分类,《中国语文》第2、3期。

吴长安 2006 "这本书的出版"与向心结构理论难题,《当代语言学》第3期。

项梦冰 1991 论"这本书的出版"中"出版"的词性:对动词、形容词"名物化"问题的再认识,《天津师范大学学报》第4期。

萧国政 1991 现代汉语宾语谓词指称性用法考察,《语文论集》四(张志公主编),北京:外语教学与研究出版社。

邢福义 1981 《词类辨难》,兰州:甘肃人民出版社。

邢福义 1989 词类判别四要点,《语言教学与研究》第3期。

邢福义 1991 词类问题的思考,《语法研究和探索》第五辑,北京:语文出版社。

邢福义 1997 《汉语语法学》,长春:东北师范大学出版社。

邢公畹 1956 现代汉语的构形法和构词法,《南开大学学报》第2期。

邢红兵 1999a 现代汉语词类使用情况统计,《浙江师范大学学报》第3期。

邢红兵 1999b 词性标注中难归类词语分析,《计算语言学文集》(黄昌宁、董振东主编),北京:清华大学出版社。

熊仲儒 2005 以"的"为核心的DP结构,《当代语言学》第2期。

徐琳、赵衍荪 1984 《白语简志》,北京:民族出版社。

徐通锵 1994a "字"和汉语的句法结构,《世界汉语教学》第 2 期。

徐通锵 1994b "字"和汉语研究的方法论,《世界汉语教学》第 3 期。

徐通锵 1997 《语言论》,长春:东北师范大学出版社。

徐 枢 1991 兼类及处理兼类时遇到的一些问题,《语法研究和探索》第五辑,北京:语文出版社。

宣德五、金祥元、赵习 1985 《朝鲜语简志》,北京:民族出版社。

杨成凯 1991 词类的划分原则和谓词"名物化",《语法研究和探索》第五辑,北京:语文出版社。

杨成凯 1992 广义谓词性宾语的类型研究,《中国语文》第 1 期。

杨成凯 1994 现代汉语语法元理论研究述要,《语言研究》第 2 期。

杨成凯 1996 汉语语法理论研究,沈阳:辽宁教育出版社。

杨逢彬 1998 殷墟甲骨刻辞动词研究,武汉大学博士学位论文。

杨宽仁 1985 论非定形容词,《语言研究》第 2 期。

姚锡远 1996 现代汉语叹词研究,《河南大学学报》第 4 期。

姚振武 1994 关于自指和转指,《古汉语研究》第 3 期。

姚振武 1995 现代汉语的"N 的 V"和古代汉语的"N 之 V",《语文研究》第 2、3 期。

姚振武 1996 汉语谓词性成分名词化的原因及规律,《中国语文》第 1 期。

叶长荫 1984 试论能谓形容词,《北方论丛》第 3 期。

殷国光 1997 《吕氏春秋词类研究》,北京:华夏出版社。

尹斌庸 1986 汉语词类的定量研究,《中国语文》第 6 期。

俞 敏 1955 形态变化和语法环境,《汉语的词类问题》,北京:中华书局。

袁毓林 1995 词类范畴的家族相似性,《中国社会科学》第 1 期。

袁毓林 1998　基于原型的汉语词类分析,《语言认知研究和计算分析》,北京:北京大学出版社。

袁毓林 2000　一个汉语词类的准公理系统,《语言研究》第 4 期。

袁毓林 2005　基于隶属度的汉语词类的模糊划分,《中国社会科学》第 1 期。

袁毓林 2009　汉语和英语在语法范畴的实现关系上的平行性——也谈汉语里名词/动词与指称/陈述、主语与话题、句子与话段,《汉藏语学报》第 3 期。

袁毓林 2010　《汉语词类的认知研究和模糊划分》,上海:上海教育出版社。

袁毓林、马辉、周韧、曹宏 2009　《汉语词类划分手册》,北京:北京语言大学出版社。

赞井唯允 1986　谈汉语名词的次范畴,《第一届国际汉语教学讨论会论文选》,北京:北京语言学院出版社。

詹卫东 1998　关于"NP 的 VP"偏正结构,《汉语学习》第 4 期。

詹卫东 2009　词类三问:一个汉语词类知识学习者和使用者的反思,《语言学论丛》第 40 辑,北京:商务印书馆。

张伯江 1993　"N 的 V"结构的构成,《中国语文》第 4 期。

张伯江 1994　词类活用的功能解释,《中国语文》第 5 期。

张伯江 1996　性质形容词的范围和层次,见"张伯江、方梅 1996"。

张伯江 2011　现代汉语形容词做谓语问题,《世界汉语教学》第 1 期。

张伯江、方梅 1996　《汉语功能语法研究》,南昌:江西教育出版社。

张拱贵 1983　词类和句子成分的关系及有关词类的几个问题,《南京大学学报》第 4 期。

张国宪 2000　现代汉语形容词的典型特征,《中国语文》第 5 期。

张国宪 2006a　性质形容词重论,《世界汉语教学》第 1 期。

张国宪 2006b 《现代汉语形容词功能与认知研究》,北京:商务印书馆。

张寿康 1985 《构词法和构形法》,武汉:湖北教育出版社。

张谊生 1995 状词和副词的区别,《汉语学习》第1期。

张谊生 1997 副词的重叠形式与基础形式,《世界汉语教学》第4期。

张谊生 2000 《现代汉语副词研究》,上海:学林出版社。

张玉金 2001 《甲骨文句法学》,上海:学林出版社。

章培智 1990 《斯瓦希里语语法》,北京:外语教学与研究出版社。

赵相如、朱志宁 1985 《维吾尔语简志》,北京:民族出版社。

赵元任 1948/1955 《北京口语语法》(李荣编译),北京:中国青年出版社。

赵元任 1968a/1979 《汉语口语语法》(吕叔湘译),北京:商务印书馆。

赵元任 1968b/2002 《中国话的文法》(增订版,丁邦新译),香港:香港中文大学出版社。

周韧 2015 兼类说反思,《语言科学》第5期。

朱德熙 1956 现代汉语形容词研究,《语言研究》第1期。

朱德熙 1958 数词和数词结构,《中国语文》第4期。

朱德熙 1960 在北京大学1959年五四科学讨论会上的发言,《语言学论丛》第四辑,上海:上海教育出版社。

朱德熙 1961 说"的",《中国语文》第12期。

朱德熙 1966 关于《说"的"》,《中国语文》第1期。

朱德熙 1979 与动词"给"相关的句法问题,《方言》第2期。

朱德熙 1982a 语法分析和语法体系,《中国语文》第1期。

朱德熙 1982b 《语法讲义》,北京:商务印书馆。

朱德熙 1982c 《汉语语法丛书》序,《汉语语法丛书》(含《中国文法要略》等十种),北京:商务印书馆。

朱德熙 1983 自指和转指——汉语名词化标记"的、者、所、之"的语法功能和语义功能,《方言》第1期。

朱德熙 1984a 关于向心结构的定义,《中国语文》第6期。

朱德熙 1984b 定语和状语的区分与体词和谓词的对立,《语言学论丛》第十三辑,北京:商务印书馆。

朱德熙 1985a 《语法答问》,北京:商务印书馆。

朱德熙 1985b 现代书面汉语里的虚化动词和名动词,《北京大学学报》第5期。

朱德熙 1987 现代汉语语法研究的对象是什么,《中国语文》第5期。

朱德熙 1988 关于先秦汉语里名词的动词性问题,《中国语文》第2期。

朱德熙 1989 很久、很长、很多,《汉语学习》第1期。

朱德熙 1990 关于先秦汉语名词和动词的区分的一则札记,《王力先生纪念论文集》,北京:商务印书馆。

朱德熙 1991 词义和词类,《语法研究和探索》第五辑,北京:语文出版社。

朱德熙 1993 从方言和历史看状态形容词的名词化,《方言》第2期。

朱德熙、卢甲文、马真 1961 关于动词形容词"名物化"的问题,《北京大学学报》第4期。

Bhat, D.N.S. 1994. *The Adjectival Category*. Amsterdam/ Philadelphia: John Benjamins.

Bloomfield, L. 1926. A set of postulates for science of language. In *Language*, Vol. 2.(见刘润清编:《现代语言学名著选读》上册,北京:测绘出版社,1988)

Burling, Robbins. 1961. A Garo grammar (Deccan College Monograph Series 25). Poona: Deccan College.

Comrie, B. eds. 1987. *The World's Major Languages*. London & Sydney: Croom Helm.

Croft, W. 1991. *Syntactic Categories and Grammatical Relations: The Cognitive Organization of Information*. Chicago and London: The University of Chicago Press.

Croft, William 1991. *Syntactic Categories and Grammatical Relations: The Cognitive Organization of Information*. Chicago and London: The University of Chicago Press.

Dixon, R. M. W. & Alexandra Y. Aikhenvald (eds.). 2004. *Adjective Classes: A Cross-Linguistic Typology*. Oxford: Oxford University Press.

Dixon, R. M. W. 1977. Where have all adjective gone? *Studies in Language* 1.1, 1-80.

Dixon, R. M. W. 2004. Adjective classes in typological perspective. In Dixon, R. M. W. and Alexandra Y. Aikenvald (eds.) 2004. 1-49.

Dixon, R. M. W. 2010. *Basic Linguistic Theory. Vol. 2. Grammatical Topics*. Oxford University Press.

Fries, C. C. 1952. *The Structure of English*.(中文版何乐士译,弗里斯:《英语结构》,北京:商务印书馆,1964)

Givón, T. 1984. *Syntax: A Functional and Typological Introduction, Vol. 1*. Amsterdam: John Benjamins.

Hajek, John 2004. What can we conclude? In Dixon, R. M. W. and Alexandra Y. Aikenvald (eds.) 2004. 348-361.

Halliday, M. A. K. 1985. *An Introduction to Functional Grammar*. London: Edward Arnold Pty Ltd.

Harris, Z. S. 1946. From morpheme to utterance. In *Language*, Vol. 22, pp. 161-183,(中译文 Harris:从语素到话语,李振麟译,见《语言学资料》,1963 年第 6 期)。

Harris, Z.S. 1951. *Methods in Structural Linguistics*. Chicago: The University of Chicago Press.

Hengeveld, K. & Eva van Lier 2008. Parts of speech and dependent clauses in Functional Discourse Grammar. In Ansaldo, Umberto, Jan Don & Roland Pfau (Eds.). *Parts of Speech: Descriptive tools, theoretical constructs: Special Issue of Studies in Language* 32:3, 753-785.

Hengeveld, K. & Eva van Lier 2010. An implicational map of parts-of-speech. *Linguistic Discovery 8.1: 129-156.*

Hengeveld, K. & J. Rijkhoff & A. Siewierska 2004. Parts-of-speech systems and word order, *Journal of Linguistics* 40(3), 527-570.

Hengeveld, K. 1992. *Non-verbal predication: theory, typology, diachrony (Functional Grammar Series 15)*. Berlin: Mouton de Gruyter.

Hengeveld, K. 2007. Parts-of-speech systems and morphological types, *ACLC Working Papers* 2(1), 31-48.

Hopper, Paul J. & Thompson, S.A. 1984. The discourse basis for lexical categories in universal grammar. In *Language*, Vol. 60.4: 703-752.

Householder Jr., F.W. 1952. Review of Methods of Structural Linguistics, In *International Journal of American Linguistic*, Vol.18.

Juilland, A.G. &E. Elliott. 1957. *Perspectives. of Linguistic Science*. In Monographs Series on Language and Linguistics.(中译文见《语言学资料》1964 年第 3 期)

Langacker, Ronald W. 1987a. Nouns and Verbs. In *Language*, 63-1.

Langacker, Ronald W. 1987b. Foundations of Cognitive Grammar,

Vol.1, Theoretical Prerequisites. Stanford: Stanford University.

Li, Y.-H. 1997. Structure and interpretations of nominal expression. Paper to 9th North American Conference to Chinese Linguistics, Victoria, Canada.

Magnusson, Rudolf. 1954. *Studies in the Theory of the Parts of Speech*. Copenhagen Ejnar Munksgaard.

McCawley, J.D. 1992. Justifying parts-of-speech assignments in Mandarin Chinese, *Journal of Chinese Linguistics*, Vol. 20, No. 2.(中译文《汉语词类归属的理据》,张伯江译,载"张伯江、方梅 1996")

Mosel, Ulrike & Hovdhaugen, Even. 1992. Samoan reference grammar (Instituttet for sammenlignende kulturforskning B85). Oslo: Scandinavian University Press.

Quirk, R. & Greenbaum, S. & Leech, G. & Svartvik, J. (1972). *A Grammar of Contemporary English*. London: Longman Group Ltd.

Quirk, R. & Greenbaum, S. & Leech, G. & Svartvik, J. 1985. *A Comprehensive grammar of the English Language*. London, New York: Longman Group Ltd.

Schachter, P. 1985. Parts of speech systems. In Shopen T. eds. *Language Typology and Syntactic Description*. Cambridge: Cambridge University Press.

Simpson, J.M.Y. 1979. *A First Course in Linguistics*. Edinburgh: Edinburgh University Press.

Taylor, John R. 1989. *Linguistic Categorization: Prototypes in Linguistic Theory*. Oxford: Clarendon Press, Second Edition, 1995. (中文介绍见廖秋忠 1991)

Thompson, S. A. 1988. A discourse approach to the cross-linguistic category 'Adjective'. In Hawkins, J. A. ed. *Explaining Language Universals*, Oxford and New York: Basil Blackwell, 167-185.

Vogel, P. M. & B. Comrie (eds.) 2000. *Approaches to the Typology of Word Classes*. Berlin/New York: Mouton de Gruyter.

Wells, R. S. 1947. Immediate Constituents. *Language*, 23: 81-117. (中译文《直接成分》,赵世开译,见《语言学资料》1963 年第 6 期)

Wetzer, H. 1996. *The Typology of Adjectival Predication*. Berlin/New York: de Gruyter.

Whaley, L. J. 1996. *Introduction to Typology: The Unity and Diversity of Language*. Thousand Oaks: Sage Publication.

后　　记

　　本书是在我的博士学位论文《现代汉语词类研究》(1999)基础上修改而成的。这次修改主要在两个方面，一是文字、章节上的调整，二是内容的增删和补充。删去了原第五章，包括"形容词的性质和划界"以及"词性转化问题"，增加了"汉语词类研究概述"(1.3)、"词的切分"(2.1)两小节，对"分布本质论的悖论"(4.1)、"如何根据词的分布划分词类"(第6章)做了一些补充。书稿送商务印书馆后，黄昌宁先生和邢福义先生两位审稿人对书稿提出了修改意见，我又做了进一步的修改。

　　我开始汉语词类问题的思考是1986年。朱德熙和陆俭明先生承担了国家社会科学第七个五年计划重点研究项目"现代汉语词类研究"，我作为课题组成员参加。当时，我们的基本观念是把词类看作语法分布类，考虑到过去划分词类大多是头脑中有了类的区分，然后去找标准，难免主观，我设想全面考察每一个词的分布特征，在事先没有类的区分的情况下，纯粹根据分布上的差异把这些词分为不同的类，使划类摆脱主观性。那时陈小荷正读朱德熙先生的博士生，也参加这个项目的一些工作，我和他把我们的想法告诉了朱先生，朱先生说你们可以先试试。我设计了一个表格，计划先考察一百个词的分布，在表格上用"＋"、"－"标出这些词在"主语、宾语、谓语、补语、定语、状语、定语～、状语～、不～、很～"等三十余项语法功能上的能力。当时我们信心十足，以为用这种严格的方法可以划出真正客观的词类来。但小规模的试验发现，词在分布上竟如此之乱，很难找到分布上完全相同的词来，要想纯粹根据分布上的差异大小划出名词、动词、形容词等这样的传统词类完全不可能,我们不得不放弃这种"严格"的划类方法,转而寻找其他解决途径。有意思的是,当年同我一起做词的分布试验的陈小荷(1998)后来走了跟我很不相同的路子。他放弃名词、动词、形容词等传统的词类区分,而纯粹根据十三个句法成分来给词分类,只要在任何一项功能上有差异,就划为不同类,最后可以得到一千余类。与我常在北大的语言学沙龙上讨论的学友袁毓林(1995)则走了另一条路:维护词类是分布类的观念,用家族相似性理论根据词在分布上的相似性划分词类。我的路子也许可说处在陈小荷和袁毓林之间,比陈小荷保守,比袁毓林激进,那就是维持名词、动词、形容词等这样的传统词类的区分,但放弃词类是分布类的观念,认为词类的本质是表述功能,分布只是词类的外在表现。

实际上,我的这条路子的源头就是朱德熙先生的指称、陈述理论,我无非是在朱先生的理论基础上往前走了一步:在指称、陈述之外增加修饰、辅助两项表述功能,并把表述功能看作词类的本质。这些想法的萌芽是在1989年,在北大中文系的青年语言学协会的讨论会上,我提出指称、陈述、修饰的三分格局,1990年在上海华东师大举行的第二届现代汉语语法学术研讨会上,我提交的论文《论语性范畴系统》则进一步提出指称、陈述、修饰、辅助、呼叹的五分格局。1991年,朱德熙先生在美国,准备写"七五"项目"现代汉语词类研究"的报告,征求陆俭明先生和我的意见,我写了4万字的报告给朱先生寄去,其中的重要内容,就是指出把词类看作分布类带来的一系列问题,提出词类本质上是表述功能上的类。朱先生回信说,报告发现了问题,对解决汉语词类问题很有启发。1993年,在北京召开第三届全国现代语言学研讨会,会议的中心议题之一是汉语词类问题。这次会上,我提交论文《关于汉语词类划分的一些理论问题》,除提出词类本质上是表述功能类外,还提出根据语法功能的相容性来划分词类的方法。可以说,本书的主要观点实际上在 1993 年前已经提出,而直到 2002 年才最终出书,主要是为了把问题思考得更成熟、论述得更清楚。

掐指算来,从 1986 年开始研究词类问题到今天已经整整 16 个年头。朱德熙先生曾说:"真正潜心学术的人,是要把生命放进去的。"一个人的学术生命如果按 40 年算,那么可以说我已把近一半的学术生命放进了词类的密林中。虽投入甚多,然资质愚钝,不敢说本书对解决汉语词类问题有多大的进展,只希望本书的材料和方法能给时贤和后人提供一点参考。正如邢福义先生在审稿意见中所说,汉语词类问题的解决还需要更多的学者,从更多的侧面,想更多的办法,花更多的时间,去做更多的努力。

年届不惑才有第一本书问世,其心情大概和老年得子有些相似。溺爱幼子乃人之常情,不过本书仍期待人们的批评和讨论,以便补充完善。

在本书出版之际,我首先要感谢恩师朱德熙先生和导师陆俭明先生。是他们把我引进了词类研究的大门,本书的每一个观点都得益于他们的学术思想,本书中的每一句话无不浸染着二位恩师的心血,而本书所依据的 4 万词的语法信息材料,更是二位先生亲自参与制定和填写的。本书写作过程中,我时常回想起十来年前二位先生和我在中关村二公寓三楼朱先生的书房每周三次的讨论,以及朱先生离开北京后陆老师和我在北大五院教研室和 21 楼宿舍两天一次的讨论。

感谢北大计算语言研究所俞士汶、朱学锋教授以及张芸芸、王惠、郭涛等,没有他们的合作和帮助,要写出这部书稿是不可能的。

感谢给我帮助和关心的叶蜚声、王福堂、马真、石安石、徐通锵、蒋绍愚、郭锡良、王理嘉、符淮青、宋绍年等先生。

感谢王洪君、崔希亮、方梅、张敏、陈保亚、沈阳、袁毓林、陈小荷、张伯江、刘丹青、邵永海、项梦冰、张猛、谭景春、齐沪扬、石毓智、徐杰等学友,我们之间的讨论使我学到不少有用的东西,开阔了我的思路,他们的辩难促使我做更深入的思考。感谢宋柔先生慷慨提供词频表,否则本书的重要工作无法开展。

感谢黄昌宁教授和邢福义教授两位审稿人以及参加我的博士论文答辩的徐枢先生和赵金铭先生,他们的意见促使我对本书做进一步修改。

感谢商务印书馆的周洪波先生为本书的出版付出的努力,感谢责任编辑何宛屏女士,她对本书书稿的耐心校改,使本书避免了很多文字上甚至内容上的错误。

希望本书的出版能告慰已经故去的朱德熙先生、叶蜚声先生和石安石先生。

郭 锐

2002 年 6 月 10 日

于澳门氹仔

专家评审意见

邢 福 义

读了《现代汉语词类研究》一书,有几点特别突出的感觉。这就是:

第一,作者下了苦功。

第二,作者对已有说法一一进行检验,提出了自己的意见,表明了对问题的洞察力。比如对"分布本质论的悖论"的分析,对"相似论的悖论"的分析,都能令人信服。

第三,作者提出了好些见解和主张,相当富于启示性。比如,作者指出:评价一个语法单位系统的标准有三条。①完备性:系统中的语法单位应能概括所有层次上的话语单位;②系统性:各语法单位间的关系应是协调的;③简单性:应以尽可能少的单位概括尽可能多的话语片段。又如,关于转指和自指,作者指出既有"词汇化的转指和句法化的转指",又有"词汇化的转指和词汇化的自指"。再如,作者指出:词的词汇意义影响词的分布;语用因素影响词的分布;构词因素影响词的分布。

第四,作者分析问题,处理现象,讲究程序,讲究可操作性。在语法分析的科学化上,作者做了可贵的努力。

本书的词类系统的建构,或者说,本书确定下来的词类系统,使人感到存在若干疑点。比如:第一,划类的标准到底如何贯彻?第二,类与类之间的关系如何划清?第三,兼类问题如何处理?第四,论述中如何保证遵守不矛盾律？

　　破易立难。汉语词类问题上的破与立，尤其如此。要真正解决汉语的词类问题，还需要从更多的侧面，想更多的办法，花更多的时间，去做更多的努力。

评审人：邢福义

修订本后记

自 2002 年《现代汉语词类研究》出版以来,已逾十五载。学界对词类问题的探讨从未间断,我自己也有一些新的想法。此次修订,对原书的一些疏漏加以订正,并增加了一些新内容。主要在以下方面:

新增第 10 章"词类类型学和汉语词类系统",并重点对以下部分做了增补:第 2 章关于词的切分、第 4 章关于词类的分布本质论存在的问题和词类本质的论述、第 7 章关于划类策略和汉语词类多功能现象的实质、第 8 章各类词的描写。

词类问题是汉语语法的难题,希望此次修订对汉语词类问题的研究有所推进。当然,疏漏是难免的,希望同仁批评指正,以使本项研究日臻完善。

郭 锐

2017 年 11 月 18 日

于北京五道口